D1752321

Zentrales Anliegen dieser Studie ist es, das erste große christliche Reich der Weltgeschichte, das oströmische Reich, in seinen strukturellen Unterschieden vom weströmischen Reich zu erfassen und unter Einbeziehung der Konsequenzen dieser Spannung zwischen Ost und West für die europäische Zivilisation bis heute auf den Begriff zu bringen - zum Beispiel anhand einer Gegenüberstellung des augustinischen und des byzantinischen Zeitbegriffs.

Philosophisches Schlachtfeld dieser Spannung, die angesichts des Zusammenbruchs der traditionellen kommunistischen Systeme Osteuropas und der Neugestaltung der Beziehungen zwischen Ost und West an Aktualität gewinnt, ist der Trinitätsbegriff.

Die Untersuchung dieses Begriffs bewegt sich im Bereich der Nahtstelle zwischen historischer Theologie und klassischer Philosophie, reflektiert dieses Verhältnis jedoch ausgehend von der Philosophie im historischen Kontext gegenseitiger Abhängigkeit.

Michael Polemis, geboren 1947 in Athen, lehrt Philosophie an der Universität Klagenfurt.

ZUM BEGRIFF DER TRINITÄT

PASSAGEN PHILOSOPHIE

Michael Polemis
Zum Begriff der Trinität

Deutsche Erstausgabe

CIP-Titelaufnahme der Deutschen Bibliothek

Polemis, Michael:
Zum Begriff der Trinität / Michael Polemis. - Dt. Erstausg. -
Wien : Passagen -Verl., 1993
  (Passagen Philosophie)
  ISBN 3-85165-047-6

Alle Rechte vorbehalten
ISBN 3-85165-047-6
© 1993 by Passagen Verlag Ges. m. b. H., Wien
Graphisches Konzept: Ecke Bonk, 1989
Druck: Manz, Wien

Inhalt

Einleitung		13
I.	Der Logos als ποίησις und κτίσις	35
II.	Der Nestorianismus als besondere Variante einer patriarchalischen Tradition	75
III.	Die Dialektik der Erkenntnis Gottes und die Beziehung zwischen γέννησις, κτίσις und ἐνέργεια	91
IV.	Die Dialektik des Geistes, der Ikone und des Lichtes	111
V.	Der Katholizismus als Religon des Sohnes	131
VI.	Die Orthodoxie als Religion der Auferstehung	137
VII.	Die Differenz zwischen paulinischer und johanneischer Theologie	141
VIII.	Das Verhältnis von οὐσία und ἐνέργεια und die Bewegung in der Trinität	151
IX.	Weltgeschichte und theologische Zeitkonzepte	183
X.	Die Eschatologie des Hl. Geistes und die byzantinische Anthropologie	221
XI.	Das Reich des Geistes und das Reich der Schönheit oder die Ikone und das Fleisch	269
XII.	Der Geist und das "pulsierende Herz" Kierkegaard und Hegel	299
XIII.	Subjektivität und Hoffnung oder Byzanz und die bürgerliche Welt. Die erscheinende Hoffnung	333
Anmerkungen		351
Anhang		373
Verzeichnis der zitierten oder im Text erwähnten Literatur		389

Meinen Onkeln
Panajotis und Archimedes Polemis
in Dankbarkeit gewidmet

Einleitung

*Die geschichtlichen Voraussetzungen
der byzantinischen Philosophie*

Eine Darstellung der byzantinischen Philosophie setzt eine Auseinandersetzung mit dem Problem der Trinität voraus. Geht man hier von der Auffassung aus, daß Philosopie nicht in einer abstrakten geistesgeschichtlichen Kontinuität, nicht in der Konzeption der philosophia perennis ihre Wahrheit enthält, sondern als Reflexion der Totalität der gesellschaftlichen Bedingungen in einer widerspruchsvollen Beziehung zum wirklichen Leben der Menschen sich konstituiert und entwickelt, so zeigt sich im byzantinischen Trinitätsbegriff, dem Schlüsselbegriff der byzantinischen Theologie, die auch die einzig mögliche Philosophie des byzantinischen Zeitalters gewesen ist - angesichts nämlich seiner konstitutiven Bedingungen - die ganze Struktur des Zeitalters, seine innere und äußere Organisationsform, seine es bestimmende gesellschaftliche Ontologie.

Dieser gesellschaftlichen Ontologie liegt ein großer historischer Widerspruch zugrunde, der sie formt und zum Teil hervorbringt: Das ist der Widerspruch zwischen dem von Rom übernommenen Reichsgedanken und der Zerstückelung des Reiches und dem damit verbundenen Diaspora-Bewußtsein. Innerhalb dieser Spannung wuchs auch der eigentümliche byzantinische Patriotismus, dessen innere Ambivalenz und Schwankung zwischen der Identifikation mit Konstantinopel, jener "Polis", die für die Byzantiner - zumindest für die Griechen unter ihnen, die Inkarnation des himmlischen Jerusalem auf Erden darstellte - und einem während der ganzen Geschichte des Reiches immer wieder ausbrechenden, wilden Irredentismus, dessen Ursache die Unterdrückung der zahlreichen Völker des Reiches war, der aber außerstande war, über lokale, naturwüchsige Gewaltzusammenhänge hinauszuwachsen und ein höheres, übergreifendes

Bewußtsein zu erlangen, als eine bloß aufgrund der großen Repression entstandene Empörung, sich bewegte.[1] Obwohl dieser Patriotismus auf einer geschichtlichen Stufe lag, die weit davon entfernt war, ein nationales Bewußtsein im modernen, durch die Entwicklung der bürgerlichen Gesellschaft geprägten Sinn, darzustellen, so erfaßte er jedoch breite Teile der Volksmassen, vor allem in den in der Tradition des Hellenismus stehenden Städten des Reiches. In diesem Sinn kann man sagen, daß die Gräzisierung des byzantinischen Reiches, die zur Bildung dieses Patriotismus entscheidend beigetragen hat, ein Produkt des Bewußtseinsprozesses ist, der innerhalb der städtischen Bevölkerung vor sich ging.

Parallel dazu entwickelte sich der Gegensatz zwischen Stadt und Land und machte dadurch die widersprüchliche Beziehung zwischen griechischem und östlichem Teil des Reiches noch komplexer und den in ihr enthaltenen Gegensatz zwischen Ost und West größer und übergreifender. Die gräzisierten Städte vor allem im Osten, von denen aus das Christentum der unterdrückten Massen als plebejische jüdische Sekte seinen Eroberungszug in der Welt begann, wirkten auf die Bildung der Einheit des Reiches einerseits konstitutiv und andererseits zersetzend. Konstitutiv, weil es die Ideologie der Städte war, die in griechischer Sprache vom Osten kommend (es ist kein Zufall, daß die drei großen kappadokischen Väter, die das Christentum auf das Niveau der damaligen gebildeten Menschheit durch die Inanspruchnahme der griechischen Philosophie brachten, alle vom Osten kamen) die Menschen ergriff und staatstragend wurde. Zersetzend, weil von den Städten aus jener Prozeß der Zentralisierung und Konzentration der Herrschaft in den Händen einiger weniger ausgegangen ist, der den Verfall und den Niedergang von Byzanz hervorgerufen hat. Zunächst einmal aber befand sich das byzantinische Reich in den ersten Jahrhunderten nach unserer Zeitrechnung auf einer viel entwickelteren Stufe als der untergehende westliche Teil des Reiches. Die Eigentümlichkeit der byzantinischen Entwicklung, nämlich die Parallelität von einem sehr stark ausgeprägten Handelswesen, das die ganze transkontinentale Bewegung von Waren durch Konstantinopel nach Asien bis Indien und nach Nordafrika kontrolliert und sich in den Händen der Griechen befunden hat, und der Existenz einer spätantiken, frühfeudalen Organisationsform in der Landwirtschaft, die - vor allem im Orient - noch mit bestehenden Formen eines Sklavenhaltersystems und eines Systems von freier landwirtschaftlicher Produktion auf der Basis von Kleinbauern (coloni), die allmählich in Abhängigkeit von den Großgrundbesitzern gerieten und durch diverse Mischformen zwischen freiem Bauerntum und totaler Abhängigkeit als Übergangsformen zum sich in Byzanz viel später ausgebildeten Feudalismus, völlig an die Scholle gebunden wurden,[2] verbunden mit einem höheren kulturellen Status sowohl der Griechen als auch der orientalischen Völker, die das Substrat der Diadochenreiche bildeten (Perser, Syrer, Armenier etc.) im Vergleich mit dem von Barbaren überfluteten Westreich, ermöglichte eine selbständige und eigenartige Bildung der Philosophie in der theologischen Hülle und des staatliche und individuelle Identität stiftenden Gedankens.

Diese Parallelität von einer Handel treibenden Frühbourgeoisie und einem unaufhaltsam vor sich gehenden Prozeß der Bildung eines sui generis Feudalismus hatte aber die Bildung einer für die damalige Welt einmaligen Zentralisierung der Macht in der Hauptstadt und die Schaffung eines bürokratischen Zentralismus zur Folge, der bis zu diesem Zeitpunkt nie und nirgends seinesgleichen hatte. In diesem Sinn ist Byzanz der erste große bürokratisch-zentralistische Staat der Welt gewesen. Aus dem für lange Zeit bestehenden Gleichgewicht der Kräfte zwischen Agrarproduzenten und Handelsbourgeoisie entstand ein übermächtiger, aber stets der Gefahr des Bonapartismus ausgelieferter Staat (Staatsstreiche und nicht nur spontane Volkserhebungen waren in Byzanz immer an der Tagesordnung), dessen ökonomische Bedeutung durch eine minutiöse Organisation des Fiskus und der Steuerabgaben der Bevölkerung in Erscheinung trat.

Diese gigantische Staatsmaschinerie, durchorganisiert bis zum Spitzelwesen (agentes curiosi), war auf die Anhäufung von Schätzen für die Staatsausgaben, für die Infrastruktur und zur Förderung des Handels auch mittels der Aufrechterhaltung monetärer Solidität durch feste Gold- und Silber-Paritäten bedacht. Man sieht also, daß sich in Byzanz die gesellschaftliche Synthesis durch den Handel vollzieht. Ich nenne diese Handel treibende Klasse, deren Ursprung noch im Zeitalter des Hellenismus lag, *spätantik-byzantinische Frühbourgeoisie*, und zwar in vollem Bewußtsein des problematischen Charakters des Ausdrucks *Bourgeoisie* in diesem Zusammenhang. Denn im Gegensatz zum Prinzip der bürgerlichen Gesellschaft handelt es sich hier trotz monetärer Entwicklung um eine gesellschaftliche Synthesis auf der Basis der Zirkulation. Diese zur Schatzbildung treibende Zirkulation - als ihr immanentes Reichtumsprinzip - dient dem individuellen Genuß und hat somit ihr Gegenstück in einer nicht produktiven Konsumtion.[3]

Marx beschreibt in der Kritik der politischen Ökonomie[4] dieses Phänomen als Eigenschaft einer bestimmten Schicht innerhalb der Großbourgeoisie, bestehend aus Rentiers und Müßiggängern, zu denen sich eine dienende Klasse (spezifische Schicht des Proletariats) gesellt, bestehend aus Menschen, die Dienstleistungen erbringen (Friseure, Schneider etc.), aus Menschen, also, die, wie er sagt, "aus der Revenue" leben. Ist innerhalb der entwickelten bürgerlichen Gesellschaft dieses Phänomen schichtspezifisch, weil Bourgeoisie als *produktionskapitalistische Klasse* über die Produktionsmittel verfügt, so war es im Zeitalter des Handel treibenden byzantinischen Frühkapitalismus ein gesamtgesellschaftlich übergreifendes.

Der Beschränktheit dieses Kapitalismus - trotz existierender Formen von Gewerbe und Manufaktur - entsprechen die Schranken in der Ausübung des Berufes nach den Kriterien einer Zunft-Organisation. Die Zulassung zu allen Berufen war nach erblichen Kriterien organisiert, die soziale Stellung - auch der reiche Gewerbetreibende war als Nichtaristokrat Angehöriger der niederen Klasse - als das Prinzip der hierarchischen Gliederung der Gesellschaft und die mit letzterem verbundene totale Mißachtung der eigentlich produzierenden Klasse, des Bauerntums, war in Byzanz im Rahmen dieser eigentümlichen Verschmelzung von Handel treibender Frühbourgeoisie und sui generis Feudalismus, symptomatisch. Daß die Bauern nicht einmal wie Tiere behandelt wurden, ja als nicht existent angesehen wurden, hat im modernen Griechenland seine Spuren hinterlassen, wo die Ächtung des Bauernstandes und die nicht nur aus Gründen reiner Ökonomie einsetzende Landflucht verheerende Folgen hat.

Aufgrund dieser Beschränktheit übernahm also der Staat Byzanz die Funktion des übermächtigen, durch enorme Geldmengen intervenierenden Ausbeuterstaates, der in seiner Hypertrophie, ähnlich wie der Bonapartismus im Bereich der Politik, in das der Zirkulationssphäre immanente Vakuum hineinspringt und den Totalisierungsprozeß der gesellschaftlichen Synthesis vollzieht. Im Rahmen dieses Staates vollzog sich damit die Verschmelzung des sui generis feudalen mit dem frühkapitalistischen Handelsprinzip, die sich unter anderem in der Personalunion zwischen hohem Beamtentum und Feudal- und Geldaristokratie zeigte. Nicht jeder Händler gehörte aber der Klasse der δυνατοί, wörtlich der Mächtigen an, ein Ausdruck, der bezeichnend ist.

Diesem System entspricht auf staatsphilosophischer Ebene die byzantinische *Theokratie*. Für die reale Basis dieser Theokratie, für den stets intervenierenden byzantinischen Staat ist übrigens symptomatisch, daß er große Handelsmonopole besaß: genau so wie der Staat in das Leben der Gesellschaft eingreift, um die auf der Ebene der Zirkulation nicht durchführbare Totalisierung der Synthesis zu vollziehen; diesem irdischen Bonapartismus, entspricht der himmlische. Dem Staat und seinem höchsten Repräsentanten, dem Kaiser, entspricht der himmlische Vater, dessen Abglanz in Fortführung und christlicher Umkehrung der römischen Kaiseridee wiederum der Kaiser ist.

Es ist übrigens interessant zu sehen, wie die Auswirkungen dieser Tradition der byzantinischen Theokratie bis zu der Neuzeit sich in jenem Land fortsetzen, das nicht nur von der damaligen Zeit am stärksten vom byzantinischen Staat beeinflußt wurde, sondern auch in der Neuzeit durch seine Gesellschaftsstruktur, die durch die Schwäche von Bourgeoisie und Proletariat und durch die Ohnmacht der in einer bürgerlichen Gesellschaft nie die Funktion der Avantgarde erfüllenden Bauernklasse gekennzeichnet war, und somit dem politischen Bonapartismus im Bereich der herrschenden Staatsphilosophie, durch sein theokratisches System entsprach. Dieses Land ist das zaristische, byzantinisch-theokratische Rußland, bei dem die mit der hier erörterten Problematik zusammenhängenden Probleme auf einer anderen Ebene im bürgerlichen Zeitalter weiter lebendig bleiben. Es wäre meines Erachtens eine sehr interessante Aufgabe für die Gesellschaftstheorie, die mit der russischen Revolution zusammenhängende geschichtsphilosophische Diskussion, vor allem die in diesem Kontext entwickelte Theorie der "permanenten Revolution" Trotzkis - sie geht in ihren Prämissen gerade von der Spezifität der Schwäche der Bourgeoisie in Rußland aus und versucht den Charakter der proletarisch-bäuerlichen Revolution und ihre geschichtliche Notwendigkeit in diesem Licht zu interpretieren - im Zusammenhang mit der byzantinisch-theokratischen

Tradition dieses Landes anzugehen. Hier erscheint die Frage nach dem Primat in der Geschichte, so wie sie von Max Weber in der "protestantischen Ethik" dem Begriff der Religion unterstellt wurde, in einem Gesamtzusammenhang, der angesichts der völlig anderen Konstitution des Forschungsgegenstandes - nämlich der russischen vorrevolutionären Gesellschaft - vollkommen neue Perspektiven eröffnet: etwa die Frage nach dem Warum, nach dem Grund der Schwäche der russischen Bourgeoisie - ob es doch nicht auch mit Religion zusammenhängt? Das ist aber nichts als der Hinweis auf einen sehr allgemeinen Sinnkomplex, dessen Spezifizierung in Teilbereichen noch faszinierender für die Forschung sein könnte, etwa die Frage nach dem inneren Zusammenhang zwischen der spezifischen Ausformung der marxistischen Erkenntnistheorie im Rahmen der so stark hinterfragten Lenin'schen Widerspiegelungstheorie und der russischen Tradition der Ikone, also der orthodoxen Bilderlehre.

Es wäre jedoch falsch anzunehmen, daß es innerhalb der hier skizzierten theokratischen Ordnung in der byzantinischen Gesellschaft keine Spannung und keine inneren Konflikte gab, die einer Weiterentwicklung fähig wären. Im Gegenteil: Das theokratische System selbst war Ausdruck dieser Konflikte und hat sie als theoretischer und praktischer Ausdruck der Staatsmacht gar nicht zum Stillstand gebracht. Die Klassenkämpfe in Byzanz haben vielmehr im Laufe seiner Geschichte an Schärfe und Intensität zugenommen, und der Klassenantagonismus hat schließlich seinen Untergang herbeigeführt. Der zentrale Widerspruch war dabei der Gegensatz zwischen Teilen der Handel treibenden Klasse und der Feudalaristokratie, sowie dem Staat selbst als alleinigem Handel treibenden Unternehmer mit Monopolanspruch und der an diesem Unternehmen partizipierenden und daraus profitierenden Klasse. Dazu kamen einige "mittlere" Gewerbetreibende, die aber der unteren Klasse angehörten (ordo plebeius) und die große Masse der pauperisierten Bauern und colonorum. Aus diesem Widerspruch, der die Mächtigen selbst durch innere Fraktionskämpfe teilte - aufgrund des in Byzanz später eingesetzten Feudalisierungsprozesses bestand ein Großteil der Aristokratie aus den alten Patriziern der römischen Skalvenhaltergesellschaft, die an der Macht des Staates partizipierten und im Widerspruch zu den lokalen Feudalherren standen - entflammten heftige Religionskämpfe, deren innere Dynamik die

Einheitlichkeit der orthodoxen Lehre gefährdete. Im Endeffekt vermochten zwar die verschiedenen Häresien die Kontinuität der der Nachwelt überlieferten orthodoxen Lehre nicht zu brechen, als sie sich jedoch endgültig formiert und durch ihre innere Abgeschlossenheit auch nach außen vom weltgeschichtlichen Widersacher, dem Katholizismus, definitiv abgesetzt hatte, war Byzanz und seine Welt als geschichtliches Prinzip und Staatswesen schon tot. Aus dem andauernden Widerspruch zwischen dem Totalitätsanspruch des staatlichen Monopols über die Gesellschaft und dem Irredentismus der lokalen Feudalherren und der unterdrückten Bauern im Vielvölkerstaat hat der Staat einen Pyrrhussieg errungen. Als er unterging, war sein territorialer Bestand nur noch die Hauptstadt Konstantinopel und ihre Umgebung.

Somit kommen wir aber zum Ausgangspunkt dieser Ausführungen zurück, nämlich zum Widerspruch zwischen Diaspora-Bewußtsein und Identifikation mit der durch Konstantinopel repräsentierten Staatsmacht. Die materielle Basis für diesen Konflikt waren die im östlichen Teil des Reichs, aber auch in Griechenland - jedoch ist in diesem Zusammenhang die Situation im Osten wichtiger - noch immer vorhandenen Überreste einer gesellschaftlichen Organisation der Landwirtschaft, die auf den Grundlagen der Sklavenhaltergesellschaft und der freien, kleinen Bauernschaft beruhte. Angesichts des landwirtschaftlichen Reichtums der östlichen Gebiete, die die Versorgungskammer für Konstantinopel waren, der menschlicheren Behandlung der Sklaven, die irgendwie "zum Haus gehörten", der verschiedenen ethnischen Zusammensetzung der Bevölkerung in diesen Gebieten, den hellenistischen Überbleibseln von kleinen autonomen landwirtschaftlichen Gemeinden (Spuren dieser alten Demen-Organisation auf städtischer Basis hat es auch in Konstantinopel gegeben. Das waren die am Hippodrom als Endstadium der griechischen ἀγορά und des römischen forum nicht nur als rein akklamative Öffentlichkeit agierenden Parteien der Blauen und der Grünen. Die Blauen vertraten die Interessen der reichen und eingesessenen griechischen Großgrundoligarchie und die Grünen die Interessen der mittleren Handel- und Gewerbetreibenden. Es kam aber auch vor, daß diese zwei Fraktionen der Demen gemeinsame Sache gegen die staatliche Zentralgewalt machten, so beim Nika-Aufstand, der Justinian beinahe den Thron gekostet hätte) und den später dort einsetzenden Interessen von lokalen Feudalherren, entwickelte sich dieser Konflikt zum ständigen Zündstoff für das Reich. Die aus diesem Grund von der Zentralgewalt hier praktizierte Politik der Einsetzung von freien Kleinbauern, denen ein kleines Stück Erde gehörte, zum militärischen Dienst an den Grenzen, an denen eine Reihe von Festungen stand, das byzantinische Stratiotensystem - die Römer hatten Ähnliches an den limes getan - verfolgte somit den Zweck, nicht nur *vor äußeren*, sondern auch *vor inneren* Feinden zu schützen.

Im Zuge der immer größer werdenden Repression und des praktischen Entzugs der den Stratioten gewährten Lebensgrundlage durch die Konzentration des Landes in den Händen der Feudalherren, brach jedoch später dieses System völlig zusammen. Der Druck der Geldwirtschaft durch die enormen Steuerabgaben an den Staat (annona) wirkte auf die Ökonomie der Kleinbauern weiter zersetzend. Als von ihnen verlangt wurde, ihre Steuern in Geld und nicht in Naturalien zu liefern, wurde ihre Lage verzweifelt. Aus allen diesen Zusammenhängen geht hervor, daß für die Gebiete außerhalb der Hauptstadt die ausgeübte Repression *von außen* kam, also exogener und nicht endogener Natur war.

Für die Philosophie hat es schwerwiegende Konsequenzen. Wie auch in der Formulierung "Widerspruch zwischen Diaspora-Bewußtsein und Identifikation mit der durch Konstantinopel repräsentierten Staatsmacht" ausgesprochen wird, ist dieser Widerspruch ein verdoppelter; denn im Ausdruck "Diaspora-Bewußtsein" steckt die Ambivalenz, sich mit der Diaspora zu identifizieren oder auch nicht, beides gleichzeitig, sowohl als auch: Indem es kein Bewußtsein von der Diaspora gibt, kann es kein solches geben, denn dieses Bewußtsein ist ein διεσπαρμὲνον, ein "zerstreutes" Bewußtsein, das keinen Bestand haben kann, indem es Bestand hat. Aus dieser "Zer-streuung" heraus entwickelt sich entweder die Identifikation mit dem, was sich kontradiktorisch zu diesem Bewußtsein verhält, nämlich die Identifikation mit der zentralen Autorität, oder die abstrakte Identifikation mit einer abstrakten übergreifenden Idee, eben die Idee der Diaspora. "Ich bin nicht Grieche, ich bin griechisch" sagte einmal der Dichter Konstantin Kavafis, um das Bewußtsein seiner Diaspora in Alexandrien zu Beginn unseres Jahrhunderts darzustellen. Die Ambivalenz dieses Diaspora-Bewußtseins als historisches Produkt des Hellenismus blieb in Byzanz durch die Organisation des Reiches und durch seine Lebensökonomie, seine gesellschaftliche Ontologie, aufrecht. Wenn aber die Art der gesellschaftlichen Reproduktion eine exogene Ausbeutung darstellte, so vermochte diese Ausbeutung nicht die Zähigkeit der ideellen Verbindung mit Konstantinopel als Hauptstadt des neuen hellenistischen Reiches zu durchbrechen. Das ist der Idealismus jener Zeit, der durch die orthodoxe Lehre als Idee des Zeitalters vermittelt wurde. Aus diesem Grund bestand das Wesen der religiösen Häresien jener Zeit nicht in einem unwiderruflichen Irredentismus, der um jeden Preis die Lostrennung von Reich und Zentralregierung wollte, sondern in *Korrekturideologien*, die das herrschende Prinzip nicht aufheben, sondern *berichtigen* wollten. (Das ist übrigens das Wesen aller Spaltungen innerhalb von sozialen und politischen Gruppen und den Bewegungen, deren Träger sie sind, weil die Gemeinsamkeit der Identifikation mit einem Prinzip in ihrer *Allgemeinheit* noch besteht).

Das ist die eine Seite des Verhältnisses zwischen Diaspora-Bewußtsein und Identifikation mit der zentralen Staatsgewalt. Die andere Seite ist, daß der Irredentismus, hervorgerufen durch die Grundbedingungen einer von außen kommenden Repression im Gesamtzusammenhang des byzantinischen Reiches, das in jenem Stadium der Entwicklung des Prozesses der Konstituierung von Gesellschaft durch Arbeit als einziges Allgemeinheit und abstrakte Einheit stiften konnte, weil das noch auf der Ebene von Naturwüchsigkeit erfahrene Leid der Betroffenen, die Totalität der zersetzenden Macht des Geldes, die selbst den Totalisierungsprozeß gesellschaftlicher Konstituierung durch Arbeit nicht abzuschließen vermochte - sie war dazu durch ihr eigenes Wesen außerstande - noch nicht, abgesehen vom Haß gegen die Zentralgewalt, substantielle Souveränität besaß, um geschichtsmächtig zu sein, selbst eine Entwurzelung darstellte, ja selbst ein entwurzelter war. Aus diesem Grund entwickelten sich in Byzanz die an diesen Widerspruch knüpfenden Klassenkämpfe allmählich und langsam, und die Aufstände der Unterdrückten hatten meist, wie schon erwähnt, den Charakter von naturwüchsigen Empörungen.

Es bedurfte der Reife der vollständigen Feudalisierung der Gesellschaft, die die Arbeit in ihrer Totalität in der Gesellschaft integriert und sie in ihrem Verhältnis zu den unterdrückten Leibeigenen zur endogenen Ausbeutung verwandelt, damit aus den Bedingungen dieses Herrschafts-Knechtschaftsverhältnisses, die Voraussetzungen eines entwickelten Bewußtseins von Unterdrückung entstehen konnte.

Was auf die antike Aneigungsgesellschaft nach ihrer vollendeten Auflösung (auch der des Römischen Reichs) in der Gestalt des Feudalismus folgt, ist, abgesehen von der schrittweisen Umwandlung der Geldabhängigkeiten in Abhängigkeiten vom Boden und vom Grundbesitz, gekennzeichnet vor allen Dingen, durch die Einbeziehung der Produzenten und Arbeiter in die Gesellschaft, also die Einbeziehung der Arbeit in die Aneignungsgesellschaft.[5]

Der entwurzelte Irredentismus in seiner Haltlosigkeit bildet also die materielle Seite der ambivalenten Haltung gegenüber der zentralen Staatsmacht in Byzanz. Aus diesem Verhältnis zwischen Diaspora und zentraler Staatsmacht, oder anders ausgedrückt, zwischen Diaspora und byzantinischer Reichsidee ist die widersprüchliche Struktur der byzantinischen Philosophie entstanden, immer von der theologischen Hülle umgeben. Die Spezifität und Substanzialität dieser Philosophie zeigt sich in ihrer Trinitätslehre, in der Organisation des innen-trinitarischen Verhältnisses. Es ist die Aufgabe einer philosophischen Arbeit, die innere Vermittlung zwischen der Gestaltung dieses innentrinitarischen Verhältnisses und der gesellschaftlichen Ontologie, die es in sich reflektiert und gleichzeitig bedingt und begründet, zu zeigen. Dieser Weg geht aber zuerst durch die Geschichte des Begriffs des Logos.

Über den Begriff des Logos

Schlüsselbegriff der griechischen Trinitätsdialektik ist der Begriff des Logos. Er stellt die Vermittlung sowohl zwischen Menschen und Natur als auch zwischen Menschen und Gott dar. In diesem Sinn ist er der Begriff der Vermittlung selbst. Da die Kirchenväter wissen, daß "... was unmittelbar ist, ist ebenso vermittelt",[6] ist der Logos keine formale Konstruktion, sondern das Prinzip der vermittelnden Tätigkeit. Soweit aber in der Trinität reale gesellschaftliche Verhältnisse reflektiert werden und soweit im Begriff der Vermittlung zwischen Gott und Natur das Moment der Vermittlung in der Beziehung zwischen Menschen und Natur als theoretischer Ausdruck der Organisation von Herrschaft über die Natur und somit auch über Menschen enthalten ist, ist die Position des Logos für die Beziehungen der Menschen zueinander in der Auseinandersetzung mit der Natur ausschlaggebend. Zunächst einmal ist der Logos innerhalb der Trinität *Sohn*. Er ist der *Sohn Logos, der vom Vater gezeugt*, aber nicht geschaffen wurde. Hier ist der Unterschied zwischen ποιῶ und γεννῶ entscheidend, denn wäre der Sohn geschaffen worden, so wäre er eine κτίσις und somit wäre der tiefere Sinn der origenistischen "Häresie" akzeptiert.[7] Durch die Existenz der für die κτίσις notwendigen Mutter, wäre der Sohn-Logos seiner Gleichwesentlichkeit mit dem Vater beraubt und somit kein "richtiger" Gott. Wenn er aber kein "richtiger" Gott wäre, könnte er die Herrschaft des Vaters nicht teilen. Aus diesem Grund bemühen sich die Kirchenväter in der Trinitätsdialektik den gedanklichen Unterschied zwischen Vater und Sohn festzuhalten.

Nun aber wird das Wort des Menschen mit dem nämlichen Ausdruck bezeichnet; wer sich nun entschließt, sich das Wort Gottes ähnlich vorzustellen wie das unsere, kann auf diese Weise zur richtigen Auffassung des Höheren geführt werden. Nur muß er beachten, daß das Wort Gottes, wie alles andere an Gott, seiner Natur entspreche. Denn man sieht an der menschlichen Natur auch Kraft, Weisheit und Leben; aber niemand wird durch sich die Gleichheit der Worte zur Annahme verleiten lassen, die Kraft oder die Weisheit oder das Leben *Gottes* wären ganz gleicher Art; sondern die Bedeutung solcher Begriffe erniedrigt sich in Beziehung auf uns nach dem Maße unserer Natur, weil vergänglich und schwach unsere Natur; darum ist kurz unser Leben, vergänglich unsere Kraft, flüchtig unser Wort. Dagegen die Bedeutung aller Aussagen, die wir von Gott machen, steigt hoch empor, gemäß der Erhabenheit dessen, auf den sie sich beziehen. Darum darf man, wenn man vom Worte Gottes spricht, keineswegs meinen, dasselbe habe nur in der Anstrengung des Sprechenden seinen Bestand, und trete, wie unser menschliches Wort, alsbald wieder in das Nichtsein zurück; sondern wie unsere Natur, weil hinfällig, auch ein hinfälliges Wort hat, so hat die unvergängliche und immer bestehende Natur auch ein *ewiges* und *festbleibendes* Wort[8]

Geht Gregor von Nyssa vom Analogieprinzip aus, so sieht auch Athanasius die Geburt des Sohnes in Analogie zu seiner Existenz "δυνάμει" in der menschlichen Natur und im natürlichen Vorgang der Zeugung,[9] um im Rahmen seiner Trinitätsdialektik schließlich die Beziehung zwischen Vater und Sohn durch die Sprache zu konstituieren, weil der Begriff des Vaters den Begriff des Sohnes voraussetzt: "Wer Gott Vater nennt, erkennt und schaut sogleich den Sohn".[10] Sowohl bei Gregor von Nyssa,[11] als auch bei Gregor von Nazianz (Gregor dem Theologen) wird in diesem Zusammenhang ähnlich argumentiert. Die Trinität als lebendige Totalität stellt die *Mitte* zwischen den zwei Extremen dar, dem heidnischen Polytheismus und dem jüdischen Monotheismus. Man darf weder die Substanz Gott Vaters - und somit seine Herrschaft - in eine unendliche Anzahl von Göttern auflösen, noch das Prinzip der Teilung seiner Macht mit den anderen Hypostasen leugnen.

Wenn ich das lehre, was in der Mitte liegt, sage ich die Wahrheit; auf sie allein achten wir mit Recht. Wir wollen keine schlimme Vermengung und keine noch törichtere Trennung. Dadurch, daß man aus Furcht vor Vielgötterei den Logos zu einer einzigen Hypostase vereint, würden uns in dem Bekenntnis des einen Vaters und Sohnes und Heiligen Geistes nur noch leere Namen gelassen werden, und wir würden nicht so sehr erklären, alle seien *eins*, als vielmehr, jeder sei nichts; denn, wenn sie ineinander über- und aufgehen, würden sie aufhören zu sein, was sie sind. Nicht sollen sie andererseits, wie es die mit Recht als Wahnsinn bezeichnete Lehre des Arius will, in drei fremde, ungleiche und auseinadergerissene Wesen getrennt werden oder der Macht und Ordnung entbehren und gewissermaßen gottfeindlich sein, sofern sie bald, wenn nur dem Unerzeugten Göttlichkeit zugeschrieben wird, in jüdische Engherzigkeit eingeschlossen werden, bald - was noch törichter denn das Gesagte ist - als drei Mächte und drei Götter in das entgegengesetzte, gleich große Übel gestürzt werden. Man darf den Vater nicht so lieben, daß man ihm die Vaterschaft raubt. Denn könnte er Vater sein, wenn der Sohn anderen Wesens und gleich der Schöpfung ihm entfremdet ist? Auch darf man Christus nicht so lieben, daß man nicht auch die Sohnschaft festhält. Denn wie könnte er Sohn sein, wenn er nicht (Gott) den Vater als seinen Urgrund erklärt? Nicht darf man dem Vater, die Würde des Anfanges, d.i. die Würde, Vater und Erzeuger zu sein, schmälern. Wäre er nicht die Ursache der im Sohne und im Geiste geschauten Gottheit, dann wäre er nur der Anfang für kleine minderwertige Geschöpfe. Es ist notwendig, die Einheit Gottes festzuhalten und die Dreiheit in den Hypostasen, bzw. Personen zu bekennen, deren jede ihre Proprietät besitzt.[12]

Wenn der Sohn als κτίσις entsprechend der Lehre von Arius dem Vater *entfremdet* ist, d.h. wenn er menschliche Eigenschaften durch seine Geburt durch die Mutter besitzt - Arius lehrte die "geschöpfliche" Natur Christi, er lehrte, daß sie zwar anders als die der anderen Geschöpfe war, jedoch in letzter Konsequenz, daß Christus ein *Mensch* war - so ist er kein Gott, er wird vom Vater *entlassen* und sein ontologischer Machtanspruch wird aufgehoben und zunichte gemacht. Der Arianismus stellt eine besondere Form des jüdischen Monotheismus dar, der "aus Furcht vor Vielgötterei den Logos zu einer einzigen Hypostase vereint". Im Grunde ist er trotz der Auflösung in drei "auseinandergerissene" Wesen bloß die andere Seite der Medaille, er geht vom gleichen Prinzip aus. Genauso wie der Nestorianismus, der von der Mutter Gottes als Χριστοτόκος sprach, geht er vom Osten aus, von der jüdischen Tradition. Der entmannte Origenes entstammt auch dieser Tradition. Das scheinbare Gegenteil des Nestorianismus, der *Monophysitismus*, geht auch vom Osten aus und ist im Grunde mit seinem Gegenteil identisch. Es handelt sich nur um das andere Extrem. Der formale Widerspruch ist ein Moment der dialektischen Identität. Behauptet der Nestorianismus die menschliche Natur Christi, des Sohn-Logos, und entläßt ihn somit aus der Substanz des Vaters, schließt ihn davon aus, so behauptet der Monophysitismus die Ausschließlichkeit der göttlichen Natur des Logos und hebt ihn somit auf, weil er ihn dem Vater absolut gleich macht und ihn in ihm auflöst.

Der formale Trugschluß ist hier klar: in der schlechten formalen Identität hört der Sohn-Logos zu existieren auf. Deswegen ist für die dialektischen Kirchenväter die Inkarnation des Logos mit dem Dogma von der Gleichwesentlichkeit inhaltlich verbunden. Sie gewährleistet als Lehre von der Fleischwerdung und der doppelten Natur Christi die weitere Existenz des Sohn-Logos. Nur so wird er nicht durch die Homousie vom Vater inhaliert. In diesem Sinn ist die von Harnack aufgestellte These von der Hellenisierung des östlichen Christentums richtig.[13] Wenn man unter Hellenisierung den Prozeß der Interpretation religiöser Glaubensinhalte durch das Organon der griechischen philosophischen Tradition, dessen sich die Kirchenväter bedienen, versteht, so trifft der "Vorwurf" von Harnack zu. Mit Recht betont jedoch hier Klaus Öhler, daß Harnack selbst nicht versteht, was sein Hellenisierungsvorwurf bedeutet.[14] Für Öhler kann dieser Vorwurf überhaupt kein Vorwurf sein: im Gegenteil, in der Lehre von der Fleischwerdung des Logos erblickt er in Anlehnung an Hegel den konsequenten Abschluß der hellenisch-hellenistischen Philosophie hinsichtlich der Bildung eines Logos-Begriffs, der den Sohn Gottes als innerhalb der Geschichte waltenden Gottesbegriff, wie Gott Vater überhaupt, ermöglicht.

Den griechischen Kirchenvätern ist oft der Vorwurf gemacht worden, sie hätten durch die philosophische Ausbildung des christlichen Prinzips die erste Erscheinung des Christentums in der Welt verfälscht, und mit der Entwicklung eines christlichen Lehrbegriffs seien sie über die erste Erscheinung hinausgegangen usw. Es sei folglich wieder zurückzukehren zu der ersten, ursprünglichen Reinheit der Erscheinung des Christentums, das heißt zu dem Worte Gottes, wie es in den Schriften des Neues Testaments vorhanden sei. Das ist heute wie in früheren Jahrhunderten das Ziel allen reformatorischen Strebens. Es ist kein Geringerer als Hegel gewesen, der in einem heute leider vollkommen in Vergessenheit geratenen Abschnitt seiner 'Vorlesungen über die Geschichte der Philosophie' den reformatorischen Trugschluß entlarvt hat. In der Einleitung zur Philosophie des Mittelalters führt Hegel aus, daß der Text des Neuen Testamentes als die Weise der ersten Erscheinung des Christentums noch nicht ausdrücklich das enthalten kann, was im Prinzip des Christentums liegt. 'Und dies ist auch ausdrücklich in dem Texte selber ausgesprochen. Christus sagt: Wenn ich von Euch entfernt bin, will ich Euch den Tröster senden; dieser, der Geist, wird Euch in alle Wahrheit einführen, - nicht der Umgang Christi und seine Worte. Erst nach ihm und nach seiner Belehrung durch den Text werde der Geist in die Apostel kommen, werden sie erst des Geistes voll werden. Man kann beinahe sagen, daß, wenn man das Christentum auf die erste Erscheinung zurückführt, es auf den Standpunkt der Geistlosigkeit gebracht wird; denn Christus sagt selbst, das Geistige wird erst nach mir kommen, wenn ich weg bin. Der Text der ersten Erscheinung enthält so nur die Ahnung von dem, was der Geist ist und wissen wird als wahr. Das Andere ist, daß in der ersten Erscheinung Christus als der Lehrer, Messias, - und in weiterer Bestimmung als bloßer Lehrer erscheint; er ist ein sinnlicher, gegenwärtiger Mensch für seine Freunde, Apostel u.s.f., - noch nicht das Verhältnis des heiligen Geistes. Wenn er aber als Gott für die Menschen sein, Gott im Herzen der Menschen sein soll, so kann er nicht sinnliche, unmittelbare Gegenwart haben. Der Dalai-Lama ist ein sinnlicher Mensch, der der Gott für jene Völker ist; im christlichen Prinzip, wo Gott im Herzen der Menschen einkehrt, kann er nicht sinnlich gegenwärtig vor ihnen stehen bleiben. So ist das Zweite, daß die sinnliche Gestalt verschwinden muß, so daß sie in die Erinnerung tritt, in die Mnemosyne aufgenommen wird, in das Reich der Vorstellung, - entfernt werde aus der sinnlichen Gegenwart; erst dann kann das geistige Bewußtsein, Verhältnis eintreten. Entfernt ist Christus worden. Wohin hat er sich aber entfernt? Da ist die Bestimmung gegeben, sein Sitz ist zur Rechten Gottes, d.h. jetzt ist Gott gewußt worden als dieser Konkrete, er der Eine und dann sein Sohn, Logos, Sophia u.s.f.: erst durch die Entfernung aus dem Sinnlichen hat das andere Moment in Gott gewußt werden können, und so Gott als das Konkrete. Damit ist also die Vorstellung, daß das abstrakte Göttliche in ihm selbst aufbricht und aufgebrochen ist, erst eingetreten; und so ist dies Andere in Gott der Sohn, ein Moment im Göttlichen, aber nicht in Weise einer intelligiblen Welt, - oder, wie wir es wohl in der Vorstellung haben, eines Himmelreichs mit vielen Engeln, die auch endlich, beschränkt sind, dem Menschlichen näher. Aber es ist nicht hinreichend, daß das konkrete Moment in Gott gewußt wird; sondern es ist notwendig, daß es auch gewußt wird im Zusammenhang mit dem Menschen, daß Christus ein wirklicher

Mensch war. Dies ist der Zusammenhang mit dem Menschen, als Diesem; dies Dieser ist das ungeheure Moment im Christentum, es ist das Zusammenbinden der ungeheuersten Gegensätze. Diese höhere Vorstellung hat nicht im Text, nicht in der ersten Erscheinung vorhanden sein können; das Große der Idee konnte erst später eintreten, der Geist konnte erst nach ihr kommen, und dieser Geist hat die Idee ausgebildet. Dies ist das, was die Kirchenväter getan haben.' ... In diesem von Hegel so bestimmten Verhältnis tritt die byzantinische Philosophie in die Erscheinung, als die Gestalt der griechischen Philosophie im oströmischen Reich.[15]

Das ist die philosophische Seite, der theoretische Ausdruck der gesellschaftlichen Ontologie, die in Byzanz waltete. Ist Philosophie in diesem Sinn gesellschaftlicher Überbau, so vereinigt sie in sich Gedanken und Sprache. Wie im gesellschaftlichen Leben als Ganzes - ich verwende diesen Ausdruck, weil mir Basis und Überbau als miteinander mechanistisch verbundenes Oben und Unten zu schematisch erscheint, wo es um Vermittlung geht - vollzieht sich hier Ungeheuerliches. Alle gesellschaftlichen Regungen und Prozesse, auch die dumpfesten, unartikuliertesten Gefühle und Spannungen, treten im Rahmen der Philosophie in Erscheinung und werden somit veröffentlicht, noch bevor sie bis zum Ende gedacht werden. Diese ansonsten als Gemeinplatz geltende und aus diesem Grund auf verschiedenste Weise strapazierte Grundwahrheit hat es in sich, daß Philosophie oft auf einer Metaphern- und Metasprachenebene operiert, daß sie dort, wo sie von ihrem Selbstverständnis her angibt, Wirklichkeit zu reflektieren und zu konstituieren, als die eigentlich denkende ein verschlüsseltes und rationalisierendes Selbstgespräch bleibt. Oft vermag sie etwas nicht zu Ende zu denken, auch wenn es bloßer Gedanke ist, oder gerade deswegen. So wird die Kluft zwischen ihm und der Wirklichkeit, die "sich selbst zum Gedanken drängen muß",[16] übertragen auf die Ebene des Gedankens in seiner Immanenz, er kann dann nicht mehr mit der ihm eigenen Konsequenz abschließen. Oft wiederum wird etwas auf kürzestem Wege auf den Begriff gebracht, ohne wirklich begriffen worden zu sein, d.h. den Weg des Erfassens durch das Denken durchgemacht zu haben. Dieses ungedacht Begriffene ist dann mit erstaunlicher Faszination für den Denkenden da und muß den Weg, den man verpaßt hat, wieder rekonstruieren. So ein Fragmentarisch-Wirkliches ist das begrenzte, zeitweilige Negative, das, was nicht in die große geschichtsmäßige Synthesis eingegangen ist.

Die sogenannten Häresien vermochten sich in Byzanz abgesehen von einigen großen Bewegungen, die für eine begrenzte Zeitdauer zur staatstragenden Ideologie wurden - das Zeitalter der Ikonoklasie dauerte ca. 120 Jahre - nicht gegen die von den Griechen bestimmten geistigen Strömungen durchzusetzen, die im Staat die dominierende Ideologie waren. Sie sind jedoch Ausdruck von bestimmten gesellschaftlichen Tendenzen, die ihren Ursprung in der besonderen Tradition des Ostens - sie kamen alle aus dem Osten - und den von den östlichen Gebieten des Reiches ausgehenden irredentistischen Tendenzen gegen die Zentralgewalt, aufgrund der dort bedrängten Überreste der Sklavenhaltergesellschaft der colonorum und der Stratioten, aber auch der sich entwickelten Eigenmächtigkeit der lokalen Freudalherren, hatten.

So ist der hier im Zusammenhang mit dem Logosbegriff stehende Monophysitismus zu verstehen, dessen östliche Herkunft das Verschwinden des Sohnes im Geiste des jüdischen Patriarchats verlangt und sich gleichzeitig einer bestimmten philosophischen Tradition bedient, die, wie immer in der Philosophie, eine relative Autonomie und eine immanente Eigendynamik entwickelt. Das ist die im hellenisierten Osten verwurzelte Philosophie des Neoplatonismus, die im Gegensatz zum persischen Manichäismus und dem damit verbundenen Dualismus vom Prinzip eines ontologischen Monismus ausgegangen ist. (Es ist hier symptomatisch, daß auf ökonomischer Ebene die persischen Kaufleute die gefährlichsten Konkurrenten der Griechen im Streben nach der Beherrschung des Welthandels und der damit verbundenen Notwendigkeit der Sicherstellung und Dominanz der Seewege nach Indien waren. Der Handel mit Seide war somit für die Griechen ernsthaft gefährdet und nur durch das Einschmuggeln der Seidenraupe in Byzanz und der damit entstandenen Möglichkeit, Seide selbst zu produzieren, vermochten sich die Byzantiner von der persischen Konkurrenz zu befreien. Dieser Antagonismus mit dem hochentwickelten Reich, fand aber auch sonst in einer Reihe von Kriegen seinen Ausdruck.).

Mit Recht wird hier darauf hingewiesen,[17] daß alle namhaften Vertreter des Neoplatonismus aus dem Osten, hauptsächlich aus Syrien und Ägypten kamen, mit der großen Ausnahme des griechischen Kappadokien der dialektisch geschulten Kirchenväter, die, wie wir gesehen haben, den

Dyophysitismus philosophisch begründet haben. So blühte der Monophysitismus in allen ehemals vom Neoplatonismus beeinflußten Ländern des Ostens.

Man brauchte es nur auszusprechen, und es wird einleuchtend, daß die Monophysiten Fortsetzer der syrischen und ägyptischen Neoplatoniker sind. Beide waren Verfechter des Prinzips der göttlichen Einheit. Sie unterdrückten nicht gänzlich, was ihnen vorgegeben war: Weder die Neoplatoniker die Vielfalt der antiken Götter noch die Monophysiten den Logos neben dem Vater. Aber sie entwerteten, was der Einheit widersprach, indem sie es in ihr aufhoben. Es ist die gleiche Haltung, die bei den Neoplatonikern und Monophysiten hervortrat, und schwerlich wird es Zufall sein, daß beide sich aus Ägypten und Syrien rekrutierten. Leidenschaftliches Streben zur Einheit war für die Menschen dieser Länder ebenso kennzeichnend wie für Iran der Dualismus.[18]

Ist also der Dyophysitismus im Gegensatz zum Monophysitismus eine Konzeption, die mit dem dialektischen Erfassen des Logos-Begriffs zusammenhängt, weil er eben nur als fleischgewordener, menschgewordener Logos, sowohl κτίσις als auch Gott, vom Vater nicht entlassen, aber seine Herrschaft mit ihm teilend ohne sie in Frage zu stellen ist, so stellt er als Ausdruck und in Verbindung mit der Konzeption des innentrinitarischen Verhältnisses die besondere theoretische Ausdrucksform der griechisch-byzantinischen gesellschaftlichen Ontologie dar.

Gerade diese Ausdrucksform ist also nur in Verbindung mit der Konzeption von dem innentrinitarischen Verhältnis begreifbar. Ginge man nur vom Dyophysitismus des Logos aus, könnte man die Differenz zur westlich-katholischen Konzeption nicht begreifen, zumal der Dyophysitismus ein gemeinsames Dogma beider Kirchen ist. Man neigt oft dazu, diese Differenz, die in die Geschichte der Theologie mit dem Wörtchen "filioque" eingegangen ist, dadurch zu formalisieren, daß man in ihr nur einen äußerlichen und mehr oder weniger willkürlichen Anlaß, einen äußeren Umhängemantel erblickt, um die weltpolitische Auseinandersetzung zwischen Konstantinopel und Rom mittels einer künstlichen ideologischen Differenz führen zu können. Diese Interpretation hat jedoch einen Wahrheitskern in sich, insofern als sie in verkehrter Form den theoretischen Ausdruck des Unterschiedes zwischen byzantinischer und römisch-westlicher gesellschaftlicher Ontologie zugunsten seiner materiellen Grundlage für äußerlich und bedeutungslos erklärt. Vielmehr verhält es sich aber so, daß die materiellen Widersprüche im Denken reflektiert und gleichzeitig geformt werden. Das "filioque" Problem ist im Bereich der theologischen Reflexion von konstitutiver Bedeutung, *weil* es in sich reale gesellschaftliche Widersprüche reflektiert.

Der Ausdruck selbst stammt aus der lateinischen Fassung des Glaubensbekenntnisses, wonach die dritte Person der Trinität, der Heilige Geist, vom Vater *und* vom Sohn ausgeht und nicht, wie die Griechen sagten, nur vom Vater; in älteren Formulierungen, und demgemäß auch heute noch, ließen die Orthodoxen die Formel zu: vom Vater *durch* den Sohn. Damit wird aber trotz des Homousie Zugeständnisses an den dyophysitischen Sohn-Logos, der *nachträglich* Mensch werden mußte, damit die Emanzipation des Sohnes realisiert werden kann, die *Monarchie* des Vaters aufrechterhalten, der der alleinige Grund für alle Personen der Trinität und gleichzeitig ihre συγκεφαλαίωσις, d.h. ihre *Zusammenfassung* ist.[19] Wenn das nicht der Fall wäre, müßte nach Lossky entweder die Einheit der Trinität gesprengt und zwei göttliche Prinzipien anerkannt werden, oder man müßte die Personen der Trinität auf augustinisch-aristotelische Weise wie im Westen einem gemeinsamen Wesen unterordnen, das somit das eigentliche ontologische Prinzip werden sollte. Das würde aber die ganze byzantinische Ontologie sprengen, denn "für die Anhänger der römischen Kirche variieren die Beziehungen zwischen den Personen die ursprüngliche Einheit, für die Anhänger der Ostkirche zeigen sie gleichzeitig die Differenz und die Einheit, weil sie auf den Vater bezogen sind, der sowohl der Grund (ἀρχή), als auch die Zusammenfassung (συγκεφαλαίωσις) der Trinität ist."[20] Diese Position des Vaters bleibt im Rahmen der byzantinischen Tradition Jahrhunderte lang, seit der gräzisierenden Fassung des Dogmas durch die Kappadokier bis zum Fall des theokratischen byzantinischen Reichs durch die Türken, unangefochten.

Im folgenden gebe ich eine Reihe von wie mir scheint repräsentativen Textstellen wieder, die den *monarchischen* Geist der griechischen Trinitätslehre in sich reflektieren und somit die Quintessenz der in ihr entwickelten Dialektik darstellen.

Die Kirchenväter zur Trinität (dt. Übers. siehe Anhang 2):

I ATHANASIUS:
... ἡμεῖς εἴς τε τὴν Τριάδα τὴν μονάδα πλατύνομεν ἀδιαίρετον καὶ τὴν Τριάδα πάλιν ἀμείωτον εἰς τὴν μονάδα συγκεφαλαιούμεθα. (De sententia Dionysii, PG 25, 505 A)
... μία ἀρχὴ θεότητος, καί οὐ δύο ἀρχαί· ὅθεν κυρίως καί μοναρχία ἐστίν. (Contra Arianos IV, PG 26, 468 B)

II GREGOR VON NAZIANZ:
Τηροῖτο δ' ἄν, ὡς ὁ ἐμὸς λόγος εἷς μὲν ὁ Θεὸς, εἰς ἓν αἴτιον καί Υἱοῦ καί Πνεύματος ἀναφερομένων οὐ συντιθεμένων, οὐδὲ συναλειφομένων· καί κατὰ τὸ ἓν καί ταὐτὸ τῆς θεότητος, ἵνα οὕτως ὀνομάσω, κίνημά τε καί βούλημα, καί τήν τῆς οὐσίας ταυτότητα. (Rede 20, PG 35, 1073 A)
... ἡμῖν εἷς Θεὸς, ὅτι μία θεότης καί πρὸς ἕν τὰ ἐξ αὐτοῦ τήν ἀναφορὰν ἔχει, κἂν τρία πιστεύηται ... Ὅταν μὲν οὖν πρὸς τήν θεότητα βλέψωμεν, καί τήν πρώτην αἰτίαν καί τήν μοναρχίαν, ἓν ἡμῖν τὸ φανταζόμενον· ὅταν δὲ πρὸς τὰ ἐν οἷς ἡ θεότης, καί τὰ ἐκ τῆς πρώτης αἰτίας ἀχρόνως ἐκεῖθεν ὄντα καί ὁμοδόξως, τρία τὰ προσκυνούμενα... (Rede 31, PG 36, 148 D - 149 A)
Φύσις δὲ τοῖς τρισί μία, Θεός. Ἕνωσις δέ, ὁ Πατήρ, ἐξ οὗ, καί πρὸς ὃν ἀνάγεται τὰ ἐξῆς· οὐχ ὡς συναλείφεσθαι ἀλλ' ὡς ἔχεσθαι, μήτε χρόνου διείργοντος, μήτε θελήματος, μήτε δυνάμεως. (Rede 32, PG 36, 476 B)

III JOHANNES VON DAMASKUS:
Ὁ μὲν γὰρ Πατήρ ἀναίτιος καί ἀγέννητος· οὐ γὰρ ἐκ τινος· ἐξ ἑαυτοῦ γὰρ τὸ εἶναι ἔχει, οὐδὲ τι τῶν ὅσαπερ ἔχει· ἐξ ἑτέρου ἔχει· αὐτὸς δὲ μᾶλλόν ἐστιν ἀρχή καί αἰτία τοῦ πῶς εἶναι φυσικῶς τοῖς πᾶσιν. ... Πάντα οὖν ὅσα ἔχει ὁ Υἱὸς, καί τὸ Πνεῦμα, ἐκ τοῦ Πατρὸς ἔχει, καί αὐτὸ εἶναι· καί εἰ μή ὁ Πατήρ ἐστιν, οὐδὲ ὁ Υἱὸς ἐστιν, οὐδὲ τὸ Πνεῦμα· καί εἰ μή ὁ Πατήρ ἔχει τι, οὐδὲ ὁ Υἱὸς ἔχει, οὐδὲ τὸ Πνεῦμα· καί διὰ τὸν Πατέρα, τουτέστι διὰ τὸ εἶναι τὸν Πατέρα, ἐστίν ὁ Υἱὸς καί τὸ Πνεῦμα· καί διὰ τὸν Πατέρα ἔχει ὁ Υἱος καί τὸ Πνεῦμα πάντα, ἃ ἔχει, τουτέστι, διὰ τὸ τὸν Πατέρα ἔχειν αὐτά... (De fide orthodoxa, PG 94, 821 D, 824 B)
Ὅταν μὲν οὖν πρὸς τήν θεότητα βλέψωμεν καί τήν πρώτην αἰτίαν, καί τήν μοναρχίαν ... ἓν ἡμῖν τὸ φανταζόμενον. Ὅταν δὲ πρὸς τὰ ἐν οἷς ἡ Θεότης, ἤ, τὸ γε ἀκριβέστερον εἰπεῖν, ἃ ἡ Θεότης, καί τὰ ἐκ τῆς πρώτης αἰτίας ἀχρόνως ἐκεῖθεν ὄντα ... τουτέστι τὰς ὑποστάσεις τοῦ Υἱοῦ καί τοῦ Πνεύματος, τρία τὰ προσκυνούμενα. (De fide orthodoxa, PG 94, 829 B)

Diese Hervorhebung des Vaters als die den Grund und die Einheit der Trinität stiftende Instanz hat ihren realen gesellschaftlichen Hintergrund. Bevor wir aber zu der Darstellung dieses Hintergrunds übergehen: Sie hat im Bereich der reinen Theorie noch eine andere Konsequenz, die Unterscheidung zwischen göttlichem Wesen (οὐσία) und Energie (ἐνέργεια). Im Gegensatz zum aristotelisierenden westlichen Christentum sind hier die göttlichen Energien Akte der Gnade des sich herablassenden Gott-Vaters im Sinne der neoplatonischen Emanationslehre.[21] Das heißt aber, daß alles, was im Bereich der Natur von der Kreatur aufgenommen wird, Ausdruck des Willens Gott-Vaters ist, der die Konstitution der Welt, wie der Vater die gesellschaftliche Synthesis, vollzieht. In der Alternative zwischen einem in Naturontologie übergehenden Gottesbegriff und der Vorstellung eines Gott-Vaters, der aufgrund seines *Willens* die Welt konstituiert, entscheiden sich die Byzantiner eindeutig für das zweite. Man kann also sagen, daß die Byzantiner einen Trinitätsbegriff entwickelten, der als Ausdruck der Struktur der gesellschaftlichen Synthesis, der er entsprang, eine *mittlere* Position zwischen östlichem, jüdisch-ägyptisch-syrischem Patriarchat und westlichem Prinzip der Emanzipation von der Herrschaft des Vaters durch die Herrschaft der Söhne, darstellte. Diese griechische Position zeichnet sich durch die durch das Christentum vollzogene Aufhebung des jüdischen Monotheismus als Ausdruck des jüdischen Patriarchats und durch die gleichzeitige Distanzierung vom Gedanken der Emanzipation der Söhne, wie er im Westen realisiert wird, aus. Die philosophischen Mittel dafür liefern die Tradition der platonischen Philosophie im Gegensatz zum aristotelischen Westen und die altgriechische Dialektik, die bei Aufrechterhaltung der *Monarchie* des Vaters - als Ausdruck der Monarchie des Kaisers im theokratisch organisierten Staat - die Möglichkeit der Vermittlung innerhalb des Trinitäsbegriffs gewährleistet und die Bildung eines Individuum-Begriffs ermöglicht.

Die Geschichte des *Hypostase-Begriffs* zeugt hier von dieser Entwicklung. Der reale gesellschaftliche Hintergrund dafür ist der auf der Ebene der Zirkulation stehende, handeltreibende byzantinische Levantinismus, der zusammen mit dem zentralistischen Staat, der selbst der größte Händler des Reichs war und somit dieses Prinzip verkörperte, für die Aufrechterhaltung der herrschenden Form der gesellschaftlichen Synthesis sorgte, nämlich für die Anhäufung von Geld und Reichtum als Genußmittel. Das entwickelte byzantinische Handelskapital war die Basis für blühende Städte und internationale Geschäfte, die selbst keine Grundlage für die Bildung von irgendeiner Arbeit und Geschäftsmoral als Rationalisierung bürgerlicher Subjektivität boten. Die Kluft zwischen dem, was Angelegenheit von dieser Welt ist und dem großen spekulativen Geschäft mit Gott fand ihren Niederschlag im Widerspruch einerseits zwischen der strengen Moral des Klosters und andererseits in der exzessiven Skrupellosigkeit einer Geldwirtschaft, die durch das Streben nach subjektiver Bereicherung ohne irgendwelche moralischen Hemmungen charakterisiert war. Die Ohnmacht der strengen christlichen Ethik gegenüber dem ökonomischen Prozeß ist in Byzanz nahezu absolut. So entsteht die Basis für den noch immer charakteristischen griechischen *Abenteuerkapitalismus*, dessen Wesen nicht allein ökonomisch erklärbar ist. Man kann sagen, daß hier der tradierte gesellschaftliche Überbau sich des ökonomischen Triebmotors der gesellschaftlichen Entwicklung bemächtigt und ihm seinen Charakter aufzwingt. Damit verbunden ist auch der Mangel an irgendeinem sozialen Engagement der Kirche.[22]

Abgesehen von einigen Bemühungen der großen Kappadokier, hauptsächlich Basilius d. Großen, bleibt der byzantinische Klerus abseits der Welt oder individuell korrumpierbar bis zum Exzeß. Im Rahmen einer Gesellschaft, deren ökonomisches Prinzip der Levantinismus ist, wird somit ein Individuum-Begriff entwickelt, der als ein mit der Monarchie des Vaters sowohl innerhalb der Trinität als theoretischer Ausdruck der gesellschaftlichen Verhältnisse als auch im Bereich der gesellschaftlichen Synthesis vermittelter, die Basis für den sui generis Feudalismus der Byzantiner bildet. Was aber die philosophische Geschichte des Individuum-Begriffs in Byzanz betrifft, so ging seine Entwicklung über die Bildung des Hypostase-Begriffs innerhalb der Trinitätsdialektik vonstatten.

Die von Aristoteles übernommene Dialektik der οὐσία πρώτη und οὐσία δευτέρη führte nach langen terminologischen Auseinandersetzungen im Zusammenhang mit den Streitigkeiten über das Wesen der Natur Christi zu der von der griechischen Kirche und von Johannes von Damaskus vollzogenen totalen Identifizierung von οὐσία πρώτη und ὑπόστασις. In der weiteren Entwicklung dieser Begriffsbildung gewann der Terminus "Hypostasis" sowohl in ontologischer als auch in logischer Hinsicht an Bedeutung. Denn sowohl für die Konzeption des Menschen als auch für eine logisch-ontologische Darstellung des Wesens der Trinität geht Johannes davon aus, "daß nicht die συμβεβηκότα und χαρακτηριστικὰ ἰδιώματα die Person konstituieren, sondern daß dem Für-sich-Bestehen diese Funktion zukommt".[23] "Die Hypostase ist das Für-sich-Sein",[24] erklärt Johannes in diesem Zusammenhang.[25]

Die tiefere Bedeutung der Identifikation von Hypostasis und Person-Bedeutung, deren revolutionärer Charakter in der Entwicklung des griechischen Denkens der Aufmerksamkeit der Geschichte der Philosophie entkommen zu sein scheint - besteht in einer zweifachen These:
a) Die Person ist nicht mehr ein Anhängsel des Seienden, eine Kategorie, die wir einem konkreten Seienden *hinzufügen*, nachdem wir zuerst seine ontologische 'Hypostase' bestätigt haben. *Sie ist selbst die Hypostase des Seienden.*
b) Die Seienden führen ihr Sein nicht mehr auf das Sein für sich zurück - das Sein ist also nicht eine absolute Kategorie für sich - sondern auf die Person, die gerade das Sein *konstituiert*, das heißt, sie macht die Seienden zu Seienden. Mit anderen Worten wird die Person vom Anhängsel des Seienden (eine Art Personenmaske) zum für sich Seienden und gleichzeitig - das ist sehr wichtig - *das Konstituierende* ('das Prinzip' oder 'der Grund') der Seienden.[26]

So weitreichende Konsequenzen aus diesem Zusammenhang zieht I. Zizioulas, dessen Einschätzung des philosophiegeschichtlichen Stellenwerts des Hypostasebegriffs ich teile, ohne unbedingt die "existenzialistischen" Schlußfolgerungen der modernen, theologisch gefärbten Philosophie in Griechenland auf die Philosophie schlechthin zu übertragen.

I. Der Logos als ποίησις und κτίσις

Eine Darstellung der Trinitätsproblematik kann nicht ohne eine Untersuchung des Logos-Begriffs zustandekommen. Geht man davon aus, daß die theologische Spekulation der Byzantiner "die Gestalt der griechischen Philosophie im oströmischen Reich"[1] ist, so erhält der Logos-Begriff in diesem Licht eine entscheidende Bedeutung.

Der Trinitätsbegriff und die hellenistische Tradition

In der Rezeption dieses Begriffs von den Kirchenvätern, ja dieser Rezeption selbst, liegen mehrere zum Teil sich bekämpfende und sich überlagernde Konzeptionen von der Welt zugrunde, die teils philosophischer, teils theologischer Natur sind. Hellenistische philosophische Spekulation, orientalische Mysterienreligionen und jüdische alttestamentarische Tradition vereinigen sich innerhalb des Trinitätsbegriffs zu einer Synthese, deren zentrales Moment die Beziehung zwischen Gott Vater und dem Sohn-Logos ist. Es ist kein Zufall, daß die meisten der sogenannten Häresien an einer anderen Behandlung dieser Frage als die der orthodoxen Lehre entflammt sind. Gleichzeitig und parallel zu den theoretischen Auseinandersetzungen über diese Frage reflektiert sich in diesen eine bestimmte Konzeption von der Gesellschaft und die Organisation der Gesellschaft selbst, aus der sie entstanden ist. Für die Darstellung und Erörterung dieser Konzepte ist m.E. nicht so sehr die Beantwortung der Frage entscheidend, welcher Tradition ausschließlich der griechische Trinitäts- und Gottesbegriff zuzuordnen ist, denn zumindest für die Zeit der Entstehung des griechischen Trinitätsbegriffs kann nicht von einer Ausschließlichkeit der ihm zugrunde liegenden Traditionen die Rede sein. Die Frage der Bestimmung des Schweregrades dieser Traditionen, gestellt unter dem Aspekt der Ausschließlichkeit von mehreren Generationen von Gelehrten, die Frage, ob der griechische Trinitätsbegriff Produkt des griechischen, jüdischen oder orientalischen Geistes sei, ist m.E. eine scholastische Art und Weise, an das Problem heranzutreten. Gerade in der Epoche, die hier zur Diskussion steht, kann eine rein griechische, jüdische oder orientalische Tradition nicht *allein* für sich das Ausschlaggebende für die griechische Trinitätskonzeption gewesen sein, es ist daher ein bodenloses Unternehmen, die Forschung in die eine oder andere Richtung lenken zu wollen. Das ist auch der Fehler der großen Gelehrten, die diese Frage so oder anders beantwortet haben, und denen wir eine Fülle von Gedanken und Material verdanken.

Jedoch ist es für das in Diaspora befindliche Griechentum gerade in der Situation der Zerstückelung des Reiches, das Alexander der Große geschaffen hat, ausschlaggebend, Haupttendenzen und Hauptlinien in seiner Philosophie zu verfolgen, die in fruchtbarer Beziehung zu dem ebenfalls in Diaspora befindlichen Judentum und allen im Zustand der Diaspora, weil die großen Reiche - hellenistisches und römisches - in Auflösung begriffen waren, befindlichen Völkern des Orients standen. Ist das paulinische Christentum Ausdruck dieses universal gewordenen, übergreifenden Diaspora-Bewußtseins, so lassen sich jedoch in der Lehre der griechischen Kirche, der ältesten der christlichen Kirchen der Welt, Haupttendenzen und Richtungen des Gedankens orten und bestimmen, denen wir unsere Aufmerksamkeit widmen werden.

Der Doppelsinn des Schöpfungsmythos als ποίησις und πλάσις

Zunächst einmal ist aber auf einen Sachverhalt hinzuweisen, der innerhalb der Lehre der Kirche durch die Arbeit der Kirchenväter überlagert worden ist, ja man kann sogar sagen, daß die Kirchenväter einen wesentlichen Teil der spekulativen Tätigkeit in ihrem Werk der Überwindung jener Problemsituation, die sie in der jüdischen Schrifttradition vorgefunden haben, im Sinne der Konstituierung einer einheitlichen Lehre gewidmet haben. Das ist die Zweischichtigkeit des Schöpfungsbegriffs in der Schrift, einerseits als Zentralbegriff für die geistige Schöpfung der Welt im Wort (Logos), und andererseits, materialistisch gefaßt, als Beschreibung einer Tätigkeit Gottes, die Schöpfung als *Machen* der Welt, als Herstellung im Sinne materieller Manipulation unterstellt. (Das in der Septuaginta verwendete griechische Wort ποίησις ist in dieser Beziehung unklar. Ob geistige oder materielle ποίησις gemeint ist, ist nur aus dem jeweiligen Kontext erkenntlich. Fürs zweite wird jedoch oft auch das sinnfällige Wort πλᾶσις verwendet. Die aristotelische Unterscheidung zwischen πρᾶξις und ποίησις tritt in der Bibel nicht hervor. Es kommt auf den Gesamtzusammenhang an. Im folgenden verwende ich im Deutschen die Begriffe "schöpfen" und "machen".)

In seiner Schrift "Die Entstehung der biblischen Urgeschichte"[2] weist Karl Kautsky auf das Vorhandensein im alten Testament von zwei Schichten biblischer Tradition hin, deren schriftliche Niederlegung er zwei (bzw. drei) verschiedenen Autoren zuschreibt, die durch die Differenz zwischen naturwüchsig materialistischem Schöpfungsmythos und "geistiger" Schöpfung im Wort gekennzeichnet sind. Unabhängig von der philologisch ungeklärten Frage, wer wirklich der Autor oder die Autoren der Genesis waren, auf die sich seine Anmerkungen beziehen, ist es bei der Lektüre der Genesis auffallend, daß in der Tat mit zwei verschiedenen Schöpfungsbegriffen operiert wird. Man kann sagen, daß hier Gott Vater einerseits als "Schöpfer" - wenn man das Wort trotz der waltenden terminologischen Unschärfe im Sinne von geistiger Schöpfung versteht (Kautsky selbst spricht hier von "schaffen" im Gegensatz zu "machen", was mir sehr unklar zu sein scheint) - und andererseits als "Macher" in Erscheinung tritt. In Gen. 1,27 heißt es: "καί ἐποίησεν ὁ Θεὸς τὸν ἄνθρωπον, κατ' εἰκόνα Θεοῦ ἐποίησεν αὐτὸν ἄρσεν καί θῆλυ ἐποίησεν αὐτούς" (dt. Übers., siehe Anhang 3). Demgegenüber heißt es in Gen. 2,7: "καί ἔπλασεν ὁ Θεὸς τὸν ἄνθρωπον, χοῦν ἀπὸ τῆς γῆς, καί ἐνεφύσησεν εἰς τὸ πρόσωπον αὐτοῦ πνοήν ζωῆς, καί ἐγένετο ὁ ἄνθρωπος εἰς ψυχήν ζῶσαν" (dt. Übers. siehe Anhang 3). Die Differenz, die hier in den zwei verschiedenen Schöpfungsberichten zutage tritt, ist auffallend. Wird im ersten Schöpfungsbericht die unspezifische Verbalform ἐποίησεν verwendet, so ist jedoch der Gesamtzusammenhang, in dem das Verb placiert ist, der einer eindeutig "geistigen" Schöpfung; darauf weist das κατ' εἰκόνα Θεοῦ hin, das nicht materiell verstanden werden kann, sondern vielmehr in der Überlieferung eines Verhältnisses zwischen Idee und Abbild steht, das außerhalb eines stofflich faßbaren Herstellungszusammenhangs steht.

Im Gegensatz dazu ist im zweiten Schöpfungsbericht die Verwendung der Verbalform ἔπλασεν (dt. Übers. formte) eindeutig für die Richtung des Gedankens. Nicht nur ist ἔπλασεν ein bildhaft materieller Herstellungszusammenhang, der direkte Handarbeit voraussetzt, ähnlich wie der Töpfer arbeitet, sondern die gesamte Schilderung geht hier zweifelsfrei in diese Richtung. Der Mensch wird aus der Erde gemacht und die Seele wird ihm direkt eingehaucht. Was hier interessant ist, ist nicht die philologische Frage der Klärung, welchen Urkunden diese zwei Schöpfungsberichte zu entnehmen sind,[3] sondern zunächst einmal unabhängig von der historischen und geographischen Bestimmung der hier zugrundeliegenden verschiedenen Überlieferungen die Feststellung der Tatsache, daß es sich um zwei grundlegend verschiedene Arten des Verständnisses von der Entstehung der Welt und des Menschen handelt. Somit zeichnet sich die erste "philosophische" Art in der Genesis nicht nur durch die Schilderung der Schöpfung des Menschen durch eine vom Charakter des naturwüchsig-materiellen entferntere, "geistige" Konzeption ab, sondern auch hinsichtlich der kosmologischen Reflexion scheint sie von einem Prinzip auszugehen, das einen bestimmten Abstraktionsgrad voraussetzt. Zwar handelt es sich im 1. Kapitel der Genesis nicht, wie Kautsky meint, um eine Schaffung der Welt aus dem Chaos und nicht aus dem Nichts - was dem Prinzip einer materialistischen Philosophie entspräche -, weil schon im ersten Satz auf die Entstehung von Himmel und Erde ex nihilo hingewiesen wird, jedoch entspricht hier die weitere Schilderung dem Prinzip einer philosophischen Kosmologie, die trotz der Tatsache, daß sie zeitlich viel früher angesiedelt ist, an die kosmologischen Vorstellungen der spätgriechischen, hellenistischen Philosophie erinnert. "Im Anfang schuf Gott Himmel und Erde; die Erde aber war wüst und wirr, Finsternis lag über der Urflut, und Gottes Geist schwebte über dem Wasser."[4]

Die Tatsache, daß der Geist Gottes "über dem Wasser schwebt" und als nächstes das Licht entsteht, setzt einen begrifflichen Unterschied zwischen Geist und Materie voraus, in einer Weise, die von einer relativ entwickelten Reflexionsstufe bei gleichzeitiger Aufrechterhaltung der Vorstellungen der alten philosophischen Kosmologie, die das Wasser als Ursprungselement in der Entstehung der Welt gekannt haben, zeugt. Hier tritt der Gedanke des Geistigen als Bruch innerhalb der Naturelemente klar hervor. Der in der weiteren Schilderung erfolgende Hinweis auf das Licht, das als nächstes entsteht, liegt dann in großer Nähe sowohl von einer naturwissenschaftlichen Betrachtung, die mit Recht in der Sonne das weitere Ursprungselement für die Enstehung der Welt erblickt, als auch vor allem und auch indirekt in Folge dessen in großer Nähe zu den altorientalisch-hellenistischen Spekulationen über das Licht und zur neoplatonischen Licht-Metaphysik. So gesehen ist die Frage der zeitlichen Bestimmung der Verfassung dieser philosophischen Schicht in der Genesis sehr reizvoll. Auch die Tatsache, daß im ersten Schöpfungsbericht Mann und Frau zusammen geschaffen werden, während beim zweiten Schöpfungsbericht die Frau nachträglich aus der Rippe Adams gemacht wird, zeugt vom naturwüchsig-materiellen Charakter der zweiten Schicht in der Genesis im Gegensatz zur ersten. Entscheidend ist hier auch, daß die Frau als Gehilfe des Mannes konzipiert wird, damit er nicht allein ist. "Dann sprach Gott, der Herr: Es ist nicht gut, daß der Mensch allein bleibt. Ich will ihm eine Hilfe machen, die ihm entspricht."[5]

In einer sehr offenkundigen Weise wird hier die niedrige Position der Frau im Rahmen des jüdischen Patriarchats durch die Zuordnung auf einer niedrigeren Stufe im Rahmen einer naiven Naturontologie legitimiert. So stellt m.E. dieser Sachverhalt ein klassisches Beispiel der Ontologisierung von gesellschaftlichen Gewaltverhältnissen dar.

Der Mensch-werdende Logos und die orientalische Lichtmetaphysik

Die für die Interpretation problematischeste Stelle im zweiten Schöpfungsbericht der Genesis ist m.E. der Begründungszusammenhang, den die Schlange von sich gibt, um die Frau davon zu überzeugen, vom Baum der Erkenntnis zu essen. "Darauf sagte die Schlange zur Frau: Nein, ihr werdet nicht sterben. Gott weiß vielmehr: Sobald ihr davon eßt, gehen euch die Augen auf; ihr werdet wie Gott und erkennt Gut und Böse."[6]

Diese Stelle, die üblicherweise im Sinne einer spekulativen Interpretation als Hinweis auf den durch den erkennenden Menschen vollzogenen Bruch innerhalb der Natur und ihrer Bande interpretiert wird und somit eine philosophischere Nuance enthält, fungiert bei Kautsky als Grund für die Vertreibung des Menschen aus dem Paradies, weil Gott Angst hat, daß der Mensch *auch* die Ewigkeit erlangt. Diese Konkurrenzangst Gottes vor dem Menschen erscheint hier in einem ambivalenten Zusammenhang; einerseits bestätigt sie die These von dem Bruch innerhalb der Natur und der damit angedeuteten Möglichkeit der Aufhebung von gesellschaftlich institutionalisierten, naturwüchsigen Gewaltverhältnissen - ein Zusammenhang, der wesentlich mit der These des Bruchs in der Natur vermittelt ist, der aber, wie es selbstverständlich wäre, nicht immer mit ihr ausgesprochen wird -, andererseits steht sie in einem denkwürdigen Verhältnis zu der soteriologischen Konzeption des Logos im Christentum, die gemeinsamer Topos aller hellenistisch-orientalischen Religionen war.[7] Nach der These von Reitzenstein ist dieser Sachverhalt eine spezifische Eigenschaft der orientalischen Religionen und stellt somit ein vom Christentum übernommenes, qualitativ neues Element dar. Die orientalische Vorstellung des Mensch gewordenen Gottes, der den Menschen vom Tod rettet und seine Sehnsucht nach ewiger Dauer des Lebens befriedigt, eine Sehnsucht, die das Griechentum mit seinem Todeshaß nie mit den Mitteln der griechischen Philosophie befriedigen konnte, wobei ihm die Vorstellung der Möglichkeit des Erlangens des ewigen Lebens und der Auferstehung völlig fremd war - was auch der Grund für den Spott war, den Paulus in Athen geerntet hat -, wäre somit nach Reitzenstein ein Hinweis gegen eine bis ins Extrem gehende Annahme der berühmten These von Harnack von der Hellenisierung des östlichen Christentums.[8]

So gesehen könnte also die Vorstellung der im Besitz Gottes waltenden Ewigkeit, die ihm der Mensch durch den Sündenfall streitig zu machen versuchte, Ausdruck einer im orientalischen Denken verankerten Kontinuität als gemeinsames Element aller östlichen Religionen von der Zeit der alttestamentarischen jüdischen Spekulation bis zum Synkretismus des Zeitalters Christi sein. Sicher ist nur, daß sie dem griechischen Denken, für das der Tod das größte Übel war, fremd blieb. Auf alle Fälle ist die Vorstellung des niedergegangenen, Mensch gewordenen Gottes, der durch seine Auferstehung den Menschen ewiges Leben schenkt, gemeinsames Charakteristikum der orientalischen Religionen und wurde vom Christentum im Zeitalter des Hellenismus mit dem Symbol der nieder- und aufgehenden Sonne verbunden. Auch die kalendarische Fixierung der Osterfeier ist für das Urchristentum einerseits mit der Anbetung des orientalischen Gottes Helios am Sonntag, andererseits mit dem Beginn des Frühlings als Wiedererweckung der Natur verbunden.

Nun wissen wir aus den Daten des Johannesevangeliums und aus der kleinasiatischen Urtradition, die auf Johannes als den Augenzeugen der Heilsereignisse zurückgeht, daß Jesus am 14. Tag des Frühlings-Monates Nisan gestorben ist. Dieser Tag fiel damals (entweder im Jahre 30 oder 33 nach Christus) auf einen Freitag, also auf den Tag der Παρασκευή, den 'Rüsttag', an dem die Juden dem Gesetz gemäß das Osterlamm aßen. Der Nisan der Juden ist aber der erste Monat des Jahres, dessen Beginn durch Beobachtung des wachsenden Mondlichts festgelegt wurde: am Tag nach dem ersten Aufleuchten der aus dem neumonatlichen Dunkel aufsteigenden Mondsichel wurde der erste Nisan angesetzt; der Neumond aber, der hier entscheidend ist, war stets der dem Frühlingsäquinoktium unmittelbar folgende ... In die hellenistische Zeitenrechnung umgesetzt hieß das aber - und diese Zeitrechung war immer viel mehr als eine bloß kalendarische Angelegenheit, sie war Zeitkult und Naturleben -: Jesus ist am Venustag gestorben, lag am Tag des Saturnus im Grab und ist erstanden am Tag des Helios. Jesus ist erstanden am mittleren Tag jenes Monats, dessen Beginn fest immer in den Martius fiel, der ja auch im römischen Imperium der erste Jahresmonat war. Jesus ist erstanden am Tag, wo im wachsenden, zu sommerlicher Höhe ansteigendem Licht des Helios das Schwestergestirn Selene im vollen Glanz dem Bräutigam und Bruder gegenübersteht, und so wird die geheimnisvolle Koinzidenz, daß er am Tage des Helios von den Toten auferstand, noch tiefsinniger.[9]

Die uralte griechische Vorstellung von der Sonne als Symbol des Lebens wurde also im Zeitalter des hellenistischen Synkretismus von der christlichen Kirche übernommen und zu einer Lehre transformiert, die im Gegensatz zum Griechentum, den Gedanken der Auferstehung impliziert:

Wenn Jesus an einem Heliostag auferstand, wenn alljährlich von neuem der Tag des Frühlingslichts und des im Sonnenleuchten glänzenden Mondes den Tag der Auferstehung bedeutet - dann ist offenbar das ganze Heilsgeschehen des 'triduum sacrum', des Todes am Freitag, der Grabruhe am Samstag, des neuen Lebens am Sonntag, vergleichbar dem Untergehen, der Nachtfahrt und dem Aufgehen der Sonne![10]

Auf alle Fälle ist die im zweiten Schöpfungsbericht der Genesis enthaltene Schilderung des Sündenfalls eine in den Möglichkeiten ihrer Interpretation recht zweideutige Stelle, die in ihrer Ambivalenz im Gegensatz zu anderen eindeutigen Hinweisen auf einen vergeistigten Begriff der schöpferischen Tätigkeit Gottes im Alten Testament steht. Für alle diese Stellen ist es charakteristisch, daß sie im Unterschied zum Logos-Begriff des Neuen Testaments zwar der "geistigen" Schicht in der Schöpfungstradition des alten Testaments entsprechen, jedoch im spezifisch jüdischen Sinn trotz dieser Vergeistigung Schöpfung als etwas "Gemachtes" hinstellen. Somit erscheint Schöpfung zwar nicht als etwas handwerklich Hergestelltes, wie in der Tradition des zweiten Schöpfungsberichts, es bleibt aber am Produkt der schöpferischen Tätigkeit so etwas wie ein materiell geformtes Sein haften. Diese Materialität des Schöpfungsproduktes bleibt dann mit dem Schöpfungsprozeß trotz der geistigen Art, mit der dieses Produkt zustandekommt, behaftet. Das ist m.E. die eigentliche Bestimmung von κτίσις, eines Ausdruckes, der symptomatischerweise für die Welt als κόσμος verwendet wird, für alles, was als geschaffenes Sein den κτιστὸς κόσμος ausmacht.

Im Gegensatz zu dieser jüdischen Tradition bemüht sich das Christentum in bezug auf den Sohn-Logos und auch in bezug auf bestimmte Dinge, die in der Welt als Offenbarung des Heiligen - wobei hier die Funktion der dritten Trinitätsperson, des Heiligen Geistes, in Erscheinung tritt - erscheinen, den Charakter ihrer Materialität abzustreifen. Vor allem in der byzantinischen Tradition treten somit gewisse Dinge mit dem Charakter der völligen Immaterialität auf, so die ἀχειροποίητες εἰκόνες und auch τὸ ἄκτιστον φῶς, das im Gegensatz zu κτιστὸς κόσμος den Heiligen als reine Offenbarung Gottes erscheint. Das heißt natürlich nicht, daß es für das Christentum keine κτίσις gibt. Die ganze Auseinandersetzung mit den Manichäern, die die Materie als ontologisch minderwertig verdammten, ja sogar als böse darstellten, zeugt von der Konzeption der christlichen Lehre, daß dem κτιστὸς κόσμος als Werk Gottes die Ehre gebührt, daß die materielle Welt gut ist und sogar eine bestimmte Würde besitzt. Das, was aber hier entscheidend ist, ist die ungeheure Wirkung, die der Begriff κτίσις auf das jüdische Denken trotz oder gerade wegen der substanziellen Differenz zwischen immaterieller Tätigkeit Gottes und Materialität der

Schöpfung als ihr Produkt auf der Ebene der "vergeistigten" Schöpfungs-
überlieferung hatte. Somit erklärt sich auch der Unterschied zwischen
alttestamentlichem und neutestamentlichem Logos-Begriff.

Jüdische Sophia und christlicher Logos

Die Kontinuität zwischen dem Logos-Begriff im Alten und dem Logos-
Begriff im Neuen Testament wird im Christentum durch die exegetische
Arbeit der Kirchenväter geleistet, die in dieser Beziehung an das Johannes-Evangelium mit seinem Logos-Begriff als Knotenpunkt zwischen
jüdischer Tradition und "Neuem Bund" anknüpfen. Der alttestamentliche
λόγος in der späteren Tradition der rabbinischen Theologie, auch als
σοφία bezeichnet, tritt als die immaterielle Tätigkeit der Schöpfung, deren
Wesen die übergreifende Substanzialität Gottes ist, auf. Zwischen jüdischer σοφία und christlichem λόγος gibt es trotz der nachträglich durch
Exegese hergestellten Kontinuität und z.T. im Rahmen dieser exegetischen
Arbeit einen Unterschied. Die σοφία bezieht sich auf κτίσις und νόμος,
Thora, sie ist die immaterielle Kraft und Tätigkeit Gottes und gleichzeitig
sein Wissen von sich selbst und der Welt. (Es ist hier symptomatisch, daß
der Ausdruck Kraft, δύναμις, für Probleme innerhalb der christlichen
Exegese gesorgt hat. Würde der Sohn ähnlich wie bei Philon als δύναμις
Gottes interpretiert, so bestünde die Gefahr, daß er nur eine auf κτίσις
gerichtete Tätigkeit und nicht eine selbständige souveräne Person und
gleichzeitig ὁμοούσιος τῷ πατρί wäre. Er wäre nur ein Attribut Gottes.)
Sie ist ferner als dieses souveräne Wissen Gesetz, dem sich der Mensch
unterzuordnen hat; es wurde Moses anvertraut, mosaisches Gesetz, mosai-
sche Religion. Sie spricht durch die Propheten und aus dem Mund der
weisen Männer Israels.[11]

Wie diesen Stellen zu entnehmen ist, fungiert σοφία im Alten Testa-
ment als das Mittel, mit dem die Welt geschaffen wird, als Instrument der
Schöpfung. Sie ist ferner jene in der Welt innewohnende Kraft, die das
Leben entstehen läßt, ja sie ist das Leben selbst. Sie ist aber auch ein
Auftrag an die Menschen, ihre Gebote zu achten; sie ist Gesetz. Sie ist
ferner die gemeinbildende sittliche Substanz. Die Dialektik zwischen Glau-

ben, Gesetz und Gemeinde ist für das Alte Testament entscheidend. Deswegen steht der Auftrag an das Volk, die Gesetze zu achten. Sie bleibt aber stets selbst ein Geschöpf, sie ist selbst κτιστή, auch wenn es bei Sap. Sol. heißt: "... *und die zugegen war, als du die Welt erschufst*".[12] Auch der Hinweis auf den Hl. Geist besagt nichts darüber, daß dieser Hl. Geist, der zwar neben der Sophia, aber ohne klare begriffliche Distinktion von ihr erwähnt wird, nicht selbst ein κτιστὸν πνεῦμα ist. Im Gegenteil, das läßt sich im Gesamtkonzept des Textes durchaus vertreten. Aus diesem Grund sind ausgehend von den Ausführungen der jüdischen Tradition von κτίσις dann auch später im Christentum Schwierigkeiten in bezug auf die Bestimmung der Immaterialität und des nicht geschöpflichen Charakters des Hl. Geistes entstanden. Ähnlich wie beim λὀγος waren es wieder die Kirchenväter, die eine geschöpfliche Konzeption vom Hl. Geist abgelehnt haben und die sich um den Nachweis seiner Homousie mit den zwei anderen Trinitätspersonen bemüht haben.

In der Dialektik mit der Gemeinde erscheint σοφία in unklarer terminologischer Trennung von Geist und λὀγος als die Kraft, die die Welt und die Gemeinde konstituiert, die sogar in der Schöpfungskonzeption durch den Geist, der die toten Gebeine wieder lebendig macht und mit Fleisch ausstattet, mit der Auferstehung vom Tod, vermittelt ist. Dieser Auferstehungsbegriff ist aber zweideutig: Einerseits ist er die Konsequenz der Schöpfung durch Geist - wenn Lebensentstehung durch Geist, so ist auch Auferstehung aus dem Tod durch Geist möglich -, andererseits ist er organisch mit der Existenz des Volkes Israel, um dessen Schöpfung und Auferstehung es ja geht, verbunden; λὀγος, σοφία und πνεῦμα sind im Alten Testament Geschöpfe Gottes, die, selbst κτιστά, auf die κτίσις des Volkes Israel bezogen sind. Die Universalität des paulinisch-christlichen Begriffs, die über die Begrenztheit des jüdischen Patriarchats hinausgeht und die Völker der Diaspora des hellenistischen Zeitalters zu einer Ökonomie vereinigt, ist auf dieser Ebene der Reflexion noch nicht aufgetreten.

Was aber für unseren Zusammenhang noch wichtig ist, ist die auf der Ebene der vergeistigten Schöpfungstradition vorhandene Differenz zwischen Schöpfung im Wort und Aufbau der Welt als κτίσις.

Die zwei Schöpfungsstufen der κτίσις

Obwohl in dieser Beziehung keine klare terminologische Trennung vorliegt, wird im Alten Testament zwischen zwei Schöpfungsstufen unterschieden. Die erste ist die Entstehung der Welt durch die geistige Schöpfung im Logos und die zweite ist die Schöpfung und der weitere Aufbau und Zusammenhalt von allem, was existiert. Im Psalm 32,9 kommt dies klar zum Ausdruck: "ὅτι αὐτὸς εἶπε καί ἐγενήθησαν, αὐτὸς ἐνετείλατο καί ἐκτίσθησαν" (dt. Übers. siehe Anhang 4).

Hier wird zwischen ἐγενήθησαν und ἐκτίσθησαν als zweite Stufe der Schöpfungsgeschichte deutlich unterschieden. Auf dieser Unterscheidung beruht im Christentum auch die Vorstellung des Sohn-Logos, durch den die κτίσις zustandekam und auf dem sie beruht und der auch ihren Zusammenhalt gewährleistet. Somit besitzt der Begriff des Λόγος im Alten Testament auch eine dynamische Dimension. Er wird in die Welt geschickt, um die Lebensprozesse nach der ersten Schöpfung aufrechtzuerhalten. Wir sehen, daß hier auch die Frage der Zeitlichkeit, der der alttestamentliche Λόγος unterworfen ist, in die Reflexion einbezogen wird. In der weiteren Konsequenz dieser Denkweise bestand eine der Hauptaufgaben der Kirchenväter im Christentum darin, die Unzeitlichkeit des Sohn-Logos nachzuweisen, die im jüdischen Λόγος als κτίσις und ἀρχή noch nicht vorausgesetzt ist. In diesem Sinn stellt die berühmte Formulierung von Prov. 8,22 "Κύριος ἔκτισὲ με ἀρχήν ὁδῶν αὐτοῦ εἰς ἔργα αὐτοῦ" (dt. Übers., siehe Anhang 5), deren Anwendung Origenes den Häresie-Vorwurf brachte, eine repräsentative Aussage in zweierlei Hinsicht dar: erstens die Betonung des Charakters des Λόγος als κτίσις und zweitens die Hervorhebung seiner Zeitlichkeit, obwohl er als erster vor aller sonstigen Schöpfung geschaffen wurde, so daß über sein Verhältnis zu Gott gesagt werden kann: "als er die Fundamente der Erde abmaß, da war ich als geliebtes Kind bei ihm ..."[13]

Diese zwei Grundprobleme bei der Bestimmung des Charakters des Λόγος sind also im Christentum Gegenstand von Reflexionen gewesen, deren Geschichte zuerst mit der allmählichen Fundierung der Lehre in der Auseinandersetzung mit der jüdischen Tradition zusammenhing und aus diesem Grund die Konsolidierungsphase des Dogmas kennzeichnete.

Deshalb ist eine klare terminologische Absonderung in der Bestimmung des Begriffs des Λόγος hinsichtlich dieser zwei Momente im Gegensatz zum Judentum in den Werken der Apostel und der drei ersten synoptischen Evangelisten noch nicht zu finden. Zwar erscheint in den synoptischen Evangelien der Begriff Λόγος in wesentlicher, außer Frage stehender, organischer Verbindung mit der historischen Person Jesu, es wird aber kein Zweifel darüber gelassen, daß die geschichtliche Person Jesu der Λόγος selbst ist. In den Berichten über sein Leben und sein Wirken kommt das auch durch viele souveräne Selbstaussagen und aus dem sonstigen Gesamtkontext des Textes klar zum Ausdruck. Die Frage nach der Zeitlichkeit Jesu und seiner Beziehung zum Begriff der κτίσις scheint den ersten Jüngern müßig zu sein. Aus diesem Grund ist sogar bei Paulus eine gewisse Unschärfe der Sprache bei der Bestimmung dieser für die Lehre wesentlichen Momente ersichtlich. Er betont zwar immer wieder die Göttlichkeit Jesu als Sohn-Logos und sein Gesandtsein, um den alten νόμος Israels zu erfüllen, der Unterschied aber zum jüdischen Begriff von ποίησις und κτίσις scheint, obwohl er von ihm vorausgesetzt wird, kein Gegenstand von Reflexionen und Auseinandersetzungen zu sein und auch sprachlich ohne besondere Mühe der Diskussion der Begriffe kaum aufgenommen worden zu sein.

Ein typisches Beispiel dafür ist m.E. die folgende Stelle: "So haben wir doch nur einen Gott, den Vater. Von ihm stammt alles, und wir leben auf ihn hin."[14] Hier scheint mir, daß die Frage des Verhältnisses von Gott Vater und Sohn-Logos hinsichtlich der Substanz und der Zeitlichkeit an einer Stelle, der es im Gegensatz zu der Vielgötterei der Griechen um die Betonung des einen christlichen Gottes geht, gar nicht erwähnt wird. Zum Zweiten fällt aber auch auf, daß die Bestimmung Jesu als des Mittlers für die κτίσις, als Prinzip, wodurch κτίσις zustandekommt, einer möglichen Hinterfragung bezüglich ihres ὁμοούσιον mit dem Vater nicht ganz mit dem Hinweis standhielte, daß sowieso derjenige, durch den die κτίσις ist, nicht selbst κτίσις sein kann; ein Hinweis, der übrigens in Analogie zum antiken Schema von der Erkenntnis des Gleichen durch Gleiches sich in sein Gegenteil umkehren könnte. Diese Problematik tritt auch bei anderen frühen Theologen in Erscheinung, unabhängig davon, ob sie in diesem Zusammenhang unter dem Einfluß der jüdischen Tradition stehen oder nicht.

Bei Origenes scheint sie mehr ein Produkt neoplatonischen Geistes zu sein, wobei es nicht ausgeschlossen ist, daß hier der neoplatonische Einfluß eine bei ihm nicht überwundene Tradition jüdischen Geistes einfach überlagert und rationalisiert. So heißt es bei ihm in bezug auf den Sohn-Logos: "Unser Erlöser ist also das Bild des unsichtbaren Gottvaters;/ *Bild und* nicht Wahrheit im Verhältnis zum Vater; im Verhältnis zu uns aber, die wir die Wahrheit des allmächtigen Gottes nicht fassen können, stellt er eine abbildhafte Wahrheit dar, damit die Erhabenheit und Größe des Höheren gewissermaßen in eingeschränkter Weise erkennbar werde im Sohne."[15]

Diese Auffassung vom Sohn-Logos als Vermittler kommt deutlich bei Origenes in einer Weise zum Ausdruck, die an das platonische Höhlengleichnis erinnert. Weil der Mensch den Gott Vater nicht in seiner Größe erblicken kann, bedarf er des Mittlers. So wird der Sohn-Logos auch mit einem Standbild verglichen, in dessen Zügen die Charakteristika des Standbilds des Vaters, das wegen seiner "ungeheuren Größe" nicht gesehen werden kann, reproduziert werden. Somit ist der Sohn-Logos im Verhältnis zum Vater "Prägebild seines Wesens". "Wir konnten die Herrlichkeit des reinen Lichtes, die in der Größe seiner Gottheit beschlossen ist, nicht anschauen; jetzt aber vermögen wir dadurch, daß er für uns zum "Glanz" wird, den Weg zur Schau des göttlichen Lichtes durch den Anblick des Glanzes zu finden."[16]

Überhaupt scheint Origenes unter dem Einfluß dieses Neoplatonismus die jüdische Tradition der κτίσις zu rationalisieren und mit den Mitteln der griechischen Philosophie wiederzugeben. In diesem Zusammenhang müßte m.E. die Zweideutigkeit des origenistischen Schöpfungsbegriffs begriffen werden. Einerseits betont Origenes die Ungeschaffenheit des Sohn-Logos,[17] andererseits versucht er diese Ungeschaffenheit durch die Nichtteilbarkeit des Willens des Gottvaters zu erklären. "Vielmehr muß man annehmen, auf die gleiche Art, wie der Wille aus dem Geist hervorgeht, ohne einen Teil des Geistes abzuschneiden und ohne von ihm geschieden oder getrennt zu werden, so habe der Vater den Sohn gezeugt, nämlich als sein Bild..."[18] Das hat aber zur Folge, daß dadurch eine Subordinationismus-Tendenz im Verhältnis zwischen Vater und Sohn bei Origenes durchkommt,[19] das heißt, daß im Sinne einer echt jüdischen

Tradition der Vater als ontologisch höher stehend und mächtiger als der Sohn erscheint. Das zeigt sich sehr schön im Kapitel für den Heiligen Geist:

Ich glaube, daß Gott Vater, der das All zusammenhält, zu jedem Seidenden hindurchdringt und einem jeden aus seinem eigenen (Sein) verleiht zu sein, was es ist. Weniger weit als der Vater (wirkt) der Sohn, der nur zu den vernunftbegabten Geschöpfen hindurchdringt, denn er steht an zweiter Stelle nach dem Vater; noch weniger weit der heilige Geist, der nur bis zu den Heiligen hindurchdringt. Insofern ist also die Macht des Vaters größer als die des Sohnes und des heiligen Geistes; größer sodann die des Sohns als die des Heiligen Geistes, und die Wirksamkeit des heiligen Geistes ihrerseits übertrifft die von allem, was sonst heilig ist.[20]

An dieser Stelle zeigt sich sehr schön, wie unter Zuhilfenahme des neoplatonistischen Emanationsschemas, das hier durch das Modell einer ontologischen κλῖμαξ klar zum Ausdruck kommt, ein im Grunde jüdischer Gottesbegriff innerhalb der christlichen Theologie gerettet wird. Unabhängig davon, daß Origenes in weiterer Folge dieser Gedanken das Verhältnis der drei Personen in der Trinität umkehrt, um die Bedeutung des Hl. Geistes hervorzuheben,[21] bleibt in den Grundzügen seiner Theologie dieser jüdische Einfluß in Verbindung mit Elementen aus der griechischen Philosophie ohne Zweifel bestehen. Gerade in der Zweideutigkeit von zentralen Begriffen wie Trinität, Schöpfung etc. erkennt man sein Ringen mit diesen zwei Traditionen, das ihm zuletzt auch den Vorwurf der Häresie brachte. In unserem Zusammenhang ist hier der Hinweis auf die Bedeutung beider Elemente, des jüdischen und des griechischen, in ihrer Verschmelzung wichtig, wobei das jüdische Element das Substrat und das griechische Element das Rationalisierungsmoment dieser Theologie bilden. Insofern zeigt sich bei Origenes auch die Einseitigkeit einer Kritik, die im Frühchristentum *ausschließlich* das eine oder andere Element vertreten sieht.

Diese terminologische Unschärfe zeigt sich bei Paulus an einer anderen Stelle in der Übernahme des bereits zitierten Spruchs aus Prov. 8,22: "ὅς ἐστιν εἰκὼν τοῦ Θεοῦ τοῦ ἀοράτου, πρωτότοκος πάσης κτίσεως, ὅτι ἐν αὐτῷ ἐκτίσθη τὰ πάντα, τὰ ἐν τοῖς οὐρανοῖς καὶ τὰ ἐπὶ τῆς γῆς, τὰ ὁρατὰ καὶ τὰ ἀόρατα, εἴτε θρόνοι εἴτε κυριότητες εἴτε ἀρχαί εἴτε ἐξουσίαι· τὰ πάντα δι' αὐτοῦ καί εἰς αὐτὸν ἔκτισται· καί αὐτός ἐστι πρὸ πάντων, καί τὰ πάντα ἐν αὐτῷ συνέστηκε..."[22] Hier ist das πρὸ πάντων kein eindeutiger Hinweis auf die ontologische Stufenordnung des Λόγος als ὁμοούσιος, denn es könnte ohne weiteres auf πρωτότοκος bezogen sein. Auch der Hinweis auf den Charakter des Λόγος als εἰκὼν, der übrigens von den Kirchenvätern als Nachweis der Homousie und nicht als im Gegensatz zu ihr befindlich begriffen wird, ist hier keine eindeutige sprachliche Formulierung gegen etwaige Vorwürfe von κτίσις. Interessanterweise knüpfen an diese Formulierung von εἰκὼν zwei Traditionen an, deren Nachwirkungen im Rahmen des Bilderstreits im 8. Jahrhundert eine Rolle gespielt haben. Die eine ist die griechischneoplatonische, die christlich transformiert werden mußte, damit im Rahmen der Lichtmetaphysik der Emanationslehre die μετασχηματισμοί des göttlichen Lichtes nicht wie im Neoplatonismus als stofflich faßbare Abstufungen auf der ontologischen Stufenleiter als Basis für ein stoffliches Erfassen des Sohn-Logos als εἰκὼν fungieren. Die andere ist die alttestamentliche jüdische Tradition, wonach der Λόγος sowohl Wort als auch Abbild ist. Diese Vorstellung scheint auch im Rahmen der origenistischen Bibelinterpretation an der Unterscheidung zwischen somatischer, psychischer und geistiger Interpretation der Schrift nicht unbeteiligt gewesen zu sein. Reitzenstein meint, daß die Unterscheidung zwischen σῶμα, ψυχή und πνεῦμα, wobei ψυχή noch als menschliches Attribut im Körper eingekerkert fungiert, während Geist göttlich ist, eine Vorstellung der östlichen Gnosis ist, während die Griechen nur den Dualismus zwischen σῶμα und πνεῦμα kannten. Für diesen Gebrauch von ψυχή sprechen eine Reihe von Stellen bei den Kirchenvätern, wie z.B. die folgende aus einem Text Isaak des Syrers:

Λοιπὸν ἀδελφὲ πίστευε, ὅτι ἐξουσίαν ἔχει διακρίνειν ὁ νοῦς τὰς ἑαυτοῦ κινήσεις, ἕως τοῦ τόπου τῆς ἐν προσευχῇ καθαρότητος. Ὅταν δὲ φθάσῃ ἐκεῖ, καί μή στραφῇ εἰς τὰ ὀπίσω ἢ καταλείψῃ τὴν προσευχήν, τότε γίνεται ἡ προσευχή ὥσπερ τις μεσίτις μεταξύ τῆς ψυχικῆς καί τῆς πνευματικῆς. Ὅταν μὲν κινηθῇ, ἐν τῇ ψυχικῇ χώρᾳ ἐστίν· ὅταν δὲ εἰς ἐκείνην τὴν χώραν εἰσέλθῃ, παύεται τῆς προσευχῆς. Οἱ γὰρ ἅγιοι ἐν τῷ μέλλοντι αἰῶνι, οὐ προσευχῇ προσεύχονται, ὅταν ὁ νοῦς αὐτῶν καταποθῇ ὑπὸ τοῦ πνεύματος, ἀλλὰ μετὰ καταπλήξεως ἐναυλίζονται ἐν τῇ εὐφραινούσῃ δόξῃ.[23]

Die Fixierung des Judentums auf die Buchstaben der Schrift als somatische Abbilder des Λόγος selbst, so daß dadurch die Identität zwischen Λόγος und νόμος gewährleistet wird, ist auch im Rahmen dieser Tradition zu verstehen. An einer anderen Stelle bei Paulus tritt dieser Sachverhalt ebenfalls klar in Erscheinung: "... ἐλάλησεν ἡμῖν ἐν υἱῷ, ὃν ἔθηκε κληρονόμον πάντων, δι' οὗ καί τοὺς αἰῶνας ἐποίησεν· ὃς ὢν ἀπαύγασμα τῆς δόξης καί χαρακτήρ τῆς ὑποστάσεως αὐτοῦ, φέρων τε τὰ πάντα τῷ ῥήματι τῆς δυνάμεως αὐτοῦ..."[24] Hier ist ἀπαύγασμα τῆς δόξης ein zwar sehr von den Kirchenvätern bevorzugter Ausdruck, um auf die Homousie hinzuweisen, ähnlich den Analogien der Lichtmetaphysik von Vater Sonne - Sohn Licht etc., χαρακτήρ τῆς ὑποστάσεως könnte aber ähnlich wie εἰκών begriffen werden, während der Kern der Aussage mehr auf den Charakter des Λόγος eingeht, als Mittel der Schöpfung und Träger der Welt.

Man sieht also, daß der von der jüdischen Tradition übernommene Begriff der κτίσις, der mit der ποίησις im Wort zusammenhängt, im apostolischen Zeitalter keine sprachlich einwandfreie Distinktion von einer ποίησις des Λόγος selbst als κτίσις erfährt. Die Notwendigkeit der begrifflichen Durchführung dieser Dinstinktion auf einer Ebene, die sprachlich einwandfrei ist, entsteht erst später im Zuge der christologischen Streitigkeiten und wird von den Kirchenvätern durchgeführt. Insofern ist sie ein Produkt griechischen Geistes in der Kirche und in dieser Beziehung hat Harnack Recht, wenn er von einer Hellenisierung spricht. Eine große Ausnahme aber in dieser Hinsicht im apostolischen Zeitalter bildet das 4. Evangelium, das Evangelium des Johannes, das mit Recht aus diesem Grund als das spekulativste aller Evangelien bezeichnet werden kann. Unabhängig von der noch immer offenen Frage, wer sein Verfasser ist, und der an Sicherheit grenzenden Wahrscheinlichkeit, daß gerade sein Prolog eine aramäische Vorlage als Grundlage hatte, ist das Johannes-Evangelium - und die Tatsache, daß es später als die anderen Evangelien verfaßt wurde, mag hier kein Zufall sein - das theoretischeste Evangelium, und es wurde aus diesem Grund schon bei den Kirchenvätern als Grundlage für alle christologischen Erörterungen genommen. Die Behauptung, daß sein Verfasser nicht aufgrund einer vorausgehenden spekulativen Erörterung den Logos in den Mittelpunkt seiner Ausführungen stellt, sondern umgekehrt, aufgrund des Glaubens an den geoffenbarten Λόγος den spekulativen Prolog sozusagen nachträglich bei bewußter Parallelität zum Genesisbericht - beides beginnt mit ἐν ἀρχῇ - als Anhängsel des Berichtes über das sonstige Geschehen einsetzt,[25] kann hier nicht stimmen. Sein Verfasser setzte den Prolog ganz bewußt dort ein, wo er ihn einsetzen mußte, damit die weitere Schilderung auf einer gefestigten Grundlage theoretischer Natur befestigt sein kann und somit ein einheitliches Ganzes mit dem Prolog bildet. Der Prolog ist somit mit dem ganzen Text inhaltlich verbunden; er stellt kein äußerliches, formales Anhängsel dar. Der Prolog des 4. Evangeliums ist von dem gesamten Text des Evangeliums her bestimmt. Weil das Ende die ganze abgeschlossene-Lebensgeschichte Jesu bis zur Auferstehung als die Geschichte der Offenbarung den Anfang des Evangeliums bestimmt, ist ein Verständnis und eine Interpretation des Textes ohne seinen Anfang nicht möglich. Prolog als spekulative Erörterung und Bericht über die Lebensgeschichte Jesu bilden eine dialektische Einheit. Sie bedingen sich gegenseitig und sind nicht voneinander zu trennen.

Wenn man sich nun die inhaltliche Aussage des Prologs des Johannes-Evangeliums anschaut, so fällt einem zunächst auf, daß er trotz der hier vertretenen These hinsichtlich des Begriffs von κτίσις eine Ausnahme in der apostolischen Literatur bildet, weil er den jüdischen Begriff von κτίσις zugunsten einer Homousie des Logos überwindet. Diese Interpretation geht nicht unmittelbar aus dem Text hervor, sondern ist Produkt vorhergehender Analyse. Diese Analyse lieferten uns die Kirchenväter und vornehmlich Athanasius vollzog hier die entscheidende gedankliche Wende. Dabei sind die drei ersten Sätze des Prologs die ausschlaggebenden: "Ἐν ἀρχῇ ἦν ὁ Λόγος, καί ὁ Λόγος ἦν πρὸς τὸν Θεόν, καί Θεός ἦν ὁ Λόγος. Οὗτος ἦν ἐν ἀρχῇ πρὸς τὸν Θεόν."[26] Versteht man den Text in der unmittelbaren Reihenfolge der Sätze, so kann man den spezifischen Stellenwert des Λόγος als das primäre in der ganzen Aussage nicht übersehen. Denn am Anfang der Aussage steht der Λόγος und nicht Gott. Die Tatsache, daß er bei Gott war "πρὸς τὸν Θεόν", läßt doch Gott an zweiter Stelle erscheinen, erstens, weil der Λόγος in der Reihenfolge sowieso als erster gesetzt wird "Ἐν ἀρχῇ ἦν ὁ Λόγος" und zweitens, weil er sowieso, wie im Text steht, Gott war "καί Θεός ἦν ὁ Λόγος". Nach

51

dieser Interpretation erscheint der Λόγος nicht offen ontologisch höhergestuft als Gott Vater. Die gesamte Aussage steht aber in der Nähe eines solchen Verständnisses. Im gewissen Sinn ist im Rahmen dieser Interpretation der Λόγος wichtiger als Gottvater. Würde man diesen Gedanken konsequent weiterdenken, könnte man sogar das gesamte natürlich überlieferte Verständnis vom Verhältnis zwischen Vater und Sohn-Logos radikal umkehren. Demgemäß wäre nach Johannes der Sohn-Logos Gottvater selbst. Wir hätten mit einer Usurpation der Position des Vaters durch den Sohn, mit einer für jüdische Verhältnisse unvorstellbaren Stärkung der Position des Sohnes, in letzter Konsequenz mit einer Religion des Sohnes zu tun. So gesehen wäre die schon erwähnte Überwindung des Begriffs von κτίσις durch die Herstellung der Homousie des Sohnes zu Lasten des Vaters vollzogen; dadurch, daß er praktisch vom Sohn inhaliert, aufgehoben worden wäre.

Nun hat die Interpretation der Kirchenväter die Dinge anders gesehen. In seiner Auseinandersetzung mit Arius, in der vierten arianischen Rede, schreibt Athanasius: "Λεχθείη δ' ἂν καί οὕτω μία ἀρχή θεότητος καί οὐ δύο ἀρχαί· ὅθεν κυρίως καί *μοναρχία ἐστίν*....Κατὰ γὰρ τὸν Ἰωάννην, ἐν ταύτῃ τῇ ἀρχῇ ἦν ὁ Λόγος, καί ὁ Λόγος ἦν πρὸς τὸν Θεόν· Θεός γὰρ ἐστιν ἡ ἀρχή· καί ἐπειδή ἐξ' αὐτῆς ἐστι, διὰ τοῦτο καί Θεὸς ἦν ὁ Λόγος."[27] Indem Athanasius die Position des Vaters als ἀρχή hervorhebt und dem die Erläuterung, die sich auf die Herkunft des Λόγος bezieht "καί ἐπειδή ἐξ' αὐτῆς ἐστι" hinzufügt, gelingt es ihm, die Homousie des Λόγος nachzuweisen, ohne die Reihenfolge in der Aufzählung der Personen, die der ontologischen und natürlichen Ordnung entsprechen, zu ändern. Das heißt aber, daß die Reihenfolge des Johannestextes anders interpretiert wird als es unmittelbar im Text steht. Vollkommen kann es aber nur gelingen, wenn die Bedeutung des Wortes ἀρχή anders interpretiert wird als im Verständnis der Alltagssprache. In diesem Fall ist sogar die Reihenfolge des Johannestextes gar nicht gestört. Wenn nämlich ἀρχή nicht als Bestimmung von einem zeitlichen Verhältnis als Anfang im Gegensatz zu Ende, sondern philosophisch als ontologisches Prinzip - was sprachlich und im Kontext der Tradition des Textes durchaus möglich ist -verstanden wird, so bedeutet ἐν ἀρχῇ ἦν ὁ Λόγος nicht einfach "ImAnfang war das Wort", sondern, daß das Wort (Λόγος) vom Anfang an im Prinzip des Seins (ἀρχή) schlechthin war. Auf der Doppeldeutigkeit des Wortes ἀρχή beruht also die ganze Interpretation von Athanasius. Auf diese Weise erklärt sich auch die Erläuterung von Athanasius "Θεὸς γὰρ ἐστιν ἡ ἀρχή" am besten. Indem Athanasius das Wort ἀρχή in seiner doppelten Bedeutung als das im Anfang seiende Prinzip der Welt interpretiert, hält er die Homousie des Λόγος aufrecht, ohne die Reihenfolge der ontologischen Ordnung und die Reihenfolge im Text zu ändern. Das wird in der unmittelbar an den Satz "διὰ τοῦτο καί Θεὸς ἦν ὁ Λόγος" anschließenden Passage ersichtlich: "῎Ωσπερ δὲ μία ἀρχή· κατὰ τοῦτο εἷς Θεός· οὕτως ἡ τῷ ὄντι καί ἀληθῶς καί ὄντως οὖσα οὐσία καί ὑπόστασις μία ἐστίν ἡ λἐγουσα, 'Εγὼ εἰμί ὁ ὤν, καί οὐ δύο ἀρχαί..."[28]

Die ontologische Identität zwischen Gottvater und Sohn-Logos wird hier in eindeutiger gedanklicher Kontinuität mit dem vorhin erläuterten Zusammenhang hervorgehoben, wobei das als Zentralsatz fungierende "ἐγὼ ειμι ὁ ὤν" (Ex. 3, 14) als logische Krönung dieses Zusammenhangs und gleichzeitig, wie wir aus der Geschichte der Übersetzung des Alten Testaments ins Griechische wissen, in symptomatischer Weise als auf den Begriff göttlicher Subjektivität, als ontologisches Prinzip übergehende, von der griechischen Übersetzung transformierte Aussage göttlicher jüdischer Subjektivität, die von sich selbst als Person, nicht als Prinzip spricht, - in der hebräischen Vorlage sagte Jahwe von sich selbst: Ich bin der, der ist -, in Erscheinung tritt. Man sieht also, daß es zwischen der unmittelbar vorliegenden Fassung des Prologes des Johannes-Evageliums und der hier dargestellten Interpretation des Athanasius einen Unterschied gibt. Um nun eruieren zu können, welches Interpretationsmuster für das Verständnis des johanneischen Textes der wirklichen Intention des Johannes entspricht, muß man sich das Johannes-Evangelium in seiner Gesamtheit anschauen und jene Stellen, die in diesem Zusammenhang in Verbindung mit dem Prolog hinsichtlich ihres Stellenwerts als das eine oder andere Interpretationsmuster bekräftigend von Bedeutung sein könnten, untersuchen.

In diesem Zusammenhang fällt einem auf, daß es am Ende des Prologs noch eine Stelle gibt, die mit der Interpretation des Athanasius im Einklag steht: "Θεὸν οὐδείς ἑώρακε πώποτε· ὁ μονογενής υἱὸς ὁ ὤν εἰς τὸν κόλπον τοῦ πατρός, ἐκεῖνος ἐξηγήσατο."[29] Diese Stelle bekräftigt die

53

Interpretation des Athanasius eindeutig, denn es kann kein Zweifel darüber bestehen, daß "ὁ μονογενής υἱός" hier sich dem Vater gegenüber in einer Position befindet, die die Homousie klar voraussetzt. Die deutsche Übersetzung in der sog. Jerusalemer Bibel[30] hat hier für "ὁ μονογενής υἱὸς ὁ ὢν εἰς τὸν κόλπον τοῦ πατρὸς" den Satz: "Der eingeborene Sohn, der an der Brust des Vaters ruht". Diese Übersetzung schwächt nach meiner Meinung den den Sohn auf ontologisch gleiche Ebene mit dem Vater bringenden Ausdruck "ὁ ὢν εἰς τὸν κόλπον το πατρὸς". Jedoch besagt auch hier das Verb "ruht", daß zwischen Vater und Sohn, der in ihm ruht, ein Verhältnis der Gleichwesentlichkeit ist.[31]

Wenn man sich jetzt andere Stellen im Johannes-Evangelium anschaut, so fällt einem die Stelle im Kap. 14, Vers 6-11 auf.

λέγει αὐτῷ ὁ Ἰησοῦς· ἐγὼ εἰμί ἡ ὁδὸς καί ἡ ἀλήθεια καί ἡ ζωή· οὐδείς ἔρχεται πρὸς τὸν πατέρα εἰ μή δι' ἐμοῦ. εἰ ἐγνώκειτέ με, καί τὸν πατέρα μου ἐγνώκειτε ἄν. καί ἀπ' ἄρτι γινώσκετε αὐτὸν καί ἑωράκατε αὐτόν. Λέγει αὐτῷ Φίλιππος· Κύριε, δεῖξον ἡμῖν τὸν πατέρα καί ἀρκεῖ ἡμῖν. λέγει αὐτῷ ὁ Ἰησοῦς· τοσοῦτον χρόνον μεθ' ὑμῶν εἰμι, καί οὐκ ἔγνωκάς με, Φίλιππε; ὁ ἑωρακὼς ἐμὲ ἑώρακε τὸν πατέρα· καί πῶς σὺ λέγεις, δεῖξον ἡμῖν τὸν πατέρα; οὐ πιστεύεις ὅτι ἐγὼ ἐν τῷ πατρί καί ὁ πατήρ ἐν ἐμοί ἐστι; τὰ ῥήματα ἃ ἐγὼ λαλῶ ὑμῖν, ἀπ' ἐμαυτοῦ οὐ λαλῶ· ὁ δὲ πατὴρ ὁ ἐν ἐμοί μένων αὐτὸς ποιεῖ τὰ ἔργα. πιστεύετέ μοι ὅτι ἐγὼ ἐν τῷ πατρί καί ὁ πατήρ ἐν ἐμοί· εἰ δὲ μή, διὰ τὰ ἔργα αὐτὰ πιστεύτὲ μοι.[32]

Hier kommt m.E. die Homousie zwischen Vater und Sohn ebenfalls klar zum Ausdruck. Das "ἐγὼ ἐν τῷ πατρί καί ὁ πατήρ ἐν ἐμοί" spricht eine absolute Identität von ἐγὼ und πατήρ aus, deren Homousie schwer in Frage zu stellen ist. Ferner kommt hier noch ein Moment dazu, dessen Stellenwert *auch* für die Homousie spricht: Das ist der Gebrauch des Verbs γινώσκω (γιγνώσκω). Nach Reitzenstein[33] ist das Substantiv γνῶσις, das von γιγνώσκω (γινώσκω) kommt, im Zeitalter, auf das sich unsere Untersuchung bezieht, nicht im üblichen Sinn mit Erkenntnis gleichbedeutend. Es ist kein philosophischer Begriff, sondern steht in der Tradition der orientalischen Gnosis als gleichbedeutend für mystisches Schauen und Erleben Gottes. Der durch dieses mystische Schauen erreichbare Endzustand ist eine Angleichung des Mysten an Gott, eine Art Vergottung des Menschen. "Wer die γνῶσις hat oder in der γνῶσις ist, ist schon als Mensch θεῖος".³⁴ Wenn daher hier Jesus von "γινώσκετε τὸν πατέρα" spricht, so wird hiermit nicht bloße Erkenntnis im technischen Sinn gemeint, sondern im Kontext des damaligen Sprachgebrauchs, jene γνῶσις als Schau Gottes, die als menschlicher Endzustand von den Jüngern angestrebt war. So eine γνῶσις aber kann unmöglich der Λόγος als bloße κτίσις vermitteln. Das ist auch der Grund, warum die Kirchenväter die Fleischwerdung des Λόγος als eine Hilfe für den Menschen interpretieren, um mit den Kategorien der sinnlichen Wahrnehmung einen greifbaren Bezugspunkt für das durch den Λόγος vermittelte Heil zu haben. In der Tradition dieses Sprachgebrauchs also gesehen, ist auch diese zweite Stelle im Johannes-Evangelium kein Widerspruch zum Prolog und von einer Homousiekonzeption des Λόγος mit dem Vater her zu verstehen.

Im eindeutigen Gegensatz zu Johannes und der auf ihn sich berufenden Tradition der Homousie des Λόγος mit dem Vater, wie sie von den Kirchenvätern ausgearbeitet wurde und als deren Resultat der Begriff der Enstehung des Λόγος aus dem Vater als ἄναρχος γέννησις³⁵ entwickelt wurde, steht die Position des Arius, dessen jüdische Herkunft von seinen Gegnern in der damaligen Zeit richtig erkannt wurde. "Καί ἦρκει μὲν ταῦτα πρὸς πᾶσαν κατάγνωσιν τῶν νέων Ἰουδαίων τῶν καί τὸν κύριον ἀρνουμένων καί τοὺς πατέρας διαβαλλόντων καί πάντας Χριστιανοὺς ἐπιχειρούντων ἀπατᾶν."³⁶ In der Auseinandersetzung mit ihm geht es um den Nachweis, daß der Λόγος keine κτίσις sein kann, damit die Gegner

ὁμολογήσωσι δὲ κἂν μετὰ τῶν στρατιωτῶν˙ βλέποντες μαρτυροῦσαν τήν

---

* Der Ausdruck στρατιωτῶν stellt hier einen eindeutigen Hinweis auf die östlich-hellenistische Herkunft des christlichen Begriffsapparates dar. "Zu der Isisgemeinde gehören 'zugewandte' verschiedenen Grades, Gläubige oder Proselyten, *advenae*, wie sie auch hier heißen. Sie nehmen teil am Gottesdienst und betreten den Tempel; ja sie dürfen in dem heiligen Bezirk selbst Wohnung nehmen. Dennoch sind sie geschieden von denen, die sich der Gottheit *verlobt* und ihr Leben ihr *zu eigen gegeben haben*, den *Mysten*, auch wenn diese in der Welt leben. Diese haben *'das Joch auf sich genommen'* und sich, wie es hier, in anderen Mysterien, auf welche schon Livius Bezug nimmt, und im Mithraskult heißt, *zu dem heiligen Kriegsdienst* gemeldet".³⁸ Die christlichen Mysten sind also στρατιῶται Χριστοῦ, wie die Mysten von

κτίσιν, ὅτι 'ἀληθῶς οὗτος ὁ υἱὸς τοῦ θεοῦ ἐστι' καί οὐκ ἔστι τῶν/κτισμάτων. φασί τοίνυν ἐν ἐπιστολῇ τὸν μακάριον Διονύσιον εἰρηκέναι, ποίημα καί γενητὸν εἶναι τὸν υἱὸν τοῦ θεοῦ μήτε δὲ φύσει ἴδιον, ἀλλὰ ξένον κατ' οὐσίαν αὐτὸν εἶναι τοῦ πατρός, ὥσπερ ἐστιν ὁ γεωργὸς πρὸς τήν ἄμπελον' καί ὁ ναυπηγὸς πρὸς τὸ σκάφος· καί γὰρ ὡς ποίημα ὢν οὐκ ἦν πρίν γένηται.[37]

Im folgenden gebe ich das Glaubensbekenntnis des Arius in der von ihm an Bischof Alexander von Alexandrien adressierten Petition, die in komprimierter Form die wesentlichen Momente seiner Lehre beinhaltet, wieder:

Isis, die sich zu dem "heiligen Kriegsdienst" verpflichtet haben! Es scheint so zu sein, daß der Mobilisierungseffekt eines Sohn-Logos, der bloße κτίσις war, für die pauperisierten Massen in der Diaspora der zerstückelten Diadochenreiche geringer und dem Begriff des Gottvater gleichwesentlichen Λόγος, der die Pforten für die civitas dei öffnet, langfristig gesehen, unterlegen sein mußte. Arius ist von der Macht der eschatologischen Verheißung dieses Himmelreiches besiegt worden; in der Dialektik zwischen Himmelreich und menschlichem Elend in der Diaspora ist sein begrenzt jüdisches Prinzip untergegangen. Er ist der Dialektik zum Opfer gefallen, der die Universalitätswende des pneumatischen Paulus, der die Vergottung des Menschen auf die Tagesordnung setzte, ihren Triumph verdankt.

Die Analogie Gott-Mensch γεωργὸς-ἄμπελος ist eine in der Tradition des kirchlichen Schrifttums sehr beliebte.[39] In der Auseinandersetzung mit Arius, der diese Johanneische Analogie verwendet, um den Charakter von κτίσις im Λόγος nachzuweisen, weist Athanasius auf ἄμπελος als die menschliche Natur in Christo hin. "ὁ δὲ πατήρ εἴρηται ὁ γεωργός· αὐτὸς γὰρ εἰργάσατο διὰ τοῦ λόγου τήν ἄμπελον, ἥτις ἐστί τὸ ἀνθρώπινον τοῦ σωτῆρος, καί αὐτὸς δι' αὐτοῦ τοῦ λόγου τήν εἰς βασιλείαν ὁδὸν ἡμῖν ἠτοίμασε, καί 'οὐδείς ἔρχεται πρὸς τὸν κύριον εἰμή ὁ πατήρ αὐτὸν ἐλεύσει πρὸς αὐτὸν'." Damit tritt die christologische Formel der Kirchenväter klar in Erscheinung: Eine Natur in drei Hypostasen, was die Trinität betrifft, eine Hypostase und zwei Naturen, was Jesum betrifft.

Glaubensbekenntnis des Arius und seiner Genossen an Alexander von Alexandrien (ca. 320)

Μακαρίῳ πάπᾳ καί ἐπισκόπῳ ἡμῶν ᾿Αλεξάνδρῳ οἱ πρεσβύτεροι καί οἱ διάκονοι ἐν κυρίῳ χαίρειν.
Ἡ πίστις ἡμῶν ἡ ἐκ προγόνων, ἥν καί ἀπὸ σοῦ μεμαθήκαμεν, μακάριε πᾶπα, ἔστιν αὕτη. οἴδαμεν ἕνα θεόν, μόνον ἀγέννητον, μόνον ἀΐδιον, μόνον ἄναρχον, μόνον ἀληθινόν, μόνον ἀθανασίαν ἔχοντα, μόνον σοφόν, μόνον ἀγαθόν, μόνον δυνάστην, πάντων κριτήν, διοικητήν, οἰκονόμον, ἄτρεπτον καί ἀναλλοίωτον, δίκαιον καί ἀγαθόν, νόμου καί προφητῶν καί καινῆς διαθήκης θεόν, γεννήσαντα υἱὸν μονογενῆ πρὸ χρόνων αἰωνίων, δι' οὗ καί τοὺς αἰῶνας καί τὰ ὅλα πεποίηκε, γεννήσαντα δὲ οὐ δοκήσει, ἀλλὰ ἀληθείᾳ, ὑποστήσαντα ἰδίῳ θελήματι, ἄτρεπτον καί ἀναλλοίωτον, κτίσμα τοῦ θεοῦ τέλειον, ἀλλ' οὐχ ὡς ἓν τῶν κτισμάτων, γέννημα, ἀλλ' οὐχ ὡς ἓν τῶν γεγεννημένων, οὐδ' ὡς Οὐαλεντῖνος προβολὴν τὸ γέννημα τοῦ πατρὸς ἐδογμάτισεν, οὐδ' ὡς Μανιχαῖος μέρος ὁμοούσιον τοῦ πατρὸς τὸ γέννημα εἰσηγήσατο, οὐδ' ὡς Σαβέλλιος τὴν μονάδα διαιρῶν υἱοπάτορα εἶπεν. οὐδ' ὡς Ἱερακᾶς λύχνον ἀπὸ λύχνου ἢ ὡς λαμπάδα εἰς δύο, οὐδὲ τὸν ὄντα πρότερον, ὕστερον γεννηθέντα ἢ ἐπικτισθέντα εἰς υἱόν, ὡς καί σὺ αὐτός, μακάριε πᾶπα, κατὰ μέσην τήν ἐκκλησίαν καί ἐν συνεδρίῳ πλειστάκις τούς ταῦτα εἰσηγησαμένους ἀπηγόρευσας, ἀλλ' ὡς φαμεν, θελήματι τοῦ θεοῦ πρὸ χρόνων καί πρὸ αἰώνων κτισθέντα καί τὸ ζῆν καί τὸ εἶναι παρὰ τοῦ πατρὸς εἰληφότα καί τὰς δόξας, συ-νυποστήσαντος αὐτῷ τοῦ πατρός. οὐ γὰρ ὁ πατήρ δοὺς αὐτῷ πάντων τήν κληρονομίαν ἐστέρησεν ἑαυτὸν ὧν ἀγεννήτως ἔχει ἐν ἑαυτῷ· πηγή γὰρ ἐστιν πάντων. ὥστε τρεῖς εἰσιν ὑποστάσεις. καί ὁ μὲν θεὸς αἴτιος τῶν πάντων τυγχάνων ἐστίν ἄναρχος μονώτατος, ὁ δὲ υἱὸς ἀχρόνως γεννηθείς ὑπὸ τοῦ πατρὸς καί πρὸ αἰώνων κτισθείς καί θεμελιωθείς οὐκ ἦν πρὸ τοῦ γεννηθῆναι, ἀλλ' ἀχρόνως πρὸ πάντων γεννηθείς, μόνος ὑπὸ τοῦ πατρὸς ὑπέστη. οὐδὲ γὰρ ἐστιν ἀΐδιος ἢ συναΐδιος ἢ συναγέννητος τῷ πατρί, οὐδὲ ἅμα τῷ πατρί τὸ εἶναι ἔχει, ὥς τινες λέγουσι τὰ πρός τι, δύο ἀγεννήτους ἀρχὰς εἰσηγούμενοι. ἀλλ' ὡς μονάς καί ἀρχή πάντων, οὕτως ὁ θεὸς πρὸ πάντων ἐστί. διὸ καί πρὸ τοῦ υἱοῦ ἐστιν, ὡς καί παρὰ σοῦ μεμαθήκαμεν κατὰ μέσην τήν ἐκκλησίαν κηρύξαντος.
Καθὸ οὖν παρὰ τοῦ θεοῦ τὸ εἶναι ἔχει καί τὰς δόξας καί τὸ ζῆν καί τὰ πάντα αὐτῷ παρεδόθη, κατὰ τοῦτο ἀρχή αὐτοῦ ἐστιν ὁ θεός. ἄρχει γὰρ αὐτοῦ ὡς θεὸς αὐτοῦ καί πρὸ αὐτοῦ ὤν. εἰ δὲ τὸ 'ἐξ αὐτοῦ' καί τὸ 'ἐκ γαστρός' καί τὸ 'ἐκ τοῦ πατρὸς ἐξῆλθον καί ἥκω' ὡς μέρος αὐτοῦ ὁμοουσίου καί ὡς προβολή ὑπὸ τινων νοεῖται, σύνθετος ἔσται ὁ πατήρ καί διαιρετὸς καί τρεπτὸς καί σῶμα κατ' αὐτοὺς καί τὸ ὅσον ἐπ' αὐτοῖς τὰ ἀκόλουθα σώματι πάσχων ὁ ἀσώματος θεός.
Ἐρρῶσθαί σε ἐν κυρίῳ εὔχομαι, μακάριε πᾶπα. Ἄρειος, Ἀειθαλής, Ἀχιλλεύς, Καρπώνης, Σαρμάτας, Ἄρειος πρεσβύτεροι. διάκονοι Εὐζώϊος, Λούκιος, Ἰούλιος, Μηνᾶς, Ἑλλάδιος, Γάϊος. ἐπίσκοποι Σεκοῦνδος Πεντα- πόλεως, Θεωνᾶς Λίβυς, Πιστὸς (ὃν κατέστησαν εἰς Ἀλεξάνδρειαν οἱ Ἀρειανοί).[41]

Zunächst einmal fällt hier auf, daß Arius bei der Definition des Sohnes Λόγος als κτίσμα bemüht ist, sich von anderen "häretischen" Konzeptionen über die Natur des Λόγος zu distanzieren. Dabei nimmt er Bezug auf die Lehre der Doketisten, die die These vertraten, daß Christus nur scheinbar κατὰ δόκησιν einen menschlichen Körper hatte und womit sie die Inkarnation des Λόγος verneinten. Das kommt zum Ausdruck in dem Satz: "γεννήσαντα δὲ οὐ δοκήσει, ἀλλ' ἀληθείᾳ." Ist somit Arius der Vertreter einer jüdischen Tradition von κτίσις, die auf dem Charakter der Geschöpflichkeit des Wortes beharrt, so fühlt er sich genötigt, gegen eine ebenfalls jüdische Variante des Verhältnisses zwischen Gottvater und Sohn-Logos Stellung zu nehmen, die in der Leugnung der Fleischwerdung des Λόγος den Monophysitismus als logische Konsequenz des jüdischen Monotheismus lehrte. Beide Tendenzen sind im Grunde Ausdruck der gleichen Schwierigkeit. Für das monotheistisch-patriarchalische Judentum kann der Sohn-Logos entweder bloße κτίσις sein, um somit die Herrschaft des Vaters nicht zu gefährden, oder eben er kann nicht in Beziehung zum Fleisch gebracht werden. Hier muß die Mutter ganz ausgeschaltet werden. Deswegen hat nach der Meinung der Doketisten Christus in dem von Maria und Joseph gezeugten Menschen Jesus durch die Taufe Wohnung genommen, ohne wirklicher Mensch geworden zu sein. "Τὸν δὲ Σωτῆρα ἀγέννητον ὑπέθετο καὶ ἀσώματον καὶ ἀνείδεον, δοκήσει δὲ ἐπιπεφηνέναι ἄνθρωπον."[42] So drückt es Origenes aus, indem er vom Häretiker Saturnilus spricht.[43]

Für Arius ist der Logos als Jesus durch κτίσις in die Welt gekommen. Das ist nicht scheinbar, sondern in Wahrheit geschehen und damit ist der Logos Vermittler für alles, was geschaffen wurde "δι' οὗ καὶ τοὺς αἰῶνας καὶ τὰ ὅλα πεποίηκε". Indem er in dieser Mittlerfunktion *instrumental* aufgefaßt wird, tritt hier die schon erwähnte begriffliche Vermengung von ποίησις der Welt und ποίησις des Λόγος als κτίσις in Erscheinung. Am trefflichsten hat auf diesen Sachverhalt Bischof Alexander von Alexandrien hingewiesen, der in einem Brief "an alle Bischöfe" gegen Arius schreibt: "ξένος τε καὶ ἀλλότριος καὶ ἀπεσχοινισμένος ἐστίν ὁ λόγος τῆς τοῦ θεοῦ οὐσίας καὶ ἀόρατός ἐστιν ὁ πατήρ τῷ υἱῷ. οὔτε γὰρ τελείως καὶ ἀκριβῶς γινώσκει ὁ λόγος τὸν πατέρα, οὔτε τελείως ὁρᾶν αὐτὸν δύναται. καὶ γὰρ καὶ ἑαυτοῦ τὴν οὐσίαν οὐκ οἶδεν ὁ υἱὸς ὡς ἐστι. δι' ἡμᾶς γὰρ πεποίηται, ἵνα ἡμᾶς δι' αὐτοῦ ὡς δι' ὀργάνου κτίσῃ ὁ θεός."[44] Dadurch, daß der Λόγος als Mittler für die ποίησις der Welt instrumental fungiert, "δι' ἡμᾶς γὰρ πεποίηται, ἵνα ἡμᾶς δι' αὐτοῦ ὡς ὀργάνου κτίσῃ ὁ θεός (Sperrung durch den Verf.)" wird er selbst κτίσις, d.h. Produkt der ποίησις im Sinne der materialistischen Tradition im Gegensatz zur "vergeistigten"; "καί γὰρ καί ἑαυτοῦ τήν οὐσίαν οὐκ οἶδεν ὁ υἱὸς ὡς ἐστι". Alles andere, nämlich der Verlust der Homousie und die *Entfremdung* von Gottvater resultiert dann aus der Vermengung der Zweckbestimmung des Schöpfungsprozesses als ποίησις der Welt und des Λόγος als κτίσις zu diesem Zweck. "Man darf den Vater nicht so lieben, daß man ihm die Vaterschaft raubt. Denn könnte er Vater sein, wenn der Sohn anderen Wesens und gleich der Schöpfung ihm entfremdet ist?"[45] Die Gegenständlichkeitsform und Beschaffenheit des Subjekts, von dem die Tätigkeit ausgeht, wird von der Gegenständlichkeitsform und Beschaffeneit der Objekte des Handelns bestimmt.*

Infolge dieser Bestimmung des Λόγος als κτίσις tritt dann auch bei Arius das bereits erwähnte Problem der Zeitlichkeit des Λόγος auf. Obwohl Arius bemüht ist, ähnlich wie bei der Bestimmung des Logos als κτίσις die Transzendalität des Λόγος aufrechtzuerhalten - sie wäre sonst nur bei der Homousie gewährleistet -, durch Formulierungen, die die Bereitschaft zu gewissen Konzessionen in dieser Richtung offenbaren "κτίσμα τοῦ θεοῦ τέλειον, ἀλλ' οὐχ ὡς ἓν τῶν κτισμάτων, γέννημα, ἀλλ' οὐχ ὡς ἓν τῶν γεγεννημένων",[46] tritt jedoch die Vorstellung einer Bestimmung des Λόγος als κτίσις in der Zeit klar in Erscheinung: "... ὁ δὲ υἱὸς ἀχρόνως γεννηθείς ὑπὸ τοῦ πατρὸς καί πρὸ αἰώνων κτισθείς καί θεμελιωθείς οὐκ ἦν πρὸ τοῦ γεννηθῆναι, ἀλλ' ἀχρόνως πρὸ πάντων γεννηθείς..."[47]

Obwohl er vor der Zeit geschaffen, vor allem geboren wurde, *war er nicht, bevor er geboren wurde.*[48] Aus der immanenten Spannung der Dialektik von Zeitlichkeit geht bei Arius in bezug auf den Λόγος die

---

* Bei dieser Darstellungsweise der Subjekt-Objekt-Beziehung im phantastischen Bereich der göttlichen Personen erweist sich Bischof Alexander von Alexandrien als echter Dialektiker.

zeitliche Bestimmung als Sieger deutlich hervor: "ἀλλ' ὡς μονὰς καὶ ἀρχή πάντων, οὕτως ὁ θεὸς πρὸ πάντων ἐστι. διὸ καὶ πρὸ τοῦ υἱοῦ ἐστιν..."[49] Was aber den Begriff ποίησις betrifft, so befindet sich bei Athanasius eine Stelle, in der eindeutig die Distanzierung von ihrem durch die Tradition des "materialistischen" Schöpfungsberichts und des Judentums bestimmten Hintergrund erfolgt, in deren Folge eine Ablehnung des Begriffs ποιητής für Gottvater in diesem Sinn in bezug auf den Λόγος formuliert wird. Athanasius zitiert hier eine Äußerung des Bischofs Dionysius von Alexandrien, den er post mortem gegen den Vorwurf verteidigt, daß er Arianer sei:

''Ἐὰν δέ τις τῶν συκοφαντῶν, ἐπειδή τῶν ἁπάντων ποιητήν τὸν θεὸν καὶ δημιουργὸν εἶπον, οἰηταί με καὶ τοῦ Χριστοῦ λέγειν, ἀκουσάτω μου πρότερον πατέρα φήσαντος αὐτόν, ἐν ᾧ καὶ ὁ υἱὸς προσγέγραπται. μετὰ γὰρ τὸ εἰπεῖν πατέρα ποιητήν ἐπαγήοχα· καὶ οὔτε πατήρ ἐστιν ὧν ποιητής, εἰ κυρίως ὁ γεννήσας πατήρ ἀκούοιτο (τήν γὰρ πλατύτητα τῆς τοῦ πατρὸς προσηγορίας ἐν τοῖς ἑξῆς ἐπεξεργασόμεθα), οὔτε ποιητής ὁ πατήρ, εἰ μόνος ὁ χειροτέχνης ποιητής λέγοιτο. παρ' Ἕλλησι γὰρ ποιηταὶ καὶ τῶν ἰδίων καλοῦνται λόγων οἱ σοφοί· καὶ ποιητὰς ὁ ἀπόστολος εἶπε νόμου· καὶ τῶν ἐγκαρδίων γὰρ ἀρετῆς ἢ κακίας ποιηταί καθίστανται, ὡς εἶπεν ὁ θεός· >ἔμεινα τοῦ ποιῆσαι κρίσιν, ἐποίησε δὲ ἀνομίαν<'.[50]

Mit dieser sehr interessanten Stelle verteidigt also Dionysius den von ihm für Gottvater verwendeten Ausdruck ποιητής unter Hinweis auf die Tatsache, daß er ποιητής nicht im Gegensatz zu πατήρ versteht, sondern indem er für Gottvater ποιητής unter πατήρ subsumiert. Im übrigen ist diese Stelle sehr aufschlußreich, weil Dionysius auf die terminologische Unschärfe und Vieldeutigkeit von ποιητής auch bei den Griechen hinweist; er versteht also ποιητής in Verbindung mit πατήρ in bezug auf Gottvater im *breiten Sinne* des Wortes, denn sonst könnte man natürlich nicht ποιητής für den Gottvater sagen, wenn ποιητής nur eine Beziehung für einen *Handwerker* wäre. "οὔτε ποιητής ὁ πατήρ, εἰ μόνος ὁ χ ε ι ρ ο τ έ χ ν η ς ποιητής λέγοιτο (Sperrung durch den Verf.)."

Wenn man nun zum Glaubensbekenntnis des Arius zurückgeht und ausgehend vom Text die These von der Geschöpflichkeit des Logos als Ausdruck der Ideologie des jüdischen Patriarchates zu begründen versucht, so fällt einem in diesem Zusammenhang auf, daß Arius selbst eine indirekte Apologie des Patriarchalismus liefert, indem er die Übermacht des Vaters nicht mit dem Sohn als ὁμοούσιος teilen läßt. Das geschieht durch seine Hervorhebung, daß durch *den Willen* Gottvaters der Sohn-Logos die Herrlichkeit des Vaters "καί τὸ εἶναι παρὰ τοῦ πατρὸς εἰληφότα καί τὰς δόξας" zusammen mit dem Sein übernimmt, *ohne daß der Vater dadurch einen Substanzverlust oder Mangel erleidet.* "οὐ γὰρ ὁ πατήρ δοὺς αὐτῷ πάντων τὴν κληρονομίαν ε σ τ έ ρ η σ ε ν ε α υ τ ὸ ν ὢν ἀγεννήτως ἔχει ἐν ἑαυτῷ· πηγή γὰρ ἐστιν πάντων (Sperrung durch den Verf.).".[51] Obwohl Arius durch seine Konstitution des Λόγος als κτίσις die Homousie als Minderung der alleinigen Übermacht des Vaters abgelehnt hat und somit das Primat des Vaters, ohne es zu gefährden, aufrechterhalten hat, fühlt er sich genötigt, auch beim Vorhandensein eines ontologisch abgeschwächten Λόγος als κτίσις dem hinzuzufügen, daß auch unter diesen Bedingungen der Gottvater keinen Mangel erleidet, weil er sowieso die Quelle alles Seienden ist: "πηγή γὰρ ἐστιν πάντων".

Wenn man sich nun den historischen Rahmen, die gesellschaftlichen Hintergründe, die im Zeitalter des arianischen Streits maßgeblich waren, zu vergegenwärtigen versucht, so ist zunächst zu sagen, daß Arius ein Syrer war, während Athanasius ein hellenistischer Grieche war, der mit der Tradition der griechischen Philosophie als "heidnisch" gebrochen hatte.[52] Es ist ferner bekannt, daß Athanasius enge gesellschaftliche Beziehungen mit Kreisen der herrschenden, Handelsschiffe besitzenden und Seehandel treibenden Klasse in Alexandrien pflegte. Die Diözese, deren Vorstand er war, soll selbst Handelsschiffe besessen haben. Er war also ein kosmopolitischer Grieche, dessen Interessen die Interessen der herrschenden Schicht von Kaufleuten waren, die über einen engen Lokalpatriotismus hinausgingen und die Macht der Zentralregierung unter Kaiser Konstantin in Konstantinopel für ihre Zwecke einsetzen wollten, nämlich die Aufrechterhaltung der Expansionswege und Möglichkeiten für den Handel mit den Mitteln der Zentralgewalt.

Arius war hingegen ein Vertreter der pauperisierten christlichen Massen in den hellenistischen Städten des Orients, deren Unzufriedenheit mit der Zentralregierung unter Einbeziehung der Tradition der synkretistischen Religionen ihres Volkes sie zu ideologischen Gegenbewegungen gegen die offizielle Lehre und zu irredentistischen Tendenzen führte. Die Tatsache, daß Arius, der an der jüdischen Tradition der κτίσις des Λόγος hing, ein Syrer war, ist kein Zufall. Überhaupt ist in Syrien der Monophysitismus am stärksten gewesen. Wir wissen aber auch, daß in Syrien der Einfluß der jüdischen Diaspora am stärksten war.[53] Wir wissen auch, daß bei der Verbreitung des Christentums die jüdischen Diaspora-Gemeinden in Syrien eine große Rolle gespielt haben. Obwohl sie die weltoffensten waren, vor allem die antiocheische Gemeinde im Vergleich mit der heimischen in Jerusalem, hatten auch hier die Spannungen zwischen jüdischen, judenchristlichen und heidenchristlichen Gemeinden ihre Auswirkungen.

Daß gerade in Antiochia die heidenchristliche Predigt begonnen hat, ist nicht auffallend. Nur in einer internationalen, nivellierenden Großstadt war diese Wendung möglich oder drängte sich vielmehr auf, sofern sie nicht durch eine prinzipielle neue Erkenntnis bedingt war. Eine solche aber hat höchstwahrscheinlich jenen ersten Missionaren noch gefehlt. Sehr merkwürdig ist, daß man nichts von einem Gegensatz der Judenchristen und der Heidenchristen in Antiochien selbst hört. Die dort bekehrten Juden müssen sich zersetzt und kosmopolitisch wie sie waren, der gesetzesfreien Gemeinschaft einfach angeschlossen haben. Erst die jerusalemische Gemeinde trug den Streit in die antiochenische hinein.[54]

Was war aber das Wesen dieses Streits? Es lag im Widerspruch zwischen gesetzestreuem Judentum und der Überwindung von Vorstellungen, die damit zusammenhingen, daß die christliche Lehre vom Λόγος als Sohn Gottes und Heiland angenommen wurde. Gab es am Anfang einen Kampf zwischen Judentum und Christentum, so verlagerte sich dieser Widerspruch innerhalb der christlichen Gemeinden auf die Ebene der Auseinandersetzung zwischen jüdisch-christlichen und heidnisch-christlichen Gemeinden. Und auf dieser Ebene vertrat das Judentum ein weltgeschichtlich überholtes Prinzip. Denn seine Gesetzestreue reflektierte in sich einen nationalen Monotheismus, der auf den Begriff des auserwählten Volkes gerichtet war, eine Einheit mit ihm bildete und zur expansiven, universalistischen Wende der Logos-Religion - vor allem in der Version von Paulus - im Widerspruch stand. Das Judentum bot also im Widerspruch zu sich selbst die Basis, auf der das Christentum verbreitet wurde, indem es sich am Widerspruch zwischen nationalem Monotheismus und Tendenz der "Entschränkung", wie Harnack sagt, selbst zugunsten des Christentums aufhob. Wenn wir diesen Hintergrund voraussetzen und von der syrischen

Herkunft des Arius und von der klassenspezifischen Position von Athanasius wissen, so wird einiges klar. Arius vertritt, wie immer in der Geschichte, den in den großen Volksmassen verankerten Konservativismus, der im frühbyzantinischen Zeitalter im Bereich der Religion im Osten verbunden mit nationalen Bestrebungen unter dem Einfluß des Judentums stand. Athanasius vertritt den kosmopolitischen Expansionismus der griechischen kaufmännischen Bourgeoisie - soweit der Begriff für dieses Zeitalter anwendbar ist -, deren Interessenswalter die Staatsmacht in Konstantinopel war. Das ist auch der Grund, warum im Konzil von Nicäa sich der sonst keine Ahnung von Philosophie und Theologie habende Kaiser Konstantin, der sonst beim ganzen Streit zu lavieren suchte, um auch nicht die Ostprovinzen zu verlieren, auf die Seite der Mächtigen stellte und somit die Formel des Athanasius gegen Arius durchsetzte.[55]

Das offizielle Resultat des Nicäums war die Veröffentlichung des ersten Glaubensbekenntnisses, dessen Bestimmungen in der Auseinandersetzung mit dem Arianismus entstanden sind.

Τὰ ἐν τῇ Νικαίᾳ ἐκτεθέντα, ἔδοξε τὰ ὑποτεταγμένα. Πιστεύομεν εἰς ἕνα θεόν, πατέρα, παντοκράτορα, πάντων ὁρατῶν τε καί ἀοράτων ποιητήν· καί εἰς ἕνα κύριον Ἰησοῦν Χριστὸν τὸν υἱὸν τοῦ θεοῦ, γεννηθέντα ἐκ τοῦ πατρὸς μονογενῆ, τουτέστιν ἐκ τῆς οὐσίας τοῦ πατρός, θεὸν ἐκ θεοῦ, φῶς ἐκ φωτός, θεὸν ἀληθινὸν ἐκ θεοῦ ἀληθινοῦ, γεννηθέντα οὐ ποιηθέντα, ὁμοούσιον τῷ πατρί, δι' οὗ τὰ πάντα ἐγένετο τὰ τε ἐν οὐρανῷ καί τὰ ἐν τῇ γῇ, τὸν δι' ἡμᾶς τοὺς ἀνθρώπους καί διὰ τὴν ἡμετέραν σωτηρίαν κατελθόντα καί σαρκωθέντα, ἐνανθρωπήσαντα, παθόντα καί ἀναστάντα τῇ τρίτῃ ἡμέρᾳ, ἀνελθόντα εἰς οὐρανούς, ἐρχόμενον κρῖναι ζῶντας καί νεκρούς· καί εἰς τὸ ἅγιον πνεῦμα. τοὺς δὲ λέγοντας 'ἦν ποτε ὅτε οὐκ ἦν' ἢ 'οὐκ ἦν πρίν γεννηθῇ' ἢ 'ἐξ οὐκ ὄντων ἐγένετο' ἢ ἐξ ἑτέρας ὑποστάσεως ἢ οὐσίας φάσκοντας εἶναι ἢ κτιστὸν ἢ τρεπτὸν ἢ ἀλλοιωτὸν τὸν υἱὸν τοῦ θεοῦ τοὺς τοιούτους ἀναθεματίζει ἡ καθολική καί ἀποστολική ἐκκλησία.[56]

Wenn man den Text dieses Symbols liest, wird man auf etwas aufmerksam, das nicht ohne Bedeutung für die Entwicklung des Trinitätsbegriffs sein kann. Die Essenz dieses Symbols ist die terminologische und begriffliche Abgrenzung von der Lehre des Arius. Das kommt deutlich bei einigen wichtigen Formulierungen zum Ausdruck: "... γεννηθέντα ἐκ τοῦ πατρὸς μονογενῆ, τουτέστιν ἐκ τῆς οὐσίας τοῦ πατρός ...

γεννηθέντα οὐ ποιηθέντα ὁμοούσιον τῷ πατρί ... τοὺς δὲ λέγοντας ἦν ποτε ὅτε οὐκ ἦν ... ἀναθεματίζει ἡ καθολικὴ καί ἀποστολικὴ ἐκκλησία." Das heißt, daß sich fast der ganze Text auf die Darstellung des Verhältnisses zwischen Gottvater und Sohn-Logos reduzieren läßt. Auf die dritte Person der Trinität, den Heiligen Geist, beziehen sich im Text nur fünf Wörter, die eine Apposition bilden, welche den Charakter einer Hinzufügung hat "καί εἰς τὸ ἅγιον πνεῦμα". Es scheint also, daß zum damaligen Zeitpunkt der Begriff des Hl. Geistes noch nicht entscheidend geprägt war. Jedoch gibt es bei Athanasius einen Satz über den Hl. Geist, der etwas Wesentliches darüber aussagt.

Τῶν ὑπ' ἐμοῦ λεχθέντων ὀνομάτων ἕκαστον ἀχώριστόν ἐστι καί ἀδιαίρετον τοῦ πλησίον. πατέρα εἶπον, καί πρίν ἐπαγάγω τὸν υἱόν, ἐσήμανα καί τοῦτον ἐν τῷ πατρί· υἱὸν ἐπήγαγον, εἰ καί μὴ προειρήκειν τὸν πατέρα, πάντως ἂν ἐν τῷ υἱῷ / προείληπτο. ἅγιον πνεῦμα προσέθηκα, ἀλλ' ἅμα καί πόθεν καί διὰ τίνος ἥκεν ἐφήρμοσα. οἱ δὲ οὐκ ἴσασιν, ὅτι μήτε ἀπηλλοτρίωται πατήρ υἱοῦ ἢ πατήρ, προκαταρκτικὸν γάρ ἐστι τῆς συναφείας τὸ ὄνομα, οὔτε ὁ υἱὸς ἀπῴκισται τοῦ πατρός. ἡ γὰρ πατήρ / προσηγορία δηλοῖ τήν κοινωνίαν, ἔν τε ταῖς χερσίν αὐτῶν ἐστι τὸ πνεῦμα μήτε τοῦ πέμποντος μήτε τοῦ φέροντος δυνάμενον στερεσθαι.[57]

Abgesehen vom speziellen Charakter dieser Äußerungen hinsichtlich der Auseinandersetzung mit Arius ist hier die Quintessenz der Aussage in bezug auf den Hl. Geist das, was später als Aussage über die gesamte Trinität galt: "Alles ist aus dem Vater, durch den Sohn, im Hl. Geist." Das geht hervor aus dem letzten Satz, in dem Gottvater als derjenige dargestellt wird, der den Hl. Geist aussendet, während ihn der Sohn-Logos trägt "μήτε τοῦ πέμποντος μήτε τοῦ φέροντος". Das läßt aber hier nur eine Tendenz erkennen. In den 56 Jahren, die von der Synode in Nicäa (325) bis zur 2. Synode in Konstantinopel (381) verstrichen waren, entwickelte sich erst die große Auseinandersetzung mit dem Hl. Geist, seine Position in der Trinität und seine Begriffsbestimmung; und erst die 2. Synode in Konstantinopel hat diese Frage ihrem dogmatischen Abschluß zugeführt.[58] Für uns hat jetzt dieser Hinweis den Sinn einer Vorwegnahme. Die Erörterung dieser Frage gehört aber aus methodischen Gründen einer späteren systematischen Stufe an.

An dieser Stelle angelangt halten wir zunächst das bisher Sichergestellte fest. Ausgehend von der jüdischen Tradition von ποίησις - κτίσις, versucht die erste große "Häresie" im Christentum im Sinne ihres schwerwiegenden Charakters, sowohl was ihre Wirkung als auch ihren Hintergrund betrifft, die Gottheit des Sohnes Λόγος dadurch in Frage zu stellen, daß sie ihn als κτίσις deklariert. Wir haben gesehen, wie Athanasius darauf reagiert, die Homousie des Sohnes Λόγος zum Prinzip erklärt und sich dabei auch auf das Johannes Evangelium beruft. Wir haben ferner gesehen, daß das Johannes-Evangelium in diesem Sinn von Athanasius richtig interpretiert wird, und daß es in bezug auf dieses Problem im Gegensatz zu den etwas unscharfen Formulierungen der Synoptiker und der anderen apostolischen Väter eine eindeutige Position bezieht, die mit der von Athanasius übereinstimmt. Hier müssen wir aber eine weitere Differenzierung durchführen.

Wenn Arius in Anlehnung an die jüdische Tradition den Λόγος als κτίσις betont, so steht dies nicht im Zusammenhang mit der Frage der menschlichen Natur Jesu. Zwischen Λόγος und Jesus gibt es einen systematischen Unterschied. Jesus als der Mensch-gewordene Λόγος ist für Arius nicht der Hauptgegenstand seiner These von der κτίσις des Λόγος. Es kommt ihm nicht darauf an, die These von der menschlichen Natur Jesu im Sinne einer Trennung von der göttlichen Natur besonders hervorzuheben. Die Tatsache, daß für Arius Jesus als bloßer Mensch erscheint, ist ein sekundäres Resultat seiner Konstruktion. Im übrigen haben auch andere Richtungen, wie etwa der Nestorianismus, die Tatsache der menschlichen Natur Jesu hervorgehoben und die These von der zweiten göttlichen Natur abgelehnt. Die nestorianische Wendung von Maria als Χριστοτόκος beinhaltet *auch* die These von der ausschließlich menschlichen Natur Christi: Worum es hier geht, ist aber etwas anderes. Es geht um die Art der Entstehung, der Produktion des menschlichen Christus. Es geht darum, ob er das Kind der Maria ist, mit Fleisch und Blut von ihr geboren und vom himmlischen Vater gezeugt, oder ob er als πρωτότοκος πάσης κτίσεως wie Adam und Eva entstanden ist, aber vor ihnen, vor der Zeitlichkeit der übrigen κτίσις, in einer Weise, die aber Zeitlichkeit in der Trinität als metaphysischen Begriff nicht ausschließt; denn οὐκ ἦν πρὸ τοῦ γεννηθῆναι. Hier ist allerdings bei Arius nicht klar, ob er nicht eine Differenz zwischen dem metaphysischen Λόγος, der als πρωτότοκος πάσης κτίσεως geschaffen wird und dem Menschen Jesus voraussetzt, der dann als κτίσις von Adam und Eva stammt. Ich meine, daß es bei Arius nicht klar zum Ausdruck kommt, daher gibt es auch die Schwierigkeit bei der Bestimmung des Verhältnisses des Charakters von κτίσμα, der zwar gegeben, aber nicht wie der der anderen γεγεννημένα ist.

Es ist in diesem Zusammenhang bezeichnend, daß es im Glaubensbekenntnis des Arius überhaupt keinen Hinweis auf die Inkarnation des Λόγος gibt, der im Nicäum als Reaktion auf Arius sehr wohl gegeben wird. Das ist der Fall, weil es im Grunde bei Arius keine Inkarnation geben kann. Es gibt nämlich bei Arius keinen ὁμοούσιος Λόγος, der zum Fleisch wird, sondern ein κτίσμα, das zeitlich zwischen πρωτότοκος πάσης κτίσεως und Jesus als jüdisches σπέρμα Δαυίδ schwankt. Aus diesem Grund gibt es bei Arius auch keinen einzigen Hinweis auf Maria. Sie wird völlig ignoriert, weil sie für die Inkarnation keine Rolle spielt. Sie existiert im Gegensatz zum nicäisch-konstantinopolitanischen Glaubensbekenntnis nicht als "Mittlerin", weil sie gar nichts zu vermitteln hat. In der Dialektik von Jesus als κτίσμα gibt es für die Frau nicht einmal als "Gefäß" einen Platz. Es kommt daher nicht darauf an, ob und wie Jesus von Maria die menschliche Natur, das Fleisch und Blut angenommen hat. Er verdankt ihr nach Arius nichts, weil er nicht zu ihr als ὁμοούσιος τῷ πατρί Λόγος herabgestiegen ist.* Er gehört ihr aber auch nicht wie bei

---

* Die byzantinische Tradition verherrlicht im Gegenteil dazu Maria als "Mittlerin" und "Gefäß". Man hat zwar keine Mariologie wie in der katholischen Kirche, d.h. man hat Maria immer für diese Rolle verehrt, ohne in exzessive, die dogmatischen Gegensätze - wie vor kurzem erneut in der katholischen Kirche - ändernde Konzeptionen zu geraten. Ich gebe hier einige Abschnitte eines literarischen Zeugnisses der Marienverehrung aus dem Bereich der byzantinischen Hymnographie an, die, wie mir scheint, das Maria-Verständnis der byzantinischen Kirche in sehr trefflichen Formulierungen wiedergeben. Die Frage der Autorenschaft ist bei dieser berühmtesten byzantinischen Maria-Hymne philologisch nicht einwandfrei geklärt.
"... χαῖρε, ἀστὴρ ἐμφαίνων τὸν ἥλιον·
χαῖρε, γαστὴρ ἐνθέου σαρκώσεως...
χαῖρε, κλῖμαξ ἐπουράνιε, δι' ἧς κατέβη ὁ Θεός·
χαῖρε, γέφυρα μετάγουσα τοὺς ἐκ γῆς πρὸς οὐρανὸν...
χαῖρε, σοφίας Θεοῦ δοχεῖον·
χαῖρε, προνοίας Αὐτοῦ ταμεῖον ..."[59]

Nestorius. Jesus ist ein Mensch, der als κτίσμα alles Gottvater verdankt, genauso, wie ihm Adam und Eva das Leben verdanken, das er ihnen eingehaucht hat. Arius unterscheidet letzten Endes auch nicht zwischen γέννημα und κτίσμα. Aus diesem Grund weist er in seinem Bekenntnis auf die Herrschaft des Vaters hin, ohne daß der Sohn als ὁμοούσιος ἐκ γαστρός geboren wäre. "Geboren sein" kann für ihn nur "Geschöpf sein" bedeuten. Sonst verlöre der Vater an Substanz.* Genau an diesen Punkt, an die Unterscheidung zwischen γεννητόν und κτίσμα bzw. zwischen γεννῶ und ποιῶ, knüpft aber die Hauptargumentation Gregors von Nazianz (des Theologen), der sich eine Generation später als Athanasius in seinem Werk wieder mit dem Arianismus auseinandersetzt (das ist ein Zeichen für die Wichtigkeit, Dauer und Wirkung, die Arius auf die Entwicklung der Trinitätslehre ausgeübt hat) und damit die begriffliche Trennung der Trinitätsmetaphysik auf unglaublich exakte und methodisch differenzierte Weise in gewisser Hinsicht methodisch fortgeschrittener vorantreibt als Athanasius. So schreibt Gregor in seiner III. theologischen Rede:

'Ἀλλ' οὐ ταὐτόν, φησι, τὸ ἀγέννητον καί τὸ γεννητόν. εἰ δὲ τοῦτο, οὐδὲ ὁ υἱὸς τῷ πατρί ταὐτόν. ὅτι μὲν φανερῶς ὁ λόγος οὗτος ἐκβάλλει τὸν υἱὸν τῆς θεότητος, ἢ τὸν πατέρα, τί χρή λέγειν; εἰ γὰρ τὸ ἀγέννητον οὐσία θεοῦ, τὸ γεννητὸν οὐκ οὐσία· εἰ δὲ τοῦτο, οὐκ ἐκεῖνο. τίς ἀντερεῖ λόγος; ἑλοῦ τοίνυν τῶν ἀσεβειῶν ὁποτέραν βούλει, ὦ κεινὲ θεολόγε, εἴπερ ἀσεβεῖν πάντως ἐσπούδακας. Ἔπειτα πῶς οὐ ταὐτόν λέγεις τὸ ἀγέννητον καί τὸ γεννητόν; εἰ μὲν τὸ μή ἐκτισμένον καί ἐκτισμένον, κἀγὼ δέχομαι. οὐ γὰρ ταὐτόν τῇ φύσει τὸ ἄναρχον καί τὸ κτιζόμενον. εἰ δὲ τὸ γεγεννηκὸς καί τὸ γεγεννημένον οὐ ταυτόν λέγεις, οὐκ ὀρθῶς λέγεται. ταὐτόν γὰρ εἶναι πᾶσα ἀνάγκη. αὕτη γὰρ φύσις γεννήματος, ταὐτόν εἶναι τῷ γεγεννηκότι κατὰ τήν φύσιν.⁶¹

---

* Athanasius nimmt in der IV. Rede darauf Bezug und versucht nachzuweisen, daß hier γαστήρ nicht körperlich gemeint ist, genauso wie καρδία Θεοῦ nicht im menschlichen Sinn verstanden werden kann, sondern beides die innerliche Beziehung zu Gott bedeutet, die Tatsache, daß sie ihm eigen sind.⁶⁰ Ob diese Analogie zu "καρδία" nicht als Vorlage für die katholische Verehrung des Herzens Mariens diente?

Der zentrale Satz in diesem Abschnitt, "ἔπειτα πῶς ο ὐ τ α υ τ ὸ ν λέγεις τὸ ἀγέννητον καί τὸ γεννητὸν; ε ἰ μ ὲ ν τ ὸ μ ή ἐ κ τ ι -σ μ έ ν ο ν κ α ί ἐ κ τ ι σ μ έ ν ο ν , κ ἀ γ ὼ δ ὲ χ ο μ α ι (Sperrung durch den Verf.)", beschäftigt sich also in der Auseinandersetzung mit den Eunomianern, die "einen strengen Arianismus unter reicher Verwertung aristotelisch-stoischer Dialektik vertreten",[62] d.h. also in der Auseinandersetzung mit der jüdischen Tradition nicht mit der Frage des *Menschseins* oder *Nicht-Mensch-Seins Jesu*, sondern hauptsächlich mit der Frage, ob er κτίσις ist oder nicht: "οὐ γὰρ ταυτὸν τῇ φύσει τὸ ἄναρχον καί τὸ κτιζόμενον", heißt es weiter. Wenn man nun diese Stelle mit einer anderen zu Beginn der III. Rede verbindet, werden die Dinge klar.

Πῶς οὖν οὐκ ἐμπαθής ἡ γέννησις; ὅτι ἀσώματος. εἰ γὰρ ἡ ἐνσώματος ἐμπαθής, ἀπαθής ἡ ἀσώματος. ἐγὼ δὲ σε ἀντερήσομαι· πῶς θεός, εἰ κτίσμα; οὐ γὰρ θεός τὸ κτιζόμενον· ἵνα μή λέγω, ὅτι κἀνταῦθα πάθος, ἂν σωματικῶς λαμβάνηται, οἷον χρόνος, ἔφεσις, ἀνατύπωσις, φροντίς, ἐλπίς, λύπη, κίνδυνος, ἀποτυχία, διόρθωσις· ἃ πάντα καί πλείω τούτων περί τήν κτίσιν, ὡς πᾶσιν εὔδηλον. θαυμάζω δὲ, ὅτι μή καί τοῦτο τολμᾷς, συνδυασμοὺς τινας ἐννοεῖν, καί χρόνους κυήσεως, καί κινδύνους ἀμβλώσεως, ὡς οὐδὲ γεννᾶν ἐγχωροῦν, εἰ μή οὕτω γεγέννηκεν· ἢ πάλιν πτηνῶν τινας καί χερσαίων καί ἐνύδρων γεννήσεις ἀπαριθμούμενος, τούτων τινί τῶν γεννήσεων ὑπάγειν τήν θείαν καί ἀνεκλάλητον, ἢ καί τὸν υἱὸν ἀναιρεῖν ἐκ τῆς καινῆς ὑποθέσεως. καί οὐδ' ἐκεῖνο δύνασαι συνιδεῖν, ὅτι ᾧ διάφορος ἡ κατὰ σάρκα γέννησις, - ποῦ γὰρ ἐν τοῖ σοῖς ἔγνως θεοτόκον παρθένον; - τούτῳ καί ἡ πνευματική γέννησις ἐξαλλάττουσα· μᾶλλον δὲ, ᾧ τὸ εἶναι μή ταὐτόν, τούτῳ καί τὸ γεννᾶν διάφορο.[63]

Hier fungiert der Hinweis auf Maria "ποῦ γὰρ ἐν τοῖς σοῖς ἔγνως θεοτόκον παρθένον" nicht als Zeichen der Kontinuität zwischen Jesus und κτίσις, wonach also die Existenz Mariens ihn als κτίσις erscheinen läßt, sondern im Gegenteil als Zeichen der Ausnahme gegenüber der übrigen κτίσις. Menschsein Jesu als Sohn der Maria und κτίσις sein, sind also zwei verschiedende Konzepte. Auf der Basis dieser Unterscheidung zwischen γέννησις und κτίσις heißt es dann etwas später im gleichen Text:

Ταῦτα μὲν οὔ φασι, κοινὰ γὰρ καί ἄλλων. ὃ δὲ μόνου θεοῦ καί ἴδιον, τοῦτο οὐσία. οὐκ ἂν μὲν συγχωρήσαιεν εἶναι μόνου θεοῦ τὸ ἀγέννητον οἱ καί τήν ὕλην καί τήν ἰδὲαν συνεισάγοντες ὡς ἀγὲννητα. τὸ γὰρ Μανιχαίων πορρωτὲρω 'ῥίψωμεν σκότος. πλήν ἒστω μόνου θεοῦ. τί δὲ ὁ 'Αδὰμ; οὐ μόνος πλάσμα θεοῦ; καί πὰνυ, φήσεις. ἀρ' οὖν καί μόνος ἄνθρωπος; οὐδαμῶς. τί δή ποτε; ὅτι μή ἀνθρωπότης ἡ πλᾶσις· καί γὰρ τὸ γεννηθὲν ἄνθρωπος.⁶⁴

Auch in bezug auf die Menschheit gibt es also einen Unterschied zwischen γὲννησις und κτίσις. "Τί δὲ ὁ 'Αδὰμ; οὐ μόνος πλάσμα θεοῦ; καί πὰνυ, φήσεις. ἀρ' οὖν καί μόνος ἄνθρωπος; οὐδαμῶς. τί δή ποτε; ὅτι μή ἀνθρωπότης ἡ πλᾶσις· καί γὰρ τὸ γεννηθὲν ἄνθρωπος." Adam ist ein Produkt der κτίσις, während seine Nachkommenschaft durch γὲννησις entstanden ist. Zum Unterschied zwischen κτίσις und γὲννησις tritt aber, wie wir durch den Hinweis auf Maria sehen, auch noch die Inkarnation hinzu. Trotz der dogmatischen Gleichheit des Wesens Jesu mit dem des Λόγος, also nach der Inkarnation, deren Zeitpunkt zeitlich bestimmt ist, entsteht aufgrund der dogmatischen Gleichheit des Wesens Jesu mit dem Wesen des Sohn-Logos das Problem des zeitlich bestimmten Anfangs des "ewigen" Sohn-Logos.

Οὗτος γὰρ ὁ νῦν σοι καταφρονούμενος, ἦν ὃτε καί ὑπὲρ σὲ ἦν· ὁ νῦν ἄνθρωπος καί ἀσύνθετος ἦν. ὃ μὲν ἦν, διὲμεινεν· ὃ δὲ οὐκ ἦν, προσὲλαβεν. ἐν ἀρχῇ ἦν ἀναιτίως· τίς γὰρ αἰτία θεοῦ; ἀλλὰ καί ὕστερον γὲγονε δι' αἰτίαν (ἡ δὲ ἦν τὸ σὲ σωθῆναι τὸν ὑβριστήν, ὃς διὰ τοῦτο περιφρονεῖς θεότητα, ὅτι τήν σήν παχύτητα κατεδὲξατο) διὰ μὲσου νοὸς ὁμιλήσας σαρκί, καί γενόμενος ἄνθρωπος, ὁ κάτω θεός· ἐπειδή συνεκράθη θεῷ, καί γὲγονεν εἷς, τοῦ κρείττονος ἐκνικήσαντος, ἵνα γὲνωμαι τοσοῦτον θεός, ὃσον ἐκεῖνος ἄνθρωπος. ἐγεννήθη μὲν, ἀλλὰ καί ἐγεγὲννητο· ἐκ γυναικὸς μὲν, ἀλλὰ καί παρθὲνου. τοῦτο ἀνθρώπινον, ἐκεῖνο θεῖον. ἀπάτωρ ἐντεῦθεν, ἀλλὰ καί ἀμήτωρ ἐκεῖθεν. ὅλον τοῦτο θεότητος.⁶⁵

So entsteht ein Unterschied zwischen Jesus und Λόγος nicht dem Wesen, sondern der ontologischen Ordnung nach, "τοῦ κρείττονος ἐκνικήσαντος". Das bestätigt den Unterschied zwischen γὲννησις, κτίσις und ἐνσάρκωσις: "ἐγεννήθη μὲν, ἀλλὰ καί ἐγεγὲννητο", hier tritt der Unterschied klar hervor. Daß das alles im Dienste der Heilsordnung steht, ist dieser Stelle eindeutig zu entnehmen. Dabei wird die Funktion der

Mutter im Rahmen der Heilsordnung eindeutig dem spezifisch Menschlichen unterstellt. Von der göttlichen Ordnung wird sie im Gegensatz zum Vater ausgeschlossen: "ἀπάτωρ ἐντεῦθεν, ἀλλὰ καί ἀμήτωρ ἐκεῖθεν".

Οὐ γὰρ γέννησις Θεοῦ τοῦτό ἐστιν, ἀλλὰ φυγή γεννήσεως. Εἴ τις εἰσάγει δύο Υἱούς, ἕνα μὲν τὸν ἐκ Θεοῦ καί Πατρός, δεύτερον δὲ τὸν ἐκ τῆς μητρός, ἀλλ' οὐχί ἕνα καί τὸν αὐτόν, καί τῆς υἱοθεσίας ἐκπέσοι τῆς ἐπηγγελμένης τοῖς ὀρθῶς πιστεύουσι. Φύσεις μὲν γὰρ δύο Θεὸς καί ἄνθρωπος, ἐπεί καί ψυχή καί σῶμα· υἱοί δὲ οὐ δύο, οὐδὲ Θεοί. Οὐδὲ γὰρ ἐνταῦθα δύο ἄνθρωποι, εἰ καί οὕτως ὁ Παῦλος τὸ ἐντὸς τοῦ ἀνθρώπου, καί τὸ ἐκτὸς προσηγόρευσε. Καί εἰ δεῖ συντόμως εἰπεῖν, ἄλλο μὲν καί ἄλλο τὰ ἐξ ὧν ὁ Σωτήρ (εἴπερ μή ταυτὸν τὸ ἀόρατον τῷ ὁρατῷ, καί τὸ ἄχρονον τῷ ὑπὸ χρόνον),οὐκ ἄλλος δὲ καί ἄλλος· μή γένοιτο. Τὰ γὰρ ἀμφότερα ἓν τῇ συγκράσει, Θεοῦ μὲν ἐνανθρωπήσαντος, ἀνθρώπου δὲ θεωθέντος, ἢ ὅπως ἄν τις ὀνομάσειε. Λέγω δὲ ἄλλο καί ἄλλο, ἔμπαλιν ἢ ἐπί τῆς Τριάδος ἔχει. Ἐκεῖ μὲν γὰρ ἄλλος καί ἄλλος, ἵνα μή τὰς ὑποστάσεις συγχέωμεν· οὐκ ἄλλο δὲ καί ἄλλο, ἓν γὰρ τὰ τρία καί ταυτὸν τῇ θεότητι.[66]

Wir sehen also, daß in der Metaphysik der Kirchenväter die Dynamik des Verhältnisses zwischen Gottvater und Sohn-Logos, die die von der jüdischen Tradition überlieferte Spannung zwischen γέννησις und κτίσις beinhaltet, erst im Begriff der Inkarnation des Λόγος zum Abschluß gebracht werden kann und zwar auf eine Weise, die die Schwierigkeiten, die von der Tradition der κτίσις herrühren, überwinden kann. In der Differenz zwischen Sohn-Logos und Jesus als inkarnierter Λόγος wird diese Tradition der κτίσις endgültig aufgehoben und der Weg für die Entwicklung der Trinitätsdialektik ermöglicht. Aus diesem Grund schließt Gregor am Schluß seiner Erläuterungen über die Einheit Jesus und Λόγος in der Inkarnation des Λόγος unmittelbar an das Verhältnis zwischen göttlichen Personen (ὑποστάσεις) und Wesen, Natur (φύσις) der Gottheit an.

Es sei nun erlaubt auf etwas hinzuweisen, das zwar nicht direkt mit unserer Problematik zusammenhängt, jedoch in der späteren Darstellung der Trinitätsdialektik eine Rolle spielte und aus diesem Grund erwähnt werden sollte. Das Wort σύγκρασις, das hier Gregor verwendet, um die Einheit der zwei Naturen in Jesu zu zeigen, "Τὰ γὰρ ἀμφότερα ἓν τῇ συγκράσει, Θεοῦ μὲν ἐνανθρωπήσαντος, ἀνθρώπου δὲ θεωθέντος...", wurde später von den Kirchenvätern vermieden, um nicht den Eindruck zu erwecken, daß beide Naturen Jesu in ihm miteinander vermengt wurden. Hier scheint Gregor aus einem gewissen sprachlichen Notstand heraus dieses Wort zu gebrauchen, "ἢ ὅπως ἄν τις ὀνομάσειε", um die Existenz beider Naturen in Jesu hervorzuheben. Die mögliche Übertragung dieses Worts auf das Verhältnis der drei Hypostasen innerhalb der Trinität hat dann seine Ablehnung endgültig gemacht und statt dessen wurde der Ausdruck Perichorese vorgezogen. Soweit also σὐγκρασις als Vermengung verstanden werden kann, ist das Wort weder für die Person Jesus noch für das innentrinitarische Verhältnis korrekt. "Sie (= die Hypostasen) sind ohne Vermischung vereint und ohne Trennung unterschieden, was geradezu unglaublich scheint", schreibt einige Jahrhunderte später Johannes von Damaskus, der sich durch die Präzision des sprachlichen Ausdrucks in der Darlegung des Dogmas auszeichnet.[67] Auf alle Fälle wird, glaube ich, hier klar, welche große Bedeutung die Inkarnation im Verhältnis zu γέννησις und κτίσις hat.

Gregor der Theologe führt also die Auseinandersetzung mit Arius auf eine entscheidende Stufe weiter, in deren Rahmen die Funktion der Maria, wie er betont, ersichtlich wird. In der Heilsökonomie des inkarnierten Λόγος wird das Judentum überwunden und das Prinzip des Menschen mit Maria als "Mittlerin" jenseits der Tradition der κτίσις konstituiert.* Das geschieht auch in bezug auf die Bestimmung des Λόγος als γέννημα und nicht als κτίσις im Einklang mit Johannes, wo es im Prolog heißt: "Καί ὁ Λόγος σάρξ ἐγένετο καί ἐσκήνωσεν ἐν ἡμῖν..."[69] In der Bestimmung des Verhältnisses zwischen Gott Vater, Λόγος und Jesus, gewachsen aus der Auseinandersetzung mit dem jüdischen Begriff der κτίσις, haben wir also mit einer Tradition zu tun, die in ihrer Kontinuität mit dem Evangelisten Johannes beginnt, Athanasius und die Kappadokier umfaßt - wir haben bis jetzt Gregor den Theologen berücksichtigt - und ihren Abschluß, der gleichzeitig im Grunde das Ende der Spekulation in der griechischen Kirche darstellt, bei Johannes von Damaskus im 8. Jhdt. findet. Im Rahmen dieser Tradition, die von den hier erwähnten drei zentralen Begriffen ausgeht und unter Hinzufügung des Begriffs des Hl. Geistes die Trinitätskonzeption der griechischen Kirche bildet, geht jedoch die Position des

---

* Das kommt im bereits zitierten "Ἀκάθιστος Ὕμνος" zum Ausdruck.[68]

Vaters trotz der von den Kirchenvätern betonten Homousie mit dem Sohn-Logos verstärkt hervor. Dieser Sachverhalt des der Person des Vaters zugebilligten ehrenhaften Vortritts ist Ausdruck des moderierten Patriarchats der griechisch-byzantinischen Gesellschaft, die im Gegensatz zum jüdischen Patriarchat mit seinem Begriff von κτίσις zwar die Identität zwischen Gott Vater und Sohn-Logos dem Wesen nach anerkennt, jedoch dem Vater einen Vortritt, der keinen dogmatischen Stellenwert hat, sondern sozusagen nur ehrenamtlich ist, zubilligt. Das ist die Ehre, die einem Vater zukommt, nicht mehr und nicht weniger, sonst hat sie aber in der *inhaltlichen* Fassung der Beziehung der Personen innerhalb der Trinität keine Bedeutung.

Es ist also Sache und Dogma zu untersuchen, was einerseits bei vielen vernachlässigt und andererseits bei mir im hohen Ausmaß Gegenstand der Untersuchung ist. Für wen ist also das für uns und aus welchem Grund das große und vielgerühmte Gottes des Hohenpriesters und Opfers Blut gegossen worden? Denn wir waren vom Bösen besessen, nachdem wir unter die Herrschaft der Sünde geraten waren und die Lust am Bösen entgegengenommen hatten. Wenn nämlich das Lösegeld nicht eines anderen wegen als des in Gefangenschaft Haltenden eingehalten wird, frage ich für wen und aus welchem Grund es eingeführt worden ist? Wenn es des Bösen willen (geschah) oh Injurie; wenn der Räuber das Lösegeld nicht nur von Gott, sondern Gott selbst als Lösegeld und somit für seine tyrannische Herrschaft einen übernatürlichen und überwesentlichen Lohn nimmt und für den es uns zu schonen adäquat wäre; und wenn es des Vaters willen (geschah), wie ist das erste möglich? Denn sie werden nicht von ihm in Gefangenschaft gehalten. Und zweitens, was wäre der Grund, daß das Blut des Eingeborenen den Vater freut, der auch Isaak vom Vater angeboten nicht entgegengenommen hat, sondern das Opfer ersetzt, indem er anstelle des vernünftigen Opfers den Widder getauscht hat? Oder ist es ersichtlich, daß der Vater zwar entgegennimmt, nicht aber nachdem er gefordert und auch nicht nachdem er gebeten hat, sondern wegen der Heilsökonomie und weil der Mensch durch das Menschliche in Gott geheiligt werden muß; damit er uns, nachdem er die Macht des Tyrannen besiegt hat, heraushholt und zu sich durch die Vermittlung des Sohnes zurückholt, der alles zu Ehren des Vaters in der Heilsökonomie gebaut hat, dem er alles zu überlassen scheint. Das kann also über Christus gesagt werden und allem, was mehr ist, muß man mit Schweigen Ehrfurcht erweisen.[70]

Die Funktion dieses Vortritts, der dem Vater ehrenhalber gebührt, kommt in dem hier zitierten Abschnitt aus der Ostern-Rede Gregors des Theologen klar zum Ausdruck. Dabei ist es symptomatisch, daß der Zusammenhang, in dessen Rahmen diese Feststellung placiert ist, die Erläuterung der soteriologischen Natur des Opfers Christi ist. Es fällt hier auf, daß die Heilsökonomie nach der Aussage Gregors, nicht nur zur Rettung des Menschen sondern auch zur Ehrung des Vaters vom inkarnierten Sohn-Logos durchgeführt wird. Wird in der Fortführung der hellenistischen Tradition im Christentum nämlich der Rettung des Menschen durch seine Vergottung, die durch die Vermenschlichung Gottes geschieht und der Rettung vom Tod und, wie wir wissen, auch vom sozialen Elend, der Gedanke der Heilsökonomie verwirklicht, so ist es nicht ohne Bedeutung darauf hinzuweisen, daß es auch zu Ehren des Vaters geschieht. Ist der Gedanke der Rettung des Menschen in der hellenistischen und späthellenistisch-römischen Welt der Zerstückelung des Diaspora-Bewußtseins und der auf den pauperisierten Massen lastenden Krise der Sklavenhaltergesellschaft ein in dieser Welt dominierender Gedanke, so ist auch die Vorstellung des gütigen Vaters eines moderierten Patriarchats, aufgrund dessen Willen die neue befreiende *Ökonomie* durchgeführt wird eine Vorstellung, die den Menschen dieses Zeitalters naturgemäß sehr nahe lag. Im religiös transformierten Wesen dieser Vorstellung liegt auch die Essenz des angesichts dieser Ökonomie notwendigen Schweigens. Ist Autorität immer mit Schweigen verbunden, so entsteht durch den Hinweis darauf auch auf der Ebene eines "vergeistigten" Bewußtseins die Tradition eines Gebotes des Schweigens.

In der byzantinischen Theologie als jenem Wissen des Bewußtseins von der Würde, die dem gebührt, das seine Grenzen überschreitet, entlarvt das Gebot des Schweigens sich als allgemein menschliches Phänomen. Altgriechisch-hellenistische Mysterien-Religionen und mystische Traditionen überhaupt sind also von dieser Dimension des Schweigens bestimmt. Sind orgiastische Kulte eine Weise, mit der übergreifenden Subjektivität der Natur eins zu werden, so stellt das tiefe Schweigen angesichts des für das Bewußtsein noch als Mysterium fungierenden Wesens der gesellschaftlichen und somit auch der Synthesis von Natur die Vermittlung mit dieser Synthesis dar; es ist das Mittel, um in sich selbst hineinzudringen und mit ihr eins zu werden. (Vielleicht liegt in diesem Bedürfnis der Vereinigung auch der Grund für den das Bewußtsein dieses Zeitalters so tief prägenden Glauben an Astrologie und Wunder, von dem auch die apostolische Literatur Zeugnisse liefert und selbst trotz gewisser Rationalisierungstendenzen davon nicht geläutert war.) Auf alle Fälle entspringt der ästhetische Reiz und die Schönheit des den Abschnitt mit der Erläuterung der Heilsökonomie abschließenden Satzes Gregors des Theologen, der in seiner Einfachheit unübertrefflich ist, aus diesem Bewußtsein von Mystik und dem tiefen Bedürfnis nach Vereinigung: "Das kann also über Christus gesagt werden und allem, was mehr ist, muß man mit Schweigen Ehrfurcht erweisen".[71]

II. Der Nestorianismus als besondere Variante einer patriarchalischen Tradition

Wir haben bis jetzt gesehen, daß auf der Grundlage der drei Begriffe γέννησις, κτίσις, ἐνσάρκωσις sich das ganze Spannungsfeld erstreckt, das zur Bildung des griechischen Trinitätsbegriffs führt und sogleich in sich die gesellschaftlichen Traditionen und Widersprüche reflektiert, die im Trinitätsbegriff beinhaltet sind und ihn als ihren gedanklichen Abschluß konstituieren. Ich habe schon im Rahmen dieser Arbeit darauf hingewiesen, daß die arianische Konzeption von der Geschöpflichkeit des Wortes die eine Seite der jüdischen Tradition im Christentum darstellt. Die andere Seite, die Leugnung der Fleischwerdung des Λόγος wurde geschichtlich von Nestorius vertreten, und sie stellt trotz oder gerade wegen ihres Gegensatzes zum Arianismus seinen dialektischen Gegenteil dar. Beide Seiten haben einander hart bekämpft und doch sind sie miteinander organisch verbunden. Es ist kein Zufall, daß Nestorius auch ein gräzisierter Orientale war wie sein Gegner Arius, er war ein Syrer. In der kurzen Zeit, während er Bischof von Konstantinopel war, hat er seine Gegner brutal verfolgt und die Arianer gezwungen ihre eigene Kirche aus Verzweiflung in Brand zu setzen. Das hat ihm den Beinamen "ἐμπρηστής" (Brandstifter) gebracht. Dieser Brandstifter und Fanatiker, ein intellektueller Terrorist auf dem Bischofsthron, artikuliert in seiner Lehre mit der Radikalität, mit der ihn die Geschichte befähigt hat, das Prinzip des Monotheismus in seiner Abkehr vom Fleisch und von der Mutter in geradezu klassischer Weise. In dem Beinamen, den er der Mutter Gottes gab, Χριστοτόκος, anstelle von Θεοτόκος (dieser Beiname war nur ein äußerliches Anhängsel für seine Lehre, die Bezeichnung als solche war nicht der eigentliche Grund für den nestorianischen Streit), kommt jedoch seine Konzeption von Λόγος klar zum Ausdruck. Jesus war nur ein Mensch, der

Sohn der Maria. (Deswegen wurde Nestorius von seinem Gegner Cyrillus von Alexandrien auch ἀνθρωπολάτρης genannt.) In eigenartigem Widerspruch zur Hervorhebung der menschlichen Natur Christi, die äußerlich gesehen zur gegenteiligen Beurteilung seiner Konzeption führen kann, wird bei ihm die Unmöglichkeit betont, daß Gott Mensch wird und umgekehrt. Als zentrales Argument dafür fungiert die Unmöglichkeit der Vermittlung zwischen Gott Λόγος und Menschen durch die Mutter. Der göttliche Λόγος kann unmöglich durch den natürlichen Vorgang der Geburt als Mensch in die Welt kommen. Deswegen ist Jesus ein ὄργανον θεότητος (ein Instrument der Gottheit). Die menschliche Natur Jesu ist daher mit der göttlichen Natur des Λόγος nur συνημμένη (συνάπτω - συνάφεια), d.h., das es sich nicht um eine wirkliche ἕνωσις der zwei Naturen handelt.

Im folgenden gebe ich einige wichtige Stellen aus F. Loofs, Fragmente des Nestorius, wieder. Der Abschnitt beginnt mit einem Hinweis auf die Lehre der Häretiker (nicht Nestorianer):

... mehr als die Häretiker sind sie Elende. Diese zwar [μὲν] nämlich [γὰρ] machen Gott den Logos [dazu], daß er jünger ist als das Wesen des Vaters, indem auch sie in Gleichnisreden zu lästern sich erkühnen; denn in der Natur der Gottheit gibt es eine Jugend des Wesens und ein Alter von Tagen nicht. ὅμως δὲ, κἂν θεότητος μείζονος τὸν θεὸν λόγον ληροῦσι νεώτερον, non tamen novellum fatentur. οὗτοι δὲ αὐτὸν τῆς μακαρίας Μαρίας ἐργάζονται δεύτερον καί μητέρα χρονικήν τῇ δημιουργῷ τῶν χρόνων ἐφιστῶσι θεότητι. μᾶλλον δὲ οὐδὲ μητέρα Χριστοῦ τὴν Χριστοτόκον ἐῶσιν. εἰ γὰρ οὐκ ἀνθρώπου φύσις, ἀλλὰ θεὸς ὁ λόγος ἦν, ὥσπερ ἐκεῖνοί φασιν, ὁ παρ' ἐκείνης, ἡ τεκοῦσα τοῦ τεχθέντος οὐ μήτηρ. πῶς γὰρ ἂν εἴη τις μήτηρ τοῦ τῆς φύσεως τῆς αὐτῆς ἀλλοτρίου; εἰ δὲ μήτηρ παρ' αὐτῶν ὀνομάζοιτο, ἀνθρωπότης τὸ τεχθέν, οὐ θεότης· πάσης γὰρ ἴδιον μητρὸς ὁμοούσια τίκτειν. ἢ οὖν οὐκ ἔσται μήτηρ, ὁμοούσιον ἑαυτῇ μὴ τεκοῦσα· ἢ μήτηρ παρ' αὐτῶν καλουμένη, τὸν ἑαυτῇ κατ' οὐσίαν ἐγέννησεν ὅμοιον... Μέγα τῇ Χριστοτόκῳ παρθένῳ τὸ τεκεῖν ἀνθρωπότητα τῆς τοῦ θεοῦ λόγου θεότητος ὄργανον· ἀρκοῦν αὐτῇ πρὸς τιμὴν ὑπεραίρουσαν τὸ γεννῆσαι μεσίτην τῇ τοῦ θεοῦ <λόγου> συνημμένον ἀξίᾳ. Des Mittlers Mutter also ist die Χριστοτόκος παρθένος. Die Gottheit des Mittlers aber bestand, bevor sie den Mittler gebar. πῶς οὖν τὸν ἑαυτῆς ἀρχαιότερον ἔτεκε; Weshalb zu einer Schöpfung des Geistes machst du den θεὸς λόγος? Denn wenn der θεὸς λόγος derjenige ist, der von jener geboren ward, derjenige aber, der von jener geboren ward, gemäß dem Wort der Engel *vom Heiligen Geiste ist*, so wird <als> eine Schöpfung des Geistes der θεὸς λόγος gesehen ... Wenn du über den, der nach der Natur durch die Monate von der Jungfrau geboren ist, nachdenkst, so ist ein

Mensch derjenige, der von der Jungfrau geboren ist, gemäß dem Worte dessen, der geboren ist, welcher sagt: *Was suchet ihr mich zu töten, einen Menschen, der ich unter euch die Wahrheit geredet habe?* ... *Einer nämlich ist Gott, einer auch der Mittler Gottes und der Menschen, der Mensch Jesus Christus, der Mensch, der aus dem Geschlechte Davids geboren ist* ... ἀλλ' οὗτος ὁ κατὰ σάρκα τοῦ Ἰσραὴλ συγγενής, ὁ κατὰ τὸ φαινόμενον ἄνθρωπος, ὁ κατὰ τὴν Παύλου φωνὴν ἐκ σπέρματος γεγεννημένος Δαυείδ, παντοκράτωρ τῇ συναφείᾳ θεὸς ... οὕτω καὶ τὸν κατὰ σάρκα Χριστὸν ἐκ τῆς πρὸς τὸν θεὸν λόγον συναφείας θεὸν ὀνομάζομεν, <τὸ> φαινόμενον εἰδότες ὡς ἄνθρωπον. ἄκουσον ἀμφότερα τοῦ Παύλου κηρύττοντος· von den Juden nämlich <stammt> der Christus nach dem Fleische <ὁ ὢν ἐπὶ πάντων θεός, εὐλογητὸς εἰς τοὺς αἰῶνος>. Wer also? Ein einfacher Mensch ist der Christus, ὁ seliger Paulus? Nein doch! Sondern ein Mensch ist der Christus im Fleische; in der Gottheit aber ist der Gott über alles. ὁμολογεῖ τὸν ἄνθρωπον πρότερον καὶ τότε τῇ τοῦ θεοῦ συναφείᾳ θεολογεῖ τὸ φαινόμενον· ἵνα μηδεὶς ἀνθρωπολατρείας τὸν Χριστιανισμὸν ὑποπτεύῃ. ἀσύγχυτον τοίνυν τὴν τῶν φύσεων τηρῶμεν συνάφειαν· ὁμολογῶμεν τὸν ἐν ἀνθρώπῳ θεόν, σέβωμεν τὸν τῇ θείᾳ συναφείᾳ τῷ παντοκράτορι θεῷ συμπροσκυνούμενον ἄνθρωπον.[1]

Im Rahmen der abstrakten theologischen Diskussion hat man die Konzeption des Nestorius rein geistesgeschichtlich interpretiert als Ausdruck der Tradition der antiochäischen Schule im Gegensatz zur alexandrischen, deren Position von der Kirche übernommen wurde. So war auch der Hauptgegner von Nestorius, Cyrillus, Bischof von Alexandrien. Auch die philosophischen Relikte im Denken des Nestorius, ein aristotelisierender Rationalismus, der von der Tradition eines Verständnisses der Beziehung zwischen φύσις und ὑπόστασις nach dem Muster von οὐσία πρώτη und οὐσία δευτέρη ausgeht, und der demgemäß die Irrationalität der Vereinigung von zwei verschiedenen Naturen in Jesu systematisch nicht in seine Denkweise einbeziehen kann, und gewisse Ausdrücke wie συνημμένον etc., erinnern an einen vagen Platonismus mit seinem μέθεξις-Begriff oder auch an den Aristotelismus von Begriffspaaren wie οὐσία und συμβεβηκός. Das sind Dinge, die vor allem in einem Bereich wie die Patristik, in dem die Beziehung zur Tradition der griechischen Philosopie eine zwar bestimmende aber in einem merkwürdig verzerrten Licht angesiedelte Rolle spielt, zu stark auf der Oberfläche der Geistesgeschichte schwimmen. Das für unseren Zusammenhang Entscheidende bei Nestorius ist seine kategorische Ablehnung den Sohn Λόγος in eine *tief-*

greifende fleischliche Beziehung zum Menschen zu bringen, wozu die Beziehung zur Mutter die Voraussetzungen liefert. Das heißt aber, daß er sich auch weigert die Beziehung zur Mutter, die eine Beziehung, die im Fleisch gründet, ist, für den Sohn Λόγος zu akzeptieren. Das kommt sehr deutlich in einigen Passagen in seinem Brief an seinen Gegner Cyrillus zum Ausdruck, in denen Nestorius seine Konzeption zu erläutern versucht.

Χριστὸς ἀπέθανεν ὑπὲρ τῶν ἁμαρτιῶν ἡμῶν· καί· Χριστοῦ παθόντος σαρκί· καί· τοῦτό ἐστιν - οὐχ' ἡ θεότης μου ἀλλὰ - τὸ σῶμά μου τὸ ὑπὲρ ὑμῶν κλώμενον· καί μυρίων ἄλλων φωνῶν διαμαρτυρομένων τῶν ἀνθρώπων τὸ γένος, μή τήν τοῦ υἱοῦ νομίζειν θεότητα πρόσφατον ἤ πάθους σωματικοῦ δεκτικήν, ἀλλὰ τήν συνημμένην τῇ φύσει τῆς θεότητος σάρκα.²

Diese Abneigung gegen die körperlichen Leiden Jesu als körperliche Leiden des Sohnes Λόγος (gelitten und gestorben ist nach Nestorius der Mensch Christus, Sohn der Maria) kulminiert in der Weigerung eine Beziehung des Λόγος zum menschlichen Fleisch zu akzeptieren, die durch die Beziehung zur Mutter vermittelt ist.

... τὸ δὲ δή τῷ τῆς οἰκειότητος προστρίβειν ὀνόματι καί τὰς τῆς συνημμένης σαρκὸς ἰδιότητας, γέννησιν λέγω καί πάθος καί νέκρωσιν, ἤ πλανωμένης ἐστίν ἀληθῶς καθ' ῞Ελληνας, ἀδελφέ, διανοίας, ἤ τὰ τοῦ φρενοβλαβοῦς 'Απολιναρίου καί 'Αρείου καί τῶν ἄλλων νοσούσης αἱρέσεως, μᾶλλον δὲ τι κἀκείνων βαρύτερον. ἀνάγκη γὰρ τῷ τῆς οἰκειότητος τοὺς τοιούτως παρασυρομένους ὀνόματι καί γαλακτοτροφίας κοινωνὸν διὰ τήν οἰκειότητα τὸν θεὸν λόγον ποιεῖν καί τῆς κατὰ μικρὸν αὐξήσεως μέτοχον καί τῆς ἐν τῷ τοῦ πάθους καιρῷ δειλίας ἕνεκα βοηθείας ἀγγελικῆς ἐνδεᾶ, καί σιωπῶ περιτομήν καί θυσίαν καί ἰδρῶτας καί πεῖναν, ἅ τῇ σαρκί μὲν ὡς δι' ἡμᾶς συμβάντα πρόσκειται συναπτόμενα, ἐπί δὲ τῆς θεότητος ταῦτα καί ψευδῆ λαμβανόμενα καί ἡμῖν ὡς συκοφάνταις δικαίας κατακρίσεως αἴτια.³

Es fällt hier auf, daß Nestorius bei der Vorstellung der Ernährung Jesu durch die Muttermilch eine dem Λόγος nicht würdige Teilnahme und Intimität mit dem Menschen (hier der Mutter) empfindet ("καί γαλακτοτροφίας κοινωνὸν διὰ τήν οἰκειότητα τὸν θεὸν λόγον ποιεῖν"). Dazu kommen alle Attribute des Menschlichen, Wachstum, Leiden und Todesangst verbunden mit der flehentlichen Bitte um Gotteshilfe. Dieser Moment der Todesangst und des Flehens wird bei ihm oft wie in der folgenden Stelle erwähnt.

'Αλλ' οὐ ψιλὸς ἄνθρωπος ὁ Χριστός, συκοφάντα, ἀλλ' ἄνθρωπος ὁμοῦ καὶ θεός. εἰ δὲ μόνον ὑπῆρχε θεός, ἐχρῆν Ἀπολινάριε, εἰπεῖν· τί με ζητεῖτε ἀποκτεῖναι, θεόν, ὃς τὴν ἀλήθειαν ὑμῖν λελάληκα; nunc autem dicit: quid me quaeritis occidere, hominem, οὗτος ὁ τὸν ἀκάνθινον περιθέμενος στέφανον· οὗτος ὁ λέγων· θεέ μου, θεέ μου, ἱνατί με ἐγκατέλιπες; οὗτος ὁ τριήμερον τελευτὴν ὑπομείνας. προσκυνῶ δὲ σὺν τῇ θεότητι τοῦτον ὡς τῆς θείας συνήγορον αὐθεντίας, manifestum sit enim, inquit scriptura, viri fratres, quia nobis per Christum remissio peccatorum adnuntiatur.[4]

Hier wird der leidende Jesus als "συνήγορος" des Λόγος, weil "συνημμένος" und nicht in hypostatischer Union mit ihm vereint, interpretiert. In der Auseinandersetzung mit Apolinarius, der eine der Tradition aristotelischer Distinktion zwischen φύσις und ὑπόστασις widersprechende κρᾶσις der Naturen lehrte, sehen übrigens katholische Theologen Ansätze, um Nestorius und seiner Auffassung im Sinne der römisch orthodoxen Lehre Recht zu geben.[5] Genauso wie an der Stelle vorher vertritt ferner auch anderswo Nestorius die Meinung, daß der Glaube an die göttliche Natur Jesu und der Inkarnation eine Irrlehre sei, die griechisch-heidnischer Herkunft ist.

... id est puerpera dei sive genetrix dei, Maria, an autem ἀνθρωποτόκος, id est hominis genetrix? habet matrem deus? ἀνέγκλητος Ἕλλην μητέρας θεοῖς ἐπεισάγων. Paulus ergo mendax, de Christi deitate dicens: ἀπάτωρ, ἀμήτωρ, ἄνευ γενεαλογίας; - οὐκ ἔτεκεν, ὦ βέλτιστε, Μαρία τὴν θεότητα (quod enim de carne natum est, caro est); non peperit creatura eum, qui est icreabilis; non recentem de virgine deum verbum genuit pater (in principio erat enim verbum, sicut Joannes ait).[6]

Man sieht, daß der Hinweis auf die griechische Herkunft der Inkarnationslehre parallel zu einer eindeutigen Distanzierung von allem durch die Mutter vermittelten Fleischlichen erfolgt "(quod enim de carne natum est, caro est)". Das geschieht aber nicht ohne einen eindeutigen zusätzlichen Hinweis auf die *alleinige Vaterschaft* Gott Vaters, *der in sich das Wort trägt* "(in principio erat enim verbum)". Das macht diese Stelle besonders interessant und bestätigt meines Erachtens die in dieser Arbeit vertretene

These, daß die athanasianische Interpretation des Johannes-Prologs, wonach ἐν ἀρχῇ Gottvater als ontologisches Prinzip meint, richtig ist. Bei Nestorius ist es jedenfalls eindeutig die Grundlage seines Verständnisses, um daraus die Ablehnung der Mutter zu konstruieren (heißt es doch "verbum genuit pater" unmittelbar *vor* der Erläuterung "in principio erat enim verbum"!) Hier geht also der strenge Monophysit und patriarchalische Denker Nestorius, der die Frau von der Heilsökonomie zurückweisen will, vom ersten Teil der Johannes-Ausführungen im Prolog aus, nämlich von der Vaterschaft Gottvaters, *ohne den zweiten Teil* dieser Ausführungen, der von der Inkarnation des Λόγος spricht, ("Καί ὁ Λόγος σὰρξ ἐγένετο καί ἐσκήνωσεν ἐν ἡμῖν") akzeptieren zu wollen.

Ist die johanneisch-athanasianische Tradition eine Tradition des gemäßigten, moderierten Patriarchates, so ist der nestorianische Monophysitismus in radikaler und schärferer Form als etwa Arius, Ausdruck eines die Frau schlechthin ausschließenden Denkens. Die Konsequenz dieses Denkens auf theologischer Ebene ist die These, daß die ἐνσάρκωσις des Λόγος einen Verlust seiner göttlichen Substanz nach sich ziehen würde und daher unannehmbar ist. In der Aufrechterhaltung des schroffen Dualismus einer monophysitisch-monotheistischen Theologie zwischen Gott als Geist und ontologisch niedriger Natur des Fleisches wirken jüdische Traditionen fort, wobei das Prinzip des Fleisches, das durch die Frau vermittelt wird, den Gottesbegriff direkt gefährdet. Mit Recht schreibt also Cyrillus von Alexandrien, der große Gegner von Nestorius: "'Αλλ' ὁ ἐν ἐσχάτοις καιροῖς ἐκ γυναικός, αὐτὸς ἄν λέγοιτο, καί μόνος Υἱός· καί δή καί μίαν ταύτην τήνἐκ γυναικὸς παραδεξόμεθα γέννησιν, ἀπώλισθεν ἀναγκαίως τοῦ εἶναι κατὰ φύσιν Υἱὸς ὁ ἐκ Θεοῦ Πατρὸς Λόγος."[7] In diesem "ἀπώλισθεν ἀναγκαίως" artikuliert Cyrillus in sehr trefflicher Weise die Radikalität, die im Verlustgedanken des Nestorius enthalten ist, die Gefährdung seines Gottesbegriffes durch die Notwendigkeit des Fleisches. Im Gegensatz zu dieser Auffassung des Nestorius geht die griechische Konzeption des moderierten Patriarchates vom Gedanken der Resurrektion des Fleisches aus! Die ἐνσάρκωσις ist geradezu notwendig, damit das im Judentum verachtete Fleisch Würde und Bestand erhält. Auch die Differenz in dieser Hinsicht zwischen Altem und Neuem Testament wird von Cyrillus in diesem Licht interpretiert:

Καί ἐπειδή Θεόν ἑνωθέντα σαρκί καθ' ὑπόστασιν ἡ ἁγία Παρθένος ἐκτέτοκε σαρκικῶς, ταύτῃ τοι καί Θεοτόκον εἶναί φαμεν αὐτήν, οὐχ ὡς τῆς τοῦ Λόγου φύσεως τήν τῆς ὑπάρξεως ἀρχήν ἐχούσης ἀπό σαρκός· 'Ἦν γάρ ἐν ἀρχῇ, καί Θεός ἦν ὁ Λόγος, καί ὁ Λόγος ἦν πρός τόν Θεόν·' καί αὐτός ἐστι τῶν αἰώνων ὁ ποιητής, συναΐδιος τῷ Πατρί, καί τῶν ὅλων δημιουργός· ἀλλ', ὡς ἤδη προείπομεν, ἐπειδή καθ' ὑπόστασιν ἑνώσας ἑαυτῷ τό ἀνθρώπινον, καί ἐκ μήτρας αὐτῆς γέννησιν ὑπέμεινε σαρκικήν· οὐχ ὡς δεηθείς ἀναγκαίως, ἤτοι διά τήν ἰδίαν φύσιν, τῆς ἐν χρόνῳ καί ἐν ἐσχάτοις τοῦ αἰῶνος καιροῖς γεννήσεως· ἀλλ' ἵνα καί αὐτήν τῆς ὑπάρξεως ἡμῶν εὐλογήσῃ τήν ἀρχήν· καί τεκούσης γυναικός αὐτόν ἑνωθέντα σαρκί, παύσηται λοιπόν ἡ κατά παντός τοῦ γένους ἀρά πέμπουσα πρός θάνατον τά ἐκ γῆς ἡμῶν σώματα, ... Ταύτης γάρ ἕνεκα τῆς αἰτίας, φαμέν αὐτόν οἰκονομικῶς, καί αὐτόν εὐλογῆσαι τόν γάμον, καί ἀπελθεῖν κεκλημένον ἐν Κανᾷ τῆς Γαλιλαίας ὁμοῦ τοῖς ἁγίοις ἀποστόλοις.[8]

Ich glaube es ist hier symptomatisch, daß für die Konzeption des Cyrillus die Befreiung des Fleisches vom Leiden und vom Tod, wie es durch den Hinweis auf Stellen im Alten Testament ersichtlich wird, auch als eine Befreiung vom jüdischen Prinzip zustandekommt.[*]

---

[*] Im übrigen ist dieser Aspekt der Resurrektion des Fleisches, der hier so deutlich und klar zum Ausdruck kommt, das wichtigste Moment in der orthodoxen Anthropologie überhaupt, jenes Moment, das sie nicht als "Kirche der Auferstehung" konstituiert, wie sie oft tituliert wird, sondern die ihr zugrunde liegende Dimension einer Theologie der Befreiung für das gegenwärtige Leben jenseits der eschatologischen Heilserwartung, die im Auferstehungsdogma impliziert ist, ausmacht. Obwohl die römische Kirche diese Auffassung im Prinzip teilt, sowie sie die Beschlüsse der ersten sieben ökumenischen Konzile anerkennt, ist jedoch im Rahmen ihres aristotelisierenden Rationalismus in der Dogmenexegese dieser wichtige Aspekt abseits ihrer Denkweise geraten. Die bereits erwähnten Ansätze einer Rehabilitierung des Nestorius mit den Mitteln einer aristotelisierenden Logik sind hiefür ein typisches Beispiel. Der eigentliche Grund für den Mentalitätsunterschied zwischen den beiden Kirchen, und hier an dieser Stelle wird dieser Unterschied glaube ich ersichtlich, ist im Gegensatz zum Aristotelismus der römischen Kirche, der *apophatische* Charakter der byzantinischen Theologie, d.h. die grundlegende Überzeugung, die den Geist dieser Theologie bestimmt, daß die Geheimnisse Gottes nur durch eine in der Mystik vollzogene Reihe von Negationen sich dem menschlichen Geist offenbaren. So kann man auch für den Begriff der ἐνσάρκωσις keine Exegese liefern, sondern im Bewußtsein seiner logischen Unmöglichkeit die damit sich abzeichnende Theologie der Befreiung erkennen. Ist wie Harnack sagt, das Charakteristikum der griechischen Kirche der Traditionalismus und

Diese Befreiung vom jüdischen Prinzip geschieht in der Begründung der Würde des Fleisches, indem auch Zeugung und Geburt gesegnet werden ("ἀλλ' ἵνα καί αὐτήν τῆς ὑπάρξεως ἡμῶν εὐλογήσῃ τήν ἀρχήν") und kulminiert in der Segnung der Ehe. Damit zeichnen sich bei dieser Stelle von Cyrillus auch Ansätze eines Begriffs von Sexualität, der in der offenkundigen Hochschätzung des Fleisches von den üblichen Vorstellungen des Christentums von der Sexualität stark differiert. Die Vorstellungen von Ehe und Sexualität als Mittel für die Fortpflanzung der Gattung, ja sogar die Aufforderung zur Fortpflanzung sind gewiß auch dem Alten Testament nicht fremd. Was sich aber bei dieser Stelle von Cyrillus als m.E. qualitativ neue Denkweise abzeichnet, ist die in der Hochschätzung des Fleisches fundierte Möglichkeit, in der Ehe so etwas wie den Triumph gegen den Tod zu feiern und somit ihr auch Freude abzugewinnen. D.h. aber positiv gefaßt, daß in der Segnung der Ehe auch die Freuden der Ehe gesegnet werden. Wir haben es hier mit einer im Rahmen des moderierten Patriarchates, angesichts der Epoche, in der das formuliert wurde, relativ toleranten Konzeption von der gesellschaftlichen Organisation des Lustprinzips zu tun. Auf der gesellschaftlichen Ebene haben wir aber auch mit einer Reihe von entscheidenden Phänomenen zu tun, die in der Konzeption des Cyrillus, so wie sie sich in der Auseinandersetzung mit Nestorius formiert, sich reflektieren. Indem die orthodoxe Theologie die These von der Inkarnation des Λόγος als Menschenwerdung Gottes und den damit zusammenhängenden Begriff der Vergottung des Menschen stellt, nimmt sie im Bereich der Interpretation der gesellschaftlichen Synthesis eine zentristische Position an. Einerseits wird auf theologischer und realgesellschaftlicher Ebene das Prinzip des jüdi-

---

der Intellektualismus,[9] so besteht dieser Intellektualismus im Beharren auf der Ausbreitung eines theologischen Systems, im Bedürfnis *zu wissen*, warum bestimmte Dinge ausgesagt werden, innerhalb einer Tradition, die ihren eigenen Normen streng folgt. Würde man die Normen dieser Tradition auf das allgemeine Medium einer philosophischen Sprache zu übertragen versuchen, so ist dieses Medium durch die Kategorien und Denkweise des Neoplatonismus bestimmt, auch wenn es, wie bei Johannes von Damaskus, sich einer äußerlichen aristotelischen Hülle bedient. Ja, man kann grundlegend sagen, daß im Gegensatz zur aristotelisierenden römischen Theologie die griechisch-byzantinische Theologie eindeutig neoplatonistisch dominiert bleibt.

schen Patriarchats überwunden, andererseits wird es durch die Vergöttlichung des erwarteten Heils (in hellenistisch-orientalischer Tradition) ins Jenseits gerückt, *ohne* an Realitätsbezug und gesellschaftlicher Effizienz an der ihm immanenten Kraft gesellschaftlicher Veränderung völlig zu verlieren, weil durch das gleichzeitig ausgesprochene Prinzip der Vergottung des Menschen die Möglichkeit der gesellschaftlichen Erlösung und Befreiung von Elend und Not mit ausgesprochen wird. Wird die Heilserwartung durch die Fleischwerdung des Λόγος ins Jenseits gerückt, so behält sie durch das Prinzip der Vergottung des Menschen einen diesseitigen Bezug. Das hat allerdings die praktische Konsequenz, daß die Menschen im Bestreben für die θέωσις passive Tugenden entwickelten. Wenn die θέωσις das höchste anstrebbare Ziel im Leben ist, und die materiellen Dinge im Rahmen dieser Ideologie keine Rolle spielen, weil das Leben eine Vorbereitung auf den Tod und die Vereinigung mit Gott ist, so ist natürlich die Position der Herrschenden nicht gefährdet und eine Veränderung der gesellschaftlichen Organisation nicht abzusehen.

In der hellenistisch-orientalischen Tradition der θέωσις, die vom Christentum übernommen und radikalisiert wurde, haben die pauperisierten Massen der spätantiken-römischen Welt eine Kehrtwende nach innen vollzogen, nachdem der Zusammenhalt des öffentlichen Lebens im Demos schon durch die hellenistische Verschmelzung von nationalen Identitäten und die Bedingungen der römischen Herrschaft, d.h die brutale Ausbeutung der unterjochten Völker seitens eines militaristisch organisierten Imperiums, das den einzigen Zusammenhalt für alle Nationen bildete, zusammengebrochen war. Die reaktionäre Rolle dieser christlichen Innerlichkeit kulminierte in der Mystik bis zum Exzeß. Die Verachtung des Lebens und die Übung im Schweigen als Vorbereitung auf den Tod, verbunden mit der Abkehr *vor jeder Arbeit*, ja mit der Verachtung der Arbeit, sind die konstitutiven Momente dieser Ideologie.

῞Οταν προσεγγίσῃς τῇ στρωμνῇ σου, εἰπὲ αὐτῇ, ὦ στρωμνή, ἴσως ἐν τῇ νυκτὶ ταύτῃ τάφος *μοι* γίνῃ. Καί οὐ γινώσκω, μήπως ἀντὶ τοῦ προσκαίρου ὕπνου, ἐκεῖνος ὁ αἰώνιος ὁ *μέλλων* εἰσέλθῃ ἐν ἐμοί ἐν ταύτῃ τῇ νυκτί. Ἐν ὅσῳ οὖν ἔχεις πόδας, δράμε *ὀπίσω τῆς ἐργασίας*, πρὸ τοῦ δεσμευθῆναι ἐν ἐκείνῳ τῷ δεσμῷ, τῷ μὴ ἐνδεχομένῳ πάλιν λυθῆναι. Ἐν ὅσῳ ἔχεις δακτύλους, σταύρωσον ἑαυτὸν ἐν προσευχῇ, πρὸ τοῦ ἐλθεῖν τὸν θάνατον. Ἐν ὅσῳ ἔχεις ὀφθαλμούς, πλήρωσον αὐτοὺς δακρύων, πρὸ τοῦ σκεπασθῆναι αὐτοὺς ὑπὸ τοῦ κονιορτοῦ. Καθάπερ γὰρ τὸ 'ρόδον, τὸ ὑπ' ἀνέμου ἐκπνεό μενον, καί μαραινόμενον, οὕτως ἔσωθεν σου ἓν τῶν στοιχείων τῶν ἐν σοί, καί ἀποθνήσκεις. Θοῦ ἐν τῇ καρδίᾳ σου τοῦ ἀπελθεῖν, ὦ ἄνθρωπε, ἐν τῷ λέγειν σε ἀεί, ἴδε ἔφθασε τὴν θύραν ὁ ἀπόστολος, ὁ ἐρχόμενος ὀπίσω μου. Τί κάθημαι; ἀποδημία ἐστίν αἰώνιος, μή ἔχουσα πάλιν ἐπάνοδον.[10]

Die Vorbereitung auf den Tod als Fessel (δεσμός) wird hier als einzige sinnvolle Arbeit dargestellt und empfunden. Versenkt im tiefen Schmerz und Schweigen bereitet sich der Aspekt auf den Tod vor, indem er Abstand nimmt von allem Materiellen (dazu gehört auch wie bei Isaak der Kontakt und die Kommunikation mit anderen Mönchen, auch das *Gespräch* ist verpönt) und von der Arbeit als essentiellem Mittel materieller Reproduktion. Daß diese Haltung in den Evangelien selbst Tradition hat, ist hinreichend bekannt. Daß die Apostel als wandelnde Bettler in die Welt hinausgegangen sind, wird an vielen Stellen in den Evangelien ersichtlich, die Aufforderung zu dieser wandelnden und predigenden Vagabundage wird sogar Christus selbst in den Mund gelegt.

... πορεύεσθε δὲ μᾶλλον πρὸς τὰ πρόβατα τὰ ἀπολωλότα οἴκου 'Ισραήλ. πορευόμενοι δὲ κηρύσσετε λέγοντες ὅτι ἤγγικεν ἡ βασιλεία τῶν οὐρανῶν. ἀσθενοῦντας θεραπεύετε, λεπροὺς καθαρίζετε, νεκροὺς ἐγείρετε, δαιμόνια ἐκβάλλετε· δωρεὰν ἐλάβετε, δωρεὰν δότε. μή κτήσησθε χρυσόν μηδὲ ἄργυρον μηδὲ χαλκόν εἰς τὰς ζώνας ὑμῶν, μή πήραν εἰς ὁδὸν μηδὲ δύο χιτῶνας μηδὲ ὑποδήματα μηδὲ ῥάβδον· ἄξιος γὰρ ἐστιν ὁ ἐργάτης τῆς τροφῆς αὐτοῦ. εἰς ἣν δ' ἂν πόλιν ἤ κώμην εἰσέλθητε, ἐξετάσατε τίς ἐν αὐτῇ ἄξιός ἐστι, κἀκεῖ μείνατε ἕως ἂν ἐξέλθητε. εἰσερχόμενοι δὲ εἰς τὴν οἰκίαν ἀσπάσασθε αὐτήν λέγοντες· εἰρήνη τῷ οἴκῳ τούτῳ. καὶ ἐὰν μὲν ᾖ ἡ οἰκία ἀξία, ἐλθέτω ἡ εἰρήνη ὑμῶν ἐπ' αὐτήν· ἐὰν δὲ μή ᾖ ἀξία, ἡ εἰρήνη ὑμῶν πρὸς ὑμᾶς ἐπιστραφήτω. καὶ ὅς ἐὰν μή δέξηται ὑμᾶς μηδὲ ἀκούσῃ τοὺς λόγους ὑμῶν, ἐξερχόμενοι ἔξω τῆς οἰκίας ἢ τῆς πόλεως ἐκείνης ἐκτινάξατε τὸν κονιορτὸν τῶν ποδῶν ὑμῶν. ἀμὴν λέγω ὑμῖν, ἀνεκτότερον ἔσται γῇ Σοδόμων καὶ Γομόρρας ἐν ἡμέρᾳ κρίσεως ἢ τῇ πόλει ἐκείνῃ. 'Ιδοὺ ἐγὼ ἀποστέλλω ὑμᾶς ὡς πρόβατα ἐν μέσῳ λύκων...[11]

Andererseits ist jedoch im Rahmen der Konzeption von der θέωσις des Menschen ein Element enthalten, das unter den damaligen Lebensbedingungen einen Ansatz für gesellschaftlichen Fortschritt darstellte. Auf rein theologischer Ebene ist die orthodoxe Konzeption, wie wir sie bei Cyrillus gesehen haben, mit der Aufrechterhaltung einer konkreten, diesseitigen

Hoffnung und dem Glauben an den Menschen verbunden. Wird bei Arius der Λόγος als κτίσις der Diesseitigkeit, die durch die Mutter gegeben ist, verlustig und ist bei Nestorius die Hoffnung auf das Heil in der Dyarchie und Anthropolatrie (Anthropolatrie ohne Hoffnung, weil der Anthropos gestorben ist) und in Verbindung mit einem radikalen Patriarchat gebrochen, so bleibt im Rahmen der Konzeption von Cyrillus das Moment der Möglichkeit der Befreiung des konkreten Menschen, begründet in seiner theologisch und anthropologisch untermauerten Würde, aufrecht und gültig. Dazu kommt, und das trifft im Fall der radikalen Askese besonders zu, die völlige Verachtung des staatlichen Lebens und seiner Institutionen. Diese Verachtung unterhöhlt die Autorität des Staates und schafft die Voraussetzungen für soziale Bewegungen, die sogar gegen den Staat sind. (In allen Epochen der Geschichte gibt es eine direkte und eine indirekte Opposition gegen den Staat und die herrschende Gesellschaftsordnung. Geht die direkte Opposition bewußt und mit klaren Vorstellungen gegen die herrschende Ordnung vor, ist es oft bei der indirekten Opposition der Fall, daß ihre Mittel und ihre Ideologie konfus, widersprüchlich und schwankend sind. Unter bestimmten Voraussetzungen ändert sich die Funktion und die Zielrichtung dieser Opposition, je nach der Spezifität der Umstände kann sie sich plötzlich zu ihrem Gegenteil verwandeln und z.B. aus einer den Staat ablehnenden Kraft zu einer staatskonformen Kraft werden. In der modernen Gesellschaft sind ein Beispiel dafür die diversen Jugendbewegungen, aber auch die Ideologie der sogenannten "nicht angepaßten" Schichten etc. Auch die Kriminellen waren nicht immer hoffnungsloses Lumpenproletariat, man denke etwa an die Räuber des Mittelalters und die Räuber auf den Bergen, die den griechischen Aufstand gegen die Türken als sein eigentliches Rückgrat wesentlich vorbereitet und getragen haben. In Zeiten sozialer und historischer Krise fällt die Ambivalenz dieser Phänomene besonders stark auf, so z.B. die gesellschaftliche Funktion der kynischen Philosophie in der Spätantike, die Tendenz zur Religion und zu religiösen Philosophemen seitens breiter Schichten der desorientierten kleinbürgerlichen russischen Intelligenz vor der Revolution - wie z.B. Berdjajew - etc. Ich meine, daß man diese Bewegungen nur dann richtig beurteilen kann, wenn man den gesamten Kontext, die Totalität der gesellschaftlichen Lage in die Reflexion einbezieht, in deren Rahmen sie zum Austragen kommen. Nur so kann man sich ein differenzierteres Bild von ihnen machen. In Byzanz war die Position der Mönche und der gesellschaftliche Stellenwert der Askese trotz gegenteiliger Meinung seitens der marxistischen Orthodoxie auch differenziert. Sicherlich boten oft die Mönche das Bild eines reinen Schmarotzertums, das nur auf die Erhaltung seiner Pfründe bedacht war. Es gab aber auch Mönche und Kleriker, die sozialrevolutionär dachten - wie z.B. Basilius d. Große oder Johannes Chrysostomus - und das ursprüngliche Ideal des Christentums als Religion der Armen realisieren wollten. In der totalen Abkehr von der Welt und der absoluten Armut waren auch die asketischen Väter in der Wüste nicht unbedingt staatskonform und viele Bewegungen, die von den Mönchen getragen gegen den Staat gerichtet waren, sind nicht nur aus eigennützlichem Interesse entstanden - so z.B. die Ikonolatren, die von der ikonoklastischen Obrigkeit verfolgt wurden; ich meine das *trotz* der bekannten Tatsache, daß die ikonoklastischen Kaiser die Privilegien der Kirche und der Klöster bekämpft haben. Ich meine, daß die Ikonolatrie viel tiefere Gründe als nur die Erhaltung der materiellen Interessen der Klöster hatte, um gegen die Rationalisierungsbemühungen einer Schicht von Parvenus aus den östlichen Gebieten des Reiches anzukämpfen.)

Das positive, fortschrittliche Moment der griechisch-byzantinischen Konzeption von der ἐνσάρκωσις ist also die damit ausgesprochene Vergottung des Menschen und die in der Radikalität der Forderung nach Erfüllung dieser Vergottung als Schlüsselbegriff für das ewige Leben implizierte Zurückdrängung der Bedeutung des Staates. (In der Ambivalenz dieser Beziehung zum Staat hat sich die Kirche ihm stets unterworfen und in den Zeiten seiner Bedrängnis von *außen* unterstützt. Andererseits hat sie sich aber gegen seine Eingriffe in die Fragen der Dogmatik verwahrt und eine relative Autonomie abgesichert. Vor allem aber für das Bewußtsein der Menschen hat das Dogma von der ἐνσάρκωσις und der damit verbundenen θέωσις Konsequenzen, die über die vom Staat geschaffene Identitätsstiftung hinausgingen, gehabt.) In gewissem Sinn kann man hier sagen, daß in der damaligen Zeit die Hoffnung auf Erlösung und θέωσις nur in Verbindung mit Metaphysik und dem damit zusammenhängenden Denkmodell der Verlagerung und Übertragung der Heilserwartung auf Jenseitigkeit formuliert und wirksam werden konnte. In ihrer inneren Verfassung war die spätantike Welt außerstande den pauperisierten Massen eine Dimension von Hoffnung als sozialrevolutionäres Bewußtsein zu ermöglichen, ohne diese Dimension an religiöse Inhalte, ja an die Religion selbst anzuknüpfen. In diesem Sinn war Religion *notwendig*. Sie ist aus der inneren Organisation des Lebens entstanden und hat in ihrer Hülle die wahren Bedürfnisse der Massen artikuliert. Genau um diese innere Notwendigkeit geht es aber auch, wenn die Kirchenväter die *Notwendigkeit* der ἐνσάρκωσις zu begründen versuchten, ohne die das ganze Gebäude der christlichen Religion systematisch und als Ausdruck eines inneren Bedürfnisses zusammenbrechen würde. Die Notwendigkeit der ἐνσάρκωσις reflektiert innerhalb der Lehre der griechischen Kirche das Bedürfnis nach Religion schlechthin, sie ist seine Quintessenz. Aus dieser Notwendigkeit heraus resultiert daher nach Cyrillus auch die Notwendigkeit der Glaubwürdigkeit der menschlichen Äußerungen Jesu als Äußerungen des fleischgewordenen Λόγος in der unzertrennlichen Einheit von Mensch und Gott in einer Person.

Εἰ γὰρ ἐστιν ἀναγκαῖον τὸ πιστεύειν, ὅτι κατὰ φύσιν Θεὸς ὢν γέγονε σάρξ, ἤγουν ἄνθρωπος ἐμψυχομένος ψυχῇ λογικῇ· ποῖον ἂν ἄχοι λόγον τὸ ἐπαισχύνεσθαί τινα ταῖς παρ' αὐτοῦ φωναῖς, εἰ γεγόνασιν ἀνθρωποπρεπῶς; Εἰ γὰρ παραιτοῖτο τοὺς ἀνθρώπῳ πρέποντας λόγους, τίς ὁ ἀναγκάσας γενέσθαι καθ' ἡμᾶς ἄνθρωπον; Ὁ δὲ καθεὶς ἑαυτὸν δι' ἡμᾶς εἰς ἑκούσιον κένωσιν, διὰ ποίαν αἰτίαν παραιτοῖτ' ἂν τοὺς τῇ κενώσει πρέποντας λόγους; Ἑνί τοιγαροῦν προσώπῳ τὰ ἐν τοῖς Εὐαγγελίοις πάσας ἀναθετέον φωνάς· ὑποστάσει μιᾷ τῇ τοῦ Λόγου σεσαρκωμένῃ. Κύριος γὰρ Ἰησοῦς Χριστὸς εἷς, κατὰ τὰς Γραφάς.[12]

Wenn man die menschlichen Äußerungen des fleischgewordenen Λόγος nicht anerkennt, leugnet man die ganze *Dialektik* der Inkarnation. Ihr Wesen besteht gerade darin, daß der Λόγος Fleisch werden muß und daher seine fleischlichen Äußerungen glaubhaft sind. Würde man unter dem Einfluß der traditionellen Philosophie die Dialektik der Fleischwerdung unter Zuhilfenahme formal logischer Konstruktionen zu sprengen versuchen, so würde man der historischen Funktion des Erlösungsbegriffs des Christentums nicht gerecht bleiben. "Εἴ τις ἐπὶ τοῦ ἑνὸς Χριστοῦ διαιρεῖ τὰς ὑποστάσεις μετὰ τὴν ἕνωσιν, μόνῃ συνάπτων αὐτὰς συναφείᾳ τῇ κατὰ τὴν ἀξίαν, ἤγουν αὐθεντίᾳ ἢ δυναστείᾳ καί

οὐχί δή μᾶλλον συνόδῳ τῇ καθ' ἕνωσιν φυσικήν, ἀνάθεμα ἔστω."[13]
Wir hätten hier mit einer platonischen "συνάφεια" zu tun, die *nachträglich* dem Menschen Jesus zukäme. Das sprengt aber die ganze christliche Anthropologie als Resultat historischer Notwendigkeit in die Luft. Hier zeigt sich m.E., daß im Zeitalter unseres Untersuchungsgegenstandes die traditionelle Philosophie außerstande war, eine befriedigende Lösung für die Probleme der Menschen zu entwerfen. Natürlich ist bei Nestorius ein Begriff der nachträglich durch "ἀξία", "αὐθεντία" oder "δυναστεία" hergestellten "συνάφεια" ein Platonismus aus zweiter Hand und kein philosophischer. Es ist aber kein Zufall, daß die Philosophie in diesem Zeitalter im Absteigen begriffen war, und daß Konstruktionen innerhalb der Dogmatik, die einem im strengeren Sinn traditionellen philosophischen Verständnis entsprachen, ja, die dessen formale Übertragung auf die Kategorien des Dogmas waren, im Kampf um die Formulierung der Lehre unterlegen sind. Die Dialektik der ἐνσάρκωσις setzt als Prinzip, dessen historische Notwendigkeit ihm auch sein Durchsetzungsvermögen verlieh, keine formale Anwendung von philosophischen Kategorien voraus, sondern sie ist der Ausdruck des auf der Basis des hellenistisch-orientalischen Synkretismus entstandenen Begriffs der Erlösung des Menschen durch Gott-Logos. Ihre innere Kohärenz und ihr Zusammenhalt beruhen auf der These, daß, wenn Gott Mensch wird, so auch der Mensch Gott, ja, daß Gott Mensch werden muß, damit der Mensch Gott werden kann. Bei dieser Konstruktion werden philosophische Kategorien nicht formal angewendet, sondern inhaliert. Sie sind von den Kirchenvätern ins theologische Konzept hineingetragen worden und in ihm einverleibt. Daraus entsteht eine eigenartige Verschmelzung, die in sich lebendig ist und eigenen Gesetzmäßigkeiten und Normen folgt.

Die griechische Theologie ist eine philosophische Theologie, die philosophischen Momente sind aber in ihr organisch mit der theologischen Denkweise zusammengewachsen und stellen daher kein Anhängsel von ihr dar. Das merkt man auch bei der Sprache der Kirchenväter, die eine eigenartige, von vielen Traditionen beeinflußte, aber in sich lebendige, selbständige Konstruktion ist. Wenn nun im konkreten Fall die ἐνσάρκωσις eine ἕνωσις sein muß und keine συνάφεια, so entspricht das dem Bedürfnis nach Einheit von Gott, Mensch und Natur als Prinzip.

Damit es aber kein sabellianistischer Pantheismus ist, innerhalb dessen der konkrete Mensch untergeht, muß die ἐνσάρκωσις als zweite γέννησις vollzogen werden.

Ἐπειδή γὰρ αὐτὸς ἐπί μέσης ἐκκλησίας βεβήλοις ἐχρῆτο καινοφωνίαις, ἀνήρ τις τῶν ἄγαν ἐπιεικῶν, καί τελῶν μὲν ἐν λαϊκοῖς ἔτι, πλήν οὐκ ἀθαύμαστον συναγηγερκὼς ἐν ἑαυτῷ τήν παίδευσιν, θερμῷ τε καί φιλοθέῳ κεκίνηται ζήλῳ, καί τορόν τι κεκραγὼς, αὐτὸν ἔφη τὸν προαιώνιον Λόγον καί δευτέραν ὑπομεῖναι γέννησιν, δῆλον δὲ, ὅτι τήν κατὰ σάρκα, καί ἐκ γυναικός...[14]

Hier ist also die Bestimmung des Menschen als σάρξ ἐκ γυναικός, der sich der Λόγος unterwerfen muß, damit er Mensch wird, die ἐνσάρκωσις als zweite γέννησις sowohl die Voraussetzung für die Schaffung eines Individuumbegriffs (der Mensch als Individuum ist auch Fleisch) innerhalb der Natur als auch die Überwindung des traditionellen jüdischen Patriarchats, wenn der ἄναρχος Λόγος, der vom Vater gezeugt worden ist (ἐγεννήθη), nun auch von der Mutter zum zweiten Mal (γέννησις als Geburt) geboren werden muß.*

Im Kampf gegen den Nestorianismus hat die griechische Theologie den entscheidenden Sieg über die Traditionen einer nunmehr formal zur Anwendung kommenden Vergangenheit und über das jüdische Patriarchat getragen. Sie hat dadurch die Grundlagen einer Anthropologie der Befreiung geschaffen, die den Bedürfnissen der unterdrückten Massen der Spätantike entsprach und gleichzeitig diese Befreiung als nur mit einem den

---

* Hier ist der Unterschied zwischen γέννησις als Zeugung und γέννησις als Geburt nicht klar deffiniert. Wenn man aber davon ausgeht, daß im Rahmen der griechischen Theologie, der Vater immer die aktive Rolle hat, die mit den Attributen des Respekts und des Vortritts ihm gegenüber verbunden ist, sozusagen die traditionelle Rolle desjenigen, der das Sperma als Beginn des Lebens in sich trägt, so kann man sagen, daß ihm im Rahmen eines moderierten Patriarchates die ambivalente Rolle zufällt, Zeuger aus einem inneren Vermögen heraus zu sein. Als Zeuger ist er der Lebensspender, diese Fähigkeit ist in ihm sozusagen passiv enthalten. Wenn jetzt die Frau dazu kommt als Zugeständnis für das Fleisch des Menschen, so ist sie zwar nicht die Ursache der Gottheit des Λόγος, aber in ihrer Funktion als "Brücke" und "Mittlerin" im Gegensatz zu den jüdischen Traditionen die Basis für die Resurrektion des Fleisches.

Menschen emanzipierenden Individumbegriff vermittelt mögliche hingestellt. Ohne die Auseinandersetzung mit Arius und Nestorius wäre wohl die Entwicklung der Lehre nicht möglich gewesen; sie sind nicht Ausdruck eines griechischen Scholastizismus, der innerhalb der christlichen Religion Fuß faßt, sondern ihrer notwendigen weiteren Entwicklung im Sinne ihrer historischen Funktion.

III. Die Dialektik der Erkenntnis Gottes und die Beziehung zwischen γὲννησις, κτίσις und ἐνὲργεια

Wir haben gesehen, daß die Tradition der griechischen Philosophie in der spätantiken-römischen Welt nicht mehr imstande war, ohne die Transformation unter dem Einfluß der hellenistisch-orientalischen Religionen zum Christentum die Bedürfnisse und die Sehnsüchte der Massen zu befriedigen. Jedoch bleibt diese Tradition ungebrochen, dort wo es um die innere Gestaltung des Dogmas geht. In dieser inneren Gestaltung reflektiert sich wiederum die gesellschaftliche Organisation der Welt, in der das Christentum und das Trinitätsdogma entstanden sind. Zunächst einmal fällt hier die Ambivalenz des Begriffs der Erkenntnis angesichts des Wesens Gottes auf. In seinem Werk "Die mystische Theologie der morgenländischen Kirche", das m.E. die grundlegendste Darstellung der orthodoxen Glaubenslehre auf theologischer Ebene ist, schreibt Vladimir Lossky von der der apophatischen Theologie des Orients innewohnenden Antinomie zwischen Mitteilbarkeit und Nicht-Mitteilbarkeit des göttlichen Wesens. Diese Antinomie findet ihren dogmatischen Ausdruck in der Lehre von den ungeschaffenen Energien (ἄκτιστοι ἐνὲργειαι), die die besondere Weise der Mitteilbarkeit Gottes an die Menschen darstellt.

Wie wir schon sagten, kann die Heiligste Dreifaltigkeit in sich selbst betrachtet werden - das ist in der patristischen Terminologie *Theologie* im eigentlichen Sinn. Sie kann aber auch in ihren Beziehungen zu den Geschöpfen betrachtet werden - das ist das Gebiet der 'Oikonomia', der göttlichen Tätigkeit oder Heilsveranstaltung. Der ewige Hervorgang der Personen ist der Gegenstand der Theologie im oben genannten engeren Sinn, während deren Offenbarung im Schöpfungswerk oder in der Vorsehung, die zeitliche Sendung des Sohnes oder des Heiligen Geistes zum Gebiet der 'Oikonomia' gehören: es ist die 'ökonomische Dreifaltigkeit', um den sehr ungenauen Ausdruck einiger moderner Theologen zu gebrauchen. Die Energien würden innerhalb dieser Einteilung des theologischen Lehrgutes eine Mittelstellung einnehmen: einerseits gehören sie als ewige, untrennbare Kräfte der Dreifaltigkeit, die unabhängig vom Akte der Weltschöpfung existieren, zur Theologie im engeren Sinn; anderseits gehören sie auch zum Bereich der Ökonomie, da Gott sich den Geschöpfen in seinen Energien offenbart, die, wie der heilige Basilius sagt, 'bis zu uns herabsteigen'.[1]

In der Differenz zwischen Theologie und ökonomischer Trinität ist zunächst einmal auf geistesgeschichtlicher Ebene die Spannung zwischen griechischer παιδεία Tradition, die im Christentum weiterlebt und Glauben an die ἄρρητος θεότης angesiedelt, die als Fortsetzung der hellenistisch-orientalischen Mystik von der Transzendenz Gottes ausgeht, der außerhalb der Sphäre des für die Menschen Faßbaren bleibt. Das griechische Bedürfnis nach Erkenntnis dessen, was Gegenstand des Glaubens ist, wird hier mit der Unaussprechlichkeit dieses Glaubens versöhnt. Nur auf dieser Basis kann die Tradition der παιδεία und des platonischen Eros für die Erkenntnis mit dem Bedürfnis der mystischen θέωσις als Mittel der Erlösung versöhnt werden, innerhalb einer Subjektivitätswende, die die Voraussetzungen für eine Individualethik schafft. Innerhalb dieser Ethik fungiert dann die Askese als das eigentliche Ideal des gebildeten Menschen (μορφωμένος), d.h. der bereits der Prozedur einer geistigen Formung unterzogene, als das Ziel des φιλόσοφος βίος.[2]

Und wie das Ziel der griechischen Paideia die höchste Vollkommenheit und Vortrefflichkeit des Menschen ist, die nur in mühsamem Kampf und Training erworben werden kann, so stellt Gregor die Vervollkommnung des Christen als Ziel seines Lebens hin, dem sich sein ganzes Tun und Streben unterordnen soll. Für seine Schilderung des Vorgangs bedient er sich solcher Worte wie Lauf in der Rennbahn (δρόμος), Mühsal (πόνος), Kampf (ἀγών), Eifer (σπουδή) und anderer sichtlich von dem athletischen Training der Griechen hergenommener Ausdrücke, wie dies schon die griechischen Philosophen oft getan hatten, wenn sie den Kampf der Seele um den Preis der Arete mit dem Agon der Renner oder Ringer in Olympia verglichen. Besonders die stoische und kynische Popularphilosophie liebte diesen Vergleich, der für die eifervolle, unablässige Bemühung des Philosophen in der unausgesetzten Arbeit des Trainierenden an sich selbst, seiner Enthaltsamkeit und seiner Strenge gegen sich (ἄσκησις) die einzig passende Analogie fand. Der christliche Philosoph, wie Gregor den Asketen nennt, fühlt sich als der echte Nachfolger dieser älteren griechischen Asketen. Von Anfang an war diese agonistische Seite der griechischen Kultur, zu der die Völker des Orients keine Parallele aufzuweisen hatten, von den christlichen Lehrern und Aposteln zum Vergleich mit ihrem eigenen Lebensideal herangezogen worden.

Die Schriften des Neuen Testaments, sowohl die paulinischen Briefe wie die katholischen, sind erfüllt von einem Denken, das in den Begriffen des gymnastischen Wetteifers seine nächstliegende Analogie findet.³

Im Rahmen dieser Individualethik fungiert dann das asketische Ideal als aktives Ideal. Trotz, oder gerade wegen der Weltentrückung, die damit verbunden ist, ist das asketische Leben keine bloß passive Tugend, sondern ein unaufhörlicher Prozeß der Läuterung und Selbstüberwindung im Dienste des Ideals der θέωσις. Dieses aktive Moment des asketischen Ideals steht im Gegensatz zu der üblichen Vorstellung der Askese als Passivität und absoluter Gleichgültigkeit und Indifferenz. In der Dialektik von einerseits Weltfremdheit und Ataraxie und andererseits innerer Entflammung und Pathos für die θέωσις werden die Voraussetzungen für das kämpferische, fanatische und intolerante Mönchtum, das wie etwa die Partei der sogenannten Zeloten sich oft gegen die offizielle Politik des Staates wenden wird, geschaffen.

Es scheint so zu sein, daß, wie immer in der Geschichte, die Entstehung und Bildung einer Individualethik in ihrer radikalen Konsequenz einerseits reaktionäre Züge hat und andererseits gegen den Staat gerichtet sein kann. (Das, was dieser Ethik diesen Charakter verleiht, ist, daß sie der *persönlichen* Erlösung dient und zwar im Fall der byzantinischen Mönche durch den Weg der persönlichen Läuterung, nicht etwa wie bei der katholischen Kirche auch *durch den Dienst am Nächsten*. Die natürliche Konsequenz dessen ist, daß das staatliche Ideal der byzantinischen Mönche der theokratische Staat ist, d.h. ein Staat, der von der Kirche beherrscht wird und dessen ganzen Apparates die Kirche sich bedient, um *außerhalb* dieses Staates sein zu können, im Gegensatz zum Katholizismus, in dem die Kirche selbst ein Staat ist, genauer formuliert, in dem, wie im vatikanischen Kirchenstaat, der Staat selbst in der Kirche ist. Dieser Sachverhalt wird auch in der Trinitätskonzeption der beiden Kirchen reflektiert. Ist in der griechischen Kirche der Unterschied zwischen θεῖαι ἐνέργειαι und unmittelbarer φύσις der Trinität, ein Unterschied, der auf das merkwürdige Verhältnis zwischen ἐνέργειαι und φύσις zurückzuführen ist, in dessen Rahmen die ἐνέργειαι zwar aus der φύσις entspringen nicht aber in einer Kausalitätsrelation im Sinne des actus purus der Scholastiker zu ihr stehen und daher bloße Eigenschaften der

Hypostasen darstellen,⁴ sondern Ausdruck der gleichzeitigen Trennung und Einheit mit der φύσις sind (so wie beim Verhältnis Staat-Kirche), so ist in der aristotelischen, rationalistisch-bürokratischen Konzeption der römischen Kirche in der Identität zwischen Eigenschaften der Hypostasen und ἐνέργειαι die Identität zwischen Staat und Kirche ersichtlich. In keinem anderen Bereich zeigt sich das meiner Meinung nach schöner, als im Bereich des Kirchenrechtes. Die inhaltliche Fassung und Kodifikation des römischen Kirchenrechtes zeugt in eindrucksvoller Weise von der Identität zwischen Kirche und Staat. Wenn man einen Paragraphen aus dem römischen Kirchenrecht liest, hat man den Eindruck, daß man vor einem weltlichen Gericht steht. Staat und Kirche sind hier eins. Beim neoplatonisch-pseudodionysischen Geist der apophatischen Theologie der griechischen Kirche ist das Kirchenrecht das Kirchenrecht einer Staatskirche *im* theokratischen Staat. Die Kirche beherrscht zwar den Staat, aber gleichzeitig ist die Distanz von ihm da.⁵

Im Rahmen der Auseinandersetzung zwischen Gregor Palamas (Bischof von Thessaloniki) und den thomistischen Mönchen Barlaam (aus Kalabrien mit italienischer Ausbildung) und Akindynos ging es um das Wesen der ἐνέργειαι. Nach ihrer Konzeption

wären die Energien daher entweder die Wesenheit selbst, insoweit sie *actus purus* ist, oder Wirkungen der äußeren Akte dieser Wesenheit, d.h. geschaffene Wirkungen der göttlichen Wesenheit - mit anderen Worten: Geschöpfe ... Als Antwort auf diese Anklagen stellte der Erzbischof von Thessaloniki die orientalischen Thomisten vor folgendes Dilemma: entweder nehmen sie die Unterscheidung zwischen Wesenheit und Tätigkeiten an - dann müßten sie aber, in Übereinstimmung mit ihrem philosophischen Begriff der Wesenheit, die Glorie Gottes, das Licht der Verklärung und die Gnade in den Bereich des Geschöpflichen verbannen; oder sie leugnen diese Unterscheidung, dann müßten sie den Unerkennbaren mit dem Erkennbaren den Unmitteilbaren mit dem Mitteilbaren, die Wesenheit mit der Gnade gleichsetzen. (Theophanes PG 150, col. 929 BC). In beiden Fällen wäre eine wirkliche Vergöttlichung unmöglich.⁶

Worum es hier geht, ist die Beziehung zwischen der als Theologie bezeichneten Trinität immanent gesehen und der ökonomischen Trinität. Für die griechische Konzeption ist die immanente Trinität die Innerlichkeit Gottes selbst, die Beziehungen zwischen den Hypostasen sind daher ἄρρητοι wie das innere Leben der Gottheit. Weil aber die Resurrektion des Fleisches durch die ἐνσάρκωσις und dadurch die θέωσις geschehen muß, gehen die ἐνέργειαι von der Trinität aus, um bei Aufrechterhaltung des apophatischen Charakters der Gottheit die Erlösung der Menschen durch Gnade zu vollziehen. Im Rahmen dieses Übergangs von der immanenten zur ökonomischen Trinität wird der Mensch von der Gnade erfüllt, so wie Maria bei der ἐνσάρκωσις des Λόγος, die als Mittlerin und "Brücke" von der Gnade erfüllt worden ist. Die Differenz zwischen ἐνέργειαι und φύσις, die der Schlüsselbegriff und das konstitutive Moment ist für das Verständnis und die Möglichkeit des Übergangs von der immanenten zur ökonomischen Trinität, ist die Konsequenz der Konzeption von der ἐνσάρκωσις der byzantinischen Kirche. Sie ist mit dieser Konzeption organisch verbunden. In ihrem Rahmen bleibt die Position des Vaters aufrecht, ohne dem monophysitischen Prinzip des jüdischen Patriarchats huldigen zu müssen. Aus dem gleichen Grund, aus dem die ἐνσάρκωσις geschehen ist, nämlich die Resurrektion des Fleisches und die θέωσις, muß auch der Übergang von der immanenten zur ökonomischen Trinität geschehen. Daß die Position des Vaters im Rahmen eines moderierten Patriarchats aufrechterhalten bleiben muß, ohne den Übergang zur ökonomischen Manifestation der Trinität und die Resurrektion des Fleisches durch ἐνσάρκωσις und θέωσις aufzuheben, dadurch, daß die ἐνέργειαι zur bloßen κτίσις werden und somit auch die ganzen Beziehungen der Personen innerhalb der ökonomischen Trinität, ist das eigentliche Problem, das die griechische Kirche durch die *unaussagbare* Differenz zwischen ἐνέργειαι und φύσις löst. Somit bleibt auch innerhalb der ökonomischen Manifestation der Trinität die Position des Vaters aufrecht, ohne die Möglichkeit der Resurrektion des Fleisches durch Gnade, wie es bei der Maria geschehen ist, zu gefährden.

"In der Ordnung der 'ökonomischen' Manifestation der Dreifaltigkeit in der Welt stammt jede Energie vom Vater, der sich durch den Sohn im Heiligen Geist offenbart - ἐκ τοῦ πατρὸς, διὰ υἱοῦ, ἐν ἁγίῳ πνεύματι. Man wird z.B. sagen, daß der Vater alles durch den Sohn im Heiligen Geist schafft."[7] Wenn also die ἐνέργειαι κτίσις werden, dann ändert sich die Ordnung in der Beziehung der Personen innerhalb auch der ökonomischen Trinität. Denn dann ist sowohl die Konstitution des Sohnes-Logos grundlegend anderer Natur als auch der Hl. Geist, *in dem* alles geschaffen wird, wie das Fleisch Jesu durch Maria, überflüssig wird. Oder aber, wenn wir die Gedanken von Gregor Palamas weiter verfolgen, wird die unaussagbare Macht des "unerkennbaren" Vaters gefährdet, weil der Sohn-Logos zwar vom Vater geboren wird, nicht aber bei Aufrechterhaltung der Differenz zwischen göttlicher γέννησις und ἐνσάρκωσις als Herabsteigen zum Menschen und Fleischresurrektion durch Maria. Der erste Fall ist der Fall von Arius. Wenn man das auf den Satz von Lossky überträgt und anwendet, so hieße es, daß der Λόγος ohne den Hl. Geist, d.h. ohne die Maria "gemacht" (κτίσις) wird und der Hl. Geist stellvertretend für die Maria verschwindet. Der zweite Fall ist das Gegenteil von Nestorius. Hier wird der Λόγος selbst zum Kind der Maria, ohne die Natur des Menschen. Auf den Satz von Lossky übertragen hieße es, daß der Λόγος zum Kind des Hl. Geistes wird.

Es ist kein Zufall, daß der Monophysitismus-Streit sich gerade an diesem Moment entflammte. Die formale Dogmengeschichte interpretiert den Monophysitismus als Reaktion gegen Nestorius, ohne die innere, Nestorianismus und Monophysitismus miteinander vermittelnde Dialektik zur Sprache zu bringen. Das drückte sich darin aus, daß die Monophysiten nach aristotelischem Muster φύσις und Hypostasis (Person) identifizierten und meinten, daß eine Person nicht zwei verschiedene φύσεις haben kann. Würde man das auf die Person Jesu übertragen, so hieße es automatisch, daß die Annahme von zwei Naturen nicht stichhältig sei, ja sogar nestorianisch wäre, weil der Nestorianismus beim Ausschluß der göttlichen Natur in der Person Christi und gleichzeitiger Aufrechterhaltung des συνάφεια Gedankens der menschlichen mit der göttlichen Natur des Λόγος in der Person Christi zwei Personen in einer Natur behauptet. Wenn hier die Monophysiten (hauptsächlich Kopten und Armenier) *die Unmöglichkeit der ἐνσάρκωσις zugunsten der γέννησις* betonen (bei den Armeniern in gemäßigterer Form als bei den ägyptischen und athiopischen Kopten, weil sie die Aufhebung der menschlichen Natur durch die göttliche *nach der* ἐνσάρκωσις, die somit selbst aufgehoben wird, betonen, bei der Existenz von zwei Naturen *vor dieser aufgehobenen* ἐνσάρκωσις - ob solche Differenzierungen nicht gesellschaftliche Prozesse reflektieren?), so wenden sie sich damit gegen die Konzeption des τόκος des Sohn-Logos durch die Frau. Weil der Sohn-Logos nicht in Berührung mit dem Fleisch kommen kann, muß in der gemäßigten armenischen Form das Fleisch nach dem τόκος verschwinden. Im armenischen Patriarchat darf die Frau gebären und muß dann nach Erfüllung dieser Funktion abgedrängt werden. Der göttliche Λόγος bleibt ein Kind des Vaters. Im Grunde haben wir es im Verhältnis zum Nestorius mit der anderen Seite der Medaille zu tun. Ist bei Nestorius die Unmöglichkeit der Berührung des Fleisches durch den Λόγος dadurch artikuliert, daß Jesus nur Sohn der Χριστοτόκος sein kann, zeigt sich das bei den Monophysiten durch die Aussage, daß die göttliche Natur des Λόγος die fleischliche φύσις aufhebt. Nestorianismus und Monophysitismus sind also zwei sich einander ergänzende dialektische Momente, die sich gegenseitig widersprechen, aber gleichzeitig das eine das andere bedingt. Aus diesem Grund wird auch im Rahmen der formalen Dogmengeschichte der Stellenwert der beiden in ihrer Beziehung zueinander verwechselt und es werden beide, sowohl die nestorianische Χριστοτόκος Variante, als auch die armenisch-koptische (sie ist auf Εὐτυχής, einen Archimandriter aus Konstantinopel im 5. Jhdt. zurückzuführen), die durch die Hervorhebung der nur göttlichen Natur Christi gekennzeichnet ist, schlicht und einfach als Monophysitismus bezeichnet.

Wenn wir nun auch die antinestorianische Version des Monophysitismus auf die Ausführungen von Lossky beziehen, d.h. auf die Erläuterungen, die er von Gregor Palamas in der Auseinandersetzung mit den Thomisten übernimmt, so sehen wir, daß die thomistische Konzeption vornehmlich zwei Möglichkeiten, d.h. Arianismus und Monophysitismus als immanente Momente der Denkweise, die sie repräsentiert, beinhaltet. In beiden Fällen haben wir mit einer Schwächung der Position des Heiligen Geistes zu tun, die dadurch zum Ausdruck kommt, daß die römische Kirche nicht genau weiß, was sie mit dieser dritten Person der Trinität anfangen soll.

Ὁ μέγας Βασίλειος ἐν τοῖς συλλογιστικοῖς αὐτοῦ κεφαλαίοις περὶ Θεοῦ τὸν λόγον ποιούμενος, φησίν, ὡς ἡ ἐνέργεια οὔτε ὁ ἐνεργῶν ἐστιν οὔτε τὸ ἐνεργηθέν· οὐκ ἄρα τῆς οὐσίας ἀδιάφορός ἐστιν ἡ ἐνέργεια. Ὁ δὲ θεῖος Κύριλλος, περὶ Θεοῦ καὶ αὐτὸς τὸν λόγον ποιούμενος, Τὸ μὲν ποιεῖν ἐνεργείας ἐστί, θεολογεῖ· φύσεως δὲ τὸ γεννᾶν· φύσις δὲ καὶ ἐνέργεια οὐ ταυτόν. Δαμασκηνὸς ὁ θεοφόρος, Ἔργον μὲν θείας θελήσεως, ἡ κτίσις. Καὶ ἀλλαχοῦ δὲ σαφῶς πάλιν ὁ αὐτός, Ἄλλο, φησίν, ἐστὶν ἐνέργεια, καὶ ἄλλο ἐνεργητικόν. Ἐνέργεια μὲν γάρ ἐστιν ἡ οὐσιώδης τῆς φύσεως

97

κίνησις, ἐνεργητικὸν δὲ ἡ φύσις, ἐξ ἧς ἡ ἐνέργεια πρόεισι.Πολλαχῶς ἄρα τῆς θείας οὐσίας ἡ ἐνέργεια διαφέρει, κατὰ τοὺς θεοειδεῖς Πατέρας.[8]

Nicht ohne Grund zitiert Gregor Palamas eine Reihe von Kirchenvätern der früheren Kirche, angefangen von den Kappadokiern bis Johannes von Damaskus. In dem hier angeführten Zitat, fällt aber vor allem die von Cyrillus ausgewählte Terminologie auf, wenn er zwischen ποιεῖν und γεννᾶν unterscheidet. Wichtig ist dabei, daß er in bezug auf die Tätigkeit Gottes von *beidem* redet und nicht den einen Ausdruck alternativ zum anderen verwendet, so wie etwa Arius von ποιεῖν im Gegensatz zum γεννᾶν spricht.[9] Wenn daher Lossky das Cyrillus-Zitat als Ausdruck der Differenz zwischen immanenter und ökonomischer Trinität ansieht, so drückt er auf theologischer Ebene den Sachverhalt aus, daß Gott sowohl ποιεῖ als auch γεννᾶ, mit anderen Worten der Sohn Λόγος sowohl gezeugt als auch geschaffen worden ist (ποιεῖ ist hier nicht im ausschließlichen arianischen Sinn κτίσμα im Gegensatz zum γεννηθείς, sondern entspricht, weil es zusätzlich zum γεννᾶν verwendet wird der Tradition des Fleisches und dem ihm immanenten Materialismus). Wenn aber sowohl von ποιεῖ als auch von γεννᾶ die Rede ist, so bleibt auch die Position des Hl. Geistes, d.h. des offenbarenden und sinntragenden Prinzips aufrecht. Wenn Lossky in seinen Ausführungen weiter Cyrillus von Alexandrien zitiert, so geschieht es auf rein theologischer Ebene, er entwickelt konsequent die theologisch-abstrakten Folgen der Verneinung der Differenz zwischen φύσις und ἐνέργεια, ohne den in der byzantinischen Konzeption reflektierten Gesellschaftsbegriff zu berücksichtigen. Um das zu sehen, muß man sein Cyrillus-Zitat als Ganzes sehen, so versteht man auch seine Analyse besser: Lossky schreibt nach der Darstellung der "ökonomischen Manifestation der Dreifaltigkeit" weiter:

Dies wurde mit großer Eindringlichkeit von Cyrill von Alexandrien betont: 'Die Tätigkeit der ungeschaffenen Substanz ist eine Art Gemeingut, obwohl sie eigentlich jeder Person zukommt, so daß infolge der Dreiheit der Hypostasen die Tätigkeit jeder einzelnen zukommt als das Eigentum einer vollkommenen Person. Der Vater wirkt aber durch den Sohn im Heiligen Geist. Der Sohn wirkt gleicherweise, aber gemäß seiner eigenen Hypostase als Kraft des Vaters, insofern Er von Ihm und in Ihm ist. Der Heilige Geist wirkt ebenfalls, denn Er ist der Geist des Vaters und des Sohnes, der allmächtige Geist'.[10]

Die entsprechende Stelle bei Cyrillus lautet als Ganzes:

ἔστι μὲν καθ' ὑπόστασιν ἰδικὴν παντέλειος ὁ Πατήρ, ὁμοίως δὲ καὶ ὁ Υἱὸς καὶ τὸ Πνεῦμα· ἀλλ' ἡ ἑνὸς τῶν ὠνομασμένων δημιουργικὴ θέλησις, ἐφ' ὅτῳπερ ἂν λέγοιτο γενέσθαι τυχὸν, ἐνέργημα μὲν αὐτοῦ, πλὴν διὰ πάσης ἔρχεται τῆς θεότητος, καὶ τῆς ὑπὲρ κτίσιν ἐστὶν οὐσίας ἀποτέλεσμα, κοινὸν μὲν ὥσπερ τι, πλὴν καὶ ἰδικῶς ἑκάστῳ προσώπῳ πρέπον, ὡς διὰ τριῶν ὑποστάσεων πρέποι ἂν καὶ ἰδικῶς ἑκάστῃ, παντελείως ἐχούσῃ καθ' ἑαυτήν. Ἐνεργεῖ τοιγαροῦν ὁ Πατήρ, ἀλλὰ δι' Υἱοῦ ἐν Πνεύματι· ἐνεργεῖ καὶ ὁ Υἱός, ἀλλ' ὡς δύναμις τοῦ Πατρός, ἐξ αὐτοῦ τε καὶ ἐν αὐτῷ νοούμενος καθ' ὕπαρξιν ἰδικήν. Ἐνεργεῖ καὶ τὸ Πνεῦμα· Πνεῦμα γὰρ ἐστι τοῦ Πατρός, καὶ τοῦ Υἱοῦ. τὸ παντουργικόν.[11]

Wir sehen hier, daß Cyrillus in dem ersten Glied der Stelle, die von Lossky nicht zitiert wird, "ἡ ἑνὸς τῶν ὠνομασμένων δημιουργικὴ θέλησις ... καὶ τῆς ὑπὲρ κτίσιν ἐστὶν οὐσίας ἀποτέλεσμα", die Gesamtheit der Beziehungen der Personen innerhalb der ökonomischen Manifestion der Trinität auf die Tatsache zurückführt, daß die ἐνέργειαι keine κτίσις sind. Würden sie eine κτίσις sein, so hätten wir mit den Konsequenzen zu tun, die Gregor Palamas in der Auseinandersetzung mit den thomistischen Mönchen erwähnt. Würde aber der Fall der κτίσις zutreffen, so hätten wir eine ganz andere Basis gesellschaftlicher Synthesis. Dagegen haben wir bei Cyrillus mit einer Würdigung der Beziehungen innerhalb des moderierten griechischen Patriarchats zu tun, in dessen Rahmen die Resurrektion des Fleisches durch Maria möglich wird, wobei auf theologischer Ebene τὸ Πνεῦμα τὸ παντουργικὸν verherrlicht wird. (Es ist kein Zufall, daß für die griechische Trinitätskonzeption der Hl. Geist als Träger der Gnade angesehen wird. Er vollzieht das Werk Gottes und ist τὸ πλήρωμα der Heilsökonomie. Er ist ferner die *geheimnisvollste* Person innerhalb der Trinität. Wenn der Sohn-Logos die εἰκὼν des Vaters ist und Jesus die εἰκὼν des Λόγος, so gibt es für den Hl. Geist kein Abbild seiner Hypostase. Er erscheint als πλήρωμα τῆς ἐκκλησίας nach der Auferstehung und als πλήρωμα des individuellen Menschen nach Pfingsten. Er erfüllt die Heiligen mit unsagbarer Freude und Glückseligkeit, als Gabe der Gnade im Zustand der θέωσις, d.h. nach dem Vollzug der ἐνσάρκωσις, die mit der θέωσις organisch verbunden ist. Auch das Leben der Gerechten nach dem Tod ist ein Leben in der Glückseligkeit des Hl. Geistes, d.h. er ist Hoffnung und die Erfüllung (πλήρωμα) der Hoffnung auf ewiges Glück. Wer ist diese mysteriöse Person, *in der alles ist,* und die kein Abbild hat? Ich meine, daß es im Rahmen des gemäßigten griechischen Patriarchats, in dem Vater und Sohn erscheinen, der eine als Abbild und Fortsetzung des anderen, der eine *durch* den Sohn, der andere als Sohn des Vaters, die Mutter ist, die im Hintergrund steht und doch Trägerin des Fleisches und Trägerin des Prinzips des Glücks ist.)

Ist also im Konzept der byzantinischen Lehre von der Differenz zwischen φύσις und ἐνέργειαι die Möglichkeit der θέωσις durch ἐνσάρκωσις und die Fleischresurrektion durch die Mutter enthalten, so verhält es sich im Falle der thomistischen Konzeption ganz anders. Bei der Identität zwischen ökonomischer und immanenter Trinität haben wir es mit einem Schwanken zwischen der zurückgezogenen Innerlichkeit des Trinitätsbegriffs und seiner Entäußerung ohne die Dimension der Gnade zu tun. Das innere Leben Gottes vollzieht sich in Identität mit den Tätigkeiten (ἐνέργειαι) entweder als Naturprinzip nach aristotelischem Muster oder alles ist in der Person des Vaters konzentriert, dessen Position mit der Gnade als κτίσις vermittelt im Grunde der Tradition des jüdischen Patriarchats entspricht. Entweder dominiert hier die Abgeschiedenheit des inneren Lebens der Trinität, Abgeschiedenheit, die den Übergang zur ökonomischen Trinität als rein *äußerliche* Beziehung zu ihr vollzieht, oder alles verwandelt sich zur Naturontologie, oder eben werden die Beziehungen zwischen den Personen der ökonomischen Trinität vom Begriff der κτίσις dominiert. Im Rahmen dieser eigenartigen Verschmelzung von thomistisch-aristotelischem Rationalismus und jüdischer κτίσις-Tradition ist also die θέωσις und die Fleischresurrektion durch ἐνσάρκωσις eine äußerliche Angelegenheit, die als formales Anhängsel angenommen wird, aber keine innere Beziehung zum Trinitätsleben innerhalb der immanenten Trinität hat.

Im Gegensatz dazu ist in der platonisierenden Trinitätskonzeption der Byzantiner der Übergang von der immanenten zur ökonomischen Trinität keine äußerliche Angelegenheit, sondern vermittelt durch den Hl. Geist als Schlüsselbegriff in der Trinität, ein innerer Prozeß, der aus sich selbst heraustritt und äußerlich wird, aber in diesem Äußerlich-Werden mit seinem Inneren organisch verbunden ist, mit ihm dialektisch vermittelt ist im

Rahmen einer wesentlichen Beziehung. Indem aber immanente und ökonomische Trinität miteinander dialektisch vermittelt sind, sind sie auch nach platonischem Muster mit dem erkennenden Menschen vermittelt, der nur im Hl. Geist erkennen kann. Der Geist ist in ihm und er ist im Geist, so wie die platonische Idee ein Allgemeines und gleichzeitig ein im erkennenden Individuum Konkretes ist. In seinem berühmten Traktat "De spiritu sancto" entwickelt Basilius d. Große diese Dialektik vom Hl. Geist auf hervorragende Weise, so daß es ihm m.E. gelingt, die Trinitätsdialektik der Kirche auf die Ebene philosophischer Reflexion und Theorie zu bringen. Der oft zitierte Platonismus der Kirchenväter erscheint somit bei Basilius nicht als äußerliche und formale Hülle, sondern als Konzeption von Theologie, die den Ansprüchen des philosophischen Niveaus ihres Zeitalters durchaus genügt.

Ἐπειδή δὲ διὰ δυνάμεως φωτιστικῆς τῷ κάλλει τῆς τοῦ Θεοῦ τοῦ ἀοράτου εἰκόνος ἐνατενίζομεν, καί δι' αὐτῆς ἀναγόμεθα ἐπί τὸ ὑπέρκαλον τοῦ ἀρχετύπου θέαμα, αὐτοῦ που πάρεστιν ἀχωρίστως τὸ τῆς γνώσεως Πνεῦμα, τὴν ἐποπτικὴν τῆς εἰκόνος δύναμιν ἐν ἑαυτῷ παρεχόμενον τοῖς τῆς ἀληθείας φιλοθεάμοσιν, οὐκ ἔξωθεν τὴν δεῖξιν ποιούμενος, ἀλλ' ἐν ἑαυτῷ εἰσάγον πρὸς τὴν ἐπίγνωσιν. Ὡς γὰρ οὐδείς οἶδε τὸν Πατέρα εἰ μή ὁ Υἱός, οὕτως οὐδείς δύναται εἰπεῖν Κύριον Ἰησοῦν, εἰ μή ἐν Πνεύματι ἁγίῳ. Οὐ γὰρ, διὰ Πνεύματος, εἴρηται, ἀλλ' Ἐν Πνεύματι.[12]

Der Hinweis auf die Innerlichkeit der Erkenntnis im Hl. Geist, der sowohl in sich die Erkenntnis selbst ist, als auch im erkennenden Individuum in sich selbst bleibt (Basilius betont diesen Sachverhalt in der Distinktion von der Äußerlichkeit in dem Satz "οὐκ ἔξωθεν τὴν δεῖξιν ποιούμενος..." besonders), fungiert hier als Nahtstelle einer Dialektik vom Einzelnen und Allgemeinen, in deren Rahmen die Innerlichkeit des Geistes, der im Menschen bei sich selbst bleibt, gleichzeitig die konstituierende Bedingung für die Herstellung eines Gemeindebegriffs darstellt. Aus diesem Grund ist der Geist, Geist des Vaters ("Οὐχ ὑμεῖς ἐστε οἱ λαλοῦντες, ἀλλὰ τὸ Πνεῦμα τοῦ Πατρὸς τὸ λαλοῦν ἐν ὑμῖν"),[13] er ist der Geist des Vaters, in dessen Namen in der patriarchalischen Gesellschaft die gesellschaftliche Synthesis geschieht *und Einheit* gestiftet wird. So hält der Geist den Körper der Gesellschaft zusammen, so wie der Körper die übergeordnete Einheit aller seiner Glieder ist. "Καί ὡς μέρη δὲ ἐν ὅλῳ οἱ καθ' ἕνα ἐσμὲν ἐν τῷ Πνεύματι· ὅτι οἱ πάντες ἐν ἑνί σώματι, εἰς ἓν Πνεῦμα ἐβαπτίσθημεν."¹⁴

Hier ist ἐβαπτίσθημεν stellvertretend für die damit initiierte Fähigkeit in der Gemeinde zu erkennen. Durch diesen christlichen Initiationsritus späthellenistisch-orientalischer Herkunft - Reitzenstein weist seine Übernahme vom Mithras und Isis-Kult¹⁵ nach -, wird Erkenntnis in ihrer Kollektivität im einzelnen Individuum gewährleistet. Die damit verbundene Bestimmung des Geistes als Topos der Erkenntnis, der einerseits den Standpunkt der lokalen λατρεία Gottes überwindet und ihn universalisiert, um im einzelnen Individuum als allgemeingültiger Topos zu fungieren, liegt hier auf der Hand. "Περί δὲ τοῦ Πνεύματος, 'Ιδοῦ τόπος, φησί, παρ' ἐμοί, καί στῆθι ἐπί τῆς πέτρας· τί ἄλλο λέγων τὸν τόπον, ἢ τήν ἐν Πνεύματι θεωρίαν..."¹⁶ Diese ἐν Πνεύματι θεωρία, deren Einheit der Hl. Geist gewährleistet und konstituiert, vermittelt sich also in platonischer Tradition mit dem Individuum als erkennendes innerhalb einer Dialektik von Abbild und Original, Abglanz und Siegel.

῝Ωσπερ οὖν ἐν τῷ Υἱῷ προσκύνησιν λέγομεν, τήν ὡς ἐν εἰκόνι τοῦ Θεοῦ καί Πατρός, οὕτω καί ἐν τῷ Πνεύματι, ὡς ἐν ἑαυτῷ δεικνύντι τήν τοῦ Κυρίου θεότητα. Διὸ καί ἐν τῇ Προσκυνήσει ἀχώριστον ἀπὸ Πατρὸς καί Υἱοῦ τὸ Πνεῦμα τὸ ἅγιον. ῎Εξω μὲν γὰρ ὑπάρχων αὐτοῦ, οὐδὲ προσκυνήσεις τὸ παράπαν· ἐν αὐτῷ δὲ γενόμενος οὐδενί τρόπῳ ἀποχωρίσεις ἀπὸ Θεοῦ· οὐ μᾶλλον γε, ἢ τῶν ὁρατῶν ἀποστήσεις τὸ φῶς. ᾿Αδύνατον γὰρ ἰδεῖν τήν εἰκόνα τοῦ Θεοῦ τοῦ ἀοράτου, μή ἐν τῷ φωτισμῷ τοῦ Πνεύματος. Καί τὸν ἐνατενίζοντα τῇ εἰκόνι, ἀμήχανον τῆς εἰκόνος ἀποχωρίσαι τὸ φῶς. Τὸ γὰρ τοῦ ὁρᾶν αἴτιον, ἐξ' ἀνάγκης συγκαθορᾶται τοῖς ὁρατοῖς. ῝Ωστε οἰκείως καί ἀκολούθως διὰ μὲν τοῦ φωτισμοῦ τοῦ Πνεύματος, τὸ ἀπαύγασμα τῆς δόξης τοῦ Θεοῦ καθορῶμεν· διὰ δὲ τοῦ χαρακτῆρος· ἐπί τήν οὗ ἐστιν ὁ χαρακτήρ καί ἡ ἰσότυπος σφραγίς ἀναγόμεθα.¹⁷

Innerhalb des erkennenden Individuums, in der dialektischen Identität vom Trinitätsbegriff als ontologisches Prinzip, als allgemeines, und Individuum als besonderes, das sich das Allgemeine im Gegensatz zur bloßen Äußerlichkeit einverleibt, im Geist als Vermittlung, in der der Begriff Gottes als Konstitution von Wirklichkeit, hegelianisch gesprochen *in sich das ist, was er an ihm hat*, realisiert sich also der Prozeß der Erkenntnis der Welt und die Möglichkeit der θέωσις des Menschen. Weil aber andererseits die

Konstitution der Welt außerhalb des Menschen geschieht und die Differenz zu ihm aufrecht erhalten bleibt, das unaussprechliche und geheimnisvolle innere Leben der immanenten Trinität im Schweigen umhüllt bleibt, so bleibt die Differenz zwischen immanenter und ökonomischer Trinität aufrecht. Aus diesem Grund ist der Geist auf der Ebene der ökonomischen und der immanenten Trinität verdoppelt, die Beziehung aber zwischen diesen beiden Ebenen ist durch seinen Charakter das τελειωτικὸν, das Vervollständigende und Ergänzende, die die Bewegung innerhalb der Trinität abschließende Person zu sein, vermittelt. In seiner Beziehung zum Menschen auf der Ebene der ökonomischen Trinität ist der Geist τελειωτικὸν, weil er die Erkenntnis Gottes und somit in platonisch-hellenistischer Tradition die Gottähnlichkeit und die θέωσις ermöglicht. "Ὁ γὰρ μηκέτι κατὰ σάρκα ζῶν, ἀλλὰ Πνεύματι Θεοῦ ἀγόμενος, καί υἱὸς Θεοῦ χρηματίζων, καί σύμμορφος τῆς εἰκόνος τοῦ Υἱοῦ τοῦ Θεοῦ γενόμενος, πνευματικὸς ὀνομάζεται."[18] Auf der Ebene der immanenten Trinität ist der Geist τελειωτικὸν, weil er den Abschluß des Prozesses der Konstitution von Wirklichkeit bildet, die Vervollständigung des Werdens von Kosmos und Natur.

Ἐν δὲ τῇ τούτων κτίσει ἐννόησόν μοι τὴν προκαταρκτικὴν αἰτίαν τῶν γινομένων, τὸν Πατέρα· τὴν δημιουργικὴν, τὸν Υἱόν· τὴν τελειωτικήν, τὸ Πνεῦμα· ὥστε βουλήματι μὲν τοῦ Πατρὸς τὰ λειτουργικὰ πνεύματα ὑπάρχειν, ἐνεργείᾳ δὲ τοῦ Υἱοῦ εἰς τὸ εἶναι παράγεσθαι, Παρουσίᾳ δὲ τοῦ Πνεύματος τελειοῦσθαι ... Ἀρχὴ γὰρ τῶν ὄντων μία, δι' Υἱοῦ δημιουργοῦσα, καὶ τελειοῦσα ἐν Πνεύματι.[19] Τρία τοίνυν νοεῖς, τὸν προστάσσοντα Κύριον, τὸν δημιουργοῦντα Λόγον, τὸ στερεοῦν τὸ Πνεῦμα.[20]

Interessant ist hier die Auswahl der Wörter, die die Funktion des Geistes charakterisieren. Im ersten Textabschnitt vervollständigt sich die ganze κτίσις in der alles ausfüllenden *Anwesenheit* (παρουσίᾳ) des Geistes. Dieses ausfüllende Prinzip (τελειοῦσα ἀρχή) vollzieht die Synthesis und totalisiert die schöpferische Tätigkeit des Sohnes (δημιουργοῦσα ἀρχή). Noch bezeichnender ist aber der im zweiten Textabschnitt verwendete Terminus "τὸ στερεοῦν", d.h. "das Befestigende", der befestigende, der allem zugrundeliegende, der alles fundierende Geist. Wenn wir andererseits wissen, daß auf der Ebene der ökonomischen Trinität, der Sphäre der Beziehung zum erkennenden Menschen, Gottähnlichkeit und θέωσις, im

Geist geschieht, und daß, wie wir gesehen haben, θέωσις Fleischresurrektion bedeutet, so liegt der Gedanke nahe, daß die dritte geheimnisvoll anwesende, alles ausschließende und befestigende Person der Trinität, *in der alles ist*, das Prinzip der Mutter ist. Die in der Tradition platonischer Ontologie befindliche und hier verwendete Analogie des Siegels kann nur diese These bestätigen. Die Tatsache, daß das die Natur ausfüllende und befestigende Prinzip, das "allen Wesen als Ganzes und als Ganzes überall ist" ("...ὅλον ἑκάστῳ παρὸν, καί ὅλον ἁπανταχοῦ ὄν"),[21] das die Menschen mit unsagbarem Glück erfüllt, sie zur Schönheit der Natur ("...καί πρὸς τὸ ἐκ φύσεως κάλλος ἐπανελθόντα...")[22] zurückbringt, und angesichts dessen Bildes "die unsagbare Erscheinung der archetypischen Schönheit"[23] erscheint, und durch das "die Erhöhung der Herzen und die Ausstreckung der Hand an die Kranken und die Vervollkommnung der sich vervollständigenden"[24] geschieht, mit anderen Worten, in einer Fülle von überschwenglichen Ausdrücken in einem sprachlich und ästhetisch sehr schönen und schwerwiegenden Text (Ähnliches ist vergleichbar nur mit der byzantinischen Dichtung der Verherrlichung Mariens etwa beim zitierten "Ἀκάθιστος Ὕμνος" oder mit der erotisierten Poesie des Hohen Liedes), hier verherrlicht wird, und daß also der Hl. Geist die paradiesische Vorstellung vom Glück und übrigens auch bei Augustinus von Liebe in ihrer Realisierbarkeit vermittelt, ja selbst das Prinzip der Liebe ist, spricht m.E. hier dafür, daß es in der griechisch-byzantinischen Gesellschaft des moderierten Patriarchates nur stellvertretend für das Prinzip der Mutter und der Frau sein kann.

An dieser Stelle tritt eine wesentliche Differenz zur augustinisch-aristotelischen Tradition der katholischen Kirche auf, die uns wichtige Rückschlüsse erlaubt, auch hinsichtlich der Differenz zwischen Ost und West in der Organisation der gesellschaftlichen Synthesis. Weil bei Augustinus keine Trennung wie bei Gregor Palamas zwischen Wesen und ἐνέργεια durchgeführt wird, sieht er sich genötigt den Begriff der Liebe hervorzuheben als gemeinsames die Trinität verbindendes Band, das jedoch *äußerlich* bleibt, um zwei möglichen Varianten entgegenzuwirken, die ihre Herkunft in der jüdischen Tradition haben und die christliche Konzeption von der Trinität zu sprengen drohen. Um das genau begreifen zu können, müssen wir uns die Stelle aus "De trinitate" bei Augustinus ansehen:

Wenn unter den Geschenken Gottes nichts größer ist als die Liebe und es kein größeres Geschenk gibt als den Heiligen Geist, was ist dann folgerichtiger, als daß Er die Liebe ist, Er, der sowohl Gott als auch 'von Gott' heißt? Und wenn die Liebe, durch die der Vater den Sohn und der Sohn den Vater liebt, in unaussprechlicher Weise beider Gemeinschaft erweist, was ist da zutreffender, als daß jener, welcher der beiden gemeinsame Geist ist, mit dem Eigennamen Liebe benannt werde? Es ist ein ganz gesunder Glaube und eine ganz gesunde Erkenntnis, daß zwar in der Dreieinigkeit nicht nur der Heilige Geist Liebe ist, daß es aber seinen guten Grund hat, wenn man Ihm den Eigennamen Liebe gibt. Ebenso ist Er ja in der Dreieinigkeit nicht allein Geist oder heilig, da auch der Vater und der Sohn Geist und da auch der Vater heilig und der Sohn heilig ist, was frommer Sinn nicht bezweifelt. Und doch geschieht es nicht grundlos, wenn man Ihm den Eigennamen 'Heiliger Geist' gibt. Weil er nämlich den beiden anderen gemeinsam ist, deshalb heißt Er gesondert für Sich, was die beiden anderen gemeinsam genannt werden. Sonst würde ja, wenn in der Dreieinigkeit der Heilige Geist allein die Liebe wäre, der Sohn nicht bloß als des Vaters, sondern auch als des Heiligen Geistes Sohn erfunden.[25]

Hier zeigt sich direkt an dieser Augustinus-Stelle die Konsequenz der, wie wir schon gesehen haben, von Lossky angedeuteten Aporie der thomistisch-katholischen Konzeption (Augustinus ist ihr eigentlicher Begründer). Wenn wir nun versuchen diese Konzeption, wie sie in einem bestimmten Begriff vom Hl. Geist kulminiert, mit der Basilius d. Großen zu vergleichen und materialistisch zu interpretieren, so sehen wir, daß sich Augustinus genötigt sieht, eine äußerlich zusammenhängende Konzeption von der Trinität zu entwerfen (ich nenne sie strukturelle Trinität), innerhalb der die Liebe nach platonischem Muster äußerlich der gemeinsamen Liebe von Vater und Sohn teilhaftig ist, damit - wie Augustinus also selbst sagt - nicht "*der Sohn nicht bloß als des Vaters, sondern auch als des Heiligen Geistes Sohn erfunden*" wird. Im Gegensatz zum moderierten griechischen Patriarchat, in dem die Monarchie des Vaters aufrechterhalten bleibt, bei gleichzeitiger Würdigung der abseits stehenden (der Hl. Geist ist die geheimnisvollste, nie als Person erscheinende Person der Trinität, *in der* jedoch alles geschaffen wird) Person der Mutter, tritt hier die äußerliche Konzeption der strukturellen Trinität auf, damit als Konsequenz der nicht vorhandenen Differenz zwischen Wesen und ἐνέργειαι auch nicht, wie wir schon in der Analyse der Ausführungen von Lossky gesehen haben, auch in der weiteren Konsequenz der nicht vorhandenen Differenz zwischen γέννησις und ἐνσάρκωσις durch Maria die Gefahr des Monophysitismus (Gegenteil von Nestorius), auch in der immanenten Trinität (wobei letzten Endes bei Augustinus kein Unterschied zwischen ökonomischer und immanenter Trinität gemacht wird) dadurch realisiert wird, daß der Sohn Kind des Geistes, also der Maria wird.

Die zweite mögliche Variante, gegen die Augustinus mit seiner Konzeption von der strukturellen Trinität ankämpfen muß, und in deren Folge die Lehre vom Hervorgang des Geistes vom Vater *und Sohn* ("filioque") im Gegensatz zur griechischen Trinitätslehre vom alleinigen Hervorgang des Geistes aus dem Vater gebildet wurde (das "filioque" ist jedoch im indirekten Sinn auch eine Konsequenz der Konzeption der strukturellen Trinität schlechthin, insofern ließe sich seine Entstehung auch im Gefolge der Auseinandersetzung mit der ersten Variante erklären. Wenn man aus der Trinitätsdialektik eine durch den Geist als Liebesband äußerlich zusammenhängende Struktur macht, so muß er aus den zwei anderen Personen der Trinität entstehen, deren er in ihrer Gemeinsamkeit teilhaftig ist. Das ist die natürlich formallogische Konsequenz dieser Denkweise), wird wie die erste Variante auch anhand einer Stelle aus "De trinitate" ersichtlich:

Wer die Zeugung des Sohnes vom Vater zeitlos verstehen kann, verstehe zeitlos den Hervorgang des Heiligen Geistes von beiden. Wer das Wort des Sohnes: 'Wie der Vater das Leben in Sich selbst hat, so gab Er dem Sohne, das Leben in Sich selbst zu haben' (Joh. 5,26), im wahren Sinne zu verstehen vermag, daß nämlich der Vater nicht dem ohne Leben schon existierenden Sohne das Leben gab, sondern daß Er Ihn zeitlos so zeugte, daß das Leben, welches der Vater dem Sohne durch die Zeugung gab, so ewig ist wie das Leben des Vaters, der es gab: der möge einsehen, daß der Vater, wie Er in sich den Grund hat, daß der Heilige Geist von Ihm hervorgeht, so es auch dem Sohne verlieh, daß der gleiche Heilige Geist von Ihm hervorgeht, und daß beides zeitlos geschieht, daß es ebenso vom Heiligen Geiste deshalb heißt, Er gehe vom Vater hervor, weil es der Sohn vom Vater empfing, daß auch von Ihm der Heilige Geist hervorgeht. Man darf dabei an keine Zeit denken, die sich im Vorher und Nachher verwirklicht. Denn es gibt dort keinerlei Zeit. Wie sollte es daher nicht die größte Torheit sein, Ihn den Sohn der beiden zu nennen, da, wie dem Sohne die ohne irgendeine Wandelbarkeit der Natur vom Vater erfolgende Zeugung das Wesen verleiht, so dem Heiligen Geist der ohne Wandelbarkeit der Natur erfolgende Hervorgang von beiden ohne zeitlichen Beginn das Wesen verleiht? *Wenn wir sonach den Heiligen Geist auch nicht gezeugt nennen, so wagen wir es doch nicht, Ihn ungezeugt zu heißen, damit niemand durch dies Wort auf die Vermutung komme, es gebe in der Dreieinigkeit zwei Väter oder zwei, die nicht von einem anderen sind. Es ist ja* nur der Vater nicht von einem anderen. Deshalb wird Er allein ungezeugt genannt, nicht zwar in der Schrift, wohl aber in der Gewohnheit der darüber Redenden und derer, die über einen so bedeutungsvollen Gegenstand ein ihrer Fähigkeit entsprechendes Wort vorbringen. Der Sohn ist vom Vater geboren, und der Heilige Geist geht urgrundhaft vom Vater und, da dieser es ohne zeitlichen Abstand verleiht, von beiden gemeinsam hervor. *Er würde aber der Sohn des Vaters und Sohnes heißen, wenn Ihn - jeder gesunde Sinn erschrickt vor einer solchen Aussage - beide gezeugt hätten. Nicht also ist beider Geist von beiden gezeugt, sondern Er geht von beiden hervor.*[26]

Hier wird infolge der nicht durchgeführten Differenzierung zwischen Wesen (φύσις) und ἐνέργειαι, positiv formuliert, aufgrund ihrer Identität der Λόγος zur Geburt des Vaters ohne den Geist, d.h. ohne die alles erfüllende, vervollkommnende und befestigende Mutter. Oder, wenn wir präzise sein wollen, haben wir hier durch die Identität von φύσις und ἐνέργειαι mit einer Konzeption zu tun, in deren Rahmen sowohl in der ökonomischen als auch in der immanenten Trinität durch die totale Abwehr des Prinzips der Mutter aus dem Zeugungsgeschehen, der Λόγος zum bloßen γέννημα (Geburt) aus dem Vater gemacht wird in der patriarchalischen Tradition von einer Geburt aus dem Sperma in der Ambivalenz eines Verständnisses dieser Geburt, wonach Sperma auch passiv als Inbegriff des Lebens, als Keim des Lebens, potentiae, δυνάμει, begriffen wird, also in der Ambivalenz des Bedeutungsgehaltes des Verbes γεννῶ sowohl als gebären als auch als zeugen. Hier fällt aber, da es sich um eine Geburt des Λόγος ohne die Mutter handelt, das spezifische Gewicht des Verbs γεννῶ auf, die Variante von γεννῶ im Sinne von gebären. Diese Tradition der Geburt aus dem Sperma als Keim des Lebens ist nicht jüdischer, sondern stoischer Herkunft, wie auch der Ausdruck λόγοι σπερματικοί als ontologischer Inbegriff des Lebens im Rahmen der stoischen Philosophie verrät. Aber auch ohne mit dem Sperma-Begriff vermittelt zu sein, gibt es in der griechischen Mythologie eine Reihe von Schilderungen, die die Geburt, die γέννησις aus dem Vater wie Athene aus dem Kopf Zeus zum Inhalt haben. Die frühen Kirchenväter übernahmen diese Vorstellung der Geburt aus dem Vater vermittelt durch den Spermabegriff und begründeten damit eine patrogenetrale Konzeption von der Gesellschaft. So etwa Clemens Alexandrinus, der auch den Zweck der Ehe in der Entstehung von "echten" männlichen Nachkommen erblickt; "echt", weil sie durch das

Sperma des Vaters entstehen ("Γάμος μεν οὖν ἐστί σύνοδος ἀνδρὸς καί γυναικὸς ἡ πρώτη κατὰ νόμον ἐπί γνησίων τέκνων σπορᾷ").[27] In beiden hier zitierten Stellen von Augustinus scheint die Differenz zwischen Geburt aus dem Vater im Sinne von γέννησις vermittelt durch den Sperma-Begriff und jüdischer Tradition nicht ausgeformt und im Sinne der einen oder anderen Variante eindeutig formuliert worden zu sein. Auch die mögliche Variante einer Geburt aus dem Vater ohne die systematische Einbeziehung des Sperma-Begriffs scheint hier nicht die eindeutig dominierende zu sein. Jedoch wird in letzter Konsequenz der Begriff der κτίσις hier entscheidend, weil er der Inbegriff des Ausschließens der ἐνσάρκωσις durch die Mutter ist. Um also hier genauer zu sein, müssen wir das augustinische Modell als Verschmelzung von jüdischen und griechischen Vorstellungen ansehen, deren entscheidendes Merkmal die Hervorhebung der Geburt des Sohn-Logos aus dem Vater ist, bei gleichzeitiger Abwehr der Position des Hl. Geistes, stellvertretend für das Prinzip der Mutter.

Die zweite Stelle von Augustinus, die hier zitiert wird, ist in diesem Zusammenhang eine weitere Konsequenz der ersten. Weil durch die Identität von φύσις und ἐνέργειαι (als Oberbegriff für die Verschmelzung jüdischer κτίσις, stoischen Spermas und griechischer Geburt aus der Vater-Tradition) der Λόγος κτίσις wird und das Prinzip der Mutter, der Hl. Geist, verschwindet, muß die Gefahr abgewehrt werden, daß der Hl. Geist als Prinzip des Fleisches stellvertretend für die Mutter als *ungezeugter* erscheint und somit die Geburt des Λόγος *nur* aus dem einen Vater ohne Fleisch und somit die Herrschaft des Vaters gefährdet wird und auch daß, sofern das Prinzip der Mutter untergeht, Vater und Sohn-Logos selbst zum Prinzip der Mutter und Fleisch spendend zum Prinzip der Inkarnation werden und die untergegangene Mutter ähnlich wie die ζωή im Sperma nach der stoischen Tradition verinnerlichen und gebären. Dabei ist die Tatsache, daß Augustinus einige Zeilen weiter auch über die Reihenfolge und die Position von Vater und Mutter innerhalb dieser Reihenfolge im Zeugungsgeschehen reflektiert, symptomatisch dafür, daß bei ihm die stoische Tradition der Geburt des Fleischprinzips durch das Sperma noch lebendig ist.

Ein menschlicher Sohn geht nicht zugleich von Vater und Mutter hervor, sondern, wenn Er vom Vater in die Mutter ausgeht, dann geht er nicht von der Mutter aus; und wenn er von der Mutter ans Tageslicht hervorgeht, dann geht er nicht vom Vater hervor. Der Heilige Geist aber geht nicht vom Vater in den Sohn aus, und nicht geht Er vom Sohne aus zur Heiligung der Schöpfung. Er geht vielmehr von beiden zugleich hervor, wenngleich der Vater es dem Sohne verlieh, daß der Heilige Geist wie von Ihm, so auch vom Sohne hervorgeht.[28]

Das kann aber wieder nur durch einen formalen Trick innerhalb der strukturellen Trinität geschehen, indem sie ähnlich wie bei der ersten Stelle, Vater und Sohn äußerlich verbindet und *von beiden zugleich* den Hl. Geist nicht gezeugt werden, sondern *hervorgehen* läßt. Hier fungiert das Wort "hervorgehen" als Ausweg aus der Schwierigkeit nicht "gezeugt" sagen zu dürfen. Im Gegensatz zur byzantinischen Konzeption, die ebenfalls vom Hervorgang des H. Geistes spricht, in dem aber alles aus dem Vater und durch den Sohn ist, ist hier das "filioque" die Konsequenz der Tatsache, daß in der ökonomischen Ordnung der Trinität bei Augustinus das Prinzip der Mutter als Prinzip des Fleisches zurückgedrängt werden muß, ohne daß hiefür Vater und Sohn diese Funktion übernehmen müssen. Gleichzeitig bedeutet aber die Hervorhebung des "filioque" eine besondere Betonung der Position des Sohnes, seine Emanzipation eine Teilung der Gewalten in der ursprünglich unantastbaren Monarchie des Vaters. Die Welt der augustinischen Trinitätskonzeption ist eine Welt von Vater und Sohn, der Hl. Geist, die Mutter, existiert nur *formal*. Im Gegensatz dazu bleibt in der byzantinischen Konzeption die Monarchie des Vaters dadurch aufrecht, daß er nicht mit dem Sohn teilend stellvertretend für das aufgehobene Prinzip des Fleisches auftreten muß, sondern es gelten läßt, indem er es zwar verinnerlicht und somit (damit das Wort 'zeugen' vermieden wird) aus ihm selbst hervorgehen läßt, aber sich selbst nur durch es als in einem von ihm hervorgegangenen, aber autonomen vervollkommnen läßt. Dabei existiert der Sohn *neben ihm* und ist ihm gleichwesentlich, ein formaler Zusammenschluß für die Eliminierung des Fleisches ist aber hier als Zeugungszusammenhang nicht notwendig.

Die gesellschaftliche Weise, in der dieser Unterschied erscheint, ist in der Geschichte wirksam gewesen. Im römischen Kirchenstaat steht im Gegensatz zum byzantinischen theokratischen Staat die dritte Person der Trinität, der Hl. Geist, der das Prinzip der Mutter repräsentiert, obwohl sie dogmatisch verankert ist, am Rande des Lebens der Kirche. Die römische Kirche zeichnet sich durch eine überproportionale Hervorhebung des Sohnes-Logos aus, die mit den gesellschaftlichen Verhältnissen organisch verbunden ist, die durch den Herrschaftsanspruch des Papsttums gekennzeichnet sind. In der besonderen Hervorhebung des Logos reflektiert sich die Vorstellung des Papstes als Stellvertreters Christi auf Erden. Im Rahmen dieser Konzeption entwickelte die römische Kirche ihre administrative Mentalität vom Christentum, die es instrumental-intellektuell verwaltet. Ja auch in der soteriologischen Konzeption des Katholizismus schimmert dieser administrative Schein durch. Deswegen wird der Kreuzungstod Christi als Satisfaktion interpretiert, d.h. als stellvertretendes Opfer für die Sünden der Menschheit, damit in ihrem Namen Sühne geleistet wird. Das steht im Gegensatz zum exemplarischen Charakter des Todes Christi, wie ihn die byzantinische Tradition und die griechischen Kirchenväter schon seit Origenes verstehen, nämlich zu jener Vorstellung, wonach das Opfer Christi, um der Menschheit den Weg und das Prinzip, wonach sie leben sollten, zu zeigen, vollbracht wurde, damit sie erlöst werden kann. Wenn man nun die byzantinische Trinitätskonzeption mit der besonderen Hervorhebung der Position des Hl. Geistes als stellvertretend für das Prinzip der Mutter, in dem alles vervollkommnet wird, ohne äußerlich mit den anderen Trinitätspersonen vermittelt zu sein, wie beim augustinischen Konzept, weiter zu erforschen versucht, so fällt einem die besondere Beziehung dieser Trinitätskonzeption mit zwei wesentlichen Bereichen der griechischen Dogmatik auf. Das ist die Ikonenlehre und mit ihr organisch verbunden die Lichtmetaphysik der orthodoxen Kirche. In der Vermittlung mit diesen beiden Bereichen zeigt sich der innere Aufbau der griechischen Trinitätskonzeption als System der Heilserwartung durch Fleischresurrektion. Die ganze Eschatologie der griechischen Trinitätskonzeption beruht auf der inneren Verflochtenheit und Vermittlung dieser drei Ebenen miteinander *Position des Hl. Geistes - Ikonenlehre - Lichtmetaphysik*, so daß dadurch die Dialektik zwischen γέννησις - κτίσις und ἐνέργεια zugunsten der ἐνσάρκωσις in Folge der Differenz zwischen φύσις und ἐνέργεια abgeschlossen werden kann. Wir werden es im folgenden sehen.

IV. Die Dialektik des Geistes, der Ikone und des Lichtes

Wir haben gesehen, daß der Widerspruch zwischen Mitteilbarkeit und Nicht-Mitteilbarkeit des göttlichen Wesens für die Tradition der apophatischen griechischen Theologie entscheidend ist. Die Erkennbarkeit Gottes ist daher im Rahmen dieser Theologie mit seiner absoluten Unerkennbarkeit dialektisch vermittelt. "Sowohl durch Kenntnis läßt sich Gott erkennen, als auch durch Unkenntnis ... Er ist nichts von allem, das existiert und wird in keinem der existierenden Dinge erkannt. Er ist in allem alles und in keinem Dinge etwas, wird aus allen Dingen von allen erkannt und aus keinem Dinge von irgendjemand erkannt", schreibt Pseudodionysius Areopagita.[1] Jedoch ist gerade in der Ikonenlehre die Dialektik der Offenbarung Gottes enthalten. "Jedes Bild offenbart und zeigt das Verborgene", erklärt Johannes von Damaskus souverän.[2] Das Mittel für diese Offenbarung, mit dem die Ikone organisch verbunden, ja mit dem sie dialektisch vermittelt ist, ist das - wie es die byzantinischen Theologen nennen - göttliche Licht, und Träger dieses göttlichen Lichts ist die dritte Trinitätsperson, der Hl. Geist.

In der Spannung zwischen Erkennbarkeit und Nicht-Erkennbarkeit Gottes ist gerade der Hl. Geist das die ἐνσάρκωσις realisierende Prinzip der Mutter, jenes Prinzip, das immer als Licht erscheint und das Sichtbarwerden des Unsichtbaren ermöglicht. "Ἀδύνατον γὰρ ἰδεῖν τὴν εἰκόνα Θεοῦ τοῦ ἀοράτου, μὴ ἐν τῷ φωτισμῷ τοῦ Πνεύματος. Καί τὸν ἐνατενίζοντα τῇ εἰκόνι, ἀμήχανον τῆς εἰκόνος ἀποχωρίσαι τὸ φῶς", schreibt, wie wir gesehen haben, Basilius d. Große.[3] Innerhalb dieser Dimension des Lichtes, die nach der orthodoxen Tradition die Offenbarungsweise im Rahmen der ökonomischen Trinität der dritten Trinitätsperson ist und *in ihr* die Offenbarung Gottes realisiert wird, realisiert sich auch die Dialektik der Vergöttlichung, der θέωσις vom Menschen und

Natur als eschatologische Ergänzung und Konsequenz der ἐνσάρκωσις des Λόγος. Denn die ἐνσάρκωσις des Λόγος setzt die θέωσις des Menschen und der Natur voraus und umgekehrt. Ja man kann sogar sagen, daß der Sinn und Zweck der ἐνσάρκωσις die θέωσις ist, Fleischresurrektion realisiert sich als θέωσις und ἀποκατάστασις der Natur als weitere Konsequenz der θέωσις, denn wenn der Mensch Gott wird, so wird auch die zerstückelte und unterdrückte Natur zu ihrer ursprünglichen Würde wiederhergestellt. Zunächst aber geht es hier um die innerhalb der byzantinischen Konzeption von der Trinität in ihrer Beziehung zur Dialektik der Ikone zum Ausdruck kommende Vorstellung der Offenbarung Gottes als Materialisierung des an sich Unaussprechlichen.

Εἶδον οἱ ἀπόστολοι τὸν Κύριον σωματικοῖς ὀφθαλμοῖς, καί τοὺς ἀποστόλους ἕτεροι, καί τοὺς μάρτυρας ἕτεροι. Ποθῶ κἀγὼ τούτους ὁρᾶν ψυχῇ τε καί σώματι, καί ἔχειν ἀλεξίκακον φάρμακον, ἐπεί διπλοῦς ἔκτισμαι· καί ὁρῶν προσκυνῶ τὸ ὁρώμενον, οὐχ ὡς Θεόν, ἀλλ' ὡς τιμίων εἰκόνισμα τίμιον. Σὺ μὲν, ὡς τυχὸν, ὑψηλός τε, καί ἄϋλος, καί ὑπὲρ τὸ σῶμα γενόμενος, καί οἷον ἄσαρκος, καταπτύεις πᾶν τὸ ὁρώμενον· ἀλλ' ἐγώ, ἐπεί ἄνθρωπος εἰμι, καί σῶμα περίκειμαι, ποθῶ καί σωματικῶς ὁμιλεῖν, καί ὁρᾶν τὰ ἅγια· συγκατάβηθι τῷ ταπεινῷ μου φρονήματι ὁ ὑψηλός, ἵνα σου τηρήσῃς τὸ ὑψηλόν.[4]

Hier wird das Bedürfnis nach der Materialisierung Gottes und in Konsequenz dessen nach einer sinnlich wahrnehmbaren Darstellung der Heilsgeschichte argumentativ mit der Konstitution der menschlichen Natur selbst begründet. Weil der Mensch sowohl Körper als auch Seele ist - ἐπεί διπλοῦς ἔκτισμαι - (ich vermeide hier den Ausdruck Geist, πνεῦμα, weil, wie wir auch anhand von Isaak dem Syrer gesehen haben, πνεῦμα schon der höchsten Stufe der θέωσις entspricht, göttlich ist, während ψυχή, mit Recht als ψιλή ψυχή apostrophiert, noch dem Somatischen angehört), hat er das Bedürfnis Gott und das Heilsgeschehen noch auf körperliche Weise zu sehen. Diese Hervorhebung der körperlichen Natur des Menschen steht übrigens nicht im Widerspruch zur Konzeption der θέωσις, sondern ist im Gegenteil für sie konstitutiv. Die byzantinische Anthropologie beruht gerade auf der Spannung, die innerhalb der ontologischen Klimax Körper-Seele-Geist existiert. Im Rahmen dieser ontologischen Rangordnung hat auch die Materie im Gegensatz zu einer streng entmaterialisierten Konzeption vom Christentum ihren Platz, und der Mensch als Bild und Gleichnis Gottes ist als solcher auch in seiner körperlichen Struktur definiert. Somit ist in der Erwartung der θέωσις auch die θέωσις des Körpers impliziert. "... ὅλος μὲν ἄνθρωπος μένων κατὰ ψυχήν καί σῶμα διὰ τήν φύσιν καί ὅλος γινόμενος Θεὸς κατὰ ψυχήν καί σῶμα διὰ τήν χάριν...", schreibt Maximus Confessor.[5] Justin formuliert diesen Gedanken in seiner Radikalität trefflich folgenderweise:

Δῆλον οὖν, ὡς κατ' εἰκόνα Θεοῦ πλασσόμενος ὁ ἄνθρωπος ἦν σαρκικός. Εἶτα πῶς οὐκ ἄτοπον, τήν ὑπὸ Θεοῦ σάρκα πλασθεῖσαν κατ' εἰκόνα τήν ἑαυτοῦ φάσκειν ἄτιμον εἶναι, καί οὐδενὸς ἀξίαν;... Τί γὰρ ἐστι ὁ ἄνθρωπος, ἀλλ' ἢ τὸ ἐκ ψυχῆς καί σώματος συνεστὼς ζῷον λογικόν; Μή οὖν καθ' ἑαυτήν ψυχή ἄνθρωπος; Οὐκ· ἀλλ' ἀνθρώπου ψυχή. Μή οὖν καλοῖτο σῶμα ἄνθρωπος; Οὐκ· ἀλλ' ἀνθρώπου σῶμα καλεῖται. Εἴπερ οὖν κατ' ἰδίαν μὲν τούτων οὐδέτερον ἄνθρωπος ἐστι, τὸ δὲ ἐκ τῆς ἀμφοτέρων συμπλοκῆς καλεῖται ἄνθρωπος.[6]

Wenn aber der Mensch als psychosomatische Einheit Bild und Gleichnis Gottes ist, so stellt er selbst den Mittelpunkt innerhalb einer gebrochenen Natur dar, innerhalb der die Beziehung zum Fleisch nicht wie oft im Rahmen eines schlechten "ethischen" Purismus das Fleisch als solches als Prinzip und Ursache der "Sünde" angesehen werden kann, sondern im Gegenteil: Sünde, ἁμαρτία, ist ausschließlich ein Fehltritt des Geistes, das Fleisch als solches ist dem geistigen Prinzip als dem tätigen unterlegen, man kann sogar sagen, daß Fleisch ohne Geist, wie etwa beim Tier, theologisch gesprochen, die reinste Unschuld ist. In diesem Sinn ist die Kreatur, sind die unschuldigen Tiere die absolute Reinheit von der Sünde. (Allerdings sind hier Begriffe wie Schuld, Sünde etc. als rein geistige Begriffe menschliche Begriffe, sie haben nur dann einen Sinn, wenn Widerspruch ist, also im Menschen als Mittelpunkt und Höhepunkt der gebrochenen Natur; ich spreche hier nur vom Tier, um in dieser Analogie die absolute Reinheit und Würde des Fleisches zu zeigen.) Die Philosophie hat von diesem Widerspruch immer gewußt, das Kapitel über Physiognomie und Schädellehre in der "Phänomenologie des Geistes", stellt m.E. ein Paradebeispiel innerhalb der Hegelschen Philosophie für die Durchdringung und Durchbrechung der körperlichen Natur des Menschen durch den Geist dar. Das ist eine Manifestation des Widerspruchs im Körper selbst. Diese Vorstellung der ontologischen Minderwertigkeit des Fleisches bei gleichzeitiger Hervorhebung seines Stellenwerts und seiner Würde als Abbild, als Medium, das von dem Geist geformt wird und ihn somit offenbart, ist sowohl der neoplatonischen Tradition der byzantinischen Theologie als auch den hellenistisch-synkretistischen Religionen gemeinsam, von denen diese Theologie wesentliche Elemente ihrer Licht- und Ikonen-Metaphysik übernommen hat. So heißt es bei Plutarch in einem Abschnitt über Isis und Osiris:

Ἡ γὰρ Ἰσίς ἐστι μὲν τὸ τῆς φύσεως θῆλυ καί δεκτικὸν ἁπάσης γενέσεως, καθὸ τιθήνη καί πανδεχής ὑπὸ τοῦ Πλάτωνος (Τμ.49α 51α), ὑπὸ δὲ τῶν πολλῶν μυριώνυμος κέκληται διὰ τὸ πάσας ὑπὸ τοῦ λόγου τρεπομένη μορφὰς δέχεσθαι καί ἰδέας. ἔχει δὲ σύμφυτον ἔρωτα τοῦ πρώτου καί κυριωτάτου πάντων, ὃ τἀγαθῷ ταὐτόν ἐστι, κἀκεῖνο ποθεῖ καί διώκει· τὴν δ' ἐκ τοῦ κακοῦ φεύγει καί διωθεῖται μοῖραν, ἀμφοῖν μὲν οὖσα χώρα καί ὕλη, 'ῥέπουσα δ' ἀεί πρὸς τὸ βέλτιον καί παρέχουσα γεννᾶν ἐξ ἑαυτῆς ἐκείνῳ καί κατασπείρειν εἰς ἑαυτήν ἀπορροάς καί ὁμοιότητας, αἷς χαίρει καί γέγηθε κυισκομένη καί ὑποπιμπλαμένη τῶν γενέσεων. εἰκὼν γάρ ἐστιν οὐσίας (ἡ) ἐν ὕλῃ γένεσις καί μίμημα τοῦ ὄντος τὸ γινόμενον./ (54.) ὅθεν οὐκ ἀπὸ τρόπου μυθολογοῦσι τὴν Ὀσίριδος ψυχήν ἀίδιον εἶναι καί ἄφθαρτον, τὸ δὲ σῶμα πολλάκις διασπᾶν καί ἀφανίζειν τὸν Τυφῶνα, τὴν δ' Ἴσιν πλανωμένην καί ζητεῖν καί συναρμόττειν πάλιν. τὸ γὰρ ὂν καί νοητὸν καί ἀγαθὸν φθορᾶς καί μεταβολῆς κρεῖττόν ἐστιν· ἃς δ' ἀπ' αὐτοῦ τὸ αἰσθητὸν καί σωματικὸν εἰκόνας ἐκμάττεται καί λόγους καί εἴδη καί ὁμοιότητας ἀναλαμβάνει, καθάπερ ἐν κηρῷ σφραγῖδες οὐκ ἀεί διαμένου σιν ἀλλὰ καταλαμβάνει τὸ ἄτακτον αὐτὰς καί ταραχῶδες ἐνταῦθα τῆς ἄνω χώρας ἀπεληλαμένον καί μαχόμενον πρὸς τὸν Ὧρον, ὃν ἡ Ἴσις εἰκόνα τοῦ νοητοῦ κόσμον αἰσθητὸν ὄντα γεννᾷ· διὸ καί δίκην φεύγειν λέγεται νοθείας ὑπὸ Τυφῶνος, ὡς οὐκ ὢν καθαρὸς οὐδ' εἰλικρινής οἷος ὁ πατήρ, λόγος αὐτὸς καθ' ἑαυτὸν ἀμιγής καί ἀπαθής, ἀλλὰ νενοθευμένος τῇ ὕλῃ διὰ τὸ σωματικόν. περιγίνεται δὲ καί νικᾷ τοῦ Ἑρμοῦ, τουτέστι τοῦ λόγου, μαρτυροῦντος καί δεικνύοντος, ὅτι πρὸς τὸ νοητὸν ἡ φύσις μετασχηματιζομένη τὸν κόσμον ἀποδίδωσιν. ἡ μὲν γὰρ ἔτι τῶν θεῶν ἐν γαστρί τῆς Ῥέας ὄντων ἐξ Ἴσιδος καί Ὀσίριδος λεγομένη γένεσις Ἀπόλλωνος αἰνίττεται τὸ πρίν ἐκφανῆ γενέσθαι τόνδε τὸν κόσμον καί συντελεσθῆ ναι τῷ λόγῳ τήν ὕλην φύσει ἐλεγχομένην ἐπ' αὐτήν ἀτελῆ τήν πρώτην γένεσιν ἐξενεγκεῖν· διὸ καί φασι τὸν θεὸν ἐκεῖνον ἀνάπηρον ὑπὸ σκότῳ γενέσθαι καί πρεσβύτερον Ὧρον καλοῦσιν· οὐ γὰρ ἦν κόσμος, ἀλλ' εἴδωλόν τι καί κόσμου φάντασμα...[7]

Hier ist unabhängig von den Analogien aus dem Bereich der geschlechtlichen Reproduktion des Lebens ("καί παρέχουσα γεννᾶν ἐξ' ἑαυτῆς ἐκείνῳ καί κατασπείρειν εἰς ἑαυτήν ἀπορροὰς καί ὁμοιότητας, αἷς χαίρει καί γέγηθε κυισκομένη καί ὑποπιμπλαμένη τῶν γενέσεων"), die eine Übertragung aus der Naturlandschaft des Nils durchaus denkbar erscheinen ließe (so etwa die Fruchtbarmachung der weiten Ebene durch den Strom, seine witterungsabhängigen Anschwellungen und wiederum die Änderungen in der Landschaft durch Überschwemmungen und Trockenheitsperioden, sowie die Wirkung der trockenen Wüstenwinde; hier drängt sich einem die Analogie zum griechischen Wort Τυφῶν etc. auf) die Vorstellung der Materie sowohl positiv ("εἰκὼν γὰρ ἐστίν οὐσίας <ἡ> ἐν ὕλῃ γένεσις καί μίμημα τοῦ ὄντος τὸ γινόμενον") im Sinne der Würde der dadurch geformten Materie, die zum göttlichen Prinzip erhoben wird, wobei die Verwendung des Wortes εἰκὼν in unserem Zusammenhang auffallend ist als auch negativ gefaßt ("καθάπερ ἐν κηρῷ σφραγῖδες οὐκ ἀεί διαμένουσιν" etc.), wobei wiederum der Gebrauch des Wortes σφραγίς und auch κηρὸς auffallend ist, hier in der Bedeutung der Zufälligkeit der bloßen Materie[8] im Gegensatz zu der oft von den Kirchenvätern verwendeten positiven Bedeutung für σφραγίς im Sinne von εἰκὼν, so etwa bei Johannes von Damaskus als ἐκτύπωμα[9], aber auch bei Basilius den Großen als ἡ ἰσότυπος σφραγίς, auffallend.

In dieser doppelten Bestimmung - angesichts des Geistes ontologisch minderwertig, andererseits aber notwendig, um den Geist von ihm geformt in seinem Triumph[*] zu zeigen, ja als Ausdruck des Triumphes des Geistes - ist andererseits die Materie als Ikone Vorwegnahme der Resurrektion der Natur und des Fleisches und Hinweis auf seine bereits durch ἐνσάρκωσις vollzogene Verherrlichung. Ist, wie wir bei Plutarch gesehen haben, in den hellenistisch-synkretistischen Religionen die Materie als vom Geist geformtes Abbild, als seine εἰκὼν durchaus positiv gefaßt im Sinne des Prinzips des Lebens, das sich in ihr reproduziert, den Gesetzen des Geistes (dem den Dingen innewohnenden Λόγος) folgend, und ist in der neoplato-

---

[*] "Ἡ γὰρ εἰκὼν θρίαμβος ἐστι, καί φανέρωσις, καί στηλογραφία εἰς μνήμην τῆς νίκης τῶν ἀριστευσάντων καί διαπρεψάντων, καί τῆς αἰσχύνης τῶν ἡττηθέντων καί καταβληθέντων δαιμόνων."[10]

nistisch anmutenden Auseinandersetzung zwischen Geist und Materie die Materie einer Transformation fähig ("μετασχηματιζομένη πρὸς τὸ νοητὸν"), die sie einer Vergeistigung, d.h. der Ordnung (κὸσμος) des in der Welt waltenden λὸγος näher bringt und sie sozusagen zu seinem Ausdruck und (das kommt vor allem in den neoplatonischen Emanationslehren zum Ausdruck) zu seiner Vorstufe macht (so etwa bei Pseudodionysius Areopagita innerhalb einer ontologischen Stufenleiter, die auch die Hierarchie der Engel beinhaltet: "Diejenigen Wesen, welche an dem *einen* und an unendlichen Gaben reichen Gott größeren Anteil haben, stehen ihm auch näher und sind göttlicher als die dahinter Zurückbleibenden"[11]), so bleibt sie jedoch mit Zufälligkeit und Negativität behaftet. (Aus diesem Grund flüchtet Horos vor dem Typhon, "διὸ καί δίκην φεύγειν λέγεται νοθείας ὑπὸ Τυφῶνος".[12]) Im Gegensatz dazu wird in der byzantinischen Theologie die Materie verherrlicht.

Πάλαι μὲν ὁ Θεὸς, ὁ ἀσώματός τε καί ἀσχημάτιστος, οὐδαμῶς εἰκονίζετο. Νῦν δὲ σαρκί ὀφθέντος Θεοῦ, καί τοῖς ἀνθρώποις συναναστραφέντος, εἰκονίζω Θεοῦ τὸ ὁρώμενον. Οὐ προσκυνῶ τῇ ὕλῃ προσκυνῶ δὲ τὸν τῆς ὕλης δημιουργὸν, τὸν ὕλην δι' ἐμὲ γενόμενον, καί ἐν ὕλῃ κατοικῆσαι καταδεξάμενον, καί δι' ὕλης τὴν σωτηρίαν μου ἐργασάμενον, καί σέβων οὐ παύσομαι τὴν ὕλην, δι' ἧς ἡ σωτηρία μου εἴργασται· σέβω δὲ οὐχ ὡς Θεόν· ἄπαγε· πῶς γὰρ τὸ ἐξ οὐκ ὄντων τὴν γένεσιν ἐσχηκὸς, Θεός; Εἰ καί τὸ τοῦ Θεοῦ σῶμα Θεὸς, διὰ τὴν καθ' ὑπόστασιν ἕνωσιν γεγονὸς ἀμεταβλήτως ὅπερ τὸ χρίσαν, καί μεῖναν ὅπερ ἦν τῇ φύσει, σάρξ ἐψυχωμένη ψυχῇ λογικῇ τε καί νοερᾷ, ἠργμένη, οὐκ ἄκτιστος. Τὴν δὲ γε λοιπὴν ὕλην σέβω, καί δι' αἰδοῦς ἄγω, δι'ἧς ἡ σωτηρία μου γέγονεν, ὡς θείας ἐνεργείας καί χάριτος ἔμπλεων... Μή κάκιζε τὴν ὕλην· οὐ γὰρ ἄτιμος. Οὐδὲν γὰρ ἄτιμον, ὃ παρὰ Θεοῦ γεγένηται. Τῶν Μανιχαίων τοῦτο τὸ φρόνημα· μόνον δὲ ἄτιμον, ὃ μή τὴν αἰτίαν ἔσχεν ἐκ Θεοῦ, ἀλλ' ἡμέτερον ἐστιν εὕρεμα, τῇ ἐκ τοῦ κατὰ φύσιν εἰς τὸ παρὰ φύσιν αὐτεξουσίῳ ἐκκλίσει τε καί 'ροπῇ τοῦ θελήματος, τουτέστιν ἡ ἁμαρτία.[13]

Hier wird im Unterschied zu früher die ἐνσάρκωσις und die dadurch vollzogene Resurrektion des Fleisches als das neue Element bezeichnet, das, was in der evangelischen Tradition das Wesen des "Neuen Bundes" ausmacht. In der dadurch realisierten Verherrlichung des Fleisches vollzieht sich somit der Bruch zur jüdischen κτίσις-Tradition und der auch im Rahmen des hellenistisch-orientalischen Synkretismus in ihrer Ambivalenz mit Negativität behafteten Materie. Die Auseinandersetzung mit den Manichäern hat diesen Stellenwert. Im Gegensatz zur neoplatonischen Platon-Interpretation, ausgehend vor allem von "Phaidon", wonach der Körper der Kerker der Seele sei, aber auch bei Pseudionysius Areopagita selbst, der trotz seiner Zugehörigkeit zur byzantinischen Tradition sehr stark vom Neoplatonismus beeinflußt auf der niedrigsten ontologischen Stufe, die im Rahmen seiner Emanationslehre angenommen wird, nur ein ἀμυδρὸν ἀπήχημα der Gottheit erblickt,[14] stellt die Ikonentheologie den Versuch dar, die Fleischresurrektion im Licht des Hl. Geistes als bereits durch ἐνσάρκωσις vollzogene Vorwegnahme der eschatologischen Erwartung der Erlösung des Fleisches darzustellen. In diesem Licht ist für diese Theologie die Erlösung vom Tod und der Verwesung des Fleisches nicht durch seine Aufhebung, sondern durch seine in der Resurrektion vollzogene Transformation das wesentlichste, konstitutive Moment. In einem besonders nahen Verhältnis zur Vorstellung des göttlichen Lichtes auf dem Berg Tabor feiert die griechische Kirche als "Die Kirche der Auferstehung" die Auferstehung Christi inmitten des überwesentlichen Lichtes, das die Dunkelheit des Hades durchbricht.

Καί καθάπερ ἐπι τινος φοβερᾶς καί ἀηττήτου παντοδυνάμου βασιλικῆς τροπαιούχου στρατοῦ παρατάξεως φρίκη τις καί τάραχος καί φόβος κατώδυνος τοῖς τοῦ ἀκαταγωνίστου Δεσπότου ἐπιπίπτει ἐχθροῖς· οὕτω δή καί ἐπί τοῖς ἕν ἅδου ἐκείνοις καί παραδόξου Χριστοῦ ἐν τοῖς καταχθονίοις παρουσίας ἐξαίφνης ἐγένετο· ἄνωθεν ἀστραπῆς ἡ ἀμαύρωσις τῶν ἐναντίων τοῦ ᾅδου δυνάμεων τὰς ὄψεις σκοτίζουσα καί βροντοφώνων βοῶν ἀκουόντων καί στρατῶν κελευόντων λέγοντας ἄρατε πύλας, οἱ ἄρχοντες ὑμῶν. Οὐ γὰρ ἀνοίξατε, ἀλλ' ἐξ' αὐτῶν θεμελίων ταύτας ἄρατε, ἐκριζώσατε, μεταστήσατε εἰς τὸ μηκέτι κλείεσθαι· ἄρατε πύλας, οἱ ἄρχοντες ὑμῶν.[15]

Dieses überwesentliche Licht umhüllt in seiner Anwesenheit sowohl die Wiederherstellung des Fleisches als auch macht es das Unsichtbare sichtbar. In der neoplatonistischen Theologie des Pseudodionysius besteht sein Wesen darin, daß es selbst der dialektische Widerspruch im Gottesbegriff, sichtbar und unsichtbar zu sein, erkennbar und nicht erkennbar, höchstes, alles erfüllendes Prinzip in seiner Negativität, ist. "... καί παμφαὲς ὄν, ἅμα καί ὡς κρύφιον, ἄγνωστον αὐτὸ καθ' αὑτό, μὴ προκειμένης ὕλης εἰς ἣν ἀναφαίνοι τὴν οἰκίαν ἐνέργειαν ... δραστήριον δυνατὸν ἅπασι παρὸν ἀοράτως."¹⁶ In völliger Abstraktion von der Materie erscheint es jedoch wie in der Welt des sinnlich Wahrnehmbaren. Deswegen "... οἱ γὰρ ἱεροί θεολόγοι τήν ὑπερούσιον καί ἀμόρφωτον οὐσίαν ἐν πυρί πολλαχῇ διαγράφουσιν, ὡς ἔχοντι πολλὰς τῆς θεαρχικῆς <εἰ θέμις εἰπεῖν> ἰδιότητος ὡς ἐν ὁρατοῖς εἰκόνας".¹⁷ Aus diesem Grund hat die Verwendung von Licht und Weihrauch in der Kirche den symbolhaften Charakter der Selbstoffenbarung Gottes und der den Menschen von ihm gegebenen Fähigkeit der Erkenntnis. "Σύμβολον μὲν τὰ αἰσθητὰ φῶτα τῆς ἀύλου καί θείας φωτοδοσίας· ἡ δὲ τῶν ἀρωμάτων ἀναθυμίασις τῆς ἀκραιφνοῦς καί ὅλης τοῦ ἁγίου Πνεύματος περιπνοίας τε καί πληρώ σεως."¹⁸

Tritt im Rahmen der Emanationslehre des Pseudodionysius das Moment der Materie in ihrer Grobheit (παχύτης) als Hindernis für die Erkenntnis Gottes hervor, so wird jedoch auch bei ihm in der Dialektik der *Erscheinung* des Lichtes als reine Energie, die ähnlich wie in der Welt der sinnlichen Wahrnehmung sichtbar wird in ihrer Materienlosigkeit, ähnlich wie bei Palamas, die Differenz zwischen Wesen und ἐνέργειαι thematisiert, so daß dann, wie wir bei Johannes von Damaskus gesehen haben, und wie in der griechischen Theologie als Ganzes die Fleischresurrektion und die ἀποκατάστασις der ganzen materiellen Welt in der Dialektik von Mitteilbarkeit und nicht Mitteilbarkeit im *Widerspruch* von Erkennbarkeit und nicht Erkennbarkeit im Hl. Geist als das die Materialität befestigende Immaterielle möglich wird. Die im Rahmen dieser Dialektik im Licht des Hl. Geistes erscheinende Schönheit der Natur, wie sie Basilius d. Große formuliert, ist also nicht eine materienlose und fleischlose, sondern eine in der Reinheit ihrer Materialität wiederhergestellte, d.h. von der Sünde als ἁμαρτία, als geistige Bestimmung befreite. Ist der Mensch εἰκὼν und ὁμοίωσις Gottes auch in fleischlicher Hinsicht, so bedeutet dies die Wiederherstellung seiner ursprünglichen Natur in der Reinheit seines Fleisches.

Die bisherigen Ausführungen ergeben nun folgendes Bild: Das Licht als die Erscheinungsweise des Hl. Geistes ist die Voraussetzung, in deren Anwesenheit (παρουσία) das Abbild (εἰκὼν) als Triumph der ἐνσάρκωσις erscheint. Ohne Licht keine εἰκὼν, d.h. keine ἐνσάρκωσις. Ohne das Licht ist auch keine Möglichkeit der Wiederherstellung der ursprünglichen Schönheit der Natur, d.h. auch der ursprünglichen Schönheit des Fleisches. Der paradiesische Zustand der Nacktheit der Körper, ihrer unschuldigen Schönheit, dessen Wiederherstellung die Sehnsucht der Menschen gilt, ist nur in diesem Licht möglich. Wäre aber das Licht als ἐνέργεια identisch mit dem Wesen und somit κτίσις, so könnte nicht in ihm die εἰκών als Triumph der ἐνσάρκωσις erscheinen, denn in einer bloßen κτίσις kann nicht die ἐνσάρκωσις als τόκος entstehen. Die εἰκών ist der τόκος des Lichtes. Die ursprügliche Schönheit der Natur ist die Schönheit des Fleisches, der τόκος des Fleisches, wie Eva aus dem Fleisch Adams geschaffen wurde, sie ist Fleisch aus seinem Fleisch. Deswegen ist das Licht ἄκτιστον, und die in ihm vollzogene Entstehung der εἰκών als sein τόκος ist ἀχειροποίητος. Die byzantinische Tradition der ἀχειροποίητοι εἰκόνες hat genau diesen Stellenwert. Deswegen ist die Tradition des westlichen Christentums, die Wesen und ἐνέργειαι identifiziert, fleischfeindlich. Sie ist die Tradition der Abtötung des Fleisches. Deswegen konnten Hexenverbrenungen und Inquisition nur im Rahmen dieser Tradition zustandekommen. In diesem Licht läßt sich auch die Tatsache erklären, daß in den Auseinandersetzungen über die Ikonen im byzantinischen Bilderstreit es die Frauen waren, die mit Entschiedenheit und *von allen gesellschaftlichen Schichten* kommend, für die Ikonen Partei ergriffen haben. Und es waren nicht nur der Pöbel und die ungebildeten Frauen, die, wie oft die Historiker einer formal-aufklärerischen Tradition meinen, aufgrund ihres niedrigen Bildungsstandes und ihrer Vorurteile für die Ikonen Partei genommen haben, sondern zwei Kaiserinnen, die ihren Kult wiederherstellten. Ja, es waren die Frauen und die in der Tradition des Platonismus und Neoplatonismus mit seiner Lichtmetaphysik lebenden griechischen Bewohner des Reiches und die Mönche, die in der asketischen Praxis die Inkarnation des λόγος und die Fleischresurrektion verehrten, die gegen die pragmatisch-rationalistische oder auch monophysitische und somit, wie wir gesehen haben, die Dialektik der Fleischresurrektion nicht begreifende Denkweise von aufgeklärten Monarchen auftraten.

Hier zeigen sich auch die Grenzen des bloß aufklärerischen Denkens, das die innere Dynamik und die Entwicklung der Dialektik, die in der Lehre von der Fleischresurrektion steckte nicht begreifen konnte, ja dem sie völlig fremd war. Daß die Frauen sich selbst ihr eigenes Prinzip erkennend in den Ikonen erblickten, konnten die ikonoklastischen Kreise gar nicht ahnen. Das zu begreifen ist bloße Aufklärung, die an einem formalen Begriff von Vernunft festhält, auch gar nicht imstande. So ging es entgegen der herrschenden Meinung in der Tradition der rationalistisch aufklärerischen Historiographie - und dazu gehört auch eine "marxistische", die den Marxismus als Höhepunkt und Kulminationspunkt bürgerlicher Aufklärung ansieht - den Protagonisten der ikonoklastischen Bewegung nicht primär um die Ausrottung des sozial-parasitären Mönchtums, sondern um die Herstellung einer religiösen Identität, die auf der Basis eines radikalen jüdischen Monotheismus mit seiner κτίσις-Tradition beruht und danach trachtet, jede Sinnlichkeit zu eliminieren.

Genauso wie in der Reformation liegt es im Wesen einer solchen Bewegung, daß ihre Anhänger von subjektiv lauteren Absichten getragen wurden, daß sie Moralisten und aufrichtige Menschen waren. Gleichzeitig waren sie aber intolerant und fanatisch. Sie konnten das Wesen der Tradition nicht begreifen, und indem sie sich auf die Vernunft bezogen, entzogen sie der Tradition ihre innewohnende Vernunft. Sie waren frauenfeindlich. So waren sie unerbittlich in der Verfolgung des Maria-Kultes und in der Zerstörung vor allem von jenen Ikonen, die die Mutter Gottes abbildeten. Mit Recht erblickten sie in der Frau ihren Hauptgegner und so urteilt die zweite ikonoklastische Synode von 815, daß "die Übertragung der Macht von den Männern auf eine Frau (Irene), die Einfalt der Frauen zur Wiederherstellung der Anbetung der 'toten Bilder' geführt hat".[19] Die gleiche Synode spricht von einer Anbetung Gottes ohne Bilder "im Geist und in Wahrheit"[20] Es wird hier evident, daß Geist in absoluter Trennung von allem Materiellen, sei es auch nur als *Abbild*, begriffen wird, und daß Wahrheit nicht nur komplementär hinzugefügt wird, sondern als das allein mögliche Wesen des Geistes in seiner absoluten Reinheit hingestellt wird. Allein durch die reine Form der Anbetung kann der Mensch in der reinen Gottheit verweilen. Somit wird von orientalischen Aufklärern und militaristischen Parvenus (die Anhänger der Ikonoklasten kamen alle aus den östlichen Gebieten des Reiches und ihre Kaiser waren zu Macht und Ehre gekommene Militärs mit ihrer Hauptstütze in der Armee) die Existenz der Frau völlig verdrängt zugunsten einer fragwürdigen Reinheit des Kultes.

Das Prinzip der Frau ist also das eigentliche Geheimnis der byzantinischen Lichtmetaphysik und Ikonenlehre. Dieses Prinzip als ontologische Begründung des Prinzips des Fleisches und organisch mit ihm verbunden, kommt in dieser seiner Vermittlung sehr schön in der byzantinischen Ehekonzeption zum Ausdruck. Im Rahmen dieser Konzeption wird der Körper und die Triebstruktur des Menschen als Möglichkeit der Transzendenz definiert. Durch die hypostatische Einigung mit der Seele und deren führendem Teil, dem Geist, erhält der Körper eine Dimension als Werkzeug Gottes und konstitutiver Bestandteil der Individualität, der verehrungswürdig ist und fern von der Sinnlichkeit gehalten werden muß, die seine Integrität in Frage stellt.[21]

In der Spannung zwischen Verdrängung der Sexualität und einem Begriff vom Körper im paulinischen Sinn als "Tempel des Geistes", kehren sich wie bei Paulus selbst die Verhältnisse im Rahmen einer körperfreundlichen Metaphysik um.[*] Wenn, wie wir gesehen haben, ἁμαρτία des Fleisches ein geistig bestimmter Begriff ist, wenn somit ἁμαρτία in letzter Konsequenz nur eine ἁμαρτία des Geistes im Fleisch sein kann, so wird die gesellschaftliche Reglementierung der Sinnlichkeit durch die Ehe nicht als Bekämpfung der Körperlichkeit, sondern als Würdigung ihres Rechts auf unantastbare Integrität begriffen und dargestellt. Im Rahmen dieser Konzeption kommt die Erkenntnis von der Sexualität als unzertrennlicher Bestandteil des psychischen Lebens des Menschen, seiner

---

[*] "'Alles ist mir erlaubt' - aber nicht alles nützt mir. Alles ist mir erlaubt, aber nichts soll Macht haben über mich. Diese Speisen sind für den Bauch da und der Bauch für die Speisen; Gott wird beide vernichten. Der Leib ist aber nicht für die Unzucht da, sondern für den Herrn, und der Herr für den Leib. Gott hat den Herrn auferweckt; er wird durch seine Macht auch uns auferwecken. Wißt ihr nicht, daß eure Leiber Glieder Christi sind? Darf ich nun die Glieder Christi nehmen und zu Gliedern einer Dirne machen? Auf keinen Fall! Oder wißt ihr nicht: Wer sich an eine Dirne bindet, ist e i n Leib mit ihr? Denn es heißt: *Die zwei werden ein Fleisch sein.* Wer sich dagegen an den Herrn bindet, ist e i n Geist mit ihm. Hütet euch vor der Unzucht! Jede andere Sünde, die der Mensch tut, bleibt außerhalb des Leibes. Wer aber Unzucht treibt, versündigt sich gegen den eigenen Leib. Oder wiß ihr nicht, daß euer Leib ein Tempel des Heiligen Geistes ist, der in euch wohnt und den ihr von Gott habt? Ihr gehört nicht euch selbst; denn um einen teuren Preis seid ihr erkauft worden. Verherrlicht also Gott in eurem Leib!"[22]

ganzen Persönlichkeit, dessen Verletzung den ganzen Menschen verletzt, klar zum Ausdruck. So eine Verletzung wäre z.B. ihre funktionale Handhabe nach den Regeln einer instrumentellen Vernunft. Das ist trotz der prinzipiell restriktiven Auslegung von Sexualität ein Standpunkt, der im Vergleich mit dem naiv-offenen Zynismus eines bürgerlichen Philosophen wie Kant, der von der Ehe als "Verbindung zweier Personen verschiedenen Geschlechts zum lebenswierigen wechselseitigen Besitz ihrer Geschlechtseigenschaften"[23] spricht, den Vorteil hat, daß er ein gesellschaftliches Prinzip ausdrückt, das Sexualität des Menschen noch nicht als Ware auf den Markt bringt und begreift. Diese Versachlichung des Menschen steht im absoluten Gegensatz zu der Tradition einer patriarchalisch-konservativen aber noch nicht vom bürgerlichen Warenfetischismus beherrschten Welt. So ist etwa bei Johannes von Damaskus die Ehe eine Gemeinschaft der Liebe, deren sinnliche Basis die in der Körperlichkeit vorhandene Transzendenz des Individuums zum anderen hin beinhaltet. Im Kapitel über die Ehe in "Sacra Parallela" ist somit symptomatisch, daß Johannes seine Zitatensammlung mit der Stelle aus der Genesis beginnt: "...καί ἔσονται οἱ δύο εἰς σάρκα μίαν."[24] Daß hier die körperliche Vereinigung als ein Aspekt der hypostatischen Einigung* von zwei Menschen in der Ehe begriffen wird, ist klar. Im Rahmen der Herstellung der Würde des Fleisches geht somit die Auffassung des Johannes konsequent durch die paulinische Wendung aus dem Brief an die Epheser: "‛Ο ἀγαπῶν τήν ἑαυτοῦ γυναῖκα, ἑαυτόν ἀγαπᾶ. Οὐδείς γάρ ποτε τήν ἑαυτοῦ σάρκα ἐμίσησεν, ἀλλ' ἐκτρέφει, καί θάλπει αὐτήν καθώς καί ὁ Χριστός τήν Ἐκκλησίαν"[26] zur Feststellung über die Treue in der Ehe, nicht als

---

* Ich verwende hier, wie auch vorher bei der Einigung von Körper und Seele, den Ausdruck 'hypostatisch', der byzantinischen Trinitätsdialektik entsprechend, die in der Lehre von einem Wesen in drei Personen (Hypostasen) und ihrem dialektischen Gegenstück und Konsequenz, in den Lehren von den zwei Naturen Christi in der einen Hypostase, den persönlichen und somit individualitätsbildenden Charakter des Prozesses, der die Beziehung der Personen innerhalb der immanenten Trinität und die Beziehung zum Menschen innerhalb der ökonomischen Trinität, konstituiert, hervorhebt. Das steht aber auch im Widerspruch zu der Konzeption der 'strukturellen' Trinität des Augustinus und ist Resultat und Voraussetzung der byzantinischen Konzeption von der Beziehung zwischen γέννησις, τόκος und ἐνσάρκωσις.[25]

Vertragsverhältnis, sondern als Resultat der hypostatischen Einigung: "...οὐκ ἔστι τὸ σῶμα ἐμὸν, ἀλλὰ τῆς γυναικὸς μου. Οὐ τολμῶ τὸ ἀλλότριον προδοῦναι. Τήν προῖκα αὐτῆς οὐ τολμᾷς μειῶσαι, οὐδὲ τὰ πράγματα αὐτῆς τολμᾷς δαπανῆσαι, καί τὸ σῶμα αὐτῆς τολμᾷς μολῦναι".[27]

Diese Würde des Körpers und des Fleisches, die für den Begriff der Ehe konstitutiv ist und gleichzeitig durch ihn hervorgehoben wird, offenbart sich auch in einem anderen m.E. sehr eindrucksvollen Zusammenhang. Im Begriff der Askese selbst. Entgegen der weitverbreiteten Meinung ist im Rahmen der byzantinischen Tradition die Askese nicht ein Mittel der Abtötung des Fleisches, sondern seine Verherrlichung. Im Triumph des Geistes über das Fleisch, wird es nicht zugrundegerichtet, sondern im Gegenteil: Die angestrebte θέωσις wird dadurch vorweggenommen, daß das Fleisch des Asketen blühend und gesund bleibt. So berichtet Athanasius d. Große in seiner vita des Antonius d. Großen über seinen körperlichen Zustand als er nach 20 Jahren Einsamkeit sich wieder den Menschen gezeigt hat, daß sie: "ἐθαύμαζον ὁρῶντες αὐτοῦ τό τε σῶμα τήν αὐτήν ἕξιν ἔχον, καί μήτε πιανθὲν, ὡς ἀγύμναστον, μήτε ἰσχνωθὲν ὡς ἀπὸ νηστειῶν καί μάχης δαιμόνων· τοιοῦτος γὰρ ἦν, οἷον καί πρὸ τῆς ἀναχωρήσεως ᾔδεισαν αὐτὸν ... Ὅλος ἦν ἴσος, ὡς ὑπὸ τοῦ λόγου κυβερνώμενος, καί ἐν τῷ κατὰ φύσιν ἑστώς".[28] Auch mit 105 Jahren, heißt es weiter in der vita d. Hl. Antonius über ihn: "τοὺς ὀφθαλμοὺς ἀσινεῖς καί ὁλοκλήρους εἶχε, βλέπων καλῶς· καί τῶν ὀδόντων οὐδὲ εἷς ἐξέπεσε αὐτοῦ· μόνον δὲ ὑπὸ τὰ οὖλα τετριμμένοι ἐγεγόνεισαν, διὰ τήν πολλήν ἡλικίαν τοῦ γέροντος. καί τοῖς ποσί δὲ καί ταῖς χερσίν ὑγιής διέμεινε."[29]

Dieser Gedanke der Wechselwirkung zwischen Körper und Geist wird bei den Kirchenvätern auch negativ und in umgekehrter Reihenfolge formuliert. So heißt es bei Basilius d. Großen: "Εἴ τις τὸν ναὸν τοῦ Θεοῦ φθείρει, φθερεῖ τοῦτον ὁ Θεὸς"[30], um in weiterer Folge zu versichern: "Ἔφθαρται δὲ σοι οὐ τὰ νοήματα μόνον, ἀλλὰ γὰρ σὺν ἐκείνοις καί αὐτὸ τὸ σῶμα..."[31] In der Hoffnung, die aber durch das Prinzip der ἐνσάρκωσις realisiert wird, bleibt der Mensch als *Ganzes* erhalten: "... εἴ πως ὁλόκληρόν σοι τὸ σῶμα καί ἡ ψυχή καί τὸ πνεῦμα ἀμέμπτως ἐν τῇ παρουσίᾳ τοῦ Κυρίου Ἰησοῦ Χριστοῦ τηρηθείη..."³² In der Einheit von Körper und Geist, in der also im Rahmen der byzantinischen Theologie die Konstitution des Individuums als κατ' εἰκόνα καί ὁμοίωσιν Gottes geschieht, realisiert sich und wird gleichzeitig die eschatologische Vorstellung der Fleischresurrektion vorweggenommen. Wenn aber, wie wir gesehen haben, in der Ordnung der byzantinischen Konzeption von Trinität der Offenbarungsprozeß Gottes ἐκ Πατρός, δι' Υἱοῦ, ἐν ἁγίῳ Πνεύματι geschieht, und der Hl. Geist stellvertretend für das Prinzip der Mutter ist, so ist jedoch der Hl. Geist als τὸ στερεοῦν, *in dem* alles ist, nicht die Totalität der Vermittlung der Beziehung der zwei anderen Personen zueinander als *Tätigkeit* wie es Hegel formuliert, in dem er in seiner Darstellung der Trinitätsdialektik von der augustinischen Konzeption ausgeht und sie weiter spekulativ entwickelt:

Es hängt damit der große Streit der morgenländischen und abendländischen christlichen Kirchen zusammen, ob der Geist vom Vater oder vom Vater und Sohn ausgehe, indem der Sohn nur das Betätigende, Offenbarende ist - so nur von ihm der Geist. Aber der Geist überhaupt hat nicht diese Wichtigkeit der Bestimmung; insofern der Nus - λόγος, σοφία usf. bestimmt ist, so ist er dann auch der Demiurgos, das zweite Prinzip, das offenbarende, der Mensch, oder der Übergang daher unmittelbar. Kurz, die Quelle vieler sogenannter Ketzereien liegt rein in der Wendung der Spekulation, welche in dem Übergange von dem Einen, Allgemeinen zum Unterschiede diese Tätigkeit von jenem unterscheidet, sie hypostasiert, getrennt von jenem, welches als das Abstrakte darüber steht. Aber näher betrachtet, ist dieser Logos schon selbst die Bestimmung der Rückkehr in sich, enthält ein Moment, das, um den Unterschied genau aufzufassen, unterschieden werden muß. Die Auflösung ist, daß der *Geist* die Totalität ist und jenes Erste selbst als Erstes nur gefaßt wird, indem es die Bestimmung des Dritten, der Tätigkeit, zunächst überhaupt hat.³³

Zunächst einmal ändert hier Hegel die Ausgangslage der Auseinandersetzung von Ost und West um den Hervorgang des Hl. Geistes. Obwohl er zu Beginn dieser Stelle den Ausgangspunkt - die Frage, ob der Geist vom Vater und Sohn oder nur vom Vater ausgehe - richtig erwähnt, verlagert er in weiterer Folge seiner Darstellung diese Ausgangsfrage auf eine andere Ebene, im Rahmen der Frage, ob der Geist nicht nur vom Sohn komme, eine These, die von keiner der beiden Kirchen überhaupt zur Debatte stand. Das tut er, um in Auseinandersetzung damit in der Darstellung der Trinitätsdialektik das Moment des Geistes als vermittelnde

Tätigkeit zwischen Vater und Sohn, die bereits an sich im Vater enthalten ist, als die Bewegung zwischen den beiden abschließende Tätigkeit, einsetzen zu können. Somit geht der Geist als die totalisierende Tätigkeit, die Vater und Sohn miteinander vermittelt, im augustinischen Sinn von beiden hervor. Würde er anstelle der These vom Hervorgang des Geistes *nur* aus dem Sohn die byzantinische These von seinem Hervorgang *nur* aus dem Vater nehmen, um in Auseinandersetzung mit ihr die These vom Geist als Vermittlung zu formulieren, so würde ihm die Wendung nicht gelingen, weil er für die Entwicklung der Spekulation keinen Zwischenbegriff wie in dem Fall den verselbständigten Sohn Logos hätte, den es zu überwinden gelte durch die Einführung des Geistes als Totalität. Hegel kann den Geist *dadurch* in die Spekulation als Vermittlung einsetzen, daß er der einen Seite unterschiebt, sie hätte zwischen Vater und Sohn-Logos eine formale Trennung durchgeführt, die zur Verselbständigung der Position des Logos führte. So kann er dann im Unterschied dazu das beweisen, was er vom Anfang an gar nicht zu beweisen brauchte, nämlich die augustinische Trinitätskonzeption, von der er ausgegangen ist. Hegel verfährt hier tautologisch. Er beweist das, was er beweisen muß, durch das, was er beweisen will. Hegel bleibt somit in seiner Darstellung der Trinitätsdialektik innerhalb des Rahmens der augustinischen Interpretation, wobei er durch den Begriff der Tätigkeit als Vermittlung, den er in sie einführt, ihre Starrheit, die aus der Tatsache resultiert, daß sie einer philosophiegeschichtlich früheren Stufe des Bewußtseins entspricht, überwindet und durch seine dialektische Konzeption Leben in sie hineinbringt.

War bei Augustinus der Gedanke der Liebe als Vermittlung zwischen Vater und Sohn-Logos personifiziert durch den Hl. Geist nach dem platonischen Muster der Teilhabe, der $\mu\grave{\varepsilon}\theta\varepsilon\xi\iota\varsigma$, als die beiden anderen Personen umfassende Teilhabe des Geistes an ihnen thematisiert im Rahmen einer übergreifenden Unbeweglichkeit, war die strukturelle Trinität selbst als Einheit durch Unbeweglichkeit gekennzeichnet, so bringt Hegel in diese Einheit Leben hinein, durch das Moment der Tätigkeit des Geistes wird sie zum lebendigen dialektischen Prinzip, das durch seine innere Bewegung gekennzeichnet ist. Das ist das große Verdienst Hegels, auf das unbedingt hingewiesen werden muß. Wenn nun der Geist als Moment der Tätigkeit und der Vermittlung im Rahmen seiner Interpretation von der

Trinität stellvertretend für das Prinzip der Gemeinde fungiert, so ist es eine entscheidende Wendung in der Spekulation, die innerlich mit der Tendenz des Denkens in der Interpretation der Trinität zusammenhängt. Sie ist die Konsequenz der Einführung in die Trinität des Prinzips der Tätigkeit und der Bewegung. Weil es aber diese Bewegung auf einer anderen Ebene ohnehin in der Trinität gab, theologisch formuliert in der unaussagbaren Beziehung der Personen zueinander, ist es hier richtiger, von der Radikalisierung dieses Prinzips durch die Hegelsche Dialektik zu sprechen. Im Rahmen dieser Radikalisierung muß dann der Λόγος, der "die Bestimmung der Rückkehr in sich hat" vom Prinzip der Gemeinde totalisiert werden, weil das Individuum, der Mensch als Demiurgos nicht abstrakt außerhalb der Gemeinde die Konkretion des christlichen Gottesbegriffs sein kann, sofern er den Übergang des Prinzips des abstrakten jüdischen Monotheismus auf das Individuum voraussetzt. (Sollte es der Fall bei Hegel sein, so entspräche seine Religionsphilosophie jener Ebene von Konkretion als Übergang auf den Menschen und als Darstellung des Gottesbegriffs als Produkts des Menschen, die in letzter Konsequenz abstrakt-allgemein bleibt: Sie entspräche der Ebene der Feuerbachschen Religionskritik).

Sollte der Geist in der Trinität bloße Vermittlung der Tätigkeit im Sinne äußerlicher Vermittlung, formallogisches Bindeglied im Verhältnis der Personen zueinander sein, so würde hiemit auch der Anspruch der Einbeziehung der Totalität der gesellschaftlichen und geschichtlichen Wirklichkeit der Welt als konstitutives Moment in der Trinitätsdialektik nicht realisiert werden können. So geschieht es aber nach dem Konzept der römischen Theologie in der Tradition von Augustinus, Anselm und Thomas.

Die göttlichen Personen unterscheiden sich nicht durch eine absolute Vollkommenheit, sondern nur, indem sie sich durch ihre gegensätzlichen Beziehungen voneinander abheben. Nun sind aber in Gott nur die Ursprungsbeziehungen gegensätzlich. Damit also der Heilige Geist persönlich vom Sohn verschieden ist, muß zwischen ihnen eine Ursprungsbeziehung bestehen, d.h. es ist anzunehmen, daß der Geist gleichzeitig aus dem Sohn und dem Vater hervorgeht. Thomas ist formell, ja fast brutal in seiner Behauptung: Wenn der Geist nicht aus dem Sohne hervorginge, würde er sich von ihm nicht unterscheiden. Damit weist er die Triadologie eines Photius entschieden zurück.[34]

Hegel durchbricht also dieses formal rationalistische Konzept, indem er äußerlich betrachtet auf der Basis dieses Konzepts verbleibt, durchbricht er es von innen, er unterwandert die rationalistische Hülle und führt in sie Leben hinein, das ist das Leben, das aus der Geschichte und dem Geist der Gemeinde in die Trinität als Verstandesabstraktion hineinbricht. Hegel konstituiert aus dem lateinischen Trinitätskonzept das Prinzip des Weltgeistes. Insofern ist seine Darstellung der Trinitätsdialektik die konsequente Anwendung protestantischen Geistes im Bereich der theologischen Spekulation, seine Theologie bleibt aber Theologie in dem Ausmaß, in dem der Protestantismus nicht schon zumindest partiell durch seine in ihm angelegte Entwicklung Theologie schlechthin aufhebt.

Der Protestantismus ist von Grund aus der Widerspruch zwischen *Glauben* und *Leben* - darum aber die Quelle oder doch Bedingung der *Freiheit* geworden. Eben deswegen, weil das Mysterium der Gottgebärenden Jungfrau bei den Protestanten nur noch in der Theorie oder Dogmatik, aber nicht mehr im Leben galt, sagten sie, daß man sich nicht vorsichtig, nicht zurückhaltend genug darüber ausdrücken könne, daß man es durchaus nicht zu einem Gegenstand der *Spekulation* machen dürfe. Was man praktisch verneint, hat keinen wahren Grund und Bestand mehr im Menschen, ist nur noch ein Gespenst der Vorstellung. Deshalb verbirgt, entzieht man es dem Verstande. Gespenster vertragen nicht das Tageslicht.[35]

Aus dieser Ambivalenz des Protestantismus heraus, aus der Spannung zwischen Erkennbarkeit und Nichterkennbarkeit des positiven Inhalts theologischer Spekulation, soweit letztere säkularisierte Theologie ist, erwächst die Hegel'sche Trinitätsdialektik und ist in diesem Sinn Produkt von Aufklärung und Reformation. Im Prinzip der Gemeinde und Kirche und in ihrem Verhältnis als Verhältnis zwischen weltlichem und geistlichem Reich[36] liegt der eigentliche Kern der Hegel'schen Trinitätsdialektik und gleichzeitig die Grenze und der Wendepunkt, an dem protestantische Theologie in ihrer letzten Konsequenz angelangt, aufgehoben wird.

Ist Hegels Philosophie aber theologisches Denken, dann ist es nach seinem eigenen Bekenntnis wesentlich protestantische Theologie. - Mit der Reformation erst beginne in der germanischen Welt die Periode des Heiligen Geistes, die höhere Einkehr aus der Zerissenheit zwischen Weltlichkeit und Kultprunk einerseits und der Weltflucht der evangelischen Räte andererseits, die Befreiung von Autorität und sakramentaler Dinglichkeit zur wahren Versöhnung.[37]

In der Realisierung und gleichzeitigen Überwindung und Aufhebung des protestantischen Prinzips schafft also die Hegel'sche Trinitätsdialektik die Voraussetzungen für den Einbruch in die Trinität als Geist der Geschichte und der Gemeinde. Damit schafft sie aber auch die Voraussetzungen für die Herstellung der Identität von immanenter und ökonomischer Trinität. Indem der formalrationalistische Standpunkt des lateinischen Trinitätskonzeptes überwunden wird und die Dimension der Geschichte in die formale Trinitätsstruktur hineinbricht, gerät das radikalisierte innere Leben der formalen Trinitätsstruktur in ein dialektisches Verhältnis der Wechselwirkung mit der äußeren Geschichte. Inneres Leben der Trinität und äußere Geschichte bedingen sich gegenseitig, das eine wird zur Voraussetzung des anderen. Indem äußere Geschichte inneres Leben der Trinität wird, wird ökonomische Trinität zur immanenten Trinität und umgekehrt. Das ist der höchste Standpunkt, den die Dialektik der Trinität erreicht, der auch die Voraussetzung ihrer Aufhebung, im Prozeß ihrer Säkularisierung ist. Somit wird bei Hegel das vollzogen, was heute als Standpunkt der Theologie K. Rahners[38] gilt, ein Standpunkt, der also eine Rekapitulation Hegels ohne seine äußere Zuspitzung, nämlich die Aufhebung der Theologie überhaupt, darstellt. Für die Situation der modernen Theologie nach Hegel ist es symptomatisch, daß sie die Dialektik ihrer eigenen Aufhebung vollzieht, ohne diese Aufhebung aussprechen zu können. So gesehen kann man wohl vom Standpunkt der Philosophie nach Hegel die These vertreten, daß Theologie nach ihm nicht mehr möglich ist.

Diese Aufhebung der Trinitätsdialektik durch sich selbst und durch die Identität von immanenter und ökonomischer Trinität geschieht aber nicht nur durch die bis zur Spitze durchdachte Konsequenz ihrer eigenen Dynamik im Prozeß ihrer Säkularisierung, sondern, soweit es reale geschichtliche Gestalt als Institution angenommen hat, in der konkreten Organisation des Papsttums als weltlicher Herrschaftsanspruch und als päpstlicher Staat selbst. Sobald hier Geschichte als christliche Heilsgeschichte reales Reich Gottes auf Erden wird und sich in der Gestalt des päpstlichen Staates als solcher verdichtet, sobald wird - augustinisch gesprochen - die Spannung zwischen civitas terrena und civitas dei, durch den Stellvertreter Gottes auf Erden zwar mit dem formalen Vorbehalt, daß sie nur eine möglichst approximative Vorwegnahme des Reiches Gottes auf Erden darstellt und nur ein prooimion, die Vorhalle jenes Reiches ist, durch den Anspruch des Papsttums, die Wirklichkeit der civitates dei zu sein, abgebaut und ins bloß Formale zurückgedrängt.

Durch den Eintritt in die Geschichte im Sinne des Anspruchs realisierter Heilsgeschichte verblaßt durch die Institution der römischen Kirche die Differenz zwischen dem, was ist, und dem, was sein soll. Mit diesem Verblassen des Eschatologischen ist das Prinzip des Papsttums nie fertig geworden. Stößt der Protestantismus an die Grenzen der Aufhebung von Religion, wird im Rahmen des römischen Prinzips diese äußerste Grenze künstlich, d.h. das Reich Gottes institutionell vorgezogen, noch bevor es vom Geist der Gemeinde aufgeholt wird. Dostojewskis berühmte Romanfigur des Großinquisitors drückt nicht nur die institutionelle Infragestellung der Parusie aus, sondern gerade jene List institutioneller Vernunft, die sie unmöglich macht, indem sie sie durch sich selbst vorzieht. Dieser Geist der römischen Kirche kommt in der immanenten Trinität dadurch zum Ausdruck, daß in der Position des Geistes als Bindeglieds seine eschatologische Dimension abgestutzt wird. Die Totalität der Bewegung wird hier abgefangen und rationalistisch abgeschlossen, bevor sie sich realisiert und im vollen Inhaltsreichtum ihrer Bestimmung zu sich selbst kommt. Das ist der innere Grund, warum die römische Kirche nichts mit der dritten Person der Trinität, dem Hl. Geist, anzufangen wußte. Es ist aufgrund dieser inneren Verfassung, daß in der Dogmatik der römischen Kirche das eschatologische Prinzip der Parusie zu kurz kommt. Im Rahmen der römischen Trinitätskonzeption wird somit die Funktion und Bedeutung der zweiten Person, des Sohn-Logos, als des eigentlichen Zentrums der Trinität hervorgehoben, dessen spezifischer Stellenwert die anderen Personen inhaliert.

V. Der Katholizismus als Religion des Sohnes

Der Katholizismus ist die Religion und der Kult des Sohnes. In ihm als Demiurgen vollzieht er die Überwindung des jüdischen Prinzips des abstrakten Monotheismus und des strengen Patriarchats und darin liegen auch seine Grenzen. Für den Katholizismus und die römische Kirche ist der Heiland wichtiger als das Heil. Somit wird in der Dogmatik der Sohn-Logos, die christliche Variante Philons und der spätantiken Religionsphilosophie, ins Zentrum der Reflexion geschoben, Geschichte wird Heilsgeschichte, damit Gott Mensch wird. Die Inkarnation des Wortes ist das höchste Mysterium der römischen Kirche, das Leid Christi vollzieht sich, damit in ihm die ganze Menschheit für die Tatsache ihrer Naturbestimmung Buße tut. Der freiwillige Tod und das Leid Gottes ist somit die entscheidende Vorwegnahme seines Weltgerichts, in ihm erblickt die ganze Menschheit die Apothese ihres eigenen Todes, weil mit ihm zusammen das sündige Fleisch zu Grabe getragen wird. Im Katholizismus geschieht die Verherrlichung des Fleisches durch seine Vernichtung, in ihm zahlt das Fleisch Buße, weil es Fleisch ist, der Sohn besiegt den Vater dadurch, daß er zugrunde gerichtet wird.

Der Katholizismus ist die Religion des Todes. Der Katholizismus ist das alles trotz der augustinischen Theologie und in der modernen Zeit trotz Karl Rahner, obwohl Augustinus die erste große christliche Eschatologie entwickelt und Karl Rahner im Christentum als die Essenz seiner Lehre die Vorwegnahme von Zukunft erblickt.[1] Denn trotz dieser radikalen Eschatologien verdichtet sich doch das Wesen der katholischen Tradition in der Inkarnation des Logos als Kern der christlichen Lehre. Bei Augustinus zeigt sich das am besten im inneren Widerspruch zwischen seiner Geschichtsphilosophie und seiner Trinitätslehre, die in ihrer inneren Dynamik seine Geschichtsphilosophie nicht tragen kann. Man kann das auch umgekehrt formulieren, man kann sagen, daß seine Geschichtsphilosophie den engen Rahmen seiner formalrationalistischen Trinitätsdogmatik sprengt. Dieser Rationalismus ist es auch, der den Weg für das scholastische Lehrgebäude und die Gottesbeweise etwa eines Anselm vorbereitet, in deren Rahmen die Lehre von der Inkarnation des Logos in den Vordergrund geschoben wird und als christologische Satisfaktionstheorie fungiert. In letzter Konsequenz macht aber diese christologische Satisfaktionstheorie der römischen Theologie die Dimension einer christlichen Eschatologie als Vorwegnahme in der Reflexion des Reichs Gottes auf Erden als Reichs der Freiheit geradezu unmöglich. Der innere Widerspruch der augustinischen Theologie liegt also darin, daß Augustinus mit seiner Trinitätslehre den Rationalismus dieser Satisfaktionstheorie vorbereitet, während er mit seiner Geschichtsphilosophie ihn als Hemmschuh zu überwinden trachtet. Stellt somit für die römische Theologie der Kreuzigungstod Christi jenen zentralen Topos dar, in dem sich die katholische Satisfaktionslehre verdichtet und der Konzeption der Apothese des Todes als Sieg über die sündhafte Natur sowie dem Rationalismus der Gottesbeweise den Weg bereitet, zeichnet sich im Rahmen der orthodoxen Theologie bereits hier eine diametral entgegengesetzte Position ab. Schon bei Origenes fungiert der Tod Christi nicht als Satisfaktionsgeheimnis, sondern er hat exemplarischen Charakter. Weil für Origenes Geschichte Heilsgeschichte ist und mit dem großen Erziehungsplan für die Menschen zusammenfällt, hat das Leben und Sterben Jesu auf der Erde die Funktion eines Vorbildes für die Menschen, damit sie in der Konsequenz der diesem Erziehungsplan zugrundeliegenden Eschatologie ewige Kinder Gottes werden, wenn das Reich des Geistes kommt.[2]

Diese Lehre der alten Kirche wurde von der byzantinischen Theologie voll aufgenommen und hat im Sinne eschatologischer Erwartung die innere Auslegung und Interpretation der Trinitätsdogmatik bestimmt. Ist bei den Lateinern, vornehmlich bei Augustinus, der innere Widerspruch zwischen Eschatologie und formalrationalistischer Trinitätskonzeption nicht überwunden, so daß, wie wir gesehen haben, das rationalistische Modell der Satisfaktionstheorie als Sieger aus dieser Spannung hervortritt, so wird bei den Griechen dieser Konflikt zugunsten des Eschatologischen entschieden. Aus diesem Grund ist bei den Griechen in der Dialektik der immanenten Trinität die dritte Person, der Hl. Geist, nicht bloß das Moment der Vermittlung als formallogisches Bindeglied in der Beziehung der zwei anderen Personen zueinander - oder auch radikalisiert, wie es Hegel darstellt, das Prinzip der Tätigkeit -, sondern der Träger der eschatologischen Erwartung im Christentum par excellence. Diese eschatologische Erwartung ist im Rahmen der byzantinischen Theologie um so mächtiger und tiefgreifender, je stärker das Bewußtsein der Unvollkommenheit und Nicht-Abgeschlossenheit der Reichsidee als geschichtlicher Wirklichkeit des byzantinischen Staates waltet.

Weil im Unterschied zur Realität des päpstlichen Staates der byzantinische Staat stets in der Spannung zwischen dem, was er als Staatsgebilde wirklich war, nämlich ein im steten Rückzug vor den äußeren Feinden, die seine Existenz bedrohten, in einer dauernden Position der Verteidigung befindlicher Staat, und dem historischen Anspruch, das christliche Reich Gottes auf Erden schlechthin zu sein angesiedelt war, ein Widerspruch, der in der letzten Periode seiner historischen Existenz vom Anfang des vierzehnten bis zu seinem endgültigen Untergang und Verfall in der Mitte des fünfzehnten Jahrhunderts, als aus dem alten Reich nur das Gebiet um Konstantinopel erhalten geblieben war, bis schließlich "... die Kaiserstadt identisch mit dem Kaiserreich war"[3], besonders kraß gewesen ist, war es durch die List der Vernunft möglich, daß die eschatologische Dimension des Christentums die Erwartung des künftigen Reiches, das Denken der Menschen und die innere Verfassung der byzantinischen Theologie bestimmte.

Vom Standpunkt der Dialektik der Geschichte ausgehend ist es kein Zufall, daß gerade in der Epoche der größten Verelendung, des Verfalls und der Zerstückelung des Reiches, als zwischen Konstantinopel als Sitz der Zentralgewalt und einzelnen übriggebliebenen Staatsgebieten fremde und vom Reich abgefallende Teile lagen, so daß nicht einmal eine direkte Verbindung zwischen Konstantinopel und den verbliebenen Restgebieten des Reichs möglich war, die größte Blüte der byzantinischen Theologie, die im sogenannten Hesychastenstreit kulminiert hat, erreicht worden ist. Von der weltgeschichtlichen Tragik dieses Widerspruchs, die fast groteske Züge angenommen hat, liefert uns die Geschichte anschauliche Beispiele, z.B. die folgende Beschreibung aus der Hochzeit des byzantinischen Kaisers Johannes V. Palaiologos im Jahre 1347:

Solche Armut hat damals im Kaiserpalast geherrscht, daß kein Glas oder Becher aus Gold oder Silber war, sondern aus Zinn, Ton oder Schale. Für die nicht Unwissenden war offenbar, daß Größe und Prunk gewaltsam weggegangen waren und alles sprach zu ihnen für das dort herrschende Unglück. Sogar die kaiserlichen Diademe und Gewänder während der Zeremonie hatten imitiertes Gold und falsche Steine anstelle von wirklichen, die in verschiedenen reinen Farbnuancen auf den vergoldeten Gewändern aus Leder reflektiert haben. Ab und zu konnte man auch wirkliche Perlen oder andere Edelsteine erkennen, deren Glanz sichtbar war und die Augen nicht getäuscht hat. So groß war der Niedergang und der Verfall jener alten Eudämonie und des Glanzes des römischen Imperiums, daß ich nicht ohne Scham davon erzähle.[4]

In dieser Spannung zwischen der Bedrohung des Verfalls und dem großen Konzept von Weltgeschichte als Heilsgeschichte war es die byzantinische Theologie als Trägerin der Idee der Kirche - einerseits als Vorwegnahme der künftigen Gemeinde in Christo und andererseits als weltliche Institution -, die dem bedrängten Staat zu Hilfe kam und diese innere Ambivalenz noch mehr in sich verschärfte und auf den Begriff brachte. Die apokalyptisch-eschatologische Dimension dieser Theologie bestätigt somit die geschichtsphilosophisch angelegte Wahrheit, daß die eschatologische Wende als Vorwegnahme von Ewigkeit und Vollkommenheit nur aus dem tiefen Bewußtsein der Unvollkommenheit entstehen kann. Byzanz war das erste große christliche Reich der Weltgeschichte, in seiner Zerstückelung und in der Unvollkommenheit und Unabgeschlossenheit seiner inneren Dialektik war es der notwendige historische Topos, in dem Theologie als Fortsetzung der Tradition der alten Kirche möglich sein konnte.

Die Eschatologie ist nur im Unvollkommenen lebendig. Andererseits war hier die Position der Kirche als Institution in sich gespalten und ambivalent. Wie wir gesehen haben, haben im byzantinischen Reich Strukturen aus der alten Sklavenhalterschaft der Antike überlebt. Die Kirche war somit Trägerin der Sehnsüchte der pauperisierten Massen, die in den späthellenistischen Reichen in den Städten des Orients konzentriert waren und im Unterschied zu der Landbevölkerung, deren Paganismus im Osten ebenfalls relativ lang bis ungefähr zum fünften Jahrhundert überlebt hat, eine Art christliches Proletariat darstellten. Die Kirche mußte daher als Institution diese Massen vertreten, sie war ihr institutionalisiertes christliches Bewußtsein. Zudem war das Interesse der Kirche engstens mit der Aufrechterhaltung der Zentralgewalt im Staat verbunden. Sie war nicht wie das Papsttum die Zentralgewalt selbst, sie hat zwischen der Zentralgewalt und den christlichen Massen vermittelt. Im theokratischen Staat Byzanz stand die Kirche neben dem Staat, sie war aber nicht der Staat selbst. Im Konflikt zwischen diesen Massen und der herrschenden Klasse, die die Zentralgewalt innehatte, vornehmlich von Steuern und sonstigen Abgaben lebte und selbst stets im Konflikt mit der neuen Klasse, der aufsteigenden Feudalaristokratie stand, nahm die Kirche in Byzanz eine schwankende und ambivalente Position ein. Einerseits hat sie, um ihre proletarische Basis nicht zu verlieren, die Interessen der Massen gegen die Zentralgewalt verteidigt und den Luxus und Müßiggang der Herrschenden angeprangert. Deshalb wurde sie von ihnen verfolgt. Das ist die Kirche der großen Kappadokier, die Kirche Basilius d. Großen und Johannes Chrysostomus. Andererseits hat sie in allen Existenzfragen den Staat im Sinne der Zentralgewalt und gegen die Feudalität und die Gefahren von außen, d.h. gegen die aufsteigende griechische und gegen die lateinische Feudalität und die Angriffe von barbarischen und halbbarbarischen Völkern unterstützt und verteidigt, wobei jahrhundertelang die Gefahr, die aus dem feudalen Westen kam, als Hauptgefahr galt.* Das ist die Kirche des Photius, des großen Gegenspielers Karls des Großen.

Während ihrer ganzen Geschichte hat also die Kirche eine analoge Position gehabt wie eine Staatsgewerkschaft in einem Land, in dem diese Gewalteinteilung als Konsens prinzipiell akzeptiert wird, bei allem Auf und Ab in der Geschichte der Konflikte zwischen beiden. Wir werden diese Fragen eingehender erörtern, nun scheint es aber wichtig sie vor Augen zu haben, um die Position des Geistes und die eschatologische Wende in der byzantinischen Theologie zu begreifen.

---

* Noch unmittelbar vor der Eroberung Konstantinopels durch die Türken gab es im Reich zwei Parteien: die Partei der Anhänger einer Annäherung an den feudalen Westen als Gegengewicht gegen die Türken, und die Partei jener, die im feudalen Westen eine größere Gefahr als die der Türken erblickten.

VI. Die Orthodoxie als Religion der Auferstehung

Ist der Katholizismus die Religion des Todes, so ist die Orthodoxie die Religion der Auferstehung. Ist im Katholizismus der Tod Jesu das Zentrum des Heilsgeschehens, um dessen Willen die ganze Ökonomie geschieht, um dessen Willen die Inkarnation des Logos selbst geschieht - sozusagen damit er stirbt und mit ihm zusammen die sündige Natur - so verhält es sich in der Orthodoxie umgekehrt: Die Auferstehung ist das Zentrum der ganzen Heilsökonomie und alles geschieht ihretwillen. Das Wort wird inkarniert, nicht damit Gott Mensch wird, sondern damit er und mit ihm der Mensch aufersteht. Ohne Auferstehung wäre für die Orthodoxie die Inkarnation des Wortes sinnlos. Ohne Auferstehung wäre der Tod Christi sinnlos, der Sieg über die sündige Natur, die mit ihm zu Grabe getragen wird. In der orthodoxen Theologie ist Auferstehung gerade der Triumph dieser sündigen Natur, ihrer Reinigung im Geiste und ihrer Wiedergeburt. Somit ist die Auferstehung als Triumph Gottes der Triumph des Menschen. Das ist die eigentliche Eschatologie der orthodoxen Theologie. Man kann sagen, daß für sie ohne Auferstehung Gott selbst keinen Sinn hat.[1] "Gestern wurde ich mit Christus gekreuzigt, heute werde ich mit ihm verherrlicht. Gestern wurde ich mit ihm getötet, heute werde ich mit ihm zum Leben gerufen. Gestern wurde ich mit ihm begraben, heute werde ich mit ihm auferweckt."[2]

Diese eschatologischen Voraussetzungen bilden also die Basis für das Verständnis der griechischen Trinitätsdialektik und stellen im Rahmen der ökonomischen Trinität das Gegenstück zur Interpretation, die die immanente Trinität im Rahmen der griechischen Theologie hat, dar. Zunächst einmal ist hier zu sagen, daß analog der Spannung zwischen menschlicher Wirklichkeit und Vorwegnahme des künftigen Reichs des Geistes, einer Spannung, die gerade auf der uneinholbaren ontologischen Differenz zwischen diesen beiden Wirklichkeiten beruht, so daß die Existenz dieser

Wirklichkeiten selbst nur in dieser Differenz ontologisch begriffen werden kann, in der Uneinholbarkeit und Nichttotalisierbarkeit der einen Wirklichkeit durch die andere auch in der immanenten Trinität die Spannung zwischen Totalisierbarkeit und Nichttotalisierbarkeit, Einholbarkeit und Nichteinholbarkeit durch sich selbst in der Erkenntnis aufrecht erhalten bleibt. In der Dialektik der Trinität bleibt die durch den Geist abzuschließende Bewegung unabgeschlossen, die dritte Person, der Hl. Geist, totalisiert die Bewegung der Trinität und gleichzeitig totalisiert er sie nicht. So erfüllt er zwar die Bewegung, die vom Vater durch den Sohn geht *im* Geist, läßt jedoch eine Spannung bestehen und eine Differenz in dieser Bewegung offen. Der Geist ruht im Sohn und der Sohn ruht im Geist. Das erste Verhältnis ist das Verhältnis in der immanenten Trinität, das zweite in der ökonomischen. So wie aber der im Verhältnis der ökonomischen Trinität geoffenbarte Sohn noch einmal in der Welt erscheinen muß, damit sein Werk vollendet und somit die Spannung zwischen der menschlichen Wirklichkeit nach der Inkarnation und der Offenbarung des Logos und dem künftigen Reich des Geistes weiterhin besteht, so besteht auch im Verhältnis der immanenten Trinität die unaussagbare Spannung zwischen den Personen als einzelnen Hypostasen und den Personen als Einheit zwischen Hypostasen und Wesen, zwischen Allgemeinem und Besonderem. So stellt zwar die Trinität die dialektische Einheit vom Einzelnen und Besonderen dar, die innere Bewegung, der Prozeß, der aber diese Einheit bildet, bleibt geheimnisvoll und der menschlichen Erkenntnis unzugänglich.*

Um das erste Verhältnis zu verstehen, muß man vom zweiten ausgehen. Die byzantinische Theologie begreift die Trinität ausgehend vom sie als Ganzes bestimmenden Zentraltopos der Auferstehung und des künftigen Reichs. In diesem Zusammenhang ist daher entscheidend, daß, wie schon erwähnt, der geoffenbarte Logos noch einmal erscheinen muß. Bei genauer

---

* Es ist hier symptomatisch, daß in der Tradition der Evangelien der Geist höchst selten und nie als konkrete Person erscheint. Er erscheint als Taube auf dem Kopf Christi bei der Taufe, in der Gestalt von Feuerzungen auf den Köpfen der Aposteln zu Pfingsten, oder auch als Licht auf dem Berg Tabor. Er erscheint aber nie in einer ausschließlichen konkreten Gestalt und bleibt immer die geheimnisvollste Person der Trinität.

Betrachtung dieser letzten Konsequenz, die im Entwurf der Heilsökonomie enthalten ist, stellt sich aber heraus, daß dieser zum zweiten Mal in der Welt erscheinende Logos gar nicht die zweite Person der Trinität sein kann sondern die dritte, der Paraklet, der Hl. Geist. Die Tatsache, daß in dieser letzten, zweiten Offenbarung die dritte Trinitätsperson in Erscheinung tritt, ja der im Konzept der Heilsökonomie enthaltene Gedanke, daß das πλήρωμα, die Erfüllung der Zeiten, das Reich Gottes auf Erden, eine Angelegenheit der dritten Trinitätsperson ist, ist hier die entscheidende Wende, die schwerwiegendste Pointe der ganzen Trinitätsdialektik. Für viele Autoren ist das etwas Geheimnisvolles oder mit dem Hinweis auf den orientalischen Mystizismus der spälhellenistischen Zeit als Ausdruck eines quasi "magischen Bewußtseins" interpretiert. So schreibt Spengler über das Johannesevangelium:

Es ist trotz oder gerade wegen des griechischen Wortes Logos das 'östlichste' der Evangelien und dazu kommt, daß es Jesus gar nicht als Bringer der letzten und ganzen Offenbarung gelten läßt. Er ist der zweite Gesandte. Es wird *noch ein anderer* kommen (Joh. 14, 16. 26; 15, 26). Das ist die erstaunliche Lehre, die Jesus selbst verkündet, und das Entscheidende in diesem geheimnisvollen Buche. Hier enthüllt sich der Glaube des magischen Ostens. Wenn der Logos nicht geht, kann der Paraklet nicht kommen (16,7), aber zwischen beiden liegt der letzte Aion, das Reich Ahrimans (14, 30). Die von paulinischem Geist beherrschte Kirche der Pseudomorphose hat das Johannesevangelium lange bekämpft und erst anerkannt, nachdem die anstößige, dunkel angedeutete Lehre durch eine paulinische Deutung verdeckt worden war.[3]

Unabhängig von der Frage nach dem Stellenwert und der Richtigkeit dessen, was für Spengler im Rahmen der These von der Pseudomorphose in seiner irrational organizistischen Theorie "magisches Bewußtsein" heißt, steht hier die Feststellung der eschatologischen Erwartung des Reichs des Geistes, das mit der dritten Person der Trinität einhergeht, eindeutig im Einklang mit der theologischen Tradition. Für Evdokimov und die ganze östliche Theologie "tröstet uns der Paraklet für die sichtbare Abwesenheit Christi".[4]

In der Dialektik der drei Personen im Rahmen der ökonomischen Trinität kommt also durch die Beziehung zwischen dem Parakleten als dritte Person der Trinität und den zwei anderen Personen die im weltgeschichtlichen Konzept des Christentums angelegte Differenz zwischen der menschlichen Wirklichkeit, wie sie nach der Inkarnation des Logos in ihrer Faktizität strukturiert ist und dieser Wirklichkeit, wie sie als menschliches Reich Gottes nach dem Konzept der Auferstehung sein wird, wenn das Reich des Parakleten, das Reich der dritten Trinitätsperson, des Hl. Geistes, gekommen sein wird, zum Ausdruck.

VII. Die Differenz zwischen paulinischer und johanneischer Theologie

An dieser Stelle ist es erforderlich, die bei Spengler angedeutete Differenz zwischen paulinischer und johanneischer Theologie zu erörtern und die Frage nach dem Stellenwert und der Annahme der Möglichkeit einer solchen Differenz überhaupt zu stellen. Nun ist diese Differenz der Ausdruck einer inneren Trennungslinie, die durch das ganze Christentum hindurchgeht. Das ist die Trennungslinie zwischen griechischem und jüdischem Geist, deren große Hauptexponenten Paulus und Johannes sind, wobei diese innere Differenz auch innerhalb der theologischen Konzepte von beiden ersichtlich wird, wie überhaupt in der ganzen Tradition des frühen Christentums. Das Christentum selbst als Produkt der Synthese griechischen und jüdischen Geistes läßt sich anhand dieser Theologien im Sinne seiner Entstehungsgeschichte exemplarisch darstellen. Dabei ist die Frage der ethnischen Herkunft der Protagonisten dieser Entwicklung nicht von so großer Wichtigkeit.

Ob Johannes, der Autor der Apokalypse, der Evangelist Johannes war, ob er Grieche oder Jude war, oder ob es vielmehr mehrere Autoren gibt, von denen dieses Werk stammt, alles Fragen, die Historiker und Judaisten, Philologen und Theologen beschäftigen, ist hier nur von sekundärer Bedeutung. Für unsere Fragestellung ist der Geist dieser Werke wichtig. Festzuhalten ist: Mit Paulus spricht der griechische Geist in der Apokalypse des Johannes anders als vielleicht im vierten Evangelium der jüdische. Paulus ist die letzte große Stimme aus der Welt der spätgriechischen Antike, des Hellenismus und der römischen Reichsidee. Die Apokalypse des Johannes ist der Geist der jüdischen Prophetie und die Eschatologie der großen Rache. Paulus ist die Überwindung der späthellenistischen Partikularität in der Universalität des römischen Reiches, das ein christliches Reich werden könnte, d.h. ohne die Reichsidee aufzugeben. Die Apokalypse ist die Vorwegnahme des Reichs Gottes anstelle dieses weltlichen Reiches, die große Schlacht für die Unterdrückten in diesem Reich gegen ihre Unterdrücker, das Prinzip des Christentums der soteriologischen Gestalt des Logos und des Parakleten, der kommen wird, und ihr endgültiger Sieg. Mit Paulus hat die römische Welt ironischerweise ihren letzten Verfechter zum Tode verurteilt, in der Apokalypse des Johannes spricht die Stimme, die die römische Welt vernichten will. Paulus ist das Christentum der Herrschenden und Gebildeten, die Apokalypse ist das Christentum der Enteigneten und der Plebejer.

Im paulinischen Reich des Geistes ist Gerechtigkeit für alle. In der Apokalypse ist Gerechtigkeit für alle, die Opfer von Ungerechtigkeit waren. Paulus ist nicht gegen die säkulare Staatsmacht. Sein Verhältnis zur weltlichen Herrschaft ist loyal.[1] In der Hauptfrage der spätantiken Gesellschaft, der Sklavenfrage, ist er für die Aufrechterhaltung der Sklaverei.[2] Somit rüttelt er nicht an dem Prinzip der Sklavenhaltergesellschaft. Indem er durch die pneumatische Wende das jüdische Gesetz überwindet und das menschliche Leben unter das Gesetz der Gnade stellt,[3] vollzieht er aus dem radikalisierten spätantiken Dualismus von Geist und Körper den Triumph des Geistes, um das Prinzip universeller Freiheit als geistiger zu thematisieren. Dadurch stößt er an die Grenzen der antiken Sklavenhaltergesellschaft, ohne sie in Frage stellen zu wollen. Um den Menschen zu befreien, befreit er nicht das Fleisch aus seinem Kerker, sondern den Geist aus dem Kerker des Fleisches. Damit wird aber geschichtlich der Weg der christlichen Religion in die Entfremdung geebnet. Die paulinische Theologie eignet sich als klassischer Anwendungsbereich für die Feuerbach'sche und Marx'sche Religionskritik. Sein Gerechtigkeitsbegriff entspricht der Vorstellung von geistiger Freiheit und Gerechtigkeit der klassischen griechischen Philosophie und somit dem klassischen Prinzip des $δῆμος$, das eine Überschreitung der eigenen Klassenschranken ablehnt.[*] So heißt

---

[*] Wir wissen, daß für die klassische griechische Philosophie $μέτρον$ die Grenzen der individuellen Ansprüche im Rahmen der Normen gesellschaftlicher Verteilung darstellt. So ist der $μοῖρα$-Begriff bei Platon zwar mit dem Daimon individueller Tugend vermittelt und nicht bloßer Zufall,[4] er unterliegt jedoch

Freiheit bei Paulus unter Zuhilfenahme des christlichen Begriffs des individuellen Gewissens Einsicht in das, was einem von der Organisation der weltlichen Herrschaft her zukommt und demgemäß handeln.[7] Weil aber seine Theologie im Unterschied zum klassischen Griechenland auf dem Boden von differenzierteren Bedürfnissen im Rahmen der Erweiterung der produktiven Basis der Gesellschaft steht,[*] ist in ihr im Unterschied zu dem plebejischen Geist der Aufruhr gegen die Herrschenden in der Apokalypse ein systemimmanenter, systemerhaltender Arbeitsbegriff enthalten.[8] Aus Paulus spricht der Geist der Reform der wohlhabenderen mittleren Schichten, die in den großen Städten der Spätantike beheimatet waren, der Geist der Gemeinde der durch ehrlichen Fleiß zum bescheidenen Wohlstand Gekommenen im Unterschied zum Elend der pauperisierten Massen und der ruinierten Kleinbauern, die in die Städte fliehen und dort ein Lumpenproletariat bilden. Dieser biedere Charakter der paulinischen Theologie ist jenes Element, dem sie ihre große Wirkung auf die protestantische Theologie verdankt.[9] Anders als bei Paulus ist in der Apokalypse des Johannes keine Spur vom Arbeitsbegriff enthalten. Die Frage der Rettung der Menschheit stellt sich in ihr als Frage der Rettung von der Sünde und dem Tod jenseits der Reflexion über die reale Organisationsform der Gemeinde, wie sie durch die Organisationsform der Arbeit konstituiert wird.[**]

---

auch einer höheren Gewalt und den Geboten der $\mu\varepsilon\sigma\dot{o}\tau\eta\varsigma$ als Vermeidung der Extreme.[5] Analog dazu vermittelt bei Aristoteles der Begriff der $\mu\varepsilon\sigma\dot{o}\tau\eta\varsigma$ als Hauptkriterium für das Erlangen individueller Tugend in der Nikomachischen Ethik zwischen Ethik und Politik, wo der Begriff der mittleren Klasse als für die Herstellung der Eudämonie in der Polis konstitutiv, dargestellt wird.[6]

[*] In der griechischen Philosophie ist das allerdings schon bei Aristoteles der Fall, in dessen Politik die Erweiterung der produktiven Basis der Gesellschaft im Rahmen der ökonomischen Reflexion deutlich zum Ausdruck kommt.

[**] Auch bei Paulus ist die Organisationsform der Arbeit in der Gemeinde nicht das entscheidende constituens für die Rettung der Menschheit. Sein Konzept ist ein heilgeschichtlich-soteriologisches, die Rettung der Menschheit ist nicht säkular kategorisierbar, sie ist nicht von dieser Welt. Bei ihm sind Arbeit und Gerechtigkeit in der Gemeinde der Christen eingebettet in dem Begriff der Kirche als Topos, Muster, Exempel, der Idealform von Gemeinden.[10]

In der Apokalypse spricht die Stimme der namenlosen unterdrückten plebejischen Massen, der Entwurzelten und des Lumpenproletariats. Wie bei Paulus, so geht auch in der Apokalypse der Gedanke von der Universalität des Christentums aus, deswegen wendet sich der Verfasser an die sieben christlichen Kirchen und gegen den Geist der lokalen Beschränkung, gegen die Enge des Judentums.[11*] Im eschatologischen Konzept, das eine innere Beziehung mit dieser Universalität hat, weil das eine Bedingung des anderen ist und umgekehrt, ist die Funktion der mystischen Zahl *sieben* evident. Johannes berichtet von seinem Offenbarungserlebnis am siebenten Tag der Woche, am Sonntag, Κυριακή, am Tag des Herrn. Biblischer Genesisbericht von der Erschaffung der Welt in sieben Tagen und Gliederung des apokalyptischen Geschehens durch mehrfache durch die Zahl sieben geteilte Einheiten sind augenscheinlich in der ganzen Erzählung und fallen zusammen. Anscheinend bedient sich der Verfasser dieser im gnostischen Zeitalter Allgemeingut gewesenen Metaphysik, deren Bogen von den Pythagoreern bis Cicero reichte, um auf die Identität zwischen Geschichte als Welt- und Heilsgeschichte und Schöpfungsgeschichte hinzuweisen. Jüdisch-messianisches Gedankengut, in dessen Zentrum die historische Existenz Christi als Davidsspross steht[13] und weltgeschichtliche Spekulation bedingen sich in der Apokalypse einander und durchbrechen somit das Prinzip des Judentums als bloße Thora im Prinzip des Logos, dessen Ankunft mit der Notwendigkeit von Gewalt und Elend notwendig ist.[14] Diese Notwendigkeit von Gewalt gegen die Unterdrücker wird zwar nicht als Gewalt geschildert, die von den Unterdrückten selbst gegen sie ausgeübt wird, sie geschieht jedoch im Namen der Unterdrückten, für die Rache genommen wird. Strafe wird jedoch in der Apokalypse in einem Ozean von Leid und Blut vollzogen, in einer Schlachterei, der nur die Gerechten, im weißen Gewand Angezogenen entkommen.[15]

Diese Grundstruktur der Apokalypse, der Hinweis auf Zorn, Rache und Gewalt und ihre Notwendigkeit und gleichzeitig die prinzipielle Annahme möglicher Rettung durch individuelle Entscheidung, durch Parteinahme für das eine oder das andere Prinzip, dieses einfache Konzept für Gut und

---

[*] Anscheinend spiegelt sich an dieser Stelle die Auseinandersetzung zwischen jüdisch-christlichen und heidnisch-christlichen Gemeinden wider.[12]

Böse, wofür man sich entscheiden kann, und der darin enthaltene revolutionäre Konservatismus der pauperisierten Massen gegen die große babylonische Hure der Herrschenden,[16] in dem sich die Agonie der spätantiken Sklavenhaltergesellschaft reflektiert und die Vorwegnahme des Weltgerichts artikuliert wird, macht auch die geschichtsphilosophische Größe und Bedeutung dieses Textes aus. Die Apokalypse ist nicht das aufgeklärte reformistische Christentum von Paulus, der in der Radikalität der Liebe die alte Welt erneuern und retten will, sie ist das Christentum des Schwertes und der Notwendigkeit von Gewalt als Instrument der Weltgeschichte, das die alte Welt zerstören will. Von diesem Gesichtspunkt aus gesehen, ist die Apokalypse mehr als Augustinus der eigentliche Beginn der Geschichtsphilosophie im christlichen Abendland, in der großen Linie von der hellenistisch-jüdischen Apokalyptik durch Augustinus und die orthodoxe Ikonentheologie, bis Hegels "Schlachtbank der Geschichte"[17] und den Worten Bucharins vor seinem Tod, der marxistischen Überzeugung, daß "die Weltgeschichte das Weltgericht ist".

Ist der paulinische Geist die Überwindung des griechischen Stadtstaaten-Geistes, die Überwindung des Geistes der altgriechischen Demokratie durch die Universalität einer neuen Welt im Christentum, die die alten Stadtstaaten im Gebiet der Eroberungen Alexander des Großen im Gebiet der Weltmacht Rom vereinigt, so ist die Apokalypse die Überwindung des jüdischen Geistes, der traditionellen Enge und Beschränktheit im Geist der allesumfassenden Prophetie. Paulus ist der Höhepunkt und die Überwindung des altgriechischen Geistes durch sich selbst.*

Die Apokalypse ist der Höhepunkt und die Überwindung des jüdischen Geistes durch sich selbst, aus ihr sprechen nicht mehr die Thora und auch nicht die lokalen Propheten eines kleinen, zwischen mächtigen orientalischen Despotien eingezwängten Pufferstaates, auch nicht eine unterdrückte halbautonome römische Provinz, aus der Apokalypse spricht die Erwartung des himmlischen Jerusalem als Universalstadt für alle Menschen.[18] Paulus ist die Größe des griechischen Geistes in seiner Überwindung, so

---

* Die Frage seiner Beeinflußung von gnostisch-orientalischen Elementen ist hier belanglos, die zentrale Linie des Gedankens ist griechischer Intellektualismus, auch die Gnosis ist vom griechischen Geist durchbrochen.

wie sie sich als dunkle Vorwegnahme am Ende von Aischylos "Gefesseltem Prometheus" darstellt:

Der Leber schwarze Atzung weiden ab zum Schmaus.
Und solcher Drangsal Ende erwarte nicht, bevor
Der Götter einer auf sich nimmt all deine Not
Und sich bereit zeigt, ins lichtlose Reich zu ziehen
Des Hades und des Tartaros dunkeltiefe Kluft.[19]

Die Apokalypse ist die Größe des jüdischen Geistes als universal gewordene Prophetie, nicht mehr auf den lokalen jüdischen Messias bezogen, sondern über ihn hinaus als Eschatologie der Weltgeschichte. Worin liegt aber die Differenz zwischen griechischem und jüdischem Geist, immanent gesehen im Sinne der philosophischen Wendung der Spekulation, wenn wir von der geschichtlichen Wirklichkeit absehen, die den konkreten historischen Boden dieser Differenz ausmacht, ihren Stellenwert, im Sinne der Hegel'schen Volksgeister? Das zeigt sich am besten wenn wir hier nicht die Apokalypse, die wir als Höhepunkt jüdischen Geistes interpretiert haben, zu Hilfe nehmen, sondern das Johannesevangelium. Denn hier zeigt sich die Verschmelzung und die höhere Synthese, die auf den Begriff gebrachte Einheit von jüdischem und griechischem Geist. Das, was Spengler "paulinische Deutung" nennt, ist im Johannesevangelium die Vereinigung des jüdischen, in der Apokalypse universal gewordenen Geistes der Prophetie und der eschatologischen Erwartung mit dem paulinisch-griechischen Denken der universal gewordenen Erkenntnis im Geiste, die auf der Basis der platonischen Tradition steht. Das Johannesevangelium ist nicht nur das "östlichste", sondern auch das griechische Evangelium überhaupt und es ist in dieser Synthese das philosophischeste. Die Tatsache, daß es nach vielen Interpreten *nach* der Apokalypse verfaßt wurde, untermauert meines Erachtens diese These auch philosophisch.

Die zeitliche Differenz in der Reihenfolge der Ökonomie zwischen Logos und Parakleten ist nicht "Der Glaube des magischen Ostens", sondern das apokalyptische Moment der Eschatologie der Weltgeschichte, wie wir es in der Apokalypse kennengelernt haben, und damit auch der Hinweis auf Notwendigkeit und Elend, auf den realen Boden von Weltgeschichte "als Schlachtbank", nicht als "Boden des Glücks".[20]

Der Hinweis auf die dritte Trinitätsperson, auf den geheimnisvollen Parakleten, ist sowohl als Geist der Gemeinde als auch - und das ist zunächst das in unserem Zusammenhang primär Wichtige - Geist der Erkenntnis im Sinne der platonisch-paulinischen Tradition, das zeigt sich schon im ersten Kapitel des Johannesevangeliums, wo der Hinweis auf den Offenbarungscharakter des Christentums als Erklärung fungiert für die Möglichkeit der Erkenntnis des im Kosmos seienden Logos, der ihn nicht erkennen kann.[21]* Dieser Hinweis auf die Möglichkeit der Erkenntnis durch den geoffenbarten Logos und auch nach ihm im Geiste steht zwar in Übereinkunft mit einer geistigen Bestimmung des Menschen mit seiner göttlichen Herkunft und einer paulinisch gefaßten, pneumatischen Wiedergeburt,[22] deren Dimension das Entscheidende auch bei den Wundertaten, Zeichen ($\sigma\eta\mu\varepsilon\tilde{\iota}\alpha$) Christi ist, so die Blinden, deren Augen geöffnet,[23] und die somit wieder erkenntnisfähig gemacht werden; der Paraklet, der aber kommen wird,[24] kann erst nach dem Kreuzungstod und dem Opfer des Logos kommen[25] und auf die Frage, warum der Logos in der Zukunft nicht der ganzen Welt erscheinen wird, sondern nur den Jüngern, antwortet Christus, daß er nur jenen vorbehalten ist, die ihn lieben, d.h. seine Gemeinde sind.[26] Diese Gemeinde steht somit nach dem Kreuzigungstod allein in der Welt, sie ist zwar, weil sie den Parakleten in sich trägt, nicht wie ein Waisenkind verlassen,[27] jedoch in der Spannung eingefangen zwischen in der Welt Sein und nicht in der Welt Sein, weswegen sie auch der Gewalt und der Verfolgung ausgesetzt ist,[28] ist sie der Ökonomie des Logos teilhaftig. Indem die Gemeinde Christi den Parakleten in sich konstituiert und durch ihn konstituiert wird, ist sie sowohl vom ontologischen als auch vom geschichtsphilosophischen Standpunkt gesehen in einer Situation prinzipieller Diaspora und Fremde. "Man hat den Eindruck, es

---

* Unabhängig von den gnostischen Einflüssen, die hier zweifelsohne ersichtlich sind - ja, man kann sogar sagen, daß das Johannesevangelium nicht bloß Einflüsse dieses gnostischen Geistes, sondern selbst ein Belegstück gnostischer Tradition ist - kann sein spezifischer Stellenwert nicht durch diesen allgemeinen Hinweis allein erschöpfend dargestellt werden. Das Johannesevangelium ist die eigentliche Mitte, das Zentrum, die Vermittlung von griechischem und jüdischem Geist, nicht als bloße Verschmelzung wie etwa bei Philon, sondern als ihre Überwindung im Christentum als Prinzip der Weltgeschichte.

handelt sich um eine grundsätzliche, eine essentielle Fremdheit."[29] Im Johannesevangelium ist also das Reich des Parakleten, das Reich des Geistes, prinzipiell mit Gewalt, Verfolgung und Tod verbunden, ja man kann sagen, Gewalt, Verfolgung und Tod, sind seine unabdingbaren Voraussetzungen als unerbittliche Notwendigkeit der Weltgeschichte. Gerade dieses Moment ist aber im Johannesevangelium der Geist der jüdischen Prophetie und der Apokalypse. Wenn der Paraklet erst dann erkannt werden kann, wenn die Menschheit Christus gleich wird, nach seinem exemplarischen Opfertod die radikale $μετάνοια$, die Umkehr, vollzieht, so ist Erkenntnnis nur in Verfolgung und Opfer nur im Universalleid möglich.

Das Leiden ist somit der eigentliche Schlüssel, der Vorraum der Erkenntnis, das Leiden ist für das Christentum die Grundstimmung, die conditio sine qua non des Menschen. Das Leiden ist im Christentum die Voraussetzung der Erkenntnis. Das ist der tiefere Grund, warum im Christentum Parusie und Auferstehung Christi zeitlich nicht zusammenfallen. Nach seiner Auferstehung muß der inkarnierte Logos weggehen, damit der Mensch allein bleibt. Nur wenn alle Gerechten der Gerechtigkeit willen leiden, wird die Parusie kommen, so auch bei den Synoptikern, etwa in der Bergpredigt.[30] Das heißt aber, daß die Parusie vom Menschen abhängt. Somit wird aber im Christentum eine innere Trennungslinie erkennbar. Das ist die Spannung zwischen passiver und aktiver Vorwegnahme des Reichs Gottes und der Freiheit. Ist in der Dimension des universellen Leids die passive Seite dieser Eschatologie enthalten, so ist trotz aller Über- und Uminterpretationen in den Evangelien auch die aktive, sozialrevolutionäre Seite erhalten geblieben.[31] In letzter Konsequenz wird aber hier die Rettung des Menschen durch sich selbst vollzogen. Die als Heilsgeschichte im Prinzip der Gemeinde konstituierte Weltgeschichte geht im Christentum - ob passiv oder aktiv gefaßt - durch den Menschen selbst.*

---

* Die Frage, ob in dieser Konzeption des Christentums die sozialrevolutionär-aktive Seite aus Gründen der Staatsräson zugunsten der passiven Seite *nachträglich* entschärft wurde, kann m.E. nicht eindeutig im Sinne einer ausschließlichen Verschwörungstheorie der Herrschenden zu Lasten der aktiven Seite beantwortet werden. Auch in seiner Konzeption von Leid ist das Christentum revolutionär, und in einem Zeitalter, in dem der Begriff der Arbeit von den pauperisierten Massen nicht internalisiert werden konnte, noch nicht organi-

Ob aktiv oder passiv gefaßt, wird hier auf dem Boden der Religion die Dialektik vorweggenommen, die Hegel in seiner Phänomenologie im Kapitel über das Herrschafts- und Knechtschaftsverhältnis zur Darstellung bringt: Nur wenn der Knecht den Kelch des Leidens in seiner Universalität bis zum Boden austrinkt, kann er der Herr über seinen Herrn und über sich selbst werden. Sonst, wenn er nicht das *Ganze* ausleert, bleibt er an einem knechtischen Bewußtsein haften und revoltiert gegen dieses Verhältnis nicht prinzipiell, wie der schlaue Diener, der seinem Herrn aus Rache böswillige Streiche spielt, aber nicht das ganze Verhältnis in Frage stellt. In diesem Verhältnis ist der aufmüpfige Knecht höchstens ein armseliger "Wadenbeißer".

> Hat es nicht die absolute Furcht, sondern nur einige Angst ausgestanden, so ist das negative Wesen ihm ein Äußerliches geblieben, seine Substanz ist von ihm nicht durch und durch angesteckt. Indem nicht alle Erfüllungen seines natürlichen Bewußtseins wankend geworden, gehört es *an sich* noch bestimmtem Sein an; der eigne Sinn ist *Eigensinn*, eine Freiheit, welche noch innerhalb der Knechtschaft stehen bleibt.[32]

So schreibt Hegel über dieses Bewußtsein und meint jenes, das nicht durch die formende Macht der Arbeit hindurchgegangen ist. Auch in seiner passiven Seite ist aber christliches Bewußtsein in der Universalität der radikalen Leid-Forderung eine dunkle Vorwegnahme dessen, was in der Totalität der Arbeit in der bürgerlichen Welt möglich geworden ist. Wenn aber die ökonomische Trinität den allein auf sich gestellten Menschen, der in der Welt der Spannung zwischen der Inkarnation des Logos und seiner Abwesenheit lebt, erst im Verhältnis des Leidens und der Gewalt realisieren kann, wenn die mögliche Vorwegnahme menschlicher Emanzipation sich erst in der Abwesenheit des Logos von der Welt abzeichnet, so ist die spekulative Erkenntnis der Trinität durch sich selbst,

---

scher Bestandteil der gesellschaftlichen Synthesis für alle entwurzelten Menschen der in Agonie befindlichen Sklavenhaltergesellschaften in den großen Städten des Reichs - vor allem im Orient, aber auch in Rom selbst - war, war eine passiv eschatologische Erwartung von der Rettung der Menschheit oder die Hoffnung der Befreiung vom Elend durch eine über die Menschen stehende Macht durchaus möglich, ja wahrscheinlich.

sind die Beziehungen in der immanenten Trinität unaussprechlich und über die Vernunft hinausgehend. Der innere spekulative Prozeß der Trinitätsdialektik ist prinzipiell in sich abgeschlossen aber unbegreiflich und nicht mitteilbar. Er ist abgeschlossen und nicht abgeschlossen, er ist Wesen und Energie.

VIII. Das Verhältnis von οὐσία und ἐνέργεια und die Bewegung in der Trinität

Das innere Verhältnis von Wesen (οὐσία) und Energie (ἐνέργεια) ist, wie schon in dieser Arbeit angedeutet, das Herz der byzantinischen Trinitätsdialektik. In seiner endgültigen, spekulativen Form verdanken wir es der Theologie von Gregor Palamas, dem theoretischen Wortführer der Hesychasten im Rahmen des Hesychastenstreits im 14. Jahrhundert.[1] Der Weg, der aber zu dieser endgültigen Formulierung in der byzantinischen Trinitätsdialektik durch Palamas führt, zu jener Formulierung, die ihr die endgültige Prägung gibt und sie im wesentlichen von der lateinischen Konzeption unterscheidet, zeichnet sich schon früher durch die Theologie der Kappadokier, der alexandrinischen Schule mit Clemens, durch die apophatische Theologie des Pseudodionysius Areopagita und die Ikonentheologie des Johannes von Damaskus ab. Palamas gelingt durch die Dialektik von Wesen und Energien eine Bestimmung des Verhältnisses von Unmitteilbarkeit und Mitteilbarkeit der Trinität und somit des Verhältnisses von immanenter und ökonomischer Trinität oder wie es trefflicher im Rahmen der byzantinischen Tradition heißt, von Theologie und Ökonomie, auf eine Weise, die die Herstellung einer absoluten Identität zwischen beiden verhindert und vielmehr eine unaussagbare, weil mit den Mitteln des bloßen Verstandes unbegreifbare Differenz zwischen beiden offen läßt.

Zwischen immanenter spekulativer Trinität, zwischen dem inneren Leben Gottes vor der Schöpfung (hier drängt sich einem die Formulierung Hegels in der Logik auf: "Die Logik ist sonach als das System der reinen Vernunft, als das Reich des reinen Gedankens zu fassen. *Dieses Reich ist die Wahrheit, wie sie ohne Hülle an und für sich selbst ist.* Man kann sich deswegen ausdrücken, daß dieser Inhalt *die Darstellung Gottes ist, wie er in seinem ewigen Wesen vor der Erschaffung der Natur und eines ähn-*

lichen Geistes ist (Hervorhebung durch den Verf.)")‚[2] zwischen *Theologie* und Ordnung der Mitteilbarkeit in der Welt, *Ökonomie,* besteht nach der palamitischen Theologie als höchster Synthese der byzantinischen Theologie das Verhältnis einer dialektischen, in sich antinomischen, widersprüchlichen Identität, die mit sich selbst in diesem Widerspruch identisch ist. Erst auf der Basis dieser dialektischen Identität wird die Auseinandersetzung zwischen den palamitischen Hesychasten und den rationalistischen Vertretern der scholastischen Theologie in Byzanz, Barlaam von Kalabrien und Akindynos über die sog. ungeschaffenen Energien verständlich. Gott ist nach der Konzeption der byzantinischen Theologie in sich widersprüchlich sich selbst und gleichzeitig nicht sich selbst als über den Verstand hinausgehende Einheit dieses Widerspruchs ewig bei sich selbst in der unaussagbaren Differenz zwischen seinem Wesen und seinen Energien als Produkt der diesem Wesen immanenten ewigen Bewegung. "Denn Gottheit ist vornehmlich der Name der göttlichen Energien, die vom Vater durch den Sohn im Hl. Geist vorgeschickt und uns durch die Wirkungen geoffenbart (wird), aber nicht (der Name) des göttlichen Wesens; denn die Energie ist Bewegung des Wesens, aber nicht das Wesen. Bewegung oder Energie wessen? Ausschließlich Gottes. Folglich ist die Gottheit Gottes."[3]

In der weiteren Entwicklung dieses Widerspruchs sind aber auch in der ökonomischen Ordnung der Trinität die Energien nicht mit ihren Wirkungen identisch, wie es der Fall gewesen wäre, wenn Wesen und Energien identisch gewesen wären. Zwischen den Energien Gottes und ihren Wirkungen in der Welt in der Ordnung der ökonomischen Trinität besteht ebenfalls ein unaussprechlicher, man kann sagen transzendentaler Unterschied. Gerade diesen transzendentalen Unterschied, der im Gottesbegriff als dialektischer Einheit des Widerspruchs mit sich selbst angelegt ist, sind aber die scholastischen Rationalisten und Gegner Palamas nicht in der Lage zu begreifen und somit auch seine Lehre von den ungeschaffenen Energien Gottes, die sich von ihren Wirkungen in der geschaffenen Welt unterscheiden. Deswegen werfen sie ihm auch eine Zweigötter-Theorie vor.

Jene also, die nur die Natur Gottes als ungeschaffene Gottheit bezeichnen, sprechen von zwei Gottheiten Gottes, der ungeschaffenen und der geschaffenen, von der einen als ungeschaffenen über alles Seienden und von der unterhalb Seienden als geschaffenen, und von ihrer Energie um sie als geschaffenen Gottheit; mehr aber entzweien sie töricht die eine Gottheit Gottes in ungeschaffener und geschaffener, weil das Wirken und die Wirksamkeit (Energie) das gleiche (ist), wie das sich Bewegen und die Bewegung. Wer also, wenn er nicht ganz schwankend ist, wird sagen, daß der Wirksame und sich Bewegende wegen des Wirkens und sich Bewegens vieles gegeneinander Widersprüchliches hat, wie das Geschaffene und das Ungeschaffene? Das wäre das Gleiche, wie wenn man sagte, daß der Stehende mehrere (mehrere Stehenden) ist, wegen des Stehens, obwohl das Stehen vom Stehenden und die Bewegung vom sich Bewegenden verschieden ist und gemäß dieser Differenz jedes von diesen ein anderes ist; wenn aber diese die Differenz voneinander nicht im Sinne des Kontradiktorischen haben, steht nichts im Wege daß alle eins sind. Auf diese Weise also, obwohl die göttliche Energie vom göttlichen Wesen verschieden ist, ist (aber) in Wesen und Energie eine Gottheit Gottes. Und nicht nur eine, sondern auch einfach; denn welche Synthese ist zwischen sich Bewegendem und Bewegung, um das gleiche zu sagen zwischen Wirkendem und Wirksamkeit (Energie)? Denn der Stehende ist nicht ein zusammengesetzter wegen des Stehens. Ist also nicht offenbar, daß sie, indem sie uns verleumderisch des Ditheismus bezichtigen, in dem sie als Vorwand unser Bekenntnis der Differenz zwischen göttlichem Wesen und göttlicher Energie nehmen, uns ihre Untat unterschieben?[4]

In der Dialektik zwischen innerer und äußerer Bewegung der Trinität wird also in der byzantinischen Konzeption trotz des Einbruchs des sich offenbarenden Logos in den Gemeinde-Begriff hinein die Differenz zwischen beiden, zwischen der Innerlichkeit Gottes und der Welt aufrechterhalten. Gerade diese Differenz ist es aber, die christliches Bewußtsein als weltgeschichtlich eschatologisches ermöglicht. Und es ist diese Differenz, die letzten Endes auch bei Augustinus *trotz*, wie schon angedeutet, seiner rationalen Trinitätsdialektik als echtes, tiefes Zeugnis christlichen Bewußtseins aufrechterhalten bleibt und ihn zu der These führt, daß auch ein Leben in der Gemeinde der Kirche keine wie immer geartete sichere Vorwegnahme des ewigen Lebens im Reich Gottes, in der civitas dei, sein kann. So ist bei Augustinus gerade die Differenz zwischen erster und zweiter Auferstehung in der Apokalypse des Johannes jene Differenz, die das "tausendjährige Reich" vom "ewigen Reich" unterscheidet, die auch die Differenz bestimmt und ausmacht zwischen Kirche als Reich Gottes nach der Auferstehung, in dem noch der Mensch als gefallenes, sündiges, ontologisch niedrigeres Wesen sein kann, und jenem Reich Gottes als eschatologischer Endbestimmung nach der Parusie und dem Weltgericht, also nach der zweiten Ankunft des Logos in der Apokalypse, dessen

Vorwegnahme sie schon darstellt. Deswegen werden aber nicht alle Mitglieder der Kirche ins Himmelreich kommen, nicht die Heuchler und jene, die das nicht einhalten, was sie lehren, sondern erst durch ihre Haltung auflösen. Die institutionelle Zugehörigkeit zur Kirche und die Kirche selbst als Institution sind für Augustinus nicht identisch oder bindend für das Reich des Geistes und der Freiheit. Darin, daß es gerade gegen den Geist des Papsttums gerichtet ist, liegt unter anderem die philosophiegeschichtliche Größe von Augustinus, in der besonderen Hervorhebung der Differenz zwischen weltlicher Macht und Reich Gottes, Kirche als Reich Gottes und Kirche als weltliche Institution und gleichzeitig Aufhebung dieses In-der-Welt-Seins durch sich selbst als Vorbild eines anderen Reiches.

Man muß also ein doppeltes Himmelreich annehmen: eines ist das, worin beide sich befinden, der sowohl, der auflöst, was er lehrt, wie der, der es vollbringt, nur eben der eine als der Geringste, der andere als ein Großer; und ein anderes ist das, in welches nur der Vollbringer eingeht. Demnach ist das Himmelreich, worin beide Arten von Menschen vorkommen, die Kirche wie sie jetzt ist; das aber, wo es nur die eine Art gibt, ist die Kirche, wie sie einmal sein wird, wenn sich kein Böser mehr in ihr befindet. Also ist auch jetzt schon die Kirche das Reich Christi und das Himmelreich. Es herrschen sonach mit ihm auch jetzt seine Heiligen, freilich anders, als sie dereinst herrschen; dagegen hat keinen Anteil an der Mitherrschaft das Unkraut, obwohl es in der Kirche mitsamt dem Weizen heranwächst.[5]

Auch die lateinische Theologie spürt hier bei ihren besten Vertretern die innere Ambivalenz und die für das christliche Bewußtsein unerläßliche, konstitutive Spannung des Verhältnisses zwischen immanenter und ökonomischer Trinität und weist auf die Notwendigkeit ihrer Aufrechterhaltung hin.[6] In diesem approximativen Charakter menschlicher Vervollkommnung, in der im christlichen Bewußtsein der Mensch Gott ähnlich, ja göttlich werden kann, in dieser ewigen Approximation liegt die Faszination des Christentums als Moment eines weltgeschichtlichen Bewußtseins. In diesem Sinn kann man sagen, daß die Existenz und das Bewußtsein Gottes in der Welt dort ist, wo das Bewußtsein seiner Abwesenheit, mit anderen Worten radikaler formuliert, der christliche Gott ist seine Abwesenheit. Dieses Bewußtsein der Abwesenheit Gottes bildet in letzter Konsequenz die Basis, worauf Augustinus den bestehenden Staat einer radikalen Kritik unterzieht. Seine Definition der Staaten als Räuberbanden, in denen Gewalt und Ungerechtigkeit herrscht, stellt m.E. ein repräsentatives Zeugnis dar, daß das christliche Bewußtsein der alten Kirche - auch in der lateinischen Kirche, die durch den päpstlichen Machtanspruch auf weltliche Herrschaft eine Einschränkung ihrer revolutionär eschatologischen Tradition erfährt - trotz allem ungebrochen weiterlebt.

Was sind überhaupt Reiche, wenn die Gerechtigkeit fehlt, anderes als große Räuberbanden? Sind doch auch Räuberbanden nichts anders als kleine Reiche. Sie sind eine Schar von Menschen, werden geleitet durch das Regiment eines Anführers, zusammengehalten durch Gesellschaftsvertrag und teilen ihre Beute nach Maßgabe ihrer Übereinkunft. Wenn eine solche schlimme Gesellschaft durch den Beitritt verworfener Menschen so ins große wächst, daß sie Gebiete besetzt, Niederlassungen gründet, Staaten erobert und Völker unterwirft, so kann sie mit Fug und Recht den Namen 'Reich' annehmen, den ihr nunmehr die Öffentlichkeit beilegt, nicht als wäre die Habgier erloschen, sondern weil Straflosigkeit dafür eingetreten ist. Hübsch und wahr ist der Ausspruch, den ein ertappter Seeräuber Alexander dem Großen gegenüber getan hat. Auf die Frage des Königs, was ihm denn einfalle, daß er das Meer unsicher mache, erwiderte er mit freimütigem Trotz: 'Und was fällt dir ein, daß du den Erdkreis unsicher machst? Aber freilich, weil ich es mit einem armseligen Fahrzeug tue, nennt man mich einen Räuber, und dich nennt man Gebieter, weil du es mit einer großen Flotte tust.'[7]

In der naiv offenen Formulierung, die oft genialen Denkern eigen ist, nimmt hier Augustinus die neuzeitliche Kritik des Staates als jenen Gebildes, das auf Gewalt und Herrschaft beruht, und dessen Existenz den institutionell legitimen Schein für die Aufrechterhaltung dieser Herrschaft darstellt, vorweg. Jahrhunderte vor der durch die Aufklärung, Kant, Hegel und Marx, artikulierten Kritik des Staates glaubt man, in dieser Passage Hobbes' und Marx' Darstellungen über das Wesen des Staates, bedingt durch das Zeitalter in embryonaler Form, aber in faszinierender Klarheit und Offenheit des Gedankens, wiederzufinden. Augustinus ist ein Römer des vierten nachchristlichen Jahrhunderts. Aus seinem Munde spricht sowohl die Erinnerung an das alte plebejische Christentum der Frühapologeten (bei allen christlichen Frühapologeten muß man Zeit und Herkunft genau unterscheiden. Die Frage, ob sie Griechen, Römer, Afrikaner, ob sie etwas früher oder später gelebt haben, ist für ihre Interpretation im Sinne einer differenzierten Darstellung außerordentlich wichtig) als auch die Stimme Roms als etablierter christlicher Macht, das Prinzip des Papsttums als Fortsetzung des römischen Imperiums durch Christentum als staatstragende Macht, als Staatsreligion, als Staat selbst. Augustinus lebte aber in der Zeit des Übergangs von der ausgehenden spätantiken Welt in die Welt des christlichen Frühmittelalters. Letztere erlebte Augustinus nicht, sie zeichnete sich nur bloß im Gewirr der Auflösung des römischen Imperiums und der Völkerwanderung ab. Diese neue Welt stellt im Zeitalter von Augustinus das weltgeschichtlich aufsteigende Prinzip dar. Seine Lebenszeit fällt mit der Erhebung des Christentums zur Staatsreligion durch Theodosius mit dem Konzil von Konstantinopel (381) zusammen. Es ist kein Zufall, daß er einige Jahre später (387) die Taufe empfing. Von daher bis zum Beginn des Mittelalters durch das justinianische Zeitalter hindurch, in dem die letzten Reminiszenzen der antiken Welt durch die Schließung der platonischen Akademie ausgelöscht werden, durchlebt die spätantike Welt ihre letzte Phase, die vornehmlich im Westen, in dem der Prozeß der Auflösung der alten Sklavenhaltergesellschaft viel radikaler vor sich geht, keine Spuren wie in Byzanz hinterläßt. Gleichzeitig zeichnet sich in dieser Epoche der Beginn des Abtrennungsprozesses zwischen westlicher und östlicher Reichshälfte und der Konkurrenz zwischen beiden ab. Während im Osten die Kontinuität der alten Welt noch aufrechterhalten bleibt, steht der Westen im gewaltigen Auflösungsprozeß der alten Welt, im chaotischen Beginn einer neuen Welt. Dort, wo es um die Verteidigung dieses neuen weltgeschichtlichen Prinzips geht, ist Augustinus ein unerbittlicher Verfechter seiner Interessen, auch dort, wo es um Machtinteressen im Sinne der römischen Staatsgewalt geht; so etwa im Sinne der Auseinandersetzung mit den diversen Häresien, dort, wo es um die Aufrechterhaltung des römischen Machtanspruchs geht (etwa bei den abtrünnigen Donatisten in Nordafrika, wo er sogar zuletzt den Einsatz von römischen Legionen empfiehlt).

Gerade weil sein Prinzip in der römischen Welt sich viel gewaltsamer als im Osten vollzieht, ist er, wenn es darauf ankommt, ein bedingungsloser Anhänger der Staatsgewalt. Dieser Widerspruch durchzieht sein geschichtsphilosophisches Hauptwerk und gerade in De civitate dei kommt er deutlich in der Unterscheidung zwischen gerechtem und ungerechtem Krieg zum Ausdruck, in deren Rahmen der civitas terrena das Recht auf einen Zustand vom durch Krieg erlangten Frieden eingeräumt wird, wenn dieser Friede für den Staat elementare Lebensbedingungen gewährleistet. Dieser Friede stellt eine "... Art irdischen Friedens im Bereich selbst der niedrigsten Dinge..."[8] dar. Das ist die andere Seite der augustinischen Geschichtsphilosophie, die römische, staatsmännische Seite. Sie ist einerseits notwendiges Produkt der radikalen Umwälzung der römischen Antike im Prinzip des Christentums und andererseits bereitet sie den Weg für den formalen, rationalistischen Zugang zum Christentum vor, dessen Gegenstück in der rationalistischen Trinitätsdialektik von Augustinus bis Thomas und der scholastischen Tradition enthalten ist. Trotz dieser anderen Seite ist die augustinische Geschichtsphilosophie der große revolutionäre Entwurf der ausgehenden spätrömischen Antike.

Ähnlich wie in der Konzeption des Staates verdichtet sich auch in der politischen Ethik des Augustinus der Widerspruch zwischen dem Anspruch einer radikalen Ethik, die allein in guter platonisch-aristotelischer Tradition die conditio sine qua non menschlicher Glückseligkeit darstellt und dem bereits erwähnten paulinischen Reformismus einer Ethik, die die Macht der Herrschenden in ihrer realen Organisationsform unberührt läßt.

Wird demnach der wahre Gott verehrt und dient man ihm mit wahrhaftem Kult und guten Sitten, so ist es von Vorteil, wenn gute Menschen weithin und lange Zeit herrschen; und zwar ist das weniger für sie als für die Regierten von Vorteil. Denn den Regenten genügt ihre Gottesfurcht und Rechtschaffenheit, diese großen Gaben Gottes, um sie des wahren Glückes teilhaft zu machen, das darin besteht, daß man sowohl hienieden sein Leben gut zubringe als auch nachher das ewige Leben erlange. Auf dieser Welt also ist die Herrschaft guter Menschen nicht so fast für sie, als für die menschlichen Verhältnisse eine Wohltat; dagegen ist die Herrschaft schlechter Menschen in erster Linie für die Regenten selbst verderblich, die ihre Seelen infolge der größeren Freiheit in Lastern zugrunde richten, während ihren Untergegeben nur die eigene Bosheit zum Verderben wird. Denn für die Gerechten bedeutet all das Übel, das ihnen von einer ungerechten Herrschaft zugefügt wird, nicht eine Strafe für Schuld, sondern eine Prüfung der Tugend. Und so ist der Gute frei auch in dienender Stellung, der Böse dagegen auch in herrschender Stellung Sklave, und zwar nicht eines einzelnen Menschen, sondern, was noch schlimmer ist, so vieler Herren als er Laster hat. Mit Bezug auf die Laster nämlich sagt die Hl. Schrift: 'Denn von wem einer überwältigt ist, dem ist er auch als Sklave zugesprochen'.[9]

Einerseits vertritt hier Augustinus eine ethische Position, die der platonischen Apologie des Sokrates direkt, fast wortwörtlich entnommen sein könnte: "Denn wißt nur: wenn ihr mich tötet, einen solchen Mann, wie ich sage, so werdet ihr mir nicht größeres Leid zufügen als euch selbst. Denn Leid zufügen wird mir weder Meletos noch Anytos im mindesten. Sie könnten es auch nicht; denn es ist, glaube ich nicht in der Ordnung, daß dem besseren Manne von dem schlechteren Leides geschehe."[10] Die Position dieser Radikalethik, die m.E. mit Recht als die Basis für das Selbstverständnis, dessen, was man - und mag es etwas antiquiert klingen - abendländische Tradition nennt, fungiert, und die zur der Grundthese führt, daß es - wie in der Apologie durch die Haltung des Sokrates klar zum Ausdruck kommt - besser ist Ungerechtigkeit zu erleiden als Ungerechtigkeit zu begehen, wird also von Augustinus ganz übernommen und zur Kardinalthese des Christentums gemacht. Bildet diese Position, vom Prinzip der Selbstbestimmung des Menschen ausgehend, als radikale Individualethik die Grundlage für die Bestimmung des Menschen in Freiheit und ist sie somit unabdingbare Voraussetzung für die Konstituierung des Begriffs der Freiheit als Basis der antiken Demokratie, aber auch in seiner weiteren Entwicklung in der Geschichte des Abendlands, so vollzieht sich hier durch das Christentum, vornehmlich durch Paulus und, wie wir dieser Passage entnehmen können, durch Augustinus, eine entscheidende Wende. Für die antike Philosophie, für Platon und Aristoteles, sind die Grenzen dieser radikalen Ethik, die die Basis für die Subjektivitätswende der klassischen griechischen Philosophie bildet, jene Grenzen, die, wie schon erwähnt, durch die Normen und die Struktur des Demos als politischen Gebildes vorgezeichnet werden. In diesem Rahmen und solange diese Normen nicht überschritten werden, ist etwa bei Aristoteles der Begriff des Tyrannenmordes prinzipiell möglich. Für den christlich-paulinischen Augustinus dagegen ist und kann der Mensch auch dann frei sein, wenn er in Ketten gefesselt ist.

Diese Position, die in der platonischen Apologie des Sokrates zwar vorweggenommen, jedoch auch hier nicht im vollen Ausmaß die Grenzen des altgriechischen Kosmos, für den sie ein Skandalon darstellt, überschreiten kann - man kann vielmehr sagen, daß in der Apologie Platon bis an die äußersten Grenzen des griechischen Weltbildes stößt, ohne es zu durchbrechen - wird nun bei Augustinus entscheidend verschärft und macht prinzipiell die These von innerer Freiheit beim äußeren Zwang und Gewaltherrschaft möglich. Diese für das Christentum und seine Ethik zentrale These, deren Grundgehalt noch heute als allgemein akzeptierte Aussage - es genügt in diesem Zusammenhang sich einmal die diversen Informationsmaterialien der Befreiungsbewegungen in der ganzen Welt anzuschauen, um sie in der Darstellung der Situation von unter unmenschlichen Bedingungen lebenden politischen Häftlingen, die gefesselt aber innerlich ungebrochen und frei lebend, wieder zu finden - fungiert, stellt aber in letzter Konsequenz eine entfremdete Form der Auseinandersetzung mit Ungerechtigkeit und Unterdrückung dar. Ihr entfremdeter Charakter beruht nämlich darauf, daß in Wirklichkeit niemand innerlich frei bei äußerem Zwang sein kann, und somit es eben in der Dialektik der Freiheit im Zustand der Unterdrückung zunächst einmal nur darauf ankommen kann den äußeren Zwang abzuschütteln, damit man die innere Freiheit und Würde wieder erlangen kann.

Diese These, die die große Illusion des Christentums darstellt, ist aber mit der wie wir schon gesehen haben für das Christentum maßgeblichen These organisch verbunden, daß der Mensch in einem unendlichen Approximationsprozeß gottähnlich werden kann, und daß das Bewußtsein von Gott im Christentum das Bewußtsein von seiner Abwesenheit ist. Aus diesem Grund ist bei Augustinus die civitas terrena in dem ontologischen Zustand prinzipieller Unfreiheit eingebettet. Hier erweist sich die augustinische Spekulation eindeutig als Vorwegname des schon erwähnten Hegel'schen Herrschafts- und Knechtschaftsverhältnisses.

In Analogie zu der biblischen Geschichte der Kindeszeugung durch Agar, die Magd der unfruchtbaren Sarah, die und deren Sohn nach der Geburt Isaaks hinausgeworfen wurden, interpretiert Augustinus das Verhältnis zwischen Geist und Fleisch als die grundlegende Bestimmung des Verhältnisses zwischen civitas terrena und civitas dei, in dem die Menschheit als Gattungsbegriff angesiedelt ist. Indem er auf dieser Basis das Paradebeispiel für jüdisch-pratriarchalische Herrschaftsstrukturen interpretiert, interpretiert er in Analogie dazu das Verhältnis zwischen civitas terrena und civitas dei als Verhältnis zwischen Unfreiheit und Freiheit, Unfreiheit des Fleisches und Freiheit des Geistes, Verhältnis zwischen Kindern "nach dem Fleisch" und Kindern "der Verheißung".

'Wirf hinaus die Magd und ihren Sohn; denn nicht wird der Sohn der Magd Erbe sein mit meinem Sohn Isaak', was der Apostel so ausdrückt: 'mit dem Sohn der Freien'. Wir finden also im Erdenstaat zwei Formen, eine, in der er sein Vorhandensein dartut, und eine, gemäß der er durch sein Vorhandensein zum Vorbild für den himmlischen Staat dient. Dem Erdenstaat werden die Bürger geboren von der durch die Sünde verdorbenen Natur, dem himmlischen Staat dagegen von der die Natur von der Sünde erlösenden Gnade..."[11]

Gerade in diesem Verhältnis von Freiheit und Unfreiheit ist die Negativität der civitas terrena, in der der Zustand der Unfreiheit als ihre Bestimmung herrscht, ist das Reich der Abwesenheit Gottes nicht bloß eine Wirklichkeit, deren ontologischer Status eine abstrakte leere Negativität ist, sondern selbst in der Dialektik von Freiheit und Unfreiheit eingebettet ist, sie konkrete Negativität mit der Totalität der Freiheit vermittelt, sofern sie auch ihr Vorbild, ihre Andeutung darstellt. "Denn die beiden Staaten sind in dieser Welt ineinander verschlungen und miteinander vermischt, bis sie durch das letzte Gericht getrennt werden."[12] Dieses Miteinander-verschlungen-und-vermengt-Sein, der Begriff der intermixio der beiden Staaten, den Augustinus verwendet, ist hier das entscheidende Moment in der Dialektik zwischen Freiheit und Unfreiheit. Gott ist das Bewußtsein seiner Abwesenheit, weil dieses Bewußtsein ihn andeutet. Die civitas dei ist jener Lichtstrahl, der bis zur civitas terrena hindurch schimmert. (Hier zeigt sich die unübersehbare Analogie zwischen der augustinischen Geschichtsphilosophie und Ontologie und der durch das neoplatonistische Emanationsschema geprägten Tradition der apophatischen Theologie der Ostkirche. Trotz des Rationalismus seines Traktates über die Trinität spricht hier mit Augustinus der Geist der ersten nachchristlichen Jahrhunderte, der Geist der alten Kirche.)

In der doppelten Bestimmung des Menschen in Unfreiheit und Freiheit muß Unfreiheit, muß jener Zustand prinzipieller Knechtschaft und Gewalt bis zum äußersten und tiefsten Grund der Existenz erlebt werden, damit Freiheit möglich werden kann. Denn Freiheit geht durch Unfreiheit hindurch, sie konstituiert sich durch sie, ist nur durch sie möglich. Das ist die Kardinallehre des Christentums, auf deren Basis die Dialektik des Leidens beruht, der Sinn von Leid und Schmerz nicht als formallogische Voraussetzung einer Konstruktion der Entfremdung wie die Satisfaktionstheorie, sondern als lebendige Dialektik des Verhältnisses von Freiheit und Unfreiheit, als Vorwegnahme, wie wir gesehen haben, auch der späten philosophischen Darstellung dieses Verhältnisses, so als Herrschaftsverhältnis bei Hegel. Weil aber dieses Verhältnis zwischen Freiheit und Unfreiheit einen Prozeß und kein statisches Gegeneinander-Sein von zwei Wirklichkeiten darstellt, weil civitas terrena und civitas dei nicht zwei Wirklichkeiten, die voneinander getrennt im Sinne einer schlechten Interpretation der platonischen Ideenlehre, einer schlechten Metaphysik von Wirklichkeit und ihrer getrennt von ihr liegenden, ihr gegenüber seienden Gegenwirklichkeit, sondern miteinander innerlich vermittelt sind, die eine Resultat und Voraussetzung der anderen in einem Verhältnis gegenseitig bedingten Seins, stellt auch das Konzept des Christentums in dieser klassischen Auslegung des Augustinus als geschichtsphilosophisches Konzept keinen Entfremdungsentwurf dar; Christentum ist aber somit nicht der entfremdete Verweis auf die künftige Welt als Trost für das Jammertal dieser Welt, die Voraussetzungen einer Kritik in der Tradition von Feuerbach und Nietzsche sind hier aus diesem Grund nicht gegeben. Ist diese Tradition der Religionskritik in ihren Grundvoraussetzungen, sofern sie die entfemdete, passive Seite des Christentums und die Phantasmagorien dieses Bewußtseins betrifft, vornehmlich bei Feuerbach berechtigt, bleibt sie bei Nietzsche als Gesamttendenz des Denkens höchst ambivalent und gespalten, Ausdruck eines selbst zerrissenen Bewußtseins. So liefert sie, trotz und neben ihrer punktuellen Richtigkeit dort, wo es um die Verinnerlichung entfremdeten christlichen Bewußtseins geht, in der Auseinandersetzung mit der Passivität christlicher Tugenden eindeutige Zeugnisse von einem barbarischen präfaschistischen Denken. "Die Schwachen und Mißratnen sollen zugrunde gehn: erster Satz *unsrer* Menschenliebe. Und man soll ihnen noch dazu helfen. Was ist schädlicher, als irgendein Laster? - Das Mitleiden der Tat mit allen Mißratnen und Schwachen - das Christentum..."[13]

Die Frage der Beurteilung der Nietzsche'schen Religions- und Kulturkritik und ihrer möglichen Interpretation als Wegbegleiterin faschistischen Denkens ist hier nicht Gegenstand unserer Untersuchung. Durch solche Aussagen wird jedoch klar, daß solche Vorwürfe nicht vordergründig zurückzuweisen sind. Letzten Endes erweist sich hier blinder Antiklerikalismus eines zerissenen bürgerlichen Bewußtseins außerstande, die Aporien dieses Bewußtseins zu überwinden und die Tradition dessen, was man abendländisches Denken nennt, in ihren Widersprüchen zu begreifen und ihre Aporien zu überwinden, ohne auf die Barbarei zurückzufallen. Nietzsche ist ein typisches Beispiel dafür, auf welche Vordergründigkeit und Primitivität die Qualität dieses Denkens zurückfallen kann im Widerspruch zu der sonstigen Eloquenz und Schärfe des Gedankens.

Man lese nur irgend einen christlichen Agitator, den heiligen Augustin zum Beispiel, um zu begreifen, um zu *riechen*, was für unsaubere Gesellen damit obenauf gekommen sind. Man würde sich ganz und gar betrügen, wenn man irgendwelchen Mangel an Verstand bei den Führern der christlichen Bewegung voraussetzte: - o sie sind klug, klug bis zur Heiligkeit, diese Herren Kirchenväter! Was ihnen abgeht, ist etwas ganz anderes. Die Natur hat sie vernachlässigt, - sie vergaß ihnen eine bescheidne Mitgift von achtbaren, von anständigen, von *reinlichen* Instinkten mitzugeben .... Unter uns, es sind nicht einmal Männer... Wenn der Islam das Christentum verachtet, so hat er tausendmal recht dazu: der Islam hat *Männer* zur Voraussetzung ...[14]

Daß *diese* Sprache leicht zur Hausmeisterideologie des Faschismus werden kann, ist hier evident.

In der Dialektik von civitas terrena und civitas dei bei Augustinus wird also die Freiheit als Prozeß dargestellt, der in seiner Bewegung die Beziehung zwischen ökonomischer und immanenter Trinität oder genauer formuliert zwischen der Welt der Ökonomie und der unaussprechlichen Welt der Theologie, der Welt Gottes als πλήρωμα, Fülle der Zeiten, die Gegenstand der eschatologischen Erwartung ist, umfaßt. Wie wir schon in der Darstellung der palamitischen Theologie gesehen haben, ist auch hier der Begriff der Bewegung das Entscheidende. Dieser Begriff der Bewegung ist aber nicht für Palamas, sondern für die ganze Tradition der byzantinischen Theologie in ihrer Kontinuität ein zentraler Schlüsselbegriff, der im Rahmen dieser Tradition das Verhältnis von ökonomischer und immanenter Tradition bestimmt. Diese Bestimmung ist aber nicht nur in geschichtsphilosophischer, sondern auch in erkenntnistheoretischer und ontologischer Hinsicht von zentraler Bedeutung. Diese Bewegung konstituiert die innere unaussprechliche Welt der immanenten Trinität und macht ihr eigentliches Wesen aus, sowohl als ewige im Widerspruch und gleichzeitig in Einheit zwischen den Trinitätspersonen sich mitteilende Energie, die vom Vater als dem monarchischen Prinzip ausgeht, aber in der Totalität der Trinität, im Geist als πλήρωμα durch den Sohn als Tätigkeitsprinzip realisiert wird, als auch in der Welt der Ökonomie als die Ordnung ihrer Mitteilung die Organisation und Gesetzmäßigkeit unserer Erkenntnis konstituiert. Hinsichtlich der immanenten Trinität wird somit ihre Identität und Nichtidentität mit sich selbst konstituiert. Das ist ihr Geheimnis. Ihre Energie wird, wie wir bei Palamas gesehen haben, vorgeschickt. Vorgeschickt heißt aber hier im voraus hervortreten und wirken. Die Energie tritt vom Vater aus im voraus und wirkt durch das Prinzip der Tätigkeit, den Sohn, dem sie vorausgeht im Geist als πλήρωμα der Trinität.

Zusammen mit der ersten Person der Trinität, mit dem Vater, ist somit die Energie der eigentliche Primat in der Dialektik der immanenten Trinität. Die Energie und die Person des Vaters als monarchisches Zentrum der Trinität sind ihr letzter ontologischer Grund. Das Verhältnis zwischen der Person des Vaters und der Energie ist bei Palamas analog dem aristotelischen Verhältnis von Form und Substanz. Der Vater (Substanz) geht der Energie (Form) voraus, die Substanz (Vater) ist aber Form (Energie). So wie Form und Substanz miteinander identisch und nicht identisch sind, so sind Vater und Energie miteinander identisch und nicht identisch. In dieser Doppeldeutigkeit ist das der letzte ontologische Grund der Trinität. Dieses Prinzip der Bewegung, das in dieser Formel enthalten ist, bildet die Basis für das Verständnis der byzantinischen Trinitätslehre und wird in allen ihren spekulativen Darstellungen ausgesprochen. Vornehmlich aber bildet es den Kern der Lehre von der Perichorese, der Lehre von der inneren Bewegung und dem Ineinandergehen der Hypostasen in der Trinität, die das Herz der byzantinischen Trinitätsdialektik ist. So schreibt Johannes von Damaskus:

Die Personen weilen und wohnen ineinander. Denn sie sind unzertrennlich und gehen nicht auseinander, sie sind unvermischt ineinander, jedoch nicht so, daß sie verschmelzen oder verfließen, sondern so, daß sie gegenseitig zusammenhängen. Denn der Sohn ist im Vater und Geiste, und der Geist im Vater und Sohne, und der Vater im Sohne und Geiste, ohne daß eine Zerfließung oder Verschmelzung stattfände. Und es besteht Einheit und Identität in der Bewegung, denn die drei Personen haben nur *eine* Bewegung, *eine* Tätigkeit. Das läßt sich bei der geschaffenen Natur nicht beobachten.[15]

Hier ist entscheidend, daß die Bewegung jene Instanz ist, die die dialektische Identität, die Einheit und die Nichteinheit der Personen miteinander stiftet. Selbstständigkeit und Nichtselbstständigkeit der Hypostasen als Momente der Trinität werden durch die Identität ihrer Bewegung gewährleistet. Die Bewegung ist der eigentliche ontologische Grund der Trinität. Für die nähere Bestimmung dieser Bewegung ist aber hier etwas von Bedeutung, das in der Übersetzung des Damaszener Textes durch den deutschen Übersetzer durch die Verwendung von zwei gleichbedeutenden Wörtern verloren geht. Das geschieht in der Hervorhebung am Ende des zitierten Textabschnittes der einen Bewegung und Tätigkeit, die den drei Personen gemeinsam ist. Hier übersetzt der deutsche Übersetzer mit zwei praktisch gleichbedeutenden Wörtern. Vielmehr verhält es sich aber so, daß im Text des Damaszeners eine eindeutige begriffliche Unterscheidung vorgenommen wird, die für die begriffliche Bestimmung der Bewegung und die geschichtsphilosophische Konkretisierung der Tradition, in der sie eingebettet ist, einen nicht unerheblichen hermeneutischen Stellenwert besitzt. Johannes schreibt nämlich nicht "nur *eine* Bewegung, *eine* Tätigkeit", sondern verwendet den vom deutschen Übersetzer fälschlich mit Bewegung übersetzten griechischen Terminus ἔξαλμα und in strikter Begriffsdistinktion an zweiter Stelle den vom deutschen Übersetzer mit Tätigkeit übersetzten griechischen Terminus κίνησις, der im Deutschen problemlos auch mit Bewegung übersetzt werden könnte.[16]

Ἔξαλμα heißt aber nicht Bewegung, sondern Sprung in der Art des Überspringens einer Mauer; in verwandter Bedeutung bezeichnet es jene Haltung des auf den zwei hinteren Beinen stehenden Pferdes, das sich anschickt, ein Hindernis zu überspringen. Wie auch die Präposition ἐξ zeigt, bedeutet also ἔξαλμα das Aus-sich-Herausspringen, es ist ἐξ-αλμα, nicht Bewegung, sondern *Ansatz* der Bewegung, *Ansatz* einer sprunghaften Bewegung. Johannes bleibt also ein konsequenter Dialektiker, wenn er für die im Rahmen der Perichorese dargestellte Dialektik, zwischen Ansatz der Bewegung und Bewegung unterscheidet. Somit steht er aber im Einklang mit der Tradition der griechischen Patristik, im Einklang mit Palamas, der, wie wir gesehen haben, einige Jahrhunderte später von der vorgeschickten Energie Gottes spricht. Die Bewegung, die ihren Ansatz in sich selbst hat ist also die Basis des griechischen Trinitätsbegriffs und darin unterscheidet sich die immanente Trinität von der "geschaffenen Natur". Diese Unterscheidung ist aber ihr spirituelles Geheimnis, in ihr, in dieser Trennung liegt jene theologische Schranke, die das Geistige vom Natürlichen trennt, die Dialektik des Geistes, von der Dialektik der Natur, die Sinnlichkeit vom Denken. Hier zeigen sich jene Grenzen, die die Philosophie als materialistische Kritik erst nach Feuerbach geschichtlich überwinden konnte. Gleichzeitig aber, wenn dieser Satz von der geschaffenen Natur fehlen sollte, bliebe sonst die griechische Trinitätsdialektik im großen Kontext des traditionellen philosophischen Idealismus von Platon, durch Aristoteles mit seiner Kritik in der Metaphysik der fälschlich Platon unterschobenen Konzeption der Idee als Trennung (χωρισμός) von der Wirklichkeit[17] bis zur Philosophie Hegels.

In diesem Zusammenhang ist aber ein Hinweis notwendig, der Rückschlüsse auf die Tradition der der vom Damaszener beschriebenen, in der Darstellung der Perichorese ihr zugrundeliegenden Art der Bewegung gestattet: Diese Konzeption von der Bewegung ist bei den griechischen Kirchenvätern platonischen und nicht aristotelischen Ursprungs, wie man vor allem ausgehend vom Damaszener, bei oberflächlicher Betrachtung meinen könnte. (Speziell beim Damaszener meint die gängige Interpretation, daß er der Aristoteliker par excellence der byzantinischen Theologie sei. Wie das ganze corpus der byzantinischen Theologie ist er aber m.E. trotz und neben einiger Aristotelismen ein Platoniker, sonst wäre seine Ikonentheologie als Ganzes unmöglich. Trotz aristotelischer Hülle ist der Kern der damaszenischen Theologie platonisch, was man bei genauer Betrachtung seiner Konzeption von der Bewegung erkennen kann. Daß unabhängig davon in der ganzen Tradition der griechischen Theologie auch Aristotelismen erkennbar sind, tut wenig zur Sache und ist auch im Rahmen der merkwürdigen Synthese, die die Patristik in der Geistesgeschichte darstellt, als ein völlig eigenartiges Gebilde, das philosophische Tradition in sich aufnimmt ohne Philosophie zu sein, aber doch für das theologische Zeitalter als einzige verkappte Philosophie, auf eine Weise, die einer Grundrichtung und Kontinuität des Gedankens nicht entbehrt und somit nicht bloß eklektizistisch ist, außer Frage, ändert aber am Platonismus der griechischen Theologie nichts.) Um das genau zu erkennen, muß man sich einige aufschlußreiche Stellen bei Platon anschauen, die m.E.

diesen Zusammenhang klar zur Darstellung bringen. Diese Stellen aus dem X. Kapitel der Nomoi sind für das Verständnis der byzantinischen Trinitätsdialektik unerläßlich. "Der Athener: Wir werden also diejenige Bewegung, die immer nur etwas anderes bewegt und selbst nur von etwas anderem verändert wird, als die neunte ansetzen; diejenige aber, die sowohl sich selbst als auch etwas anderes bewegt und die sich allem Tun und allem Leiden einfügt und wahrhaft als Ursprung der Veränderung und Bewegung alles Seienden bezeichnet wird, diese also wollen wir etwa für die zehnte erklären."[18]

Platon geht in diesem berühmten Kapitel der Nomoi von der Darstellung der Bewegung als Ursache allen Seins aus, um in weiterer Folge das Prinzip der sich bewegenden Seele als ontologischen Primat zu konstituieren, weil diese sich bewegende Seele mit dem Prinzip der sich und alles bewegenden Bewegung identisch ist. Dieser letzte ontologische Grund allen Seins stellt eine Notwendigkeit der nach hinten gehenden Reflexion dar und ist ein sich selbst bewegender; denn sonst würde die Reflexion aus der Aporie eines Regresses ad infinitum nicht entrinnen können.

Der Athener: Wir wollen es nun auch noch auf folgende Weise darstellen und wieder uns selber antworten. Angenommen, alle Dinge würden in eins zusammenfallen und irgendwie zum Stillstand kommen, wie die meisten solcher Menschen zu behaupten sich erdreisten, welche der genannten Bewegungen müßte dann darin als erste entstehen? Doch wohl diejenige, die sich selbst in Bewegung setzt. Denn durch etwas anderes können die Dinge ja niemals vorher einen Anstoß zur Veränderung erfahren, da es ja in ihnen zuvor keine Veränderung gab. Als Anfang also aller Bewegungen und als diejenige, die als erste in den stillstehenden Dingen entsteht und in den Bewegten wirkt, ist die sich selbst bewegende Bewegung, so müssen wir behaupten notwendig die älteste und mächtigste unter allen Veränderungen; die aber, die durch etwas anderes den Anstoß erhält und ein anderes in Bewegung setzt, ist die zweite.[19]

Unabhängig von der Auseinandersetzung Platons mit den Materialisten seinerzeit, die, wie aus der zitierten Passage und dem diesen Ausführungen vorhergehenden Kontext in den Nomoi, die These von einer zufälligen Entstehung der Welt aus dem Zusammenprall der Elemente vertraten, ist hier die Position Platons in unserem Kontext von großer Bedeutung, weil sie im Rahmen einer Dialektik der Bewegung, deren Klassifizierung unter einem "Idealismus"-Begriff inhaltlich formal bleibt, weil es hier vom

Prinzip der Methode her nicht auf die Beschaffenheit dieses ontologischen Primats ankommt - eine Frage, die übrigens Platon selbst nicht genau beantwortet[20] - sich wesentlich von dem von der Scholastik übernommenen aristotelischen Begriff des unbewegten Bewegenden unterscheidet und in der Konzeption der bewegenden Selbstbewegung den begriffsgeschichtlichen Ursprung für das Prinzip der Bewegung der griechischen Trinitätsdialektik darstellt. Hier wird der späte Platon unabhängig von dem Einfluß, den die Ideenlehre auf die griechische Patristik ausgeübt hat, gerade in der Phase des Entwurfs seiner letzten philosophischen Ontologie, deren Grundzüge im Vergleich mit der klassischen Ideenlehre anders angelegt sind, zum philosophischen Wegbereiter der griechischen Trinitätsdialektik. Der Unterschied zwischen seinem Einfluß und dem aristotelischen Einfluß auf die Scholastik bleibt für Ost und West entscheidend.

Anders als Platon geht Aristoteles von einem ontologischen Prinzip aus, das zwar alles bewegt, selbst aber unbewegt bleibt. "Aus dem Gesagten ist also klar, daß es ein ewiges, unbewegtes und vom Sichtbaren abgeschiedenes Wesen gibt"[21], schreibt Aristoteles dezidiert einige Zeilen weiter, dort, wo es um die Darstellung dieses ontologischen Prinzips als Grundvoraussetzung kosmologischer Reflexion geht, um es im Rahmen der Erörterungen über die Bewegung der Planeten zu erklären:

Das Prinzip nämlich und das Erste von allem Seienden kann weder an sich noch mitfolgend bewegt werden und bewirkt die erste ewige und eine Bewegung. Da aber das Bewegte durch etwas bewegt werden und immer das erste Bewegende an sich unbewegt sein und die ewige Bewegung von einem Ewigen, die einige von einem Einigen ausgehen muß, und da wir sehen, daß es außer dem einfachen Umschwung des All, der nach uns von der ersten und unbewegten Substanz ausgeht, noch andere ewige Umschwünge gibt, die der Planeten - denn der im Kreis bewegte himmlische Körper ist ewig und ohne Stillstand, wofür die Beweise in der Physik beigebracht worden sind... -, so werden notwendig auch alle diese Umschwünge je für sich durch je eine an sich unbewegte und ewige Substanz bewirkt.[22]

Hier ist wie bei Platon der Ausgang der Reflexion der gleiche. Es geht um die Überwindung der Durchbrechung des erkenntnistheoretischen circulus vitiosus, der Aporie des Regresses ad infinitum, und ähnlich wie Platon gibt auch Aristoteles keine endgültige Antwort auf die Frage nach der spezifischen Beschaffenheit des methodologisch unterstellten ontologischen Prinzips. Die Frage nach dem Primat der Materie oder der Form bleibt im Rahmen des aristotelischen Substanz-Begriffs letztlich unbeantwortet.

Denn wenn alles Bewegende naturgemäß für ein Bewegtes da ist, und jede Bewegung ein Bewegtes voraussetzt, so dürfte wohl keine Bewegung um ihrer selbst oder um einer anderen willen existieren, sondern nur um der Gestirne willen. Denn soll die eine Bewegung für die andere da sein, so muß letztere wieder zugunsten einer anderen bestehen. Da das also nicht ins Endlose fortgehen kann, so muß das Ziel jedes Umlaufs einer von den göttlichen Körpern sein, die sich am Himmel bewegen. Es ist aber offenbar auch nur ein Himmel. Denn wären mehrere Himmel, wie es mehrere Menschen gibt, so würde das erste Prinzip für jeden der Art nach eines sein, der Zahl nach aber wären viele. Alles der Zahl nach viele hat aber Materie. Denn ein und der selbe Begriff, wie z.B. der Mensch, kommt Vielen zu, Sokrates aber ist einer. Das erste wesentliche Sein aber hat keine Materie. Denn es ist Entelechie. Ein Einiges also, wie dem Begriffe, so auch der Zahl nach, ist das erste unbewegte Bewegende; mithin ist auch dasjenige nur eines, was immer und stetig bewegt wird. Es existiert mithin nur ein Himmel (oder eine Welt).[23]

Dieses Einige ist also das Prinzip und der Anfang der Welt, im Rahmen der kosmologischen Reflexion die Erde. (Was uns jedoch hier interessiert, ist die Vermittlung zwischen empirischer Realität und dieser Realität zugrunde liegenden ontologischen Prinzips. Nicht die Erde als Gegenstand empirischer Erfahrung, sondern die Erde als Begriff ist hier von Interesse. In der Kosmologie geht es um die Vermittlung zwischen empirischem Gegenstand der Erfahrung und Begriff dieser Erfahrung. Deswegen bedient sich Aristoteles der Disziplin der Astronomie. "Denn diese Disziplin stellt ihre Untersuchung über die zwar sinnenfällige, aber ewige Substanz an, während die anderen mathematischen Disziplinen, Algebra z.B. und Geometrie, keinerlei Substanz in Betracht nehmen."[24]

Dieses Einige oder das Eins, wie Platon es im Parmenides nennt, muß also ruhen, weil die Bewegung von ihm ausgeht. Es hat keine Materie, kann aber als Entelechie nicht ohne Materie sein. Sein Wesen ist Energie als Voraussetzung und Resultat der Bewegung.[25] Es empfängt keine Bewegung von außen, ist an sich unbewegt, obwohl es an sich die Voraussetzung der Bewegung in sich ist. Durch den Begriff der Entelechie vermittelt Aristoteles zwischen Materie und Form und mit dem Begriff des ruhenden aber bewegenden Einen vermittelt er in der Tradition der altgriechischen Philosophie stehend zwischen Prinzip der Ruhe und Prinzip der Bewegung, zwischen eleatischer und heraklitischer Schule. Ist bei ihm dieses Eine ein unbewegtes Bewegendes, so besteht der große Unterschied zu Platon der Nomoi darin, daß für den letzteren das Eine ein sich selbst bewegendes ist.

Für Aristoteles ist im unbewegten Bewegenden die ewige Möglichkeit der Bewegung, die ewige Energie, Gott als scholastischer actus purus, für Platon ist im sich selbst bewegenden Bewegenden die Wirklichkeit der von innen kommenden Bewegung, das damaszenische ἔξαλμα, die ewige Bewegung in der trinitarischen Perichorese, die den Ansatz der Bewegung schon in sich ewig realisiert. Es ist dieser Unterschied, der die Differenz zwischen griechischer und lateinischer Trinitätsdialektik in der Ausgangsvoraussetzung der Reflexion ausmacht und somit in letzter Konsequenz den eigentlichen Grund für den Unterschied zwischen griechischer und lateinischer theologischer Tradition darstellt. Auf der Basis der scholastischen Aristoteles-Rezeption im allgemeinen und der Übernahme von der lateinischen Theologie des Begriffs des unbewegten Bewegenden und seiner Personifizierung und Wandlung, so daß er im besonderen der unbewegte Bewegende wurde, beruht der Rationalismus der scholastischen Gottesbeweise und der formal logische Aufbau der Beziehungen der Trinitätspersonen zueinander im Rahmen eines Trinitätsbegriffs, dessen innerer Aufbau den Strukturen der aristotelischen Naturontologie entspricht, wo der damit ausgesprochene Gottesbegriff letzten Endes in eine Naturontologie übergeht.

Was immer irgendeinem Etwas zukommt, ist entweder aus den Grundlagen seiner Natur verursacht, wie die Fähigkeit des Lachens beim Menschen, oder tritt aus irgendeinem außerhalb gelegenem Grunde [Ursprung] hinzu, wie das Licht in der Luft aus der Wirkkraft der Sonne stammt. Das Sein selbst einer Sache aber kann nicht von der Form oder der Washeit dieser verursacht sein. Verursacht wird hier gemeint als einer Wirkursache entstammend; dann nämlich wäre eine Sache Ursache ihrer selbst und verliehe sich selbst das Sein, was unmöglich ist. Daher muß jedes Ding, dessen Sein etwas anderes ist als seine Natur, sein Sein von wo anders her erhalten haben. Weil nun alles, was von einem anderen her ist, letztlich auf das, was von sich aus ist, als auf die erste Ursache zurückgeht, so muß es etwas geben, was für alle Dinge dadurch die Ursache des Seins ist, daß es selbst nur das Sein ist; wäre dem nicht so, so ginge die Reihe der Ursachen ins Endlose, weil, wie gesagt, jedes Ding, das nicht nur Sein wäre, eine Ursache für sein Sein haben müßte. Demnach müssen auch die Geister aus Form und Sein bestehen und ihr Sein von einem ersten Seienden her haben, welches nur Sein ist. Dieses aber ist die erste Ursache, d.h. Gott.[26]

Gott als reines, abstraktes Sein, das "für alle Dinge dadurch die Ursache des Seins ist, daß es selbst nur das Sein ist" ist die höchste und einfachste Bestimmung dieser Theologie, Gott als reine Transzendentalität, die aber aus sich heraustritt, die als Wirkursache mit den Dingen vermittelt sein muß; denn sonst "wäre eine Sache Ursache ihrer selbst und verliehe sich selbst das Sein", weil sie es nicht von ihrer Form her hat. Darin, in der Trennung von Sein und Form liegt die Begründung der Existenz Gottes als reinen, allesumfassenden Seins. Trennung von Sein und Form bedeutet aber in letzter Konsequenz Trennung von Materie und Form, Stoff und Geist oder Hegelianisch ausgedrückt Inhalt und Form. Obwohl, wie wir bei Aristoteles gesehen haben, das unbewegt Bewegende "das erste wesentliche Sein keine Materie hat", "denn es ist Entelechie", ist es gerade als Entelechie die Vermittlung der Transzendentalität mit der Welt des empirischen Seins, weil sonst sowohl Gott als auch die Welt des empirischen Seins sich gegenseitig zugrunde richten würden.

Für Thomas, der in der Tradition der aristotelischen Substanz steht, die nicht Prädikat sein kann, sondern unabhängig und ohne Substrat, ist dieses Sein ein reines, materienloses Sein.

Wird aber irgendein Ding gesetzt, das nur Sein wäre, so daß dieses Sein für sich bestände, so vertrüge dieses Sein keinerlei Beifügung eines unterscheidenden Merkmales, weil es dann sofort nicht mehr reines Sein, sondern ein Sein und überdies irgendeine Form wäre; noch viel weniger vertrüge es die Beifügung eines Stoffes, denn dann wäre es nicht mehr selbständig, sondern stofflich. Sohin kann dieses Etwas, das sein eigenes Sein wäre, schlechthin nur eines sein.[27]

Dieses eine Sein ist Gott. Alles andere, was dieses Sein nicht ist, kann aber nicht reines Sein sein, sondern erhält seine spezifische Beschaffenheit aus der verdoppelten Struktur der empirischen Mannigfaltigkeit der Welt. Im Verhältnis zwischen Einem und vielen ist nur das Eine reines Sein. "Daher muß in jedem anderen, von jenem verschiedenen Ding, dessen Sein [einerseits] und dessen Washeit oder Natur oder Form [andererseits] notwendig zweierlei sein."[28]

Das Problem der Vermittlung des reinen Seins, der reinen Transzendentalität Gottes mit der empirischen Vielfalt der Welt, bleibt bei Thomas aufrecht, denn in der Metaphysik der Trennung von Sein und Form und reinem einem Sein und vielem, bleibt die sich selbst bestimmende Transzendentalität des reinen Seins Gottes in der Mitte zwischen sich und der Welt stehen, weil sie aus sich heraustreten muß, um der Welt Sein zu verleihen, obwohl sie gerade in der ontologischen Differenz zu der Welt allein bestehen kann und Natur werden muß ohne Natur zu sein. Ist die Natur bei Hegel "begriffsloser Begriff", ist umgekehrt das reine Sein Gottes bei Thomas naturlose Natur.

Dieses Problem der Vermittlung verhält sich in der platonischen Tradition der griechischen Trinitätsdialektik anders. Weil hier das unbewegt Bewegende, oder theologisch fomuliert der unbewegt Bewegende, ein sich selbst bewegender Beweger ist, vollzieht sich im Prozeß der Reflexion in der ewigen Realisierung des Ansatzes der Bewegung in der Perichorese, in der Ewigkeit des Sprungs, im ewigen ἔξαλμα, das widersprüchliche Werden des inneren Lebens der Trinität zu einer Natur, die immer Natur und keine Natur war. Dieses ewig transzendentale Werden in der ewigen Transzendentalität von Natur und Nichtnatur ist das eigentliche Geheimnis der griechischen Trinitätsdialektik. Das kommt deutlich bei allen griechischen Theologen zum Ausdruck. So mag zwar der Damaszener in dem Ausmaß, in dem es eine Konzession an seinen äußerlichen Aristotelismus darstellt, den Schematismus und das Denkmuster des unbewegt Bewegenden übernehmen,[29] schreibt aber einige Seiten danach entsprechend der Tradition der negativen Theologie und des Pseudodionysius Areopagita, indem er über die Namen Gottes referiert: "Ein zweiter Name ist Θεὸς (Gott). Er wird abgeleitet von θέειν, laufen ..."[30] Um andererseits den Begriff Gottes als ewigen Widerspruch der sich selbst widersprechenden Transzendentalität zu formulieren, schreibt er im zweiten Kapitel seines dogmatischen Hauptwerkes: "Wer von Gott reden oder hören will, muß sich klar sein, *daß in der Gotteslehre wie in der Heilsveranstaltung weder alles unaussprechbar noch alles aussprechbar, weder alles unerkennbar noch alles erkennbar ist.*"[31] Dieser lebendige Widerspruch konstituiert also den Begriff Gottes hinsichtlich der immanenten und der ökonomischen Trinität und nicht zuletzt auch hinsichtlich unserer Erkenntnis.

In dieser Tradition der Philosophie steht somit die griechische Trinitätsdialektik vornehmlich auch im Bereich der Erkenntnistheorie. Ist das Prinzip der Bewegung die ontologische Grundlage der Trinitätsdialektik, so ist es auch die Basis für die Theorie der Erkenntnis. Das zeigt sich deutlich durch den ἔξαλμα Begriff beim Damaszener. Analog zum sprunghaften Charakter jenes Ansatzes der Bewegung, der in der Trinität enthalten ist, erfolgt in dieser Tradition der Prozeß der Erkenntnis. Es handelt sich hier um jenen dialektischen Erkenntnisprozeß, in dessen Rahmen die Erkenntnis des Erkenntnisgegenstands selbst sich durch die Spannung zwischen prinzipieller Uneinholbarkeit und Einholbarkeit durch das erkennende Subjekt auszeichnet. Aus diesem Grund, weil der Gegenstand der Erkenntnis in seiner ontologischen Beschaffenheit in dieser Spannung eingebettet ist, weil diese Spannung für es konstitutiv ist, kann er durch die Anstrengung der Erkenntnistätigkeit hindurch nur durch einen plötzlichen Sprung erkannt werden. Die Uneinholbarkeit für die Reflexion dieses dialektischen Gangs der Erkenntnis, die Unmöglichkeit seiner beliebigen Reproduzierbarkeit *jederzeit*, indem man seinen schriftlichen Niederschlag zu Hilfe nimmt, ja die Unmöglichkeit seiner schriftlichen Darstellung, ist der Grund für die Skepsis des späten Platon, was die Sinnhaftigkeit einer schriftlichen Darstellung von Philosophie betrifft, mit der wir im 7. Brief konfrontiert werden. Diese Skepsis ist aber auch die Basis für die mündliche Tradition des Gesprächs, für die Konzeption des pilosophischen Dialogs als Mittels und konstitutiven Moments des Erkenntnisprozesses selbst, wie wir ihn als Methode par excellence der antiken Dialektik kennen.

Gerade dieser Aspekt, der in der späteren Philosophie verloren geht, ist etwa bei Hegel der Grund für sein tragisches und geniales Scheitern. Sein ungeheurer Anspruch auf die Produktion von Wirklichkeit durch die Qual der dem Begriff unterworfenen Sprache ist seine Größe und sogleich der Grund und der Gradmesser für die Großartigkeit seines Scheiterns. Anders bei Platon: "Die wesensnotwendige Verbundenheit der platonischen Dialektik mit der gesprochenen Rede und Gegenrede als Offenbarmachen des Seienden kann hier außer Betracht bleiben, weil gerade diese Bedeutung der Dialektik in der weiteren Entwicklung völlig verloren geht, wie sie ja auch nur innerhalb der griechischen Welt Geltung haben kann."[32] Nur in der Anstrengung des Denkens, in der gemeinsamen Auseinandersetzung um das Objekt der Erkenntnis kann sie wie ein Funke aus der abgrundtiefen Transzendentalität des Seins entspringen.

Es gibt ja auch von mir darüber keine Schrift und kann auch niemals eine geben; denn es läßt sich keineswegs in Worte fassen wie andere Lerngegenstände, sondern aus häufiger gemeinsamer Bemühung um die Sache selbst und aus dem gemeinsamen Leben entsteht es plötzlich - wie ein Feuer, das von einem übergesprungenen Funken entfacht wurde - in der Seele und nährt sich dann schon aus sich heraus weiter.[33]

Die byzantinische Theologie steht eindeutig im Zeichen dieser Tradition. Daß ihr hiebei die Auffassung von der gemeinsamen Anstrengung des Denkens, um durch sie die Transzendentalität der Erkenntnis für den Menschen zu überwinden, fehlt, ist evident, dieser Gedanke bleibt jeder Theologie fremd. Seine mystische, theologische Form, seine religiös spirituelle Fassung, ist allerdings im Kultbegriff enthalten, in der Liturgie als Kommunikationsform der Gemeinde mit sich selbst und durch sich selbst mit der Transzendentalität des sich in der Gemeinschaft der Gläubigen offenbarenden Gottes, der wie zu Pfingsten sich im Geiste offenbart und konsequenterweise die ontologisch angelegte Schranke überwindet. Im Lichte des sich im Geiste offenbarenden Logos sprechen die Apostel alle Sprachen. Sie überwinden somit die Schranke der Sprache als ontologisch angelegte Kategorie so wie sie sich als Folge der ontologischen Minderwertigkeit des Menschen als entfemdeten Wesens konstituiert hat, oder wie es in der Sprache der Theologie heißt, als Folge der Sünde. Das ist der tiefere Sinn des theologischen Begriffs der Sünde, ἁμαρτία, jenes prinzipiellen Mangels, der den Menschen von der ursprünglichen Vollkommenheit des Archetyps entfernt hat. Somit wird aber auch in der Tradition der evangelischen Erzählung das überwunden, was in der modernen Philosophie, so bei Lacan, die tödliche Herrschaft der symbolischen Ordnung der Sprache bedeutet, die gnadenlose, unüberwindbare Herrschaft des "symbolischen Universums".[34]

Die großen östlichen Kirchenväter und das ganze corpus der byzantinischen Theologie, in seiner Kontinuität von der alexandrinischen Theologie des Clemens bis an seiner höchsten Reflexionsstufe angelangt im Lichte der palamitischen Theologie, kennen das Problem, das Lacan hier aufwirft und durchbrechen die Herrschaft der Sünde und der Entfremdung, ἀλλοτρίωσις, alienatio, dieser Welt der Lacan'schen "symbolischen Ordnung" als coditio humana, in der es für den Menschen kein Entrinnen gibt, durch die revolutionäre Kraft der Dialektik des sich offenbarenden Logos.

Wie kannst du aus so einem Gefängnis entfliehen? Wie kannst du mitreden ohne in der Sprachstruktur, die deine Rede und dich selbst als sprechendes Wesen bestimmt eingeschlossen zu werden? Die Frage scheint unbeantwortbar. Sie verweist auf die Frage, die die Mystiker von anderen Zeiten beschäftigt hat. Kannst du etwa mit körperlichen Augen 'Das Taborlicht' sehen, kannst du mit den Sinnen das erfassen, was bis jetzt den Sinnen nicht gegeben worden ist, kannst du 'durch die Sinne alles erfassen' und 'außerhalb aller Sinne' sein? Der Mystiker Symeon der Neue Theologe hat diese Frage mit dem Problem des Logos[*] verbunden. Kannst du in der Sprachstruktur sein, aber nicht in ihr entfremdet? Er hat das Problem in der Sprache seiner Zeit formuliert: 'Derjenige, der in bezug auf den Logos taub ist, ist in bezug auf jede Stimme taub, und derjenige,

---

[*] Ich übersetze hier mit Logos das griechische λόγος, das primär Wort, Vernunft heißt, und in diesem Fall nicht das inkarnierte Wort, den inkarnierten Λόγος, bedeutet. Ich ziehe diese Übersetzung dem Ausdruck "Wort" vor, weil im griechischen Text der subtile Übergang von λόγος auf Λόγος sprachlich stets mitenthalten und angedeutet ist. Aus diesem Grund, um auf die innere Doppeldeutigkeit dieses für die Tradition bedeutungsschweren Wortes hinzuweisen, übersetze ich das Prooimion des Johannesevangeliums mit "Logos" und nicht wie üblich mit "Wort". Das ist auch insofern notwendig, als hier Λόγος im weiteren vom Autor beabsichtigten Kontext im Unterschied zum lateinischen Verbum, großgeschrieben wird. Verbum ist substantiviertes, verkrustetes, festgewordenes Fließen, Tätigkeit die keine mehr ist, aufgehobene, tote Bewegung. Verbum ist ein endgültig substantiviertes Verb, ein Verb post festum a priori; die Herrschaft der entfremdeten verdinglichten Sprache, die Welt Lacans, in letzter Konsequenz die Welt des Katholizismus, die Welt der römischen Kirche, Rom als Staatsmacht. Λόγος ist ein Substantiv, das in sich Verb ist, nicht festgefroren, sondern aus sich heraus fließend, Λόγος ist ein Substantiv, das in sich und aus sich heraus ewiges Werden, ewiges Verb ist. Λόγος ist ein Substantiv, das nie ein Substantiv sein kann, das nie post festum sein kann, das a priori ein Substantiv ist, das kein Substantiv ist. Der Λόγος ist schließlich die byzantinische Kirche, er ist Konstantinopel, er ist Staatskirche, die selbst kein Staat sein, und in letzter Konsequenz auch keinen Staat haben kann. Der Λόγος ist das, was nicht sein kann. (Das tertullianische "credo quia absurdum est" ist hier nicht wie üblich als seichter, oberflächlicher Irrationalismus zu interpretieren, sondern als die theologische Fassung des Prinzips des Widerspruchs, als die Basis jeder Dialektik.)

der den Logos hört, hört alles; dieser ist taub in bezug auf jede Stimme, er hört alles und nichts, abgesehen von den allein im Logos Seienden, die ihre Rede im Logos bilden und nicht die (hört er), sondern den Logos allein, der in der Stimme stimmlos lautet.' Der Logos ähnelt hier dem von Lacan, aber besagt das Gegenteil, das 'Am Anfang war der Logos' ist nicht das 'In principio erat Verbum' der Lateiner von Lacan. Der Logos, der 'in der Stimme stimmlos lautet', ist nicht die übermächtige Sprachstruktur, sondern die Bewegung, die sie überwindet, in dem Moment sie immanent ist - Transzendenz ohne Transzendenz im Transzendenten. Symeon identifiziert sie mit der Möglichkeit eine *verwandelte*, sinnenhafte Welt mit den verwandelten ('vergöttlichten') *materiellen* Sinnen zu sehen.[36*]

In der Ewigkeit ihrer Bewegung, in der Perichorese, ist die Trinität stets die durch sich selbst unterscheidende Bewegung. Wie wir schon bei Palamas gesehen haben vollzieht diese sich selbst, durch sich selbst, von sich selbst unterscheidende Bewegung stets die Totalität der Rückkehr ihrer Reflexion in sich, sie ist die Totalität der sich selbst als Voraussetzung ihrer selbst setzenden Transzendentalität, die sich selbst als Voraussetzung ihrer selbst weiß. Insofern sie sich selbst voraus ist, ist sie Einheit, in der die Energie "vom Vater durch den Sohn im Hl. Geist *vorgeschickt* wird".[37]

Das ist in der griechischen Trinitätsdialektik die spekulative Begründung der Monarchie des Vaters und der Hinweis auf den Logos, der ἄναρχος (anfangslos)[38] und ὑπερφυής ist. (Der Ausdruck ließe sich am besten mit "über die Natur hinausgehend", "über sie überragend hinauswachsend" übersetzen. Palamas verwendet den Ausdruck, um auf die Transzendentalität Gottes hinzuweisen, in dem er in platonischer Tradition sich der Analogie des Verhältnisses zwischen ἐπιστῆμαι als Einzelwissenschaften, die des transzendentalen sie überragenden Nus teilhaftig und somit der Er-

---

* Für diesen von Michail unter Hinweis auf Symeon d. Neuen Theologen zur Sprache gebrachten Logosbegriff, gibt es eine m.E. herrlich treffende Darstellung von Pseudodionysius Areopagita: "Jeglicher Denktätigkeit ist das über alles Denken erhabene *Eine* unausdenkbar, jeglicher Rede ist das alle Rede übersteigende *Gute* unaussprechlich, jene Einheit nämlich, welche jeder Einheit Einheitlichkeit verleiht, jene überwesentliche *Wesenheit*, jene keiner Vernunft zugängliche *Vernunft* und jenes durch kein Wort auszudrückende *Wort*, ein *Nichtwort*, ein *Nichtwissen*, ein *Nichtname*, alles das nach keiner Art von dem, was ist; Grund des Seins für alle Dinge und doch selbst nicht seiend, weil über alle Wesenheit erhaben und so beschaffen, wie es nur selbst eigentlich und wissend über sich Kunde geben möchte."[35]

kenntnis zugänglich sind, bedient, weil sie auf jenen hinter ihnen seienden und sie totalisierenden Nus als ihre synthetische Voraussetzung zurückgeführt werden können, während der Nus selbst in transzendentaler Unzulänglichkeit bleibt. "Und er ist der Grund von jeder Wissenschaft, nicht aber sie (der Grund) von ihm. Und in bezug auf die Wissenschaft ist der Nus der Wissenschafter den Lernenden teilhaftig, dem Wesen aber nach nicht teilhaftig und unzugänglich."[39]

Dieser über die Natur hinausgehende Nus ist somit jener Ort, in dem als dialektischer Einheit der Transzendentalität der Vernunft die Gegensätze des Verstandes aufgehoben werden. "Wenn aber Wissenschaft und Nus eins und nicht eins sind, wie ist nicht in Gott Wesen und Energie dasselbe und nicht dasselbe, in bezug auf den und wegen des über die Natur Hinausgehenden die Gegensätze den Vätern gemäß den Kampf gegeneinander aufgeben?"[40] In der göttlichen Vernunft als transzendentaler Einheit des Widerspruchs von Wesen und Energien werden die bloßen Verstandesgegensätze aufgehoben. Der Logos als jene "Stimme, die stimmlos lautet" durchbricht also in der Bewegung der Transzendentalität seines Wesens die Strukturen der Faktizität und der Äußerlichkeit des Seins und tritt im Kosmos hervor als ewige Erinnerung seiner selbst, als Archetyp, der hinter der entfremdeten Faktizität des haltlosen Scheins waltet. Seine Bewegung beruht auf ihm selbst, sie kommt von innen her, sie bricht in ihm hervor und er in ihr. Somit ist aber die Vermittlung zwischen dem Logos und der Natur im Widerspruch zwischen Logos und sich selbst möglich. Anders bei Thomas und den Scholastikern, hier bleibt die Transzendentalität des Logos nicht in der Mitte zwischen sich und der Welt stehen, das wäre eine unüberwindbare Kluft für die Rationalität jenes Verstandes, der dem Kampf der Gegensätze gegeneinander unterliegt. Für Thomas und die Scholastiker kann in letzter Konsequenz die Bewegung gar nicht von innen kommen, der unbewegt Bewegende ist unbewegt, weil weder weiter hinter ihm eine Bewegungsursache gedacht werden kann, noch in ihm selbst, wenn er durch seine Bewegung nur *andere* außer ihm Seiende bewegen muß. Für die formale Rationalität des Verstandes ist der transzendentale Widerspruch des Logos mit sich selbst unerträglich. Für die apophatische byzantinische Theologie ist gerade dieser Widerspruch das entscheidende Moment der spekulativen Gottesbestimmung.

Gott ist und ist nicht, er ist Ruhe und Bewegung, er ist alles und nichts. "Von ihm stammen alle wesenhaften Existenzen der Dinge, die Einigungen, die Unterscheidungen, die Identitäten, die Verschiedenheiten, die Ähnlichkeiten, die Unähnlichkeiten, die Gemeinsamkeiten des Entgegengesetzten, die Unvermischtheiten des Geeinten..."[41] In der dialektischen Einheit von Wesen und Energien ist Gott identisch mit dem mit sich selbst nicht Identischen. Für den Rationalismus des scholastischen Denkens war dieser Widerspruch unbegreiflich. Das ist der eigentliche Grund, warum die scholastischen Gegner von Palamas die göttlichen Energien entweder als Schöpfung bezeichneten oder sie dem Wesen gleichgestellt haben.

In gewisser Hinsicht bleibt der scholastische Rationalismus mit den Aporien, die das Kausalitätsverhältnis für den formalen Verstand impliziert, behaftet. Somit bleibt aber dieser Rationalismus hinter der im § 153 der Hegel'schen Enzyklopädie durchgeführten Lösung, er bleibt stecken in der schlechten Gegensätzlichkeit von Ursache und Wirkung und kann in der Kontinuität dieser Tradition bis zur Neuzeit, bis zur Descarteschen Distinktion von res cogitans und res extensa, bis Leibniz und Spinoza dem Teufelskeis der formalen Kausalität nicht entkommen. Die Konsequenz dieses Formalismus ist in der Neuzeit, dort wo dem Bedürfnis der Vermittlung Rechnung getragen werden muß, die Konzeption eines mechanischen Universums, in dem Inneres und Äußeres sich gegenseitig widerspiegeln und die in ihm waltende Vernunft das Verhältnis der Beziehungen der Widerspiegelungen zueinander regelt.

Die Perzeptionen in der Monade entstehen auseinander nach den Gesetzen des Strebens oder den *Zweckursachen des Guten* und des *Bösen*, die in geordneten oder ungeordneten bemerkbaren Perzeptionen bestehen - wie die Veränderungen der Körper und die äußeren Erscheinungen nach den Gesetzen der *Wirkursachen*, d.h. der Bewegungen, auseinander hervorgehen. Daher besteht eine vollkommene *Harmonie* zwischen den Perzeptionen der Monade und den Bewegungen der Körper, die von Anbeginn an zwischen dem System der Wirkursachen und dem der Zweckursachen prästabiliert ist; und eben darin besteht die Übereinstimmung und die natürliche Vereinigung von Seele und Körper, ohne daß eines die Gesetze des anderen zu ändern vermöchte.[42]

Es ist dieses Weltbild einer prästabilierten Harmonie, das als Produkt des Kampfes um die Vermittlung aus der rationalen Theologie der Scholastik entsteht, deren Idee der Einheit der Welt in den großen Entwurf der analogia entis mündet, um in weiterer Folge die Anstrengung der Philosophie um Einheit auch in der Neuzeit zu bestimmen, das auf keinen Fall sich mit der Tradition christlichen Bewußtseins als eschatologischen Entwurfs in der Dialektik und durch die Dialektik des sich selbst in seiner Transzendentalität setzenden, sich selbst in Widerspruch zu sich selbst bestimmenden Logos vertragen kann. Vom Rationalismus der scholastischen Gegner Palamas, durch Descartes und Leibniz hindurch bis zur unerbitterlichen Herrschaft der Universalordnung der Sprache des katholischen Rationalisten Lacan, ist es in letzter Konsequenz die eine Linie des Gedankens, die die Kontinuität des Weges schafft, jene Kontinuität, deren Endstation nur die Welt der entfremdeten Ausweglosigkeit der untergegangenen Dialektik des Logos sein kann.

Die Position, deren geschichtlicher Hintergrund durch die platonische Tradition der byzantinischen Theologie bestimmt war, hat immer den Kampf gegen die Konsequenzen des rationalistisch scholastischen Erbes angetreten. Auch in der Zeit, in der es keine byzantinische Philosophie mehr gab, hat ihre verinnerlichte Grundauffassung weitergewirkt und ist zwar indirekt und gebrochen, jedoch immer noch lebendig als Geisteshaltung durch die große Literatur verewigt worden. So läßt Dostojewski seinen Helden Ivan Karamasov über das Konzept der Theodizee sprechen:

Was nützt mir das alles? Das, was ich will ist die Entlohung, und wenn es sie nicht gibt werde ich mich umbringen. Und Entlohung nicht woanders im Universum, sondern hier unten, eine Entlohnung, die ich mit den eigenen Augen sehen kann. Ich habe geglaubt, ich will also vorne stehen. Und wenn ich gestorben sein sollte, müssen sie mich auferwecken. Sollte alles außerhalb von mir geschehen, wäre es sehr traurig. Ich will nicht, daß mein Körper mit seinen Schmerzen und Fehlern nur als Düngemittel für die künftige Harmonie dient, für die Zwecke, die, weiß ich nicht wer, anstrebt. Ich will mit den eigenen Augen die Ziege neben dem Löwen schlafen sehen, das Opfer seinen Mörder umarmen. Gerade auf diesen Wunsch stützen sich alle Religionen. Und ich glaube. Ich will dabei sein wenn alle den Grund aller Dinge wissen werden... Solange noch Zeit ist, lehne ich es ab, diese höhere Harmonie zu akzeptieren. Ich sage, daß die ganze Harmonie nicht soviel wert ist wie die Träne eines Kindes... Aus Liebe für die Menschheit will ich diese Harmonie nicht... Ich lehne es nicht ab Gott zu akzeptieren, aber mit großer Ehrfurcht gebe ich ihm meine Eintrittskarte zurück. - Aber das ist ein Aufstand gegen Gott, sagte leise Alioscha...[43]

Wenn durch das Konzept einer rationalen Theologie die Lebendigkeit des Widerspruchs durch die Mechanik einer äußerlichen universellen Vermittlung ausgetilgt wird, gerät die eschatologische Basis des christlichen Bewußtseins ins Schwanken und das bedeutet seinen historischen Tod. Es ist dies die gleiche äußerliche Mechanik, die Hegel am Begriff der spinozeischen Substanz in der Logik kritisiert. Diese Mechanik stellt einen diametralen, unüberbrückbaren Gegensatz zu den Fundamentalvoraussetzungen jenes christlichen Bewußtseins, das für die platonisierende byzantinische Theologie konstitutiv ist.

Es steht also fest: Wenn durch die befreiende Kraft der Trinitätsdialektik der östlichen Theologie der erscheinende Geist der Erkenntnis den über jeden Verstand hinausgehenden Logos offenbart, vollzieht sich die *materielle* Wiederherstellung des ontologisch minderwertigen Menschen und die Rückkehr zum Archetyp zu jenem ursprünglichen Zustand der freien nicht entfremdeten Natur, der alle Sehnsucht dieser Theologie gilt. Das ist die Basis für den theologisch verbrämten aber ungebrochenen Materialismus der byzantinischen Kirchenväter, die Grundlage, auf der sich der Übergang von der spekulativen Trinitätsdialektik in den Begriff der Natur vollzieht. Das ist auch die Basis der byzantinischen Ikonentheologie. "Die Apostel haben also Christus körperlich gesehen und seine Leiden und seine Wunder, und sie haben seine Worte gehört; wir wollen auch sehen und hören und glückselig werden."[44]

Dieser Materialismus durchdringt die ganze byzantinische Ikonentheologie und definiert die ontologische Minderwertigkeit von Mensch und Natur im Zustand der Sünde als Angelegenheit der Weltgeschichte, als Produkt des Eingriffs von Weltgeschichte in die Heilsgeschichte. "Verdamme die Materie nicht; denn sie ist nicht ehrenunwürdig; denn nichts ist ehrenunwürdig, das von Gott geschaffen ist. Das ist die Meinung der Manichäer; und nur das ist ehrenwürdig, das seinen Entstehungsgrund nicht in Gott hatte, sondern in uns... also die Sünde."[45]

Die ontologischen Voraussetzungen für den hier angedeuteten Übergang in die Natur als Rückkehr zum Archetyp, zum ursprünglichen Zustand der nicht entfremdeten Menschheit sind in der Trinität selbst enthalten, sie sind in der inneren Vermittlung zwischen immanenter und ökonomischer Trinität in ihr selbst angelegt. Das zeigt sich sehr schön durch die Darstellung der spezifischen Art der Bewegung in der Trinitätsdialektik, durch das Aufzeigen und Analysieren der besonderen konstitutiven Momente, die zu den besonderen Arten von Bewegungen innerhalb der Trinität führen.

Aber man muß auch erlauben, die Bewegungen Gottes, des Unbewegten, gottgeziemend in der Rede zu preisen. Unter der geraden Bewegung ist das Unbeugsame in Gott und das nie aus der Richtung zu bringende Hervortreten der göttlichen Einwirkungen und das Werden aller Dinge aus ihm zu verstehen. Unter der spiralförmigen Bewegung ist der unbewegliche Ausgang und zeugungskräftige Ruhestand, unter der kreisförmigen Bewegung endlich ist die Selbstgleichheit und das Zusammenhalten von Mitte und Ende, Umschließendem und Umschlossenem sowie die Hinwendung der aus Gott hervortretenden Wirkungen zu ihm zurück zu verstehen.[46]

Gott tritt aus sich heraus in den Kosmos, er wird Natur, weil er Natur ist, die absolute mit sich selbst identische Natur, dieses Sich-selbst-Natur-Werden, kann aber nur dann aus der absoluten Entäußerung bei sich bleiben, wenn es in der Bewegung der absoluten Entäußerung die Reflexion seiner selbst in sich zurück beinhaltet, weil es die Reflexion in der Entäußerung ist. Die spiralförmige Bewegung ist die ewige Reflexion in sich in der ewigen Entäußerung, die Bewegung geht immer hinauf und in diesem Hinausgehen immer zu sich zurück.

Damit ist aber der ewige Prozeß des Werdens von Natur nicht abgeschlossen; denn, indem Gott in seiner Entäußerung sich zu sich zurück reflektiert, ist er in dieser Identität noch nicht ganz Ganzheit der zurückgenommenen Einheit der Bewegung des Hinaus- und Zurückreflektiert-Werdens, noch nicht die zurückgenommene Einheit des Umschließenden und Umschlossenen, er ist noch nicht in diesem alles Umschließenden, Umschlossenen bei sich. In der Ewigkeit der Bewegung, in der Gott Natur wird, in der er ewiger Gott und ewige Natur bleibt, ist das eigentlich Vermittelnde die spiralförmige Bewegung. Sie stellt die Vermittlung zwischen immanenter und ökonomischer Trinität dar; denn wenn es den immer zurückreflektierten Hervortritt nicht gäbe, könnte es gar nicht zur zurückgenommenen Einheit des Umschließenden und des Umschlossenen kommen, Gott wäre in der unüberwindlichen Aporie, entweder sich selbst oder nicht in sich selbst zu sein, eingekerkert, er wäre im Gegensatz zwischen absoluter Identität und absoluter Entäußerung stehengeblieben, er wäre mit anderen Worten in der Äußerlichkeit einer Beziehung zum Kosmos stehengeblieben, in der es nur eine absolute, abstrakte, einfache Substanz und Schöpfung* gibt.

Dieses Moment der Vermittlung zwischen absoluter Substanz und sich selbst wissender Natur als Natur Gottes ist aber auch jene methodologische Instanz in der Systematik der Trinität, die eine dialektische Konzeption des Begriffs der Zeit ermöglicht. Es zeigt sich in diesem Zusammenhang, daß die byzantinische Trinitätsdialektik einen Begriff von Zeit voraussetzt und entwickelt, der entsprechend dem materialistischen Übergang in die Natur als letzter Konsequenz dieser Dialektik den Begriff der Zeit nicht in der Spannung der unüberwindlichen Differenz zwischen Ewigkeit und Endlichkeit des bloßen Verstandes angesiedelt läßt, sondern als lebendige Totalität ihres eigenen Inhalts, als Einheit mit sich selbst, als ihr Eigenes darstellt und somit jene unüberwindliche Differenz überwindet. Das geschieht im Unterschied zu Augustinus, dessen Zeitbegriff gerade auf dieser unüberwindlichen Differenz beruht.

---

* In diesem Sinn wäre er unvermittelt und damit hinter den Standpunkt des von Hegel in der Enzyklopädie trefflich hervorgehobenen Moments der Vermittlung zurückgefallen.[47]

IX. Weltgeschichte und theologische Zeitkonzepte

Obwohl Augustinus' Zeitbegriff im von ihm geleisteten Ansatz der Lösung der Aporie der unüberwindlichen Differenz eindeutig platonisch orientiert ist, bleibt er gerade deswegen, weil die Spannung durch den methodologischen Zugang in das Problem der Differenz mittels einer eigentümlichen und zweifelsohne brillanten Rezeption der Wiedererinnerungslehre trotzdem aufrechterhalten bleibt, unzulänglich. Hier verfügt die Wiedererinnerungslehre nicht über die methodischen Voraussetzungen und Mittel, um diese Spannung zu überwinden, wohingegen die Bewegungstheorie des späten Platon Abhilfe leisten könnte.

Das Ganze entbehrt nicht einer gewissen Ironie. Der in der Problematik von Zeit und Zeitbegriff vornehmlich platonisch orientierte Augustinus (hier ist m.E. ein Paradebeispiel dafür, wie platonisch Augustinus doch auch ist. Zwischen De trinitate und dem Zeitbegriff in den confessiones stehen methodologische Welten. Augustinus ist, wie es sich hier zeigt, ein Produkt der Mischung, der Vermengung von platonischen und aristotelischen Einflüssen in der Zeit des Übergangs zwischen ausgehender spätrömischer Antike und den Ansätzen der neuen mittelalterlichen Welt. Augustinus ist selbst der Übergang zwischen den beiden Philosophien und den beiden Epochen) ist in dieser Frage der ebenfalls platonischen, aber hier am späten Platon orientierten griechischen Theologie methodisch entgegengesetzt. Die methodische Konsequenz der Anwendung der platonischen Wiedererinnerungslehre auf die Darstellung des Zeitbegriffs bei Augustinus ist die Reduktion von Zeit für den Verstand auf einzig und allein die Gegenwart und somit Verschärfung der Differenz zwischen ihr als außerhalb des Menschen seienden Transzendentalbegriffs und endlichem Verstand. Damit gerät man aber letzten Endes in die Aporie einer schlechten Unendlichkeit, die mühevoll überwunden werden soll.

Wer leugnet nun, daß das Zukünftige noch nicht ist? Allein die Erwartung des Zukünftigen ist bereits im Geiste. Wer leugnet, daß das Vergangene nicht mehr ist? Aber die Erinnerung an die Vergangenheit ist noch im Geiste. Wer leugnet, daß die Gegenwart der Dauer entbehrt, da sie in einem Augenblick vorübergeht? Allein es dauert doch die Wahrnehmung; durch sie soll das, was vorläufig erst herankommen soll, Dauer in der Vergangenheit erhalten. Also ist nicht die Zukunft lang, die ja nicht ist, sondern eine lange Zukunft ist nur eine lange Erwartung der Zukunft; ebenso ist nicht die Vergangenheit lang, die nicht mehr ist, sondern eine lange Vergangenheit ist nur eine lange Erinnerung an die Vergangenheit.[1]

Unabhängig von den immanenten ontologischen Konsequenzen dieses auf die Differenz von Verstandesgegenwart und Ewigkeit Gottes reduzierten Zeitbegriffs entbehrt die somit entstehende Theorie der zwei Welten, der Welt der verschwindenden, für den Verstand dahinschwindenden Zeit, die er nicht totalisieren kann ("wenn also die Gegenwart, um Zeit zu sein, in die Vergangenheit übergehen muß, wie können wir dann sagen, daß sie an das Sein geknüpft ist, da der Grund ihres Seins darin besteht, daß es sofort in das Nichtsein übergeht? Also müssen wir in Wahrheit sagen: die Zeit ist deshalb Zeit, weil sie zum Nichtsein hinstrebt"[2]), die nur in der Zeit sein kann ("denn wo noch keine Zeit war, gab es auch kein damals"[3]) und der Welt der Ewigkeit Gottes, die jenseits der Zeit steht, die er geschöpft hat ("alle Zeiten hast du geschaffen, und vor allen Zeiten bist du, und nie gab es eine Zeit, wo keine Zeit war"[4]), nicht einer für die Interpretation faszinierenden Ambivalenz, die für Augustinus typisch ist.

Einerseits drückt sich somit der Gedanke der Trennung der unüberwindlichen ontologischen Differenz, die nicht wie im Verhältnis zwischen civitas terrena und civitas dei durch die intermixio überwunden werden kann und somit für den Menschen die hoffnungslose Welt der absoluten Privation Gottes, eine Spannung, die, wie wir gesehen haben, für das christliche Bewußtsein konstitutiv ist, die jedoch hier im Verhältnis äußerlicher Unvermittelbarkeit stehenbleibt, und andererseits bleibt doch bei Augustinus die Idee der intermixio aufrecht, der große geschichtsphilosophische Entwurf, die eschatologische Erwartung vom Ende der entfremdeten Zeit der Unfreiheit, der Notwendigkeit des Todes. Hier zeigt sich wieder der Widerspruch zwischen augustinischer Ontologie und Geschichtsphilosophie. Denn was die Ontologie betrifft, so ist das platonische

Begriffsmuster von der Zukunft als vorweggenommener Erinnerung nicht in der Lage auch die Vorwegnahme der Aufhebung der Zeit und somit des Reichs des Geistes und der Freiheit zu vollziehen. Es kann sie gar nicht als inhaltliche Bestimmung implizieren, weil es von vornherein durch seine ontologische Bestimmung an der Welt der Entfremdung haftet, es ist in ihr ontologisch angelegt. Die augustinische Philosophie bleibt diesem Widerspruch angehaftet, das ist ihre innere unaufhebbare Schranke, die gleichzeitig die Tragödie der römischen Welt und des Katholizismus ist. Er will, daß die Kirche Staat wird und nicht, daß der Staat in der Kirche aufgehoben wird. "Umgekehrt, nach den russischen Hoffnungen und Vorstellungen muß die Kirche nicht im Staat wiedergeboren werden, von einer niedrigeren auf eine höhere Stufe übergehen, sondern der Staat muß in letzter Konsequenz sich würdig erweisen und als Ganzes eine Kirche werden und sonst nichts."[5] In dieser knappen literarischen Formulierung durch eine Romanfigur, artikuliert sich der eigentliche Unterschied zwischen der byzantinischen und der römischen Tradition von Philosophie und Theologie, zwischen päpstlichem Staat und byzantinischer Theokratie und Cäsaropapismus.

Wenn die Gegenwart Gottes ewiges Heute ist,[6] so bleibt doch der Mensch per definitionem außerhalb von diesem Heute, in dem es keine entfremdete und ontologisch minderwertige Zeit ist, wie in der Welt der Schöpfung. In dieser Welt ist dann die Zeit einerseits das Maß der Vergänglichkeit und der Verderbnis, Ausdruck der unerbittlichen conditio humana, und andererseits ist sie als organisierte gesellschaftliche Zeit Produkt der Organisation von Herrschaft. Es gibt keinen Bereich menschlichen Lebens, in dem die Herrschaftsverhältnisse sich so brutal und unvermittelt niederschlagen wie die gesellschaftlich organisierte Zeit. Die Zeit ist für den Menschen der große Kerker, dem er nie entkommen kann, in ihr als biologischer Zeit, als Altern, drückt sich die gnadenlose Herrschaft und Notwendigkeit der Naturbestimmung aus, in ihr als gesellschaftlich organisierter Zeit, als Arbeitszeit, ist gebannte Naturherrschaft als Herrschaft des Menschen über den Menschen. In seiner letzten Konsequenz, positiv gefaßt, kann man dieses Verhältnis pointiert so formulieren: Freiheit ist die Freiheit von der Herrschaft der Zeit. Diese Herrschaft der Zeit ist in der Neuzeit der eigentliche Gegenstand der Kapitalismuskritik seitens der marxistischen Philosophie geworden und stellt m.E. den Kern des Entfremdungsbegriffs dar. Denn in einer Welt, in der die Notwendigkeit des Warenverkehrs die Beziehungen und die Lebensbedingungen regelt, wird Zeit als Arbeitszeit, die zur Bestimmung des Werts der Ware, dem Wert der Ware zugrundegelegt wird, abstrakte Zeit, Quantität, die im Kapitalismus zur einzigen Qualität wird, zum konstitutiven Moment der gesellschaftlichen Synthesis. Abstrakte Zeit als bloße Quantität, diese schlechte Unendlichkeit des Verstandes, die Augustinus Jahrhunderte vor der Entstehung der kapitalistischen Gesellschaft so treffend beschreibt, ist im Kapitalismus die entleerte Substanz der Welt, des Weltstaates, wie Augustinus sagen würde, im Höhepunkt seiner geschichtlichen Entwicklung. Theologisch gesprochen, ist der Kapitalismus teuflisch. In der Sprache der philosophisch-ökonomischen Darstellung dieses Prozesses im "Kapital" formuliert es Marx natürlich anders: "Wenn also mit Bezug auf den Gebrauchswert die in der Ware enthaltene Arbeit nur qualitativ gilt, gilt sie mit Bezug auf die Wertgröße nur quantitativ, nachdem sie bereits auf menschliche Arbeit ohne weitere Qualität reduziert ist. Dort handelt es sich um das Wie und Was der Arbeit, hier um ihr Wieviel, ihre Zeitdauer."[7]

In der Welt des Warenfetischismus, in der der Wert der Ware durch das Quantum der verausgabten menschlichen Arbeit sich bestimmen läßt, ist nach Marx das Verhältnis des Arbeiters sowohl zum Produkt seiner Arbeit als auch zum Akt der Produktion selbst fremd.[8] In dieser Welt, in der Arbeit Arbeit fürs Kapital, d.h. Ware wird, und der Wert der Ware durch die Arbeitszeit auf die abstrakte äußerliche Quantität von Arbeit reduziert wird, ist dem Arbeiter Arbeitszeit, Zeit *während der er arbeitet*, Sklaverei und Fessel. "Der Arbeiter fühlt sich daher erst außer der Arbeit bei sich und in der Arbeit außer sich."[9] Aus diesem Grund ist für Marx die Vision der kommunistischen Gesellschaft, des Reichs der Freiheit gleichbedeutend mit einer Gesellschaft, in der die abstrakte quantitative Zeit, die Bestimmung der Zeit als Arbeitszeit, die sich der Gesamtgesellschaft im Kapitalismus bemächtigt[10], aufgehoben wird. Die berühmte Wendung in der "Deutschen Ideologie" vom "Jäger, Fischer oder Hirt oder kritischer Kritiker"[11], bezieht sich demnach nicht nur auf das "Sichfestsetzen der sozialen Tätigkeit"[12] und die Arbeitsteilung im Kapitalismus, sondern auch auf die freie Verfügung über die individuelle Zeit, die erst in der kommunistischen Gesellschaft möglich sein wird, d.h. in jener Gesellschaft, die "die allgemeine Produktion regelt und mit eben dadurch möglich macht, heute dies, morgen jenes zu tun..."[13] Die entfremdete Zeit ist also im Marx'schen Entfremdungsbegriff organisch enthalten, sie stellt für ihn ein wesentliches, konstitutives Moment dar, ja man kann sagen, daß sie Voraussetzung und Resultat von Entfremdung ist.

Hier wird einem übrigens klar, daß der Marx'sche Entfremdungsbegriff eine für das Gesamtsystem zentrale Kategorie ist, einen roten Faden darstellt, der von den "Pariser Manuskripten" durch die "Deutsche Ideologie" bis zum "Kapital" das Gesamtwerk durchzieht. Der Entfremdungsbegriff ist nicht, wie so oft behauptet, Ausdruck und Reminiszenz des bürgerlichen Humanismus des jungen Marx, sondern zentraler Schlüsselbegriff, der in seinen verschiedenen Darstellungen, ausgehend von der Auseinandersetzung mit dem Begriff der Natur und der Geschichte, der Hegel'schen Dialektik etc. bis zum "Kapital", wo er als organischer Bestandteil und Produkt der ökonomischen Analyse fungiert - einer Analyse, die übrigens nicht nur "ökonomisch" im Sinne positivistischer Trennung der Erkenntnisgegenstände der Wissenschaft ist, weil sie als systematische Totalität die konventionellen Trennungslinien in der Wissenschaft in die Luft sprengt - die Blickrichtung des Gedankens bestimmt. Die Aufhebung der Entfremdung ist der innere Zweck, die Bestimmung und der Inhalt, der eigentliche Bezugspunkt des Marx'schen Systems. Sie ist für den Marxismus das, was für das Christentum die Auferstehung. So wie das Christentum mit der Auferstehungslehre steht und fällt, so der Marxismus mit dem Begriff der Entfremdung. Hier mag der Vergleich etwas gewagt und holprig erscheinen, will aber sagen, daß bei Wahrung der nötigen systematischen Distanz vor solchen Analogien diese beiden Begriffe den eschatologisch-revolutionären Kern von Marxismus und Christentum ausmachen.[14]

Diese zentrale Position des Entfremdungsbegriffs bei Marx zeigt aber durch die systematische Kontinuität seiner Darstellung auch den Irrtum, dem der strukturalistische Zugang zu der Marx'schen Theorie unterliegt auf, nämlich die künstlich-positivistische Trennung von mehreren Lebensphasen im Werk von Marx, die die Einheit des Systems sprengt. Die unzertrennliche, organische Beziehung zwischen Zeit und Entfremdungsbegriff, die im Marxismus im Rahmen der philosophisch-ökonomischen Analyse der bürgerlichen Gesellschaft auf den Begriff gebracht wird, ist in den theologischen Formulierungen der Entfremdung als ontologischen Zustands der Menschheit im noch vorkapitalistischen Zeitalter der ausgehenden Spätantike enthalten. Allerdings geschieht das hier in der mystischen Sprache der Religion, umgeben vom Schleier der religiösen Dogmatik. Indem sich diese Sprache auf das Problem der Zeit bezieht, ist ihre gesellschaftliche Basis nicht kapitalistische Lohnarbeit und Arbeitszeit als Wertbestimmung der Ware, sondern die schon durch die zersetzende Macht des Geldes morsch gewordene Struktur des Sklavenhaltersystems, und wir wissen, daß in diesem System die reale Lebenszeit für die pauperisierten Massen zwar nicht durch die Organisation von Zeit, die der kapitalistische Poduktionsprozeß der Gesellschaft auferlegt, aber doch durch die unablässige Suche für die Mittel der Existenz bestimmt war.

Anders als bei Augustinus, dessen Zeitbegriff am Widerspruch zwischen Endlichkeit des Verstandes und Ewigkeit haftet, weil er einerseits vom Reich Gottes als Überwindung dieser Welt und andererseits von *dieser* Welt in der Gestalt der römischen Kirche als die Fortsetzung Roms in seiner Wiedergeburt im Christentum aus den Trümmern der Antike ausgeht, haben die früheren christlichen Apologeten, auch wenn sie der römischen Kirche oder ihrem Einflußbereich angehören (je früher die Kirche, desto geringer der Unterschied zwischen Ost und West), einen Begriff von Zeit und Ewigkeit, der keinen prinzipiellen, ontologisch unüberwindlichen Widerspruch zwischen beiden beeinhaltet. So etwa bei Tertullian, dessen Werk die Atmosphäre des frühen noch im Kampf ums Überleben befindlichen Christentums, die große Schlacht mit der Staatsgewalt wiedergibt. Bei Tertullian ist noch plebejisches, revolutionäres Christentum, in dem die Belesenheit und die philosophischen Kenntnisse des Autors, um mit den Worten Marx' zu reden, als "Waffe der Kritik", damit sie zur "Kritik der Waffen" werden, eingesetzt werden.[15] Dieser revolutionäre Elan, dieses Pathos, kommt deutlich in jenen Passagen zum Ausdruck, in denen es um Weltgericht und Rache geht. Ähnlich wie in der Apokalypse des Johannes wird die Rache fürchterlich sein, und mehr als in der Apokalypse waltet bei Tertullian das dominierende Gefühl, daß sich die verfolgten Christen beim Anblick der Strafen, die ihre Folterer und Verfolger erleiden werden, sich ergötzen werden. Die Opfer werden zu Henkern und die Henker zu Opfern. Das Weltgericht wird bei Tertullian zum Volksgericht.

Aber es kommen noch ganz andere Schauspiele: Der Tag des letzten und endgültigen Gerichts, den die Heiden nicht erwarten, über den sie spotten, der Tag, wo die altgewordene Welt und alle ihre Hervorbringungen im gemeinsamen Brande verzehrt werden. Was für ein umfassendes Schauspiel wird da geben? Was wird da der Gegenstand meines Staunens, meines Lachens sein? Wo der Ort meiner Freude, meines Frohlockens? Wenn ich so viele und so mächtige Könige, von welchen es hieß, sie seien in den Himmel aufgenommen, in Gesellschaft des Jupiter und ihrer Zeugen selbst in der äußersten Finsternis seufzen sehe; wenn so viele Statthalter, die Verfolger des Namens des Herrn, in schrecklicheren Flammen, als die, womit sie höhnend gegen die Christen wüteten, zergehen; wenn außerdem jene weisen Philosophen mit ihren Schülern, welchen sie einredeten, Gott bekümmere sich um nichts, welchen sie lehrten, man habe keine Seele, oder sie werde gar nicht oder doch nicht in die früheren Körper zurückkehren - wenn sie mitsamt ihren Schülern und von ihnen beschämt im Feuer brennen, und die Poeten nicht vor dem Richterstuhl des Rhadamantus oder Minos, sondern wider Erwarten vor dem Richterstuhl Christi stehen und zittern! Dann verdienen die Tragöden aufmerksameres Gehör, da sie nämlich ärger schreien werden in ihrem eigenen Mißgeschick; dann muß man sich die Schauspieler anschauen, wie sie noch weichlicher und lockerer durch das Feuer geworden sind; dann muß man sich den Wagenlenker ansehen, wie er auf flammendem Rade erglüht; dann die Athleten betrachten, wie sie nicht wie in der Ringschule (mit Sand), sondern mit Feuer beworfen werden.[16]

Die sinnliche Freude der Rache, die einem in dieser Passage begegnet, ist unverkennbar. Aus Tertullian spricht der revolutionäre Konservatismus der plebejischen römischen Massen, die sich die Ewigkeit und das Reich der Freiheit als Fortsetzung dieser Welt unter anderen Bedingungen vorstellen, weil sich das Blatt gewendet hat, und jetzt die Mächtigen samt ihren Unterhaltern dran sind. In seiner Radikalität ist dieses frühe Christentum ein primitives Christentum, hier drängen sich einem Engels' Bemerkungen über die Apokalypse Johannis: "Nehmen wir z.B. unser Buch der Offenbarung, von dem wir sehen werden, daß es, statt das dunkelste und das geheimnisvollste zu sein, das einfachste und klarste Buch des ganzen Neuen Testaments ist."[17] Noch ca. ein Jahrhundert nach der Niederschrift der jüdischen Offenbarung verhält sich das Werk des Römers Tertullian zu den griechischen und lateinischen Vätern, zu den Kappadokiern und Augustinus analog einer anderen Bemerkung Engels' über die Offenbarung:

> Um so wichtiger ist es, daß wir hier ein Buch haben, dessen Abfassungszeit fast bis auf den Monat feststeht, ein Buch, das uns das Christentum in seiner unentwickeltsten Form vorführt, in der Form, worin es sich zu der in Dogmatik und Mythologie vollständig ausgearbeiteten Staatsreligion des vierten Jahrhunderts etwa verhält, wie die noch schwankende Mythologie der Germanen des Tacitus zu der durch den Einfluß christlicher und antiker Elemente ausgebildeten Götterlehre der 'Edda'.[18]

In der radikalen, unmittelbaren Sinnlichkeit Tertullians, in seiner Primitivität steckt aber jene bedeutende Materialismuswende, die wir schon beim dialektischen Johannes von Damaskus gesehen haben, und die wir in ihrer Vermitteltheit im Rahmen der griechischen Trinitätsdialektik als positive Errungenschaft dieser Dialektik angesehen haben. "Wie aber mag vollends das beschaffen sein, was kein Auge gesehen, kein Ohr gehört hat, und was in keines Menschen Herz gekommen ist! Ich denke denn doch, lieblicher als der Zirkus, beide Arten des Theaters und die Rennbahn."[19]

Im Unterschied zum späteren Augustinus, aber in Übereinkunft mit dem noch späteren Johannes von Damaskus, der "den Herrn mit seinen körperlichen Augen sehen will und sich ergötzen";[20] dieses plebejisch-revolutionäre Element ermöglicht doch bei Tertullian eine andere nicht in sich aporetische Sicht des Zeitverhältnisses. Diese Sicht Tertullians zeigt sich sehr deutlich in seiner Beweisführung für den Auferstehungsglauben im "Apologetikum". Dabei geht er von der Wiederherstellungslehre (ἀποκατάστασις) aus. Sie besagt, daß nach der Auferstehung die Seele in den Körper, der auch wieder lebendig wird, zurückkehrt. Tertullian betont die Lehre von der Auferstehung des ganzen Menschen, von Leib und Seele, und will dadurch unterstreichen, daß der Mensch nur als Ganzes, als Einheit von Körper und Seele und somit auch nur die Wiederherstellung des früheren Zustandes als Ganzen Glaubenslehre der Kirche sein kann; denn sonst wäre ja nicht der frühere Zustand wieder hergestellt. "... es sei doch schlechthin viel glaubwürdiger, daß aus dem Menschen wieder ein Mensch zurückkehren werde, Mensch für Mensch, wofern es nur ein Mensch ist, so daß also die Seele, ihre Seinsbeschaffenheit bewahrend, wenn auch nicht in die selbe Gestalt, so doch sicher in den selben Seinszustand zurückversetzt wird."²¹ Dieser Gedanke der Wiederherstellung des ursprünglichen ontologischen Zustandes beruht auf der dialektischen Auffassung von Wirklichkeit als Einheit des Gegensätzlichen. Somit bekommt aber der Begriff der creatio ex nihilo eine dialektische Dimension. Tertullian erläutert diesen Zusammenhang in der Begründung der Glaubwürdigkeit des Auferstehungsglaubens in einer Passage, die m.E. eine Schlüsselstelle für das Verständnis seiner ganzen Theologie darstellt.

Aber wie kann, wendet man ein, die aufgelöste Materie wieder vorgeführt werden? Betrachte dich selbst, o Mensch, und du wirst den Glauben daran finden. Bedenke, was du gewesen bist, ehe du warst. Offenbar nichts; denn, wenn du etwas gewesen wärest so würdest du dich daran erinnern. Du also, der du, bevor du wurdest, nichts warst, und der du demselben Nichts angehören wirst, wenn du zu sein aufhörst, warum solltest du durch den Willen desselben Schöpfers, der dich aus dem Nichts entstehen machte, nicht nochmals aus dem Nichts entstehen? Nichts Neues also wird dir passieren. Du warst nicht und du bist geworden, und wiederum wirst du werden, wenn du nicht mehr bist.²²

Wirklichkeit ist nach Tertullian die Einheit des Gegensatzes von Anfang und Ende, Sein und Nichts. Der Beginn der Hegel'schen Logik drängt sich hier einem unmißverständlich auf. Wenn aber Wirklichkeit, ontologische Realität, der "Seinszustand" des Menschen diese Einheit des Gegensätzlichen ist, so bekommt dadurch aus tertullianischer Sicht auch die creatio ex nihilo als Resultat dieser dialektischen Einheit einen anderen Stellenwert als in der Feuerbach'schen Religionskritik. Sie ist nicht Ausdruck einer äußerlichen Metaphysik, als "Gipfel[s] des Subjektivitätsprinzips", wie Feuerbach meint²³ und auch nicht die durch den Glauben als Projektion des Eigengefühls des Menschen durchbrochene Kette der Naturnotwendigkeit. "Die Vorsehung hebt die Gesetze der Natur auf; sie unterbricht den Gang der Notwendigkeit, das eiserne Band, das unvermeidlich die Folge an die Ursache knüpft; kurz, sie ist *derselbe unbeschränkte, allgewaltige Wille*, der die Welt aus Nichts ins Sein gerufen. Das *Wunder* ist eine Creatio ex nihilo, eine *Schöpfung aus Nichts*."²⁴

Diese klassische Position der Religionskritik, deren Nichtberücksichtigung in der philosophischen Religionskritik nach Feuerbach einfach ein Ding der Unmöglichkeit geworden ist, hält hier als möglicher Zugang zur Theologie Tertullians nicht stand. Natürlich steht es außer Zweifel, daß bei

Tertullian auch, wie in jeder Theologie, es einen Gottesbegriff gibt von einem Gott, der außerhalb der Natur ist und die Geschicke der Welt lenkt. Diese Quintessenz aller Theologie aber genügt hier nicht, um auf Tertullian die Position in der Feuerbach'schen Religionskritik wie einen Generalschlüssel, der in alle Schlösser paßt, anzuwenden. Das, was im allgemeinsten Sinn Gültigkeit hat, ist hier nicht der Sinn einer Untersuchung, es geht vielmehr um die Differenzierung und die Ausarbeitung und das Auf-den-Begriff-Bringen des Unterschwelligen, der Nuancen, die doch zu spezifischen Traditionen führen, die neben dem Allgemeinen Gültigkeit haben, die einen besonderen Stellenwert haben. Theologie ist immer Theologie, es gibt jedoch innerhalb der Theologie verschiedene Theologen, verschiedene Traditionen, verschiedene Theologien.

Im Lichte der tertullianischen Theologie, die eine frühe Stufe darstellt in der Geschichte des Christentums und ein Widerhall der alten Kirche ist, ist die Konzeption der creatio ex nihilo ein Hinweis darauf, daß das Neue aus der Zerstörung des Alten entsteht, daß Wirklichkeit durch Negativität konstituiert wird, durch "die ungeheure Macht des Negativen",[25] wie Hegel in der Phänomenologie sagt, und daß demgemäß das ewig entstehende Neue, das gleichzeitig die eschatologische Vorwegnahme des Künftigen ist, das johanneische Wort, das "am Anfang war", gleichzeitig am Ende war. Jüdische messianische Traditionen vereinigen sich hier mit diesem Bewußtsein dialektischer Negativität.

Mit Recht verweist Jean Pépin auf die diesen Zusammenhang entstellende griechische Übersetzung in der Septuaginta aus Exodus, III, 14, wo Gott zu Moses spricht: "Ich bin, der ist", wo es doch im hebräischen Original heißt: "Ich werde sein, der ich sein werde".[26] Pépin durchschaut allerdings hier den ganzen Zusammenhang nicht. Es geht nicht um die Übertragung der "souveränen Subjektivität" Jahwes auf ein platonisches Ontologiemuster, wie er an dieser Stelle meint, sondern um die durch diese Übertragung durchgeführte Verwässerung der Position dieser souveränen Subjektivität nicht im Sinne der Aufhebung eines Subjektivitätsprinzips, bei dem inhaltlich die Aussagen der Feuerbach'schen Religionskritik voll zutreffen, sondern im Sinne einer Verkürzung und Ausradierung des eschatologischen Gehaltes der hebräischen Formulierung. Das ist hier das eigentliche Problem und im Lichte dieser Tradition wäre das johanneische Wort nicht am Anfang, sondern gleichzeitig am Ende.[27] Im Sinne der jüdisch-messianischen, frühchristlich-revolutionär-plebejischen Konzeption von Tertullian ist also die Wiederherstellung der Welt möglich als Rückkehr zu einem Archetyp, der in der Einheit des Gegensätzlichen, in der Einheit von Sein und Nichts sein Ende in sich hat. Die Negativität im Prozeß dieses Werdens ist die Garantie und die conditio sine qua non für die Materialität dieses künftigen Reiches der auferweckten Leiber, weil ein konstitutives Moment dieser Materialität in ihr enthalten ist. Diese Dialektik ist das größte Verdienst Tertullians, in ihr wird seine revolutionäre plebejische Eschatologie auf den Begriff gebracht. Im Rahmen dieser Dialektik entwickelt Tertullian einen Zeitbegriff, der nicht wie der augustinische die unüberbrückbare Differenz zwischen ewiger für den Verstand nicht totalisierbarer Vergänglichkeit menschlicher Wirklichkeit und göttlicher Ewigkeit beinhaltet, sondern durch einen qualitativen Sprung diese Differenz überwindet.

Dieselbe Weisheit, welche das Weltall aus Gegensätzen gebildet hat, so daß alles aus gegensätzlichen Substanzen unter der Herrschaft der Einheit bestehen sollte, aus dem Leeren und Festen, aus dem Belebten und dem Leblosen, aus dem Faßbaren und dem Unfaßbaren, aus Licht und Finsternis, sogar aus Leben und Tod - dieselbe Weisheit hat auch die Dauer der Welt so geschieden und aufgrund der Scheidung verknüpft, daß der gegenwärtige erste Teil, den wir vom Anfange der Dinge an als Bewohner innehaben, in zeitlicher Dauer abfließt und ein Ende nimmt, der zweite aber, den wir noch erwarten, in eine unendliche Ewigkeit sich fortsetzt. Sobald also das Ende und die Grenzscheide, welche trennend in der Mitte steht, gekommen sind, so daß auch die in gleicher Weise zeitliche Gestalt dieser Welt, welche nur nach Art eines Vorhanges vor jene Gestaltung in der Ewigkeit gespannt ist, umgewandelt wird; dann wird auch das Menschengeschlecht wieder erneuert, damit voll ausgezahlt werde, was es in dieser Zeitlichkeit an Gutem oder Bösem verdient hat, um es von da an die ganze unermeßliche Dauer der Ewigkeit hindurch abzubezahlen.[28]

Menschliche Zeit ist also im Rahmen dieser Dialektik aufgrund der "Scheidung", der Trennung, der Differenz, mit Ewigkeit "verknüpft". Menschliche Zeit und Ewigkeit sind miteinander vermittelt, weil sie sich widersprechen. Sie sind die dialektische Einheit des Widerspruchs. Wenn also die "zeitliche Gestalt dieser Welt", d.h. die formale endliche Zeit als Moment dieser Dialektik an ihr Ende angelangt ist, wenn die bloß quantitative Bestimmung ausgeschöpft sein wird, an die für den Verstand äußerste Grenze angestoßen haben wird, wird der Umschlag stattfinden, der Schleier, der bloße "Vorhang" des Verstandes, der ihn von der Vernunft trennt, wird zerissen, und der Mensch wird das, was er immer war, zeitlos und ewig. Im Reiche der Vernunft gibt es keine Zeit, Zeit ist aber ein Moment der Vernunft, so wie der Verstand auch ein Moment des Werdens der vernünftigen Wirklichkeit ist, deswegen ein bloßer "Vorhang". Im Gegensatz zu Augustinus gibt es für Tertullian eine intermixio auch zwischen Zeit und Ewigkeit, seine eschatologische Dialektik geht von der prinzipiellen Vermittlung zwischen Menschen und Ewigkeit aus. Die Fesseln dieser Welt sind nur eine endliche Schranke, die im bevorstehenden Reich des Geistes als seine Momente ontologisch angelegt sind. Wenn aber dieses Reich kommt, werden wir "dieselben sein, die wir jetzt sind",[29] "überkleidet mit der der Ewigkeit eigenen Substanz",[30] d.h. im Reich des Geistes werden wir das werden, was wir ohnehin sind.

Im Rahmen der theologischen Tradition wurden wir also bis jetzt mit drei verschiedenen Konzepten von Zeit konfrontiert, an denen sich übrigens auch die Historizität der Philosophie zeigt oder besser formuliert ihre zugrundeliegende Dialektik einerseits der Ewigkeit ihres transzendentalen Zugangs zum Problem der ontologischen Differenz und andererseits des positiven Inhaltes, den dieser Zugang erhält, aufgrund der geschichtlichen Wirklichkeit. Seitdem er sich seiner bewußt geworden ist und noch bevor er es war, als er dabei war, sich dessen bewußt zu werden, noch in der Welt der Vorahnung und des Mythos beschäftigt sich der Mensch mit sich selbst, der äußeren Natur und Natur seines Seins, aber die Gestalt, die der Inhalt dieser Auseinandersetzung erhält, ist eine durch die Geschichte bestimmte, d.h. durch die Totalität seiner ihn, um mit Palamas zu sprechen, stets überwindenden Zurücknahme der zurücknehmenden Einheit seiner Praxis.

In den Zeitbegriffen, die uns beschäftigen, ist Weltgeschichte enthalten. Alle drei sind Gestalten einer theologischen Tradition, deren allgemeinste erste Voraussetzung der Zeitbegriff der griechischen Antike und der jüdischen Prophetie ist. Der griechische Zeitbegriff ist zyklisch. Auf der Basis der klassischen Sklavenhaltergesellschaft ist eine Durchbrechung des Kreises nicht möglich. Die höchste Form des antiken Bewußtseins von Politik und Gesellschaft, der griechische Demokratiebegriff, beruht wie schon erwähnt auf der Respektierung der Grenzen zwischen den Klassen und auf der Wahrung des Gleichgewichts. Der höchste Heros dieser griechischen Tradition, der gefesselte Prometheus, stößt zwar an die äußersten Grenzen des normativen Systems seines Zeitalters, durchbricht es aber nicht. In letzter Konsequenz findet er sich mit seinem Schicksal ab, nur die dunkle Vorahnung des die Welt durch das Prinzip des stellvertretenden Opfers rettenden Logos zeichnet sich hier ganz entfernt ab. In diesem Weltbild treten immer wieder jene Vorstellungen von der ewigen Wiederkehr des Gleichen auf, mit denen sich die griechische Philosophie, darunter auch Platon, auseinandersetzt. (Sie sind bei ihm sowohl mythische Reminiszenzen als auch Zeitbegriffe, die das Weltbild seines Zeitalters reflektieren.)

Der jüdische Zeitbegriff ist die Durchbrechung des Kreises durch den Geist der Prophetie. Die ewige Wiederkehr des Gleichen wird hier aufgehoben durch die Erwartung der Ankunft des Messias. Einerseits ist die jüdische Gesellschaft mit ihrem abstrakt allgemeinen Monotheismus der trockenen Pragmatik eines antispekulativen Rigorismus des bloßen Gesetzes einer Buchstabentreue verfallen, andererseits aber durchbricht sie diese Struktur durch den Geist messianischer Prophetie. In einem kleinen Staatsgebilde, das als Pufferzone zwischen mächtigen orientalischen Reichen fungiert, in denen der orientalische Despotismus herrscht unter dem zusätzlichen äußeren Druck dieser Staaten, entwickeln die verarmten entrechteten Bauernmassen Israels jenen Geist der Prophetie, der das enge Korsett der Thora, der ersten Kodifikation der Rechte, die auf dem Privateigentum beruhen (in klassischer Form der Dekalog selbst), durchbricht. Der Geist des Christentums, das "Vater unser", ist in diesem Licht gesehen als Produkt des prophetischen jüdischen Geistes die knappe Formel der Dekalogdurchbrechung.

Eine Analyse des "Vater unser" ergibt tatsächlich, daß dieser neue Geist, in dieser knappen Formel auf das möglichste Mindestmaß reduziert und verdichtet, enthalten ist. Schon durch den ersten Satz, "Vater unser der du bist im Himmel", wird ein eindeutiges Bekenntnis zu der geistigen Provenienz des Menschen geliefert. Wenn unser Vater im Himmel ist, so sind wir auch dieses Himmels teilhaftig, unsere Wirklichkeit ist nicht auf ein kontingentes Dasein in Endlichkeit und Zeitlichkeit reduzierbar, sondern wir sind gleichsam ewige Wesen. Die zustimmende eschatologische Erwartung "Dein Reich komme, wie im Himmel so auf Erden" ergänzt hier die erste Feststellung und ist als Kernaussage des Gebetes der inhaltliche Schwerpunkt, um den sich das Ganze dreht. Es geht um die Wiederherstellung der Einheit dieser Welt, in der Himmel und Erde, Geist und Materie Eins sind. "Unser täglich Brot gib uns heute". Hier ist durch die deutsche Übersetzung der eigentliche Sinn von ἐπιούσιος verloren gegangen. 'Επιούσιος heißt nämlich nicht täglich, sondern für die Erhaltung der Substanz notwendig. "Gib uns heute das auf die Substanz bezogene Brot, das für die Erhaltung der Substanz erforderliche Brot" wäre hier die richtige Übersetzung. Weil der Mensch nicht "vom Brot allein lebt", braucht er das tägliche himmlische Brot, die Nahrung des Geistes, die aus dem Geist kommt. Diese Nahrung, diese Wegzehrung braucht er in der Welt der Endlichkeit und der Entfremdung täglich, damit seine göttliche Substanz nicht untergeht. "Und vergib uns unsere Schuld, so wie wir vergeben unseren Schuldigern", in diesem weiteren Kardinalsatz des Gebetes geht es nicht um bloße Verzeihung und Nächstenliebe, wie überlicherweise interpretiert wird. Um den ontologischen Zustand der Freiheit zu erlangen durch Befreiung von der Schuld, um zum Archetyp zurückgehen zu können jenseits von Notwendigkeit und Schuld, um Bürger des Reichs der Freiheit sein zu können, ist es erforderlich, daß wir selbst in der Lage sind, jenen, die uns Unrecht getan, unseren Unterdrückern und Peinigern zu verzeihen. Im Drama der Weltgeschichte kann niemand den Menschen aus dem Prozeß von Schuld, Sühne und Verzeihung entreißen. In das Reich der Freiheit können wir nur in dem Maße eintreten, in dem wir selbst in der Lage sind, Erlittenes zu überwinden, das, was uns die anderen angetan haben, den anderen wieder zu verzeihen. Gott selbst macht seine Entscheidung von uns abhängig. Für das Reich der Freiheit sind wir zuständig. Wir behalten uns das Recht vor, auch *nicht* verzeihen zu können. Somit stellt dieser Satz die notwendige Ergänzung und die konsequente Weiterführung des Gedankens, der durch den unmittelbar vorausgehenden Satz ausgesprochen wurde, dar. Die Freiheit meiner eigenen geistigen Substanz kann ich nur dann erlangen, wenn ich in der Lage bin, im Gebrauch meines Rechtes auf Entscheidung das mir in dieser Welt der Notwendigkeit angetane Unrecht zu verzeihen, d.h. für mich selbst zu überwinden. Unabhängig von der hier offenkundigen Möglichkeit einer Interpretation dieses Gebetes mit den Mitteln der Psychoanalyse - es stellt ja m.E. eine Fundgrube für Psychoanalytiker dar - ist für unseren Zusammenhang die sich abzeichnende Dimension der Katharsis entscheidend. Im "Vater unser" als komprimierter Darstellung des prophetischen Geistes geht es in letzter Konsequenz um Weltgeschichte und Katharsis.

Durch das "Vater unser" schließt sich der Kreis des weltgeschichtlichen Dramas ab, der schon in der griechischen Antike mit der Tragödie des Ödipus beginnt, sich unter umgekehrten Vorzeichen mit Abrahams Opfer fortsetzt und im Kreuzungstod des Sohnes Logos seinen Abschluß findet. Die Geschichte von Ödipus ist die Geschichte der Auflehnung gegen das Patriarchat, die Durchbrechung seiner Strukturen. In der Kleinbauerngesellschaft des Ödipus ist das Patriarchat die erste geschichtliche Voraussetzung des Privateigentums. Indem Ödipus Inzest mit seiner Mutter begeht, stellt er die Herrschaft des Vaters in Frage, der zwischen ihm und der Mutter steht.* Indem Ödipus die Strukturen der patriarchalischen Gesellschaft in Frage stellt, geht er selbst daran zugrunde.

In der Geschichte Abrahams ist es umgekehrt. Gott stellt Abraham auf die Probe. Was kann aber Abraham erwarten, wenn er die Probe besteht? Entscheidend ist hier die Frage der Verheißung. Für ein nomadisches Volk, das eingezwängt zwischen mächtigen orientalischen Desputien lebt, ist es die Verheißung, daß es ins gelobte Land hinausgeführt wird. Das Verhältnis zwischen Abraham und Isaak entspricht dem Verhältnis zwi-

---

* Sexualanthropologisch könnte man sagen, daß die Handlungsweise des Ödipus das Patriarchat als erste Form der Herrschaft überhaupt, die nach der Auflösung der matristischen Gesellschaft[31] entstanden ist, in Frage stellt auf eine Weise, die der dunklen Vorvergangenheit des Menschen vor der Entstehung der Inzestscheu aus der dunklen Vergangenheit der matristischen Gesellschaft entstammt. Diese Argumentationskette läßt sich aber nicht einwandfrei bis zu ihrer letzten Voraussetzung zurückverfolgen. Es bleibt hier die Frage nach den genetischen Voraussetzungen der Entstehung der Inzestscheu als erster großer Zivilisationsakt der Menschheit offen, sowie die Frage auch offen bleibt nach der hier theoretisch unterstellten Freiheit von Herrschaftsverhältnissen in der matristischen Gesellschaft. Es ist überhaupt fraglich, ob es nach den Gesetzen der historischen Dialektik möglich ist, von der Anfangsvoraussetzung einer Urgesellschaft in der dunklen Vorgeschichte der Menschheit auszugehen, die ganz herrschaftsfrei sein sollte.

schen Gott und Abraham. Der mächtige Vater akzeptiert die Opferung des eigenen Sohnes ohne zunächst zu wissen, daß er dadurch seine eigene Macht unterminiert. Indem er auf seinen Sohn verzichtet, indem er auf den für die Kontinuität seiner Herrschaft unerläßlichen Erben verzichtet, untergräbt er seine eigene Macht. Indem er ihn aus seinem Machtbereich *entläßt*, unterminiert er sich selbst. Indem Gott, der das gleiche Verhältnis zu Abraham hat wie Abraham zu Isaak, das Opfer von ihm verlangt, knüpft er die Verheißung an diese Bedingung, die eine Vorwegnahme des Künftigen ist, dessen, was im Neuen Testament geschieht, ohne daß auf der Basis des jüdischen Standpunktes Abrahams es ihm bewußt sein könnte. Es ist eine dunkle Vorahnung, die hier an die Verheißung verknüpft ist.

Die zweite Stufe des Konflikts zwischen Vater und Sohn zeigt, was den Vater erwartet. Er muß aus sich selbst heraus auf seinen Sohn, auf die Verlängerung seiner Macht verzichten, er muß zugrunde gehen, damit die Welt des Sohnes, die Welt der Verheißung aufkommt. Der Messias hebt seinen Vater auf. Indem Gott das Opfer des Sohnes vom Vater verlangt, sagt er ihm: "Schau, was dir bevorsteht. Um dein Volk zu retten und damit dir meine Liebe erhalten bleibt, mußt du auf deinen eigenen Sohn verzichten, auf das Fleisch aus deinem Fleisch, auf das Blut aus deinem Blut." Mit der Verheißung ist unendlicher Schmerz verbunden. Der Vater muß am gleichen unendlichen Schmerz zugrunde gehen, an dem Ödipus zugrunde gegangen ist. Das Verhältnis kehrt sich hier um, der Vater vollzieht an seinem Sohn an sich, was Ödipus an seinem Vater vollzogen hat. Abraham ist die Verinnerlichung der Tat von Ödipus. Der erste elementare Widerspruch zwischen Vater und Sohn kehrt sich nach innen zurück und tritt aus dieser bereicherten Innerlichkeit wieder hervor. Beiden, Ödipus und Abraham ist die Tragweite ihrer Tat nicht bewußt. Ödipus weiß nicht, daß er Inzest begeht, daß er den Vater stürzt. Abraham weiß nicht, daß er durch das Opfer des Sohnes sich selbst aufgibt. Jedoch zeigen sich hier Brüche, die einen weit entfernten Schimmer von Wissen in die Unwissenheit hineinschimmern lassen. Bei Ödipus sind es die Prophezeiungen des alten Mannes, der das Unglück vorausahnt. Durch Rätsel entstehen am Vorhang der Unwissenheit Risse. Bei Abraham ist es der unendliche Schmerz, weil er das Gebot Gottes erfährt; denn in diesem Schmerz ist das Leiden für die eigene Vernichtung vorausenthalten. Gott selbst ahnt aber auch das, was ihn ereilen wird. Konsequent interpretiert die theologische Tradition das Alte Testament als Vorhalle des Neuen. Er wird seinen Sohn opfern müssen, es wird das vollzogen, was bei Abraham nur ein Vorzeichen war.

Wenn der Messias kommt, wird die Herrschaft des Vaters durch das Opfer des Sohnes endgültig gebrochen, auf dieser dritten Stufe aber, hier, wo sich der Kreis schließt, vollzieht der Sohn selbst das Opfer willentlich an sich aus Liebe für den Vater. Indem er sich selbst opfert, bricht er endgültig die Herrschaft des Vaters in der Liebe für ihn. So wie Abraham Ödipus' Tat verinnerlicht und umkehrt, verinnerlicht Jesus die Tat Abrahams noch konsequenter und voll bewußt und kehrt sie an sich selbst um. Trotzdem ist das Christentum nicht die Religion des Sohnes, sondern die Religion des Geistes. Der Sohn Logos opfert sich, damit der Geist kommt. Er ist der Mittler für den Geist, der Vorbote des Geistes. Der Geist kündigt ihn zwar bei der Taufe an, aber er kündigt nur sich selbst, daß er *durch* ihn kommen wird. Wenn der Messias kommt, wenn Herrschaft gebrochen ist, ist durch ihn Geist. In diesem Reich des Geistes ist dann aus der alten Konfrontation mit dem Vater durch die Geschichte des Schmerzes von beiden hindurch nichts mehr übriggeblieben, die alte Herrschaft ist gebrochen und an ihrer Stelle ist nur Liebe. Deswegen bleibt in der Trinität die Monarchie des Vaters aufrecht, sie ist aber nur ein Ehrenvorrang. Dieser Ehrenvorrang ist nicht Macht, sondern Liebe. Jetzt ist ein Verhältnis der Gleichheit von beiden, der Egalität. Im Reich des Geistes sind Vater und Sohn gleich, es ist wie im wirklichen Leben der Menschen, wenn zwischen Vater und Sohn kein Verhältnis der Angst und der Herrschaft ist. Der Sohn hinterläßt dem Vater den Ehrenvorrang, erweist ihm jenen Respekt, den man allgemein auch dem Alter gegenüber erweist. (Institutionell spiegelt sich dieses Verhältnis in der Hierarchie der orthodoxen Kirche wider. Der ökumenische Patriarch ist in der Synode der Bischöfe nur primus inter pares. Gerade in diesem Verhältnis, im Verzicht auf jede Macht, liegt die weltgeschichtliche Aufgabe der Kirche. Sie muß das Exempel einer Welt vorexerzieren, in der es keine Macht gibt. Unlängst habe ich in einer Zeitschrift die Worte eines unbekannten, in Paris exilierten rumänischen Dichters gelesen. Auf die Frage der Journalisten nach seiner Identität hat er geantwortet: "In Rumänien war ich suspekt, weil ich den Ruf hatte, ein bißchen ein Christ und ein bißchen ein Anarchist zu sein. In Frankreich bin ich suspekt, weil ich den Ruf eines gefährlichen Kommunisten, eines Linksradikalen habe. Das einzige, womit ich mich identifizieren kann, ist der ökumenische Patriarch, weil er keine Macht auf mich ausübt und nichts von mir will.")

Die Geschichte von Ödipus, Abraham und Christus liefert die Konturen des weltgeschichtlichen Dramas, innerhalb dessen unsere Zeitbegriffe angesiedelt sind. Wir haben die Differenz zwischen dem zyklischen griechischen und dem linearen jüdischen Zeitbegriff, der den Kreis durchbricht, gesehen. Wir haben auch gesehen, daß der christliche Zeitbegriff ein Produkt des jüdisch-prophetischen Zeitbegriffes ist. Wenn wir uns nun den weiteren inneren Differenzen des christlichen Zeitbegriffs, wie sie in den Traditionen, die von Tertullian, Augustinus und der byzantinischen Theologie geprägt wurden, zuwenden, so können wir hinsichtlich der Historizität des christlichen Zeitbegriffs von folgendem dreifachen Schematismus sprechen:

Der tertullianische Zeitbegriff

Er stellt die erste Stufe in der Entwicklungsgeschichte des christlichen Zeitbegriffs dar und reflektiert in sich noch das plebejische revolutionäre Urchristentum. Er ist insofern die Weiterentwicklung des jüdischen Zeitbegriffs, als er durch seine lineare Konzeption die zyklische Vorstellung der antiken Welt durchbricht. Weil sich diese Vorstellung noch in geschichtlicher Nähe zu Tertullian befindet, setzt er sich mit ihr auseinander, um sie zu negieren. Es geschieht in der Verneinung des möglichen Einwandes gegen seine Begründung der Auferstehungslehre durch die creatio ex nihilo auf der Basis der Einheit im Widerspruch, daß durch diesen Widerspruch, durch den man die Entstehung des Lebens aus dem Nichts erklärt, man auch eine ewige Wiederkehr von Tod und Auferstehung begründen könnte. "Demzufolge, höre ich euch nun sagen, muß man immerfort sterben und immerfort wieder erstehen! Ja, wenn der Herr der Welt es so bestimmt hätte, so würdest du, magst du wollen oder nicht, das Naturgesetz deiner Erschaffung an dir erfahren. Nun aber hat er es nicht anders bestimmt, als er es kundgetan hat."[32]

Die Auseinandersetzung mit der noch im Bewußtsein seines Zeitalters wirkenden Theorie der ewigen Wiederkehr des Gleichen tritt hier ganz klar in Erscheinung. Tertullian lehnt diese Theorie eindeutig ab, indem er seine Auffassung von der Linearität der Zeit entwickelt, die in zwei dialektisch zusammenhängenden Teilen geteilt ist, ohne allerdings logisch nachweisen zu können, warum für den einzelnen Menschen dieser Vorgang sich nur einmal abspielt. Wie wir aus dem angeführten Zitat entnehmen können, verweist er in dieser Sache auf die Offenbarungswahrheit. Der tertullianische Zeitbegriff, der die Ewigkeit mit der menschlichen Wirklichkeit dialektisch vermittelt und die Ankunft des Reichs der Freiheit als unmittelbar jedem einzelnem Menschen bevorstehende Realität darstellt, die sich in der dialektischen Linearität der Zeit abzeichnet, reflektiert in sich die kämpfende, revolutionäre Kirche, die noch nicht Staatsmacht, institutionalisierte Amtskirche geworden ist. Als Vertreter und Theoretiker dieser revolutionären Kirche vollzieht Tertullian den endgültigen Bruch mit den Traditionen der antiken Welt, indem er den mit der Kraft der Sinnlichkeit behafteten neuen revolutionären Geist mit den Theorien, die dem alten Weltbild entstammen, und die er als Gelehrter kennt, in fruchtbare Konfrontation bringt und somit diese alte Welt, ihr Wertsystem, ihre Philosophie, ihre Macht und ihr Herrschaftsprinzip, mit anderen Worten die ganze Weltordnung der ausgehenden Spätantike radikal in Frage stellt.

Der augustinische Zeitbegriff

Er reflektiert in sich das Zeitalter der werdenden Amtskirche. Obwohl die Erhebung des Christentums zur Staatsreligion während der Lebenszeit von Augustinus geschah, ist ihre Macht und Autorität noch nicht genug gefestigt. In der Auseinandersetzung zwischen der alten römischen Welt und der durch Völkerwanderung entstehenden neuen Welt, im Konflikt zwischen dem untergehenden Imperium und dem Einzug der neuen Völker in die Weltgeschichte, erblickt Augustinus im Prinzip der Kirche als Amt und Staat die Fortsetzung des alten römischen Reichs, das gottgewollt war.[33] Somit legt er aber den Grundstein für den mittelalterlichen Ordogedanken, für die Konzeption von der gottgewollten Weltordnung. Trotz der durchgeführten Unterscheidung zwischen civitas terrena und civitas dei, die die Geschichtsphilosophie des Augustinus durchdringt, trotz der Unterscheidung zwischen gerechter und ungerechter Herrschaft ist zweifelsohne dieser Gedanke von der gottgewollten Weltordnung herrschaftsstabilisierend und konservativ. Die Grundlage für seine Konzeption liefert das entwickelte römische Staats- und Eigentumsrecht, das römische Recht als höchste Form juristischer Kodifikation der Macht Roms, das die ganze damals bekannte Welt unter seiner Herrschaft vereinheitlicht hatte. Weltordnung und Eigentum sind gottgewollt und nicht von unserem Willen abhängig. "Dieser Gott also, der als der allein wahre Gott Urheber und Spender des Glücks ist, er ist es auch, der irdische Herrschaft den Guten und den Bösen verleiht, und zwar nicht ohne Grund und gleichsam zufällig, da er Gott ist und nicht der Glückszufall (fortuna), sondern nach einer uns verborgenen, ihm aber in voller Klarheit vorliegenden Ordnung der Verhältnisse und der Zeiten..."[34], erklärt er dezidiert. Richtet sich die frühere christliche Apologetik gegen die Macht Roms für das Christentum, erblickt Augustinus in der Autorität der Amtskirche das im Christentum wiedergeborene Rom. Darauf beruht in letzter Konsequenz die autoritative Kraft, die diese Amtskirche verkörpert. "Ich würde dem Evangelium nicht glauben, wenn mich nicht die Autorität der katholischen Kirche dazu bewegte."[35]

Eine merkwürdige Umkehrung findet also bei Augustinus statt. Ist durch die intermixio die civitas terrena mit der civitas dei so vermittelt, daß sowohl Mitglieder als auch Nichtmitglieder der Kirche am ewigen Reich teilnehmen werden können und umgekehrt Mitglieder der Kirche nicht,[36] so ist jedoch allein die Institution der Amtskirche, die kraft der erteilten Lehrbefugnis über die Heilsvoraussetzungen entscheiden kann. Der Weg, der zum Großinquisitor Dostojewskis führt, zeichnet sich schon durch diese Dialektik des etatistischen Rigorismus ab. Die Autorität der Amtskirche, die Unterwerfung unter das Diktat der durch sie verwalteten Machtverhältnisse entspricht also systematisch der Unmöglichkeit der Überwindung der Zeit Aporie des formalen Verstandes. Diese Systematik ist allerdings in sich gebrochen und unabgeschlossen. Im ganzen Werk Augustinus' zeigen sich Risse und Spannungsmomente, die eine endgültige, einheitliche Systematik unmöglich machen. Diese Unabgeschlossenheit ist selbst das Produkt der Übergangsphase, in der das augustinische Werk entstanden ist zwischen kämpfender Urkirche und etablierter Amtskirche römischer Herkunft. Als für diese Spannung symptomatisch kann man jene Stelle im "Gottesstaat" interpretieren, in der Augustinus sich wie Tertullian mit der Theorie der ewigen Wiederkehr des Gleichen beschäftigt. Er stellt sie dadurch in Frage, daß er auf den qualitativen Unterschied zwischen dem ontologischen Zustand des Guten und dem ontologischen Zustand des Bösen für die Seele hinweist. "Wenn sie aber aus dem Elend, ohne jemals mehr dahin zurückkehren zu sollen, in die Seligkeit einkehrt, so tritt ja mit der Zeit etwas Neues ein, was in der Zeit kein Ende hat. Warum soll es dann mit der Welt nicht auch so sein können? Warum nicht mit dem Menschen, der in der Welt erschaffen ist?"[37] In der weiteren Argumentation weist er auf dieses ontologisch Neue hin, auf den Begriff der Auferstehung als Durchbrechung des bloßen Kreises der Natur. "Denn einmal nur ist Christus gestorben für unsere Sünden; 'auferstanden aber von den Toten, stirbt er nicht mehr und der Tod wird nicht mehr herrschen über ihn.'"[38]

Wenn man also von diesem ontologisch Neuen nicht weiß, dreht man sich im Kreis der Unwissenheit. "Im Kreise herum werden die Gottlosen wandeln."[39] Als christlicher Autor hebt hier Augustinus in der Auseinandersetzung mit der Welt der Antike das Moment eschatologischer Erwartung hervor, die Zentralthese vom Unterschied zwischen der Natur und der Schöpfung, schlechter Unendlichkeit und Ewigkeit des Logos. In dem Ausmaß, in dem in seinem Werk die Auseinandersetzung mit der vorchristlichen Welt konstitutives Moment seiner Theologie ist, ist ihr eschatologischer Charakter ihr ureigenster Bestandteil. Das ist die *eine* Seite der augustinischen Theologie, die sich gegen das Prinzip der vorchristlichen Antike richtet, das ist die revolutionäre Reminiszenz, der Geist des Aufstandes der frühen Kirche. Die andere Seite, die dem augustinischen Werk seine eigentümliche Ambivalenz in der Grundtendenz verleiht, ist das unüberhörbare Geständnis, daß es im Zustand der unüberbrückbaren ontologischen Differenz des souveränen irdischen Mittlers bedarf, der auch dem Weltstaat Bestand verleiht.

Der byzantinische Zeitbegriff

Indem im byzantinischischen Trinitätsbegriff die spiralförmige Bewegung zwischen sich selbst als ökonomischer und immanenter Trinität vermittelt, in sich selbst die zurückgenommene Einheit des Umschließenden und des Umschlossenen vollzieht, aus sich selbst heraustritt und Natur wird, stellt sie auch die Vermittlung zwischen sich selbst und der ontologischen Wirklichkeit des Menschen *in der Zeit* dar. Gott erscheint ewig und in seiner ewigen Emanation wird er auch für unsere "körperlichen Augen" sichtbar. Auf dieser Zentralthese beruht die ganze Tradition der Ikonenmetaphysik. Das Licht auf dem Berg Tabor und die Ikonen, "die uns das Verborgene offenbaren", sind Erscheinungsweisen und Ausdrücke für die gleiche ontologische Grundvoraussetzung des Sichtbarwerdens des Absoluten. "Wie aber? Wenn hinwieder die Hagiographen sagen, der Unbewegte trete zu allem hervor und *bewege sich*, ist nicht auch das in gotteswürdiger Weise zu verstehen?",[40] schreibt Pseudodionysius Areopagita, um anschließend "in gotteswürdiger Weise" die Bewegungsarten innerhalb der Trinität zu erläutern. Im Kontext der Ausführungen des Pseudodionysius und der ganzen byzantinischen Tradition (Johannes von Damaskus, Symeon d. Neue Theologe, Gregor Palamas u.a.) ist es ersichtlich, daß sich diese hervortretende Bewegung mit der Zeit vermittelt und sichtbar wird.

In einer anderen Stelle der "Göttlichen Namen" schreibt Pseudodionysius, daß Gott in seiner "immerwährenden Bewegung unveränderlich und unbewegt ist", immer "in sich verbleibt" und somit zwischen Äon, d.h. Ewigkeit, deren "Urheber" er ist, und "Zeit und Tagen" vermittelt. "Deshalb erscheint er in den heiligen Theophanien der mystischen Gesichter sowohl grau von Haaren als in jugendlicher Gestalt gebildet".[41] Gott ist die erscheinende Bewegung der zurückgenommenen ewigen Einheit des Umschließenden und des Umschlossenen. Er ist der "Alte der Tage", der nie altert.[42] Er vermittelt zwischen Äon und dem, wie es Pseudodionysius trefflich mit unvergleichlicher Schönheit des Ausdrucks "Reich der Zahl" nennt.[43] In diesem "Reich der Zahl" erscheint Gott wie ein Jugendlicher, weil er sowohl der letzte, der "bis zu Ende voranschreitet"[44] als auch der nie alternde, ursprünglichere ist. Gott ist also die Vermittlung zwischen Äon als ewigem Sein und dem Reich der Zeit als dem Bereich des Werdens. "Zeit aber nennen sie den Ablauf im Entstehen, Vergehen, Verändern und in dem bald so, bald so wechselnden Verhalten".[45] Gott ist gleichzeitig Sein und Werden, Ruhe und Bewegung, ökonomische und immanente Trinität, die gleichzeitig in sich Ruhe und Bewegung ist.

In dieser dialektischen Einheit von Ewigkeit und Zeit, in der uns Gott im Sinne einer neoplatonischen Emanationslehre erscheint, ist der Begriff der Zeit mit dem Begriff der Ewigkeit prinzipiell vermittelt. In einer dunklen Stelle in den "Göttlichen Namen" weist Pseudodionysius auf dieses Vermitteltsein als besonderen ontologischen Status hin. "Wir müssen vielmehr im unwandelbaren Anschluß an die hochheiligen Schriften jene Dinge gemäß dem an ihnen erkannten Charakter als äonenhafte und als zeitliche verstehen, alles dagegen als in der Mitte zwischen dem Seienden und Werdenden liegend erkennen, was einerseits am Äon, andrerseits an der Zeit teilnimmt".[46] Welche diese Dinge sind, die in der Mitte zwischen Seienden und Werdenden stehen, wird hier nicht gesagt, es ist aber mit ziemlicher Sicherheit anzunehmen, daß es sich im Sinne des Emanationsschemas um die Hierarchie der Engel handelt, die in geordneter Weise und in sich "nach den gleichen, göttlich harmonischen Maßverhältnissen unterschieden",[47] zwischen Ewigkeit und Zeit, Gott und Welt vermitteln. Der ganze Kosmos als Einheit von Ewigkeit und Zeit ist nach Pseudodionysius durch eine allesumfassende Hierarchie in sich vermittelt, die stufenweise von oben nach unten absteigend auch das "Reich der Zahlen", die sinnliche Welt der Zeit und des Werdens durchdringt und unserem Geist die unsichtbare, immaterielle Gottheit sichtbar macht. "Und vermöge dieser gotterfüllten und auf die hierarchischen Gesetze gegründeten Harmonie nimmt ein jeder, soweit es tunlich ist, an dem wahrhaft Schönen, Weisen und Guten Anteil".[48]

Jede dieser Stufen stellt ein Nachbild Gottes dar, das wiederum den umgekehrten Weg, den Aufstieg von unten nach oben ermöglicht, die Rückkehr der Seele zu Gott,

> denn es ist unserm Geiste gar nicht möglich, zu jener immateriellen Nachahmung und Beschauung der Himmlischen Hierarchien sich zu erheben, wofern er sich nicht der ihm entsprechenden handgreiflichen Führung bedienen wollte. Und diese findet er darin, daß er die in die äußere Sichtbarkeit tretenden Schönheiten als Abbilder der unsichtbaren Herrlichkeit studiert...[49]

Eine Nachahmung der göttlichen Hierarchie ist auf Erden die Hierarchie der Kirche, die als "entsprechende handgreifliche Führung" dem menschlichen Geist als Leiter dient, um diesen Weg der hinaufgehenden Rückkehr zu ermöglichen. Das Entscheidende in dieser Metaphysik, deren geistesgeschichtlichen Ursprünge sich wohl ohne Schwierigkeit im Neoplatonismus des Porphyrius, Proklus etc. orten lassen, ist die in der Mystik vollzogene Vereinheitlichung von Geist und Materie im Kosmos und die dieser Vereinheitlichung zugrundeliegende Idee der Vermittlung. Würde man diese Mystik auf die Spitze treiben, könnte sie paradoxerweise als letzte Konsequenz in eine materialistisch-pantheistische Wende umschlagen. (In geradezu klassischer Weise zeigt m.E. Bloch in "Avicenna und die Aristotelische Linke" diesen Sachverhalt auf, wo auch die philosophiehistorischen Implikationen im orientalisch arabischen Raum erörtert werden. "Diese Mystik - ein sonderbarer, doch unleugbarer Bundesgenosse - stand gleich dem Naturalismus im Kampf mit Kirche und Schrift-Orthodoxie. Die Religion wird in einer rein *transzendenten* Mystik gewiß nicht als Opium fürs Volk abgelehnt, sie gilt eher als zuwenig Opium, doch in der *pantheistisch* gerichteten Mystik zeigen sich Tendenzen, die einem Erwachen, wenn nicht aus dem Trancezustand, so aus dem religiösen Knechtzustand nahekommen."[50] Die innere Beziehung zwischen dieser Mystik und sozialrevolutionären Bewegungen in der Gestalt von religiösen Bewegungen, wie etwa die der Albingenser, die hier Bloch erwähnt, fehlen auch im byzantinischen Raum nicht, so die palamitischen Zeloten. Ich selbst habe die Vermutung, daß auch in unserer Zeit die islamische Fundamentalistenbewegung ihre Wurzeln in dieser Tradition hat, mit allen inneren Widersprüchen, die sie für Europäer fast unverständlich macht, überlagert.)

Diese Idee der im Gottesbegriff selbst angelegten Vermittlung (denn Gott tritt aus sich selbst hervor und vermittelt sich mit der Welt) ist der Schlüsselbegriff für das Verständnis des Zeitbegriffs in der byzantinischen Theologie. Ähnlich wie bei Tertullian sind das "Reich der Zahlen" und das Reich der Ewigkeit, der Äon, eine Einheit. In der Reihe der sinnlichen Manifestationen der Ewigkeit *in* der Zeit, die in sich dialektisch verdoppelt sind und sowohl negativ als auch positiv gefaßt werden können, weil sie sowohl die Entfernung von Gott, seinen dunklen Widerhall darstellen, bloße "Bilder von Gottesnamen" sind[51] als auch seine Nähe bezeichnen, ein im Prozeß der Erkenntnis durch die Kraft der Negation, die bloße Sinnlichkeit durchdringt und überwindet, aufzuhebendes Moment, das aber notwendig ist auf dem Weg der Erkenntnis, wird aber Ewigkeit *für uns* zugänglich.

Für die Konzeption Tertullians ist das Weltgericht erforderlich, seine Theologie lebt mit der eschatologischen Erwartung jenes Tages, an dem der Vorhang zwischen den zwei Welten zerissen wird; für Pseudodionysius und die byzantinische Theologie, die auf dem historischen Boden der Hinterlassenschaft der griechischen Philosophie steht und noch aus ihr, auch ohne es immer zu wissen, zehrt, ist der große Tag des Gerichts, an dem der Ruf "Hebt die Tore auf" erschallen wird,[52] die Apotheose jenes Prozesses, den der Mensch im bescheidenen Ausmaß seiner Möglichkeiten in der Welt schon vorher einleiten kann. Der Mensch kann sozusagen in geistiger Übung schon einen Vorgeschmack des Himmels bekommen (das ist der eigentliche Sinn der Askese und vornehmlich der palamitischen Praxis der Askese). Die prinzipielle Möglichkeit der erkennenden Teilnahme, die ontologisch angelegt ist, die eindeutig platonische Spur in der byzantinischen Theologie, die systematisch mit der spiralförmigen Trinitätsbewegung vermittelt ist, bildet den methodischen Ansatz für die Aufhebung der Herrschaft der Zeit schon in *dieser* Zeit. In der dialektischen Einheit von Äon und Zeit, die die Wirklichkeit ist, strebt alles Zeitliche nach seiner Aufhebung in einem Prozeß immerwährender Bewegung. In diesem Streben ist sowohl der Mensch als auch die gesamte Natur enthalten, das ist der Sinn der allesumfassenden aufstrebenden Liebe.

Pseudodionysius gibt uns eine sehr schöne Darstellung der kreisförmigen Bewegung der Liebe, die sich aus sich selbst auf den Kosmos ergießt, um wieder allesumfassend zu sich selbst zurückzukehren. Als echter Neoplatoniker wendet er auf Gott den Begriff Eros an. So heißt Gott Eros, "Eros hinwieder und Agape, sofern er zugleich bewegende und zu sich emporführende Kraft ist, das einzige an und für sich durch sich Schöne und Gute, das gleichsam Offenbarung seiner selbst durch sich selbst ist und gütiger Hervorgang aus der überhohen Einigung und liebreizende, einfache, selbstbewegte, selbstwirksame Bewegung, im Guten hervorgehend und aus dem Guten auf das Seiende ausströmend und wieder zum

Guten sich zurückwendend."⁵³ Die methodische Anwendung dieses Erosbegriffs ist der eigentliche innere Grund, der dem System der byzantinischen Theologie ermöglicht, es gar nicht auf den starren Gegensatz innerhalb eines Prädestinationsmodells von der Welt kommen zu lassen. Die griechische Theologie kennt im Grunde das Problem des Verhältnisses zwischen Prädestination und Willensfreiheit, Freiheit und Gnade gar nicht. Durch die Dialektik der kreisförmigen Bewegung des Eros gerät sie gar nicht in die unüberwindlichen Aporien eines rationalistischen Theodizeebegriffs, dessen Basis das Bedürfnis der Vermittlung zwischen Gott und der Welt mit den äußerlichen Mitteln einer Logik ist, die auf der Ebene des Verstandes steckenbleibt. "Die Urgottheit wird aber auch insofern allbeherrschend genannt, als sie alles in ihrer Gewalt behält und über die regierten Wesen herrscht, ohne sich damit zu vermischen, für sie alle ein Gegenstand des Begehrens und der Liebe ist, allen das freigewollte Joch auferlegt und die süßen Wehen der göttlichen, allbeherrschenden und unvergänglichen Liebe gegen ihre eigene Güte einflößt."⁵⁴

"Das Reich der Zahlen", trägt also den Keim seiner eigenen Aufhebung in sich, nicht nur im Sinne der in ihm angelegten Vergänglichkeit und Endlichkeit, sondern des immanenten Strebens nach Überwindung seiner selbst. Die Überwindung der Natur ist in der Natur selbst angelegt, Gott wird Natur und Natur wird Gott. Am Tag der Erfüllung der großen eschatologischen Erwartung geht Gott in Natur und Natur in Gott über. Die Materialisierung Gottes ist die Vergöttlichung der Natur. Wiederherstellung (ἀποκατάστασις) der Natur heißt Wiederherstellung der Natur in Gott, heißt aber auch in letzter Konsequenz, daß Gott Natur wird, d.h. Geist wird Natur und Natur wird Geist. Die Kontinuität dieses Gedankens in der griechischen Theologie macht jenen sie durchziehenden Faden aus, der ihr letzten Endes in der systematischen Vermittlung zwischen Neoplatonismus der Spätantike und Bewegung der Trinitätsdialektik einen philosophischen Gehalt verleiht.

Wenn man sich die areopagitischen und palamitischen Schriften anschaut, wird man sich dessen bewußt, daß diese Theologie Fortsetzung der griechischen Philosophie in der Gestalt der Theologie ist. Insofern behält Harnack in seinem berühmten "Vorwurf" doch recht. In ihrer philosophischen Systematik sind die griechischen Kirchenväter Dialektiker, in der

Formulierung ihrer letzten eschatologischen Konsequenz, in der Lehre von der Wiederherstellung und Vergottung von Mensch und Natur befinden sich sich in unmittelbarer Nähe zu der Marx'schen Formulierung von dem "durchgeführten Naturalismus des Menschen und dem durchgeführten Humanismus der Natur".[55] Mit der Formulierung aber von dem im Reich der Zahlen enthaltenen Keim ihrer eigenen Aufhebung ist die Darstellung dieser Dialektik noch nicht zu Ende geführt. Das Reich der Zahlen, die Welt der Vergänglichkeit und der Endlichkeit, die Welt der Zeit und der Zeitverhältnisse hat ihre Aufhebung als Moment der Totalität der spiralförmigen Bewegung (nach Palamas die letzte Stufe nach der Stufe der kreisförmigen Bewegung, die Vervollkommnung des Kreises) in sich, indem sie zwar immerwährend in der Bewegung aufgehoben, die hinaufgehende Spirale aber als Ganzes, die Totalität der Momente und Verhältnisse im Moment zueinander (Hegel würde sagen der "Maßverhältnisse") als das umschließend Umschlossene in sich enthält. Somit sind Zeitverhältnisse ewig aufgehobene Endlichkeiten, die in der Ewigkeit der Ewigkeit oder in dem äonenhaften Äon immerwährend im Prozeß ihrer hinaufgehenden Aufhebung bei sich bleiben. Jede Stufe in der spiralförmigen Bewegung befindet sich näher als die frühere und bleibt jedoch am gleichen Standort wie sie. Das ist der Zeitbegriff der byzantinischen Theologie. In ihm vollzieht sich die Vermittlung zwischen ökonomischer und immanenter Trinität und doch bleibt ihre unaussprechliche Differenz als ursprünglich vor der Ewigkeit der Ewigkeit des Ewigen, vor seiner reinen Negativität angelegte, aufrecht. Deswegen sind auch die Stufen der spiralförmigen Bewegung Wirklichkeit gewordene Negation, die in sich unendlich negativ bleibt, den Standpunkt der früheren Negation nicht verlassen kann. Das kann man sehr schön am Beispiel der individuellen Entwicklungsgeschichte des Menschen verdeutlichen.

Jeder Mensch vollzieht in seinem Leben einen Entwicklungs- und Reifungsprozeß, der schon in der frühesten Kindheit beginnt und bis zum Tod unaufhaltsam voranschreitet. Im Laufe dieses Prozesses vollzieht der Mensch entscheidende Wenden, die für seine Emanzipation von den Banden der Familie, von der Naturwüchsigkeit der Beziehung zu den Eltern etc., unerläßlich sind. So wie man sich vom Körper der Mutter abnabelt und diese erste elementare Trennung die conditio sine qua non für die individuelle Menschenwerdung überhaupt ist, so vollzieht der Mensch im Laufe seines Lebens eine unendliche Anzahl von Trennungen, er *distanziert* sich ständig von sich selbst. Ist die erste elementare Trennung eine Trennung des Fleisches, eine Durchbrechung der Gemeinsamkeit im Fleisch, so sind die späteren Trennungen Trennungen im Geist, Trennungen, die in der Totalität unseres ganzen Selbstbewußtseins, unserer Identität angesiedelt sind. Wenn wir in reiferen Jahren an unsere Jugend und unsere Kindheit denken, so kommt sie uns wie eine vorzeitliche Vergangenheit vor, wenn wir alte Photographien sehen, sagen wir uns selbst: Schau her, das war ich. Wir sind nicht mehr das, was wir waren, wir sind anders geworden. Die weit zurückliegenden Jugenderinnerungen kommen uns wie eine Märchenerzählung vor und doch wissen wir, daß wir die gleiche Person geblieben sind. Wir können mit unserer Vergangenheit nicht radikal abbrechen und ein neues Leben beginnen. Wir können nicht sagen, daß alles Vergangene für uns unbedeutend, auf einmal nicht existent geworden ist, wir können es nicht auslöschen und jederzeit beliebig neu beginnen. Damit ist natürlich nicht die pragmatische oder durch äußere Zwänge bedingte Unmöglichkeit eines neuen Anfangs, sondern die essentielle, durch unsere Wesensbestimmung als Menschen bedingte, gemeint. Es gibt keine traurigere und lächerlichere Illusion als den programmierten Selbstbetrug, daß man jetzt ein neues Leben beginne etc.

Obwohl wir also stets im Laufe unseres Lebens anders werden, bleiben wir jedoch der gleiche Mensch, nicht als numerische Beziehung, nicht der Zahl nach, sondern als stete Einheit des Selbstbewußtseins im Laufe individueller Geschichte. Wir sind sie wir selbst, wir ändern uns immer und doch bleiben wir immer bei uns selbst. In seiner individuellen Einmaligkeit ist jeder einzelne Mensch einerseits sich stets änderndes, wandelndes Wesen und andererseits Träger von Geschichte und zwar nicht nur der eigenen, individuellen, sondern als konkrete Einheit von Individuum und Gattung auch Träger der gesamten Menschen und Naturgeschichte. Im transzendentalen Zugang zu sich selbst ist er aber auch sich selbst aufhebende Natur, der Mensch ist das andere der Natur. Indem der Mensch aber als sich begreifendes Wesen sich in der Negativität seiner Transzendentalität setzt, entwirft er stets seine eigene Zukunft. Indem der Mensch in der Reflexion sich hinter sich setzt, setzt er sich auch nach vorne im voraus; er entwirft sich selbst als Bewegung seiner Zukunft, indem er sich selbst in der nach hinten gehenden Bewegung als Zukunft vorwegnimmt. In dieser Bewegung ist daher nicht der Abschluß des vorweggenommenen Entwurfs wichtig, sondern die Bewegung der Vorwegnahme selbst. Solange er lebt, bleibt der Mensch ein nie abgeschlossener Entwurf in einem Prozeß der ständigen Widerspiegelung seiner fernen Zukunft in sich selbst. Der Mensch ist die in der zurückgehenden Bewegung immerwährende Vorwegnahme der Widerspiegelung seiner eigenen Ewigkeit. Oft weiß er das gar nicht, weil er *vor* seinem Begriff ist. Indem er aber auch vor seinem Begriff ist, seinen Begriff nur ahnen kann, in sich nur das Rätsel seines sich selbst vorwegnehmenden Begriffs ist, indem er sich auch nur als Rätsel des sich selbst nicht wissenden Rätsels wissen kann, bleibt er bei sich als das sich unveränderlich verändernde andere der Natur, weil er der sich selbst setzende Spiegel, der das sich nicht wissende Rätsel des noch nicht seienden Begriffs ist. Auch dann ist der Mensch gebrochene Natur, denn er ist das Traumbild von seiner Ewigkeit noch bevor er das geträumt hat. Im Prozeß seiner Zukunft ist der Mensch immer in seiner Vergangenheit bei sich.

Wenn wir uns nun dieser Analogie bedienen, können wir uns den byzantinischen Zeitbegriff besser veranschaulichen. Gott und der Kosmos, Mensch, Natur und Geist sind in einem unaufhörlichen Prozeß des sich selbst Aufgebens und Überwindens begriffen. Gott ist die sich selbst gleiche, unendliche Negativität des sich selbst überwindenden Unüberwindlichen

> jene überwesentliche *Wesenheit*, jene keiner Vernunft zugängliche *Vernunft* und jenes durch kein Wort auszudrückende *Wort*, ein *Nichtwort*, ein *Nichtwissen*, ein *Nichtname*, alles das nach keiner Art von dem, was ist; Grund des Seins für alle Dinge und doch selbst nicht seiend, weil über alle Wesenheit erhaben und so beschaffen, wie es nur selbst eigentlich und wissend über sich Kunde geben möchte.[56]

Vor dieser überwesentlichen Wesenheit, vor dieser reinen Transzendentalität Gottes kann der Mensch nur schweigen. In der byzantinischen Tradition ist deshalb das Schweigen nicht nur ein äußerliches Zeichen religiöser Ehrfurcht, sondern konstitutives Moment der theologischen

Systematik. Man soll "das Unaussprechliche mit bescheidenem Schweigen ehren",[57] schreibt Pseudodionysius, und fast mit den gleichen Worten formuliert Gregor von Nazianz "und allem, was mehr ist, muß man mit Schweigen Ehrfurcht erweisen".[58]

Die Geschichte der Offenbarungen Gottes, wo er "uns über sich Kunde gibt", ist auch die Geschichte seines Schweigens; wie wir gesehen haben enthält das Emanationsschema sowohl die Nähe, als auch die Ferne Gottes. In der Totalität dieser Geschichte des Schweigens und der Offenbarung bleibt Gott auch im Kosmos bei sich. Er ist sowohl Zeit als auch Nichtzeit, sowohl Natur als auch Nichtnatur. Er ist die Einheit der Totalität der Natur und der Nichtnatur, alles zusammenhaltende kosmologische Weisheit und über diese Weisheit hinausgehende Transzendentalität. (Schon in der jüdischen Reflexion, in der Sapientia Solomonti, wird dieser christliche Gottesbegriff durch den Begriff der Weisheit, σοφία, vorweggenommen.) Als alles zusammenhaltendes und durchdringendes Prinzip, das in sich wie in einem Spiegel Gott reflektiert und quasi personifizierte, reine Energie Gottes ist, fungiert hier allerdings σοφία in spezifischer Weise als Vorwegnahme des christlichen Logosbegriffs. Folgende Stelle ist m.E. ein typisches Beispiel jüdisch hellenistischer Spekulation, ähnlich der, auf die wir bei Philon stoßen. Ich gebe hier das an dieser Stelle Wichtigste wieder:

Denn die Weisheit ist beweglicher als alle Bewegung; in ihrer Reinheit durchdringt und erfüllt sie alles. Sie ist ein Hauch der Kraft Gottes und reiner Ausfluß der Herrlichkeit des Allherrschers; darum fällt kein Schatten auf sie. Sie ist der Widerschein des ewigen Lichts, der ungetrübte Spiegel von Gottes Kraft, das Bild seiner Vollkommenheit. Sie ist nur eine und vermag doch alles; ohne sich zu ändern, erneuert sie alles.[59]

In der Ordnung, in der sich Gott uns durch Emanation zeigt und in der spiralförmigen Bewegung der Trinität als Vermittlung zwischen immanenter und ökonomischer Trinität ist Gott in seiner immerwährenden Geschichte, die über die Geschichte hinausgeht, in allen seinen Gestalten (seinen "Namen", er ist "πολυὠνυμος", vielnamig) bei sich; indem er über Vergangenheit und Zukunft hinausgeht, ist er in seiner Vergangenheit und seiner Zukunft bei sich. In der historischen Situation, in der sich

Kirche und Staat in Byzanz befunden haben, reflektiert die griechische Theologie weder den unüberwindlichen Widerspruch zwischen Theologie (als Darstellung des inneren Lebens Gottes im Sinne der Väter), Ewigkeit und Welt, der sich im Widerspruch der Staat gewordenen Kirche verdichtet, in sich, noch diesen Widerspruch auf der Ebene des gegen den Staat kämpfenden revolutionären Christentums, dessen Bedingungen für seine Existenz, die Vernichtung der Existenz des Staates sind. Dieses Christentum kann nur in der Welt sein, wenn die Welt, in der es entstanden, zerstört ist. Dieses Christentum verlangt die Zerstörung des Staates, und entsprechend schaut auch sein Zeitbegriff aus, der von der eschatologischen Erwartung des Zerreißens des Vorhangs lebt. Anders war die Situation in der griechischen Kirche. Nach der ersten Phase der Verfolgungen ist das Lehrgebäude der griechischen Kirche durch den Einfluß der im östlichen Teil des Reichs unendlich lebendiger wirkenden griechischen Philosophie entstanden, in einer Zeit, in der durch Konstantin und Theodosius im Osten, in dem das Reich weiter überlebt hatte, eine relative Ruhe eingetreten war.

In diesem Zeitalter, in dem Rom in der einbrechenden Völkerwanderung untergeht und der Einfluß der griechischen Sprache rapide abnimmt,[60] ereignet sich im Osten, in dem noch lange Elemente der alten Sklavenhaltergesellschaft überleben, der große historische Kompromiß zwischen antiker und im Christentum neu entstehender Welt. Hier erscheint als Voraussetzung und Basis für das Christentum weder die Zerstörung des Staates, noch sein Ersatz durch den neu auf den Trümmern der alten Welt entstehenden, mit dem Anspruch der Kontinuität auftretenden Staat der Kirche. In Byzanz wird selbst der alte Staat christlich ohne seine Macht auf die Kirche zu übertragen. Der Staat und seine Institutionen, sein ganzer höfischer und bürokratischer Apparat, an der Spitze der Kaiser, werden in Byzanz christlich und als solche kirchlich, d.h. institutionell am stärksten mit der Kirche verbunden, die Kirche wird aber kein Staat. In Byzanz inhaliert der Staat die Kirche, in Rom ersetzt die Kirche den Staat. Byzanz ist das erste christliche Weltreich der Geschichte, Rom das Christentum als Weltreich. In Byzanz ist der Kaiser christlich, in Rom ist der Papst Christus selbst der Kaiser. In Byzanz haben wir den Cäsaropapismus des Kaisers, in Rom ist der Papst als Stellvertreter Christi Kaiser. Im Rahmen des byzantinischen Bonapartismus vermittelt der Kaiser zwischen alter Sklavenhalteraristokratie, aufstrebenden Feudalherren und Volksmassen, in Rom springt der Papst nicht in ein Machtvakuum ein, alle Macht geht von ihm aus und wird auf die Massen direkt ausgeübt. Hier wird schon der Boden für die mittelalterliche Herrschaftsordnung bereitet. Aus diesem Grund wird nach dem bekannten Schema die Macht gemäß der vertikalen Ordnung eines gotischen Bogens ausgeübt. Die byzantinische Bürokratie ist ungeheuer größer und verzweigter als die römische. Byzanz hat in der nachchristlichen Zeit die Bürokratie erfunden. Rom ist die Voraussetzung des feudalen Mittelalters. Byzanz geht durch die Entwicklung des feudalen Prinzips zugrunde. Ich habe auf diese Voraussetzungen in der Einleitung hingewiesen. Wir müssen jetzt die innere Vermittlung zwischen diesem Prinzip und dem byzantinischen Zeitbegriff aufzeigen.

Das Wesen der byzantinischen Theokratie besteht im weltgeschichtlichen Kompromiß zwischen dem Prinzip des Staates und dem Prinzip des Christentums. Indem in Byzanz die Kirche staatstragend wird, aber nicht der Staat selbst, vertritt sie der weltlichen Macht gegenüber die Interessen der verarmten und entrechteten Massen, die Träger der christlichen Ideologie sind, und gegenüber ihren Trägern ihrer Basis im Volk die Interessen des Staates und der Staatsgewalt, die in Byzanz nicht bloß als Exekutivorgan der Herrschenden fungiert, sondern im Prozeß der Feudalisierung und des auf die äußerste Spitze getriebenen byzantinischen Bonapartismus, in dem die reale Machtbasis dieses Bonapartismus immer enger wird, selbst die herrschende Macht wird. Wenn man hier bei aller nötiger Vorsicht, die vor solchen Analogien erforderlich ist, sich der Analogiesprache bedient, kann man sagen, daß in Byzanz die Kirche eine ähnliche Rolle spielt wie im kapitalistischen Staat die Gewerkschaft. Im byzantinischen Bonapartismus ist die Kirche das Instrument, das für den sozialen Ausgleich der Konflikte und ihre gütige Lösung im Interesse des Staatsganzen agiert. Daraus resultiert in Byzanz einerseits die prinzipielle Loyalität der Kirche gegenüber dem Staat, die sich immer in den Zeiten der Bedrängnis besonders eindeutig zeigte und andererseits die Tatsache, daß die Kirche in Byzanz den Staat immer kritisierte, oft in einer Schärfe, die revolutionäre Züge annahm. Die Kirche war in Byzanz entsprechend ihrer Position im

Machtgefüge des Staates der *Anwalt* der Armen und Unterdrückten. Sie setzte sich für sie ein, ohne den Staat als Ganzes in Frage stellen zu wollen. Ein typisches Beispiel dafür ist die Theologie der Kappadokier. Vor allem bei Basilius d. Großen und Johannes Chrysostomus ist Leben und Wirken, Wort und Tat von erstaunlicher Radikalität in der Auseinandersetzung mit den Herrschenden gekennzeichnet. Die Reden des Chrysostomus sind ein Paradebeispiel des Kampfes mit allen Mitteln einer noch in der Tradition der klassischen Rhetorik stehenden Sprache gegen die Ungerechtigkeit und Korruption der Mächtigen. Er nimmt mit Radikalität und Leidenschaft für jene Leute Partei, denen er auch seinen ihn ehrenden Beinamen verdankt, mit dem er in die Geschichte einging. Hier ist noch das ursprüngliche revolutionäre Christentum lebendig, für dessen Prinzipien er sich eingesetzt hat und verfolgt wurde. Ähnlich verhält es sich mit Basilius d. Großen. Nicht nur seine sozialreformischen Ideen sind hier wichtig, sein Einsatz für soziale Zwecke, seine strengen Regeln für das Klosterleben, die noch immer der eigentliche Kanon in der orthodoxen Kirche sind. Entscheidend ist seine Theologie selbst, in deren Rahmen das eschatologisch-revolutionäre Christentum deutlich in Erscheinung tritt. Wir werden das später an anderer Stelle anhand der Position der dritten Trinitätsperson, des Hl. Geistes, sehen, wo das diesbezüglich bereits Erwähnte ergänzt und systematisiert werden muß.

Gerade am Beispiel der Kappadokier muß man also festhalten, daß ihre Position in Byzanz aufgrund der spezifischen Rolle der Kirche historisch erklärbar ist. Die Kappadokier sind nicht, wie man oft mißversteht, eine glänzende Ausnahme in einer konservativen, staatserhaltenden Kirche, wodurch Erinnerungen an das alte Christentum noch wach gehalten werden, sondern historisches Produkt der inneren, organischen Spaltung dieser Kirche selbst. Trotz und neben den Besonderheiten, die durch die jahrhundertlange historische Entwicklung das Verständnis des Phänomens Kirche in Byzanz in seiner Komplexität erschweren, kann man den inneren Widerspruch, der dieses Phänomen kennzeichnet, treffend auf eine kurze Formel bringen, indem man sagt, daß die Kirche in Byzanz für die Massen rechts und für den Staat links gestanden ist. Die Kirche hat den Massen gegenüber den Staat linker dargestellt als er war und dem Staat gegenüber die Massen rechter als sie waren. Das ist der Zentrismus der byzantinischen Kirche. Durch den im Ostreich erlangten Kompromiß hat die byzantinische Kirche die vornehmlich in den großen Städten des Ostens konzentrierten Massen, die aufgrund des Überlebens von Strukturen der alten Sklavenhaltergesellschaft nicht an die Scholle gebunden waren und daher ein unruhiges revolutionäres Potential, das nicht organisch in die Machtstruktur des Staates einzubinden war wie im Westen, darstellten, dem Staat gegenüber, dessen Inkorporation der Hof und der zentralistische Beamtenapparat waren, vertreten müssen. Wenn sie es nicht getan hätte, hätte sie ihre Volksbasis und die Kontrolle über sie verloren. Somit aber wäre auch die Stabilität der Herrschafts- und Machtverhältnisse im Staat gefährdet, die Aufrechterhaltung dieser Stabilität ist aber in dieser historischen Konstellation die staatspolitische Funktion der Kirche gewesen. In dieser Konstellation hat die Kirche andererseits die Basis ihrer Existenz gehabt. Sie hat daraus geschöpft und sich somit ihre Privilegien gesichert.* In diesem Kräfteverhältnis hat der Staat die Kirche gebraucht, um die aufmüpfigen Massen zu beschwichtigen. Dabei ist er auf der Basis des durch Theodosius durch die Erhebung des Christentums zur Staatsreligion vollzogenen Kompromisses vorgegangen und stets im Bemühen und nach Justinian auch im Bewußtsein selbst, ein christlicher Staat zu sein.

---

* Das ist die historische Wurzel der bis heute existierenden sprichwörtlichen Anpassungsfähigkeit der orthodoxen Kirche gegenüber dem Staat. In der Sowjetunion hat sich die Staatsführung dieser Anpassungsfähigkeit von Stalin bis Gorbatschow unter verschiedenen historischen Vorzeichen zu bedienen gewußt. Im griechischen Unabhängigkeitskampf gegen die osmanische Herrschaft im 19. Jhdt. und auch während der langen osmanischen Herrschaft war die Position der orthodoxen Kirche durch ein ewiges Jonglieren, ein Paktieren zwischen den Gegenparteien charakterisiert, woraus sie ihre Existenzbasis bezogen hat. Im Unabhängigkeitskrieg hat sie sich nach langem Zögern mit den Aufständischen identifiziert, weil sie durch die Kraft der Befreiungsbewegung dazu gezwungen wurde. Hätte sie es nicht getan, hätte sie jegliche Basis im Volk verloren und wäre in die Position des Volksfeindes gedrängt worden. Andererseits haben die Aufständischen wie auch in Byzanz die Kirche als Fanal und Anwalt nach außen gebraucht, um im Zeitalter des Nationalismus den national-religiösen Charakter ihres Kampfes zu unterstreichen. In Byzanz haben die Massen die Kirche als Anwalt gebraucht gegen die unchristliche, oft grausame Unterdrückung seitens der Zentralgewalt.

Wie wirken nun der Bonapartismus der Zentralgewalt und der Zentrismus der Kirche in Byzanz auf die innere Gestaltung des theologischen Zeitbegriffs? Der Zeitbegriff der griechischen Theologie will weder den Staat zerstören noch den Staat ersetzen. Er will weder die Einheit zwischen Zeit und Ewigkeit durch die Zerstörung des Staates erreichen, noch im Bewußtsein der unüberwindlichen Aporie zwischen den beiden den Staat durch die Kirche als selbst im Widerspruch zwischen der Konzeption der Unüberwindlichkeit der ontologischen Differenz einerseits und Eschatologie der Weltgeschichte andererseits ersetzen lassen. (In begrifflicher Hinsicht ist hier die Kirche als Staat, der zwischen diesen unüberwindlichen Gegenpositionen agiert und die de facto Macht ausübt, selbst der Bonapart. Auf der Ebene der inneren Begriffsdistinktion und ihrer Lebendigkeit und Wirksamkeit auf die Weltgeschichte und somit als constituens ihrer Prinzipien ist der katholische Kirchenstaat der Bonapart, dessen Macht auf der unüberbrückbaren Spannung und dem Gleichgewicht zwischen Eschatologie der Weltgeschichte und ontologischer Differenz beruht. In Byzanz ist der Staat der Bonapart, in Rom ist es die Kirche.) Daher steht der griechische Zeitbegriff nicht gegen den Staat und auch will er nicht den Staat ersetzen, sondern er steht über dem Staat, und indem er über dem Staat steht, will er am Tage des Gerichtes mit allen Christen zusammen auch den Staat in die Ewigkeit hinüberbringen. Am Tage des Gerichts wird der Staat Kirche im Sinne der Gemeinschaft der Gläubigen, ecclesia.

Konstantinopel, die große Stadt, das neue Rom, wird das himmlische Jerusalem, in das alle geretteten Seelen, der Kaiser an der Spitze, Einlaß bekommen werden. Dann wird Konstantinopel das sein, was es ohnehin ist. Denn auf Erden ist es die Vorwegnahme der Ewigkeit, die Perle des Glaubens. Im Himmel wird es der Triumph des Glaubens im Geiste sein, die Herrlichkeit der wiedergeborenen Natur selbst, das Paradies. Das Paradies wird das himmlische Konstantinopel sein. Deswegen ist Konstantinopel schon auf Erden die Brücke zwischen Erde und Himmel, seine Schutzpatronin, die Gottesmutter, wird auch ekstatisch in dieser besonderen Eigenschaft als Brücke zwischen Himmel und Erde von *ihrer* Stadt besungen. Weil aber auch im griechischen Zeitbegriff die Ewigkeit *über* der Zeit steht, aber nicht prinzipiell gegen sie gerichtet ist, so ist die weltliche Zeit uninteressant. Die Welt und ihre Angelegenheiten selbst, die Mühen und die Sorgen des Lebens spielen für dieses christliche Bewußtsein keine Rolle. Man soll das Erste als Erstes anstreben, nach diesem Prinzip die irdische Zeit, die nur ein kurzes Intervall ist, verbringen und schon auf Erden gottähnlich werden und Gottes weit entfernten Abglanz im Geiste sehen. Man soll aus der Welt fliehen, der Welt entrücken. Die außenweltliche Askese ist das Lebensprinzip dieses Bewußtseins. Deswegen ist auch das Ideal des Staates ein möglichst christlicher Staat, der Staat soll Kirche werden, der Kaiser soll Hand in Hand mit der kirchlichen Führung die Geschäfte des Staates lenken, die Position des Kaisers in Glaubensfragen ist in letzter Konsequenz sogar wichtiger als die Lösung von materiellen Problemen. Deswegen war die Beteiligung des Volkes in Auseinandersetzungen über Glaubensfragen enorm, deswegen war in der letzten Phase der Agonie Konstantinopels der Partei der Gegner eines Arrangements und einer Einigung mit der katholischen Kirche als letzten Rettungsversuchs gegen die Türken es lieber gewesen sich mit den Türken zu arrangieren oder unter ihnen zu leben, als einem Kompromiß mit der katholischen Kirche zuzustimmen. Im Rahmen des Emanationsschemas von Pseudodionysius, das hier als Modell herangezogen werden kann, ist der Staat die niedrige Stufe der Vermittlung mit der himmlischen Hierarchie oder genauer formuliert die hierarchisch gegliederte Kirche.

Um das Prinzip dieser Vermittlung zwischen Himmel und Erde in der byzantinischen Theologie zu begreifen, und um zu erkennen, worin seine spezifische Pointe liegt, muß man sich dieses Schema etwas genauer anschauen. Himmlische und irdische Hierarchie sind in Stufen von jeweils drei aufeinanderstehenden Gliedern aufgebaut (Triaden). Die himmlische Hierarchie besteht aus drei solchen Stufen von Himmelsmächten (drei Triaden), also neun Gliedern. Die kirchliche Hierarchie besteht aber aus nur zwei Triaden, also sechs Gliedern. Das ist aber in der Konzeption des Pseudodionysius kein Zufall, sondern dient einem bestimmten Zweck. Die Unproportionalität in der Gliederung von kirchlicher und himmlischer Hierarchie ergibt nämlich nur dann einen Sinn, wenn die dritte, unterste Stufe der himmlischen Hierarchie sich quasi noch in den beiden Welten befindet und sie miteinander vermittelt. Obwohl sie schon Teil der himmlischen Hierarchie ist, stellt sie die Mitte zwischen der obersten einweihenden Triade der kirchlichen Hierarchie (das sind die Bischöfe und Priester) und der Hierarchie des Himmels dar. Das mag anscheinend jene Mitte sein, die wir schon bei Pseudodionysius als Mitte zwischen Seienden und Werdenden[61] gesehen haben. Wären beide Teile, himmlische und kirchliche Hierarchie, gleichmäßig in drei Triaden gegliedert, so wäre keine Mitte da, und sie stünden einander starr gegenüber, während gerade in der Unproportionalität der Gliederung die Bewegung, die zu der Mitte, die in der gedachten Mitte der unteren Triade der himmlischen Hierarchie verläuft, führt, entsteht. Entscheidend in diesem Schema ist aber in unserem Zusammenhang auch, daß die kirchliche Hierarchie wie überhaupt in der Tradition der Kirche die ganze Gemeinde umfaßt und darstellt, angefangen von den Katechumenen (Stände der Reinigung - καθαιρόμεναι τάξεις) bis zu den Bischöfen. Die Gemeinde der Gläubigen wird bezeichnenderweise ἱερὸς λαός genannt, also etwa geheiligtes Volk (gereinigtes Volk). Weil aber die Kirche alle Gläubigen umfaßt und sie wiederum mit der himmlischen Hierarchie vermittelt ist, so ist die Welt der Gläubigen mit der Welt des Himmels und der Ewigkeit organisch vermittelt.

So wie also eine Vermittlung stattfindet, sind Welt und Himmel miteinander in einer Einheit vermittelt, in der der Himmel über der Welt, aber nicht gegen sie steht und die Ewigkeit über *der Zeit* aber auch nicht gegen sie steht. Pointiert formuliert kann man sogar sagen, daß die endliche Zeit in die Ewigkeit führt durch die Institution der kirchlichen Hierarchie, die die endliche Zeit umfaßt und mit dem Himmel vermittelt. Damit hätten wir eine Position, die der augustinischen sehr ähnlich ist mit dem Unterschied, daß bei den Byzantinern die Kirche nicht Vorwegnahme und gleichzeitig realisierte Existenz des himmlischen Reichs auf Erden ist, wie im Rahmen der zwei Welten Theorie des Augustinus, sondern eine durch den Begriff der Mitte bereits mit dem Himmelreich vermittelte, die in dieses Reich übergeht. So wird aber der Widerspruch zwischen Ewigkeit und endlicher Zeit überwunden und vermittelt. Im Rahmen dieser Vermittlungsstruktur bleibt aber die unaussprechliche Differenz zwischen immanenter und ökonomischer Trinität aufrecht; denn es ist diese Differenz in der Dialektik von Wesen und Energien ewig sich zurücknehmender Einheit des Umschließenden Umschlossenen, die aus sich selbst heraus tritt, die den inneren Inhalt dieser Bewegung ausmacht, sie erhält und durch sie erhalten wird. Sie wird für den Menschen erst dann aufgehoben, wenn für ihn der Geist in die Natur übergegangen sein wird und die Natur in den Geist, wenn also in der wiederhergestellten Sinnlichkeit einer in Geist übergegangenen Natur, die keine Natur mehr ist, die Zeit aufgehoben sein wird, d.h. im Reich des Geistes, in dem die Natur in Freiheit, d.h. vom Joch der Zeit befreit sein wird.

X. Die Eschatologie des Hl. Geistes und die byzantinische Anthropologie

Wir haben gesehen, auf welche Weise der Zeitbegriff des Christentums sich mit der Geschichte vermittelt, wie die spekulative Darstellung der christlichen Eschatologie mit Historizität behaftet ist, die in dieser Darstellung selbst zum Tragen kommt. Diese innere Vermittlung zwischen Geschichte und theologischer Spekulation kommt aber nicht nur in der Dialektik des Zeitbegriffs, in der systematischen Darstellung des Verhältnisses zwischen Endlichkeit der Zeit und Ewigkeit bzw. menschlicher Wirklichkeit und Reich des Geistes, sondern auch im Verhältnis zwischen eschatologischer Erwartung und Bestimmung des Menschen, anthropologischer Konzeption des Christentums, zum Ausdruck. Entscheidend für das Verständnis dieser anthropologischen Konzeption des Christentums sind zunächst einmal die zwei biblischen Schöpfungsberichte. Einerseits haben wir hier die Formulierung vom Menschen als "Abbild" Gottes[1] und andererseits die Formulierung "καί ἐνεφύσησεν εἰς τὸ πρόσωπον αὐτοῦ πνοήν ζωῆς, καί ἐγένετο ὁ ἄνθρωπος εἰς ψυχήν ζῶσαν..."[2] ("und blies in seine Nase den Lebensatem. So wurde der Mensch zu einem lebendigen Wesen"[3]).

Was den ersten Schöpfungsbegriff betrifft, so gibt es in sprachlicher Hinsicht keine besonderen Schwierigkeiten. Das griechische "κατ' εἰκόνα καί καθ' ὁμοίωσιν"[4] wird in der deutschen Bibelübersetzung formal und inhaltlich korrekt wiedergegeben. Die Schwierigkeiten, die sich bei der Übersetzung der Zentralaussage im zweiten Schöpfungsbericht ergeben, sind m. E. Schwierigkeiten, die uns, wenn wir sie zur Darstellung bringen, dem Verständnis der Problematik in inhaltlicher Hinsicht näher bringen. Wir wollen versuchen die Differenz zwischen diesen beiden Schöpfungsberichten im Zusammenhang mit der Problematik der christlichen Anthropologie zu erörtern, indem wir das bereits im Kapitel I Gesagte weiterentwickeln. Wenn der Mensch im Sinne des "geistigen" Schöpfungsberichtes Abbild Gottes und ihm ähnlich ist, so ist er prinzipiell im Sinne einer Metaphysik von Abbild und Original gottähnlich im Geiste. Der erste Bericht, der sich gar nicht mit sinnlich-materieller Schöpfung befaßt, kann den Menschen nur als Geist meinen. Der Geist des Menschen ist wie Gott. Kraft dieses Geistes herrscht der Mensch über die Natur und die Schöpfung als Gattung. Die Universalität seines Geistes fällt mit der Universalität der Gattung zusammen. Der Mensch ist als Gattung eine Überwindung der Natur. Im Unterschied zum griechischen Prometheus ist der Mensch als Gattung schon vor der Natur frei, d.h. beherrscht die Natur im voraus durch seinen ontologischen Status. Er ist nicht ein Kind der Not. Die Differenzierung von der Natur kommt nicht durch die Auseinandersetzung mit ihr, sondern wird ontologisch vorausgesetzt. (Im Unterschied dazu ist Deukalion ein Kind der Not. Er wird der Vater des Menschengeschlechtes, indem er Natur überwindet, sich aus ihr herausdifferenziert. Er schmeißt hinter sich die Gebeine seiner Mutter. Der Untergang der Natur und der toten Mutter, die erste endgültige Trennung von der fleischlichen Herkunft ist die Basis der Zivilisation. Ethnopsychoanalytiker würden in dieser Schilderung eine Andeutung auf das primäre Opfer der Frau erblicken.[5]

Für den jüdischen Geist verhält es sich anders. Denn Mensch ist Geist, weil er vom Geist stammt, weil er Abbild des Geistes ist. Weil die Schöpfung ex nihilo ist, ist der Mensch Geist. Im Nichts ist Geist. Gott ist die ewige Differenz vom Nichts. Dieses Nichts ist aber nicht das Chaos der griechischen Mythologie. Im Geist ist im voraus das Prinzip der Ordnung, "τάξις". Wenn der Mensch Abbild ist, so ist er Abbild eines ordnenden Prinzips. Im Geist ist Ordnung. Der Geist schöpft die Welt in sieben Tagen nach dem Prinzip einer kosmologischen und ontologischen Ordnung. Es ist der Geist, der aus dem Chaos den Kosmos schöpft. In dieser Weltordnung ist der Mensch das Höchste, er ist die Krone der Schöpfung. Der andere Schöpfungsbericht wird in der deutschen Übersetzung auf eine Weise wiedergegeben, die seine sprachliche Subtilität verschwinden läßt. Es handelt sich um "καί ἐγένετο εἰς ψυχήν ζῶσαν".[6] Dieses ψυχήν ζῶσαν hieße korrekt übersetzt "lebende Seele". Wir müßten also übersetzen: "Und der Mensch wurde zur lebenden Seele". Diese lebende Seele ist hier das, was den Menschen von der Erde unterscheidet, aus der er geformt worden ist. Sie ist das Prinzip des Lebens. Sie ist das Leben im leblosen Körper, in der leblosen Materie. Sie ist aber nicht nur das Leben des Körpers, sondern auch das Prinzip des Geistes im Menschen. Sie ist nicht Geist, aber die Voraussetzung des Geistes.

Die Tradition, in der der Text der Genesis steht, ist eine Tradition der Dreiteilung von σῶμα - ψυχή - πνεῦμα (Körper - Seele - Geist). Die Seele fungiert hier als ein Mittelding zwischen Körper und Geist. Die Seele haftet am Körperlichen und ist daher leidensfähig, während in der theologischen Diktion πνεῦμα nicht leidensfähig sein kann, es ist spiritus. Seele ist wie bei Aristoteles Prinzip des Organischen, πνεῦμα ist "reiner" Geist.[7] Weil man diese Stelle im Sinne dieser theolgischen Diktion interpretiert, übersetzt man ψυχήν ζῶσαν mit "lebendiges Wesen". Dabei übersieht man aber, daß im griechischen Text zwei nebeneinander stehende Wörter gebraucht werden. Es handelt sich um eine Apposition. Warum wird aber hier diese Apposition verwendet? Sie kann m.E. nur ein Hinweis auf das Zusammengesetzte und gleichzeitig Einheitliche im Menschen sein. Der Mensch wird an dieser Stelle als Einheit von Körper und Seele dargestellt. Nach der christlichen Anthropologie ist also der Mensch dreierlei: Geist, wie aus dem ersten Bericht hervorgeht, als Abbild Gottes, Seele und Körper, wie aus dem zweiten Bericht zu entnehmen ist. Die Berichte ergänzen sich gegenseitig und ergeben das dreifache Schema Körper - Seele - Geist. Das heißt aber, daß wir es mit drei Prinzipien zu tun haben, die alle gleichberechtigt sind. Nach der christlichen Anthropologie ist der Mensch eine Einheit, in deren Rahmen der Körper, das Fleisch einen anerkannten ontologischen Status besitzt. Dazu kommt, daß der Mensch nicht außerhalb dieser Einheit gedacht werden kann. Wenn wir nun die Grundlagen dieser Anthropologie des Christentums weiter erforschen, so stellt sich uns hier die Frage der Vermittlung. Der Mensch ist diese dreigegliederte Einheit, wie vermittelt sie sich aber? Für die christliche Tradition realisiert sich die Vermittlung durch eine Mitte, die zwar körperlich lokalisierbar ist, aber nicht nur körperlichen Status besitzt. Diese Mitte ist das Herz. Das Herz besitzt also für die christliche Anthropologie eine zentrale Bedeutung. Die Tradition des Herzens ist in der christlichen Anthropologie uralt, das "denkende Herz", das in sich Vernunft und Gefühl vereinigt, ist Allgemeingut der östlichen Patristik lange bevor es als Grundidee von Pascal in die Neuzeit wieder aufgenommen und popularisiert worden ist. "Wenn wir den Intellekt reinigen wollen, müssen wir ihn im Herzen konzentrieren", schreibt Palamas.[8]

Der Stellenwert des Herzens in der christlichen Anthropologie hat also eine lange Vorgeschichte systematischer Vermittlung.* Im Herzen ist im Rahmen der Tradition der außenweltlichen Askese der östlichen Theologie die Vermittlung mit jener "lautlosen Stimme", die aus der Transzendentalität der sich selbst zurücknehmenden Einheit des Logos, wie wir sie bei Symeon den Neuen Theologen kennengelernt haben, hervortritt. Durch das Herz als Mitte läuft der zu sich selbst zurückkehrende Kreis der Einheit von den Kräften im Menschen, die der Ewigkeit teilhaftig und nicht teilhaftig sind, weil der bloße Verstand endlich ist, analog der neoplatonischen Metaphysik des Pseudodionysius für den ganzen Kosmos. Deswegen ist das Herz Träger des göttlichen Eros. Deswegen ist im Herzen Schweigen. "Liebe das Schweigen über alles, denn es bringt dich in die Nähe der Frucht. Die Sprache ist nicht fähig es zu erklären. Zuerst sollen wir uns selbst das Schweigen auferlegen, und dann entsteht in uns etwas, das uns zu diesem Schweigen führt", schreibt Isaak der Syrer.[10] Durch dieses Schweigen "verkleinert sich das Herz und wird wie ein Säugling", schreibt Isaak weiter.[11] Als Vermittlung zwischen Geist als Abbild Gottes und lebender Seele ist das Herz Zentrum einer sich selbst wissenden Weisheit, die mit der Transzendentalität, mit der Vernunft des Logos vermittelt. In der orthodoxen Tradition ist das Herz der Sitz des Denkens! Im Rahmen dieser Anthropologie stellt der Mensch eine Einheit, in der kein vernunftloses Gefühl und keine gefühlslose Vernunft ist, dar.

In der orthodoxen Dogmatik ist der Stellenwert des Herzens von sakramentaler Bedeutung. Wenn während der Salbung bestimmte Körperteile als der Sitz von Denken und Gefühl gesalbt werden, werden auch Lippen

---

* Feuerbach bezeichnet es als "das weibliche Gemüt des Katholizismus"[9] und liefert hiermit eine treffliche Analyse auf der Basis der Projektionstheorie, die sich jedoch über den methodischen Stellenwert des Herzens als Vermittlungsinstanz in der systematischen Theologie hinwegsetzt.

und Herz gesalbt und der Prieser sagt: "Dein Mund soll Weisheit sprechen, und dein sorgendes Herz Bedächtigkeit." ("Τὸ στόμα σου λαλήσει σοφίαν καί ἡ μελέτη τῆς καρδίας σου σύνεσιν.")
Wenn wir jetzt vom biblischen Schöpfungsbericht weggehen und uns einige Stellen in den "Nomoi" Platons anschauen, so ergeben sich interessante Parallelen, die wir zur Sprache bringen wollen. Es handelt sich um jene berühmte Stelle, in der Platon ein Theodizeemodell entwickelt und von einem Demiurgen spricht, der alle Teile schafft "um des Ganzen willen und nicht das Ganze, um des Teiles willen".[12] Im Rahmen dieses kosmologischen Bildes, das entsprechend den antiken Vorstellungen von der ewigen Bewegung und der Seelenwanderung dem individuellen Menschen keine ethische Selbstbestimmungskomponente zuließe, wenn sein Platz im Ganzen des Kosmos nicht durch sein eigenes Verhalten bestimmt werden könnte und somit keine schlechte Unendlichkeit in einer "der Zahl nach" unbegrenzten Reihe von Seelenwanderungen entstünde,[13] "verändern sich nun alle Wesen, die einer Seele teilhaftig sind, da sie ja in sich selbst den Grund dieser Veränderung tragen, und bei dieser Veränderung wechseln sie ihren Ort gemäß der Ordnung und dem Gesetz des Schicksals".[14] Platon stößt also hier an die Grenze des antiken kreisförmigen Zeitbegriffs und an den Widerspruch im Rahmen eines Konzeptes von Theodizee, zwischen äußerer Mechanik dieses Weltbildes und Freiheit und Selbstbestimmung des Menschen. (Ein Widerspruch, von dem m.E., wie ich auch versucht habe zu zeigen, die Theodizee-Modelle nie wirklich befreit worden sind.) Andererseits stellt seine Konzeption schon den Übergang von der früheren mythologischen Vorstellung einer ewigen Seelenwanderung zu dem Begriff eines geordneten Kosmos, der eine innere Gesetzmäßigkeit hat. Dieser Kosmosbegriff hebt z.T. schon die schlechte Unendlichkeit der mythologischen Seelenwanderungslehre auf. Trotz der zugestandenen Freiheit bleibt der Mensch in diesem Kosmos an dem ihm "gemäß der Ordnung und dem Gesetz des Schicksals" zugeteilten Ort. (Hier vertritt der späte Platon die gleiche These wie im "Staat".) Wir haben auf diese Position Platons schon im Rahmen früherer Erörterungen über den Zeitbegriff hingewiesen, und es stellt sich nun die Frage, welchen Stellenwert sie im Zusammenhang mit den biblischen Schöpfungsberichten und der christlichen Anthropologie hat.

Das erste Problem, worauf wir hier stoßen, ist die Frage nach der ontologischen Bestimmung des Begriffs des Demiurgen. Handelt es sich bei diesem Demiurgen um ein ontologisches Prinzip, oder ist er gar die Vorwegnahme eines personifizierten Gottesbegriffs, der sozusagen beim späten Platon sich vage abzeichnet?

Wenn man diese Frage rein sprachlich angeht, so steht der zweiten Interpretation nichts im Wege. Denn Demiurgos heißt im griechischen derjenige, der etwas für die Gemeinde (den Demos) Nützliches herstellt, wobei hier der Aspekt handlicher Produktion, manipulativer Tätigkeit, eindeutig im Vordergrund steht. Deswegen wird er hier in der deutschen Übersetzung richtigerweise mit "Handwerker" übersetzt. Im weiter gefaßten Sinn heißt dann Demiurgos der Schöpfer, auch der Schöpfer Gott. Dem Begriff des Demiurgen liegt also eindeutig die Bedeutung eines schöpferisch manipulativen Herstellungszusammenhangs zugrunde. Wenn man allerdings die Frage sinngemäß nach dem Textzusammenhang beantworten wollte, so könnte damit nur ein Hinweis auf die innere Ordnung des Kosmos gemeint sein, ähnlich wie der Demiurg etwas für das Ganze der Gemeinde als geordnetes Ganzes schafft. Es könnte also durchaus eine gesetzmäßige Ordnung im Kosmos gemeint sein wie die, die der "Arzt oder jeder sachkundige Handwerker"[15] für den Demos schafft. Eine Klärung der uns beschäftigenden Frage könnte hier herbeigeführt werden, wenn man den Beginn dieser Textpassage als Entscheidungshilfe heranziehen könnte. Gerade dieser Beginn aber, der in der deutschen Übersetzung mit "daß von dem, *der* für das All Sorge trägt", womit also der Demiurg gemeint ist, eindeutig in die Richtung eines personifizierten Schöpfers trägt, gestattet im griechischen Originaltext "ὡς τῷ τοῦ πατρὸς ἐπιμελουμένῳ"[16] keine diesbezügliche Entscheidung, denn der Dativ τῷ ἐπιμελουμένῳ könnte sowohl männlich, als auch sächlich sein. Sowohl sprachlich-philologisch als auch vom Gesamttext her ist hier meiner Meinung nach eine eindeutige Interpretation nicht möglich.

Wenn man nun diese Stelle mit der berühmten Stelle aus dem XII. Buch der Nomoi vergleicht, der sog. "Theologie", so wird die Situation umso verworrener und unklarer. Ich gebe hier diese Passage wieder: "Das eine ist das, was wir über die Seele gesagt haben: daß sie das älteste und göttlichste von allen Dingen ist, deren Bewegung, das Werden zu Hilfe nehmend, ein ewig fließendes Sein hervorgebracht hat. Das andere aber betrifft den Umlauf der Gestirne in seiner Regelmäßigkeit und ebenso den Umlauf eines anderen, über das die Vernunft herrscht, die das Weltall geordnet hat" ("ἐγκρατής νοῦς ἐστιν τὸ πᾶν διακεκοσμηκώς").[17] Und einige Stellen weiter: "Es ist unmöglich, daß jemals einer von uns sterblichen Menschen zu einer festen Gottesfurcht gelangt, wenn er sich nicht die beiden eben erwähnten Wahrheiten zu eigen gemacht hat - erstens daß die Seele das älteste von allem ist, was des Werdens teilhaftig war, und daß sie unsterblich ist und daher über alle Körper herrscht, und sodann, was wir schon mehrfach ausgesprochen haben, daß die Vernunft in den Gestirnen die Führerin alles Seienden ist..."[18]

Ich meine, daß in letzter Konsequenz diese berühmte Stelle von der Weltvernunft uns ebenfalls keine endgültige Antwort auf die Frage geben kann, ob es sich um ein ontologisches Prinzip oder um die Vorwegnahme eines Gottesbegriffs handelt. Denn dieser "ἐγκρατής νοῦς", der alles geordnet hat, könnte sowohl subjektiv als auch objektiv idealistisch interpretiert werden sowohl Fichteanisch als auch Hegelianisch. Er könnte sowohl alle Macht *in sich* enthalten (ἐγκρατής) als auch ein *in* der Macht Seiender sein (ἐγ-κρατής, ἐν-κράτος = in der Macht), er könnte eindeutig nach beiden Seiten hin interpretiert werden und nach der unmittelbaren, vordergründigen Sprachdiktion eher nach der ersten, wobei allerdings in diesem Fall die immanent ontologische Platon-Interpretation durcheinander käme, zugunsten einer, die den Platon der Ideenlehre von einem *neoplatonisch* anmutenden späten Platon trennt. Meine Meinung ist, daß man Platon in Fragen der Methode nicht immer im Sinne einer Kontinuität, die bis zur letzten Konsequenz ungebrochen bleibt, interpretieren kann. Es finden sich vielmehr in seinem Werk Motive, die sich zum Teil widersprechen, sich ergänzen oder durchkreuzen, (so etwa die Grade der Erkenntnis durch Teilhaberelationen und διαίρεσις in Verbindung mit der Wiedererinnerungslehre, wie sie etwa im "Menon" dargestellt wird, einerseits, und andererseits der sprunghafte Charakter der Erkenntnis im 7. Brief). In der Genialität und Vielfalt dieser Motive liegt aber unter anderem die Faszination, die sein Werk ausstrahlt.

Was die hier angedeutete Doppeldeutigkeit des Demiurgosbegriffs betrifft, glaube ich, daß Platon selbst in seinem späten Werk sich an der

Schwelle des Übergangs zwischen einer traditionell objektiv idealistischen Konzeption und einem im Sinne seiner Epigonen neoplatonischen subjektiven Idealismus, der sich hier nur dunkel andeutet, befindet. Für unseren Zusammenhang ist es aber wichtig, daß wir beim späten Platon Spuren eines Schöpferbegriffs entdecken können, der quasi die philosophische Vorwegnahme eines Gottesbegriffs andeutet. Das, was aber in den Nomoi eindeutig thematisiert wird, ist der Begriff der Seele sowohl als die lebende Seele" unseres zweiten Schöpfungsberichtes in der Ambivalenz, die dieser Bericht enthält, als auch im traditionell philosophischen Sinn als ontologisches Lebensprinzip. Hier wollen wir unsere zweite Frage aufwerfen anhand einer, wie mir scheint, sehr dunklen Stelle aus den Nomoi. Diese Stelle lautet:

Der Athener: So. Als unser König sah, daß alle unsere Handlungen beseelt sind und viel Tugend in ihnen wohnt, aber auch viel Schlechtigkeit, daß ferner Seele und Leib, sobald sie einmal entstanden, etwas Unvergängliches, aber nichts Ewiges sind, ebenso wie die nach dem Gesetz seienden Götter - gäbe es doch niemals eine Entstehung von lebenden Wesen, wenn eines von jenen beiden zugrunde ginge -, und weil er bedachte, daß das, was es an Gutem in der Seele gibt, seiner Natur nach stets nützt, das Schlechte aber schadet: weil er also das alles vor Augen hatte, so sann er darauf, wo ein jeder der Teile hingestellt sein müsse, um im Weltganzen am ehesten, leichtesten und besten den Sieg der Tugend und die Niederlage der Schlechtigkeit zu gewährleisten.[19]

Was bedeutet hier, daß "Seele und Leib, sobald sie einmal entstanden, etwas Unvergängliches, aber nichts Ewiges sind, ebenso wie die nach dem Gesetz seienden Götter"? Deutet nicht dieser kaum nachvollziehbare Unterschied zwischen unvergänglich und ewig auf eine Differenz zwischen Seele und Geist, oder platonisch formuliert Seele und Idee im Sinne von Seele als Lebensprinzip und psychischer Innerlichkeit des Menschen, ähnlich dem christlichen "ψυχή ζῶσα", die zwar unvergänglich, weil das Leben unvergänglich ist, und im Sinne der Individualseele im Rahmen der hier entwickelten Konzeption von Platon als unsterblich,* als im Kreislauf

---

* Die Frage der Unsterblichkeit der Seele bei Platon, die sowohl hier als auch in Phaidros und Phaidon entwickelt wurde und oft nur als mythologische Reminiszenz bzw. als didaktischer Einsatz einer Analogiensprache zum Zweck

der Wiedergeburt, der ewigen Wiederkehr befindlich angesehen werden kann, jedoch nicht ewig, weil sie ihre Entstehung nicht sich selbst verdankt, bzw. überhaupt entstanden ist? Nicht ewig ist nach dieser Interpretation die Seele hinsichtlich dessen, was hinter ihr ist, hinsichtlich der Transzendentalität ihrer Voraussetzung, die sie nicht durch sich selbst in sich hat. Wenn das aber so ist, so ist sie kraft der sie voraussetzenden Transzendentalität der Idee, sie besitzt somit eine mittlere Position zwischen Körper und Idee und steht in großer Nähe zum christlichen Begriff der Seele als Mitte zwischen Körper und Geist. Dieser Aspekt der Vermittlung kommt auch im gleichen Text durch den Hinweis auf den ontologischen Status der Götter, die in Analogie zur Seele gedacht werden müssen, zum Vorschein. Mir scheint, daß sie auch Vermittlungsinstanzen sind, wie die Daimonen im Phaidon und im Timaios, die allerdings wie im Symposion mit der geistigen Individualität des Menschen vermittelt sind. Damit finden wir auch ein Denkmuster für das spätere Christentum.

Als "das älteste von allem, was das Werdens teilhaftig ward",[20] ist die Seele der erste Übergang, die erste Vermittlungsinstanz zwischen Idee und der sinnlichen Welt des Entstehens und des Vergehens. Sie ist die Vermittlungsinstanz zwischen Menschen und Idee und als Mitte zwischen beiden und Prinzip des Lebens im Organischen ist sie, obwohl sie sich nach ihrer Idee und Herkunft zurücksehnt, stets auch mit der Last des Körperlichen behaftet. Durch diese Konstruktion vollzieht sich bei Platon jene Wende, die verschärft im Christentum zur Grundlage einer körperfeindlichen Metaphysik geworden ist. Stellen einerseits im Christentum das Körperliche und die Materie überhaupt eine positive Bestimmung als "Schöpfung" dar, so ist einerseits seine Körperfeindlichkeit, das Streben nach Befreiung von der Materie, von ihrer παχύτης (Dicke), wie die Kirchenväter sagen, ein Produkt der Verschärfung dieser von Platon über-

---

allgemeinen Verständnisses dargestellt wird, bleibt, glaube ich, trotz dieser Interpretation aufrecht. Im platonischen Denken sind mehrere Arten von Unsterblichkeiten enthalten. Unsterblichkeit der Idee, Unsterblichkeit als Teilnahme an der Idee, Unsterblichkeit im Sinn der ewigen Wiedergeburt im Rahmen der kreisförmigen Bewegung des Lebens. Die Frage der Unsterblichkeit der individuellen Seele ist m.E. im platonischen Werk nicht ganz eindeutig geklärt.

nommenen Grundidee, in deren Rahmen der Körper zum Kerker wird. Schon im platonischen System wird σῶμα zum σῆμα, der Körper wird zum Grab der Seele. Diesen Sinn haben bei Platon die bekannten Stellen im Phaidon über die Befreiung der Seele vom Körper, die Seelen der Philosophen etc.[21] Und in diesem Sinn kann dann bei Platon die von der Last des Körpers befreite Seele, wenn sie durch ihre Tugend ihrem Ursprung möglichst nahe steht, *göttlich* werden.[22]

Durch eine philosophiegeschichtliche Paradoxie vollzieht sich also im Christentum die Wende, die zu einer körperfeindlichen Metaphysik unter der Zuhilfenahme eines verschärften Platonismus führt, d.h. geistesgeschichtlich durch den Rekurs auf die griechische Philosophie vermittelt. Das geschieht vornehmlich durch die alexandrinische Schule. Die origenistische Theologie ist vornehmlich jenes Medium, in dem die Verwandlung und Übertragung des platonischen Gedankenguts und seines systematischen Gerüstes auf die durch die Schrift vorgegebene Grundlage der christlichen Religion geschieht. Origenes und die alexandrinische Schule vollziehen demgemäß die Verschärfung und Transformation der platonischen Ideemetaphysik in die dezidierte Körperfeindlichkeit des Christentums. Schon Harnack weist darauf hin, daß der platonische Erosbegriff als Liebe für Gott von Origenes wegen seines sinnlichen Gehaltes durch agape ersetzt wurde.[23]

Entscheidend für diese Wende ist zunächst einmal die Ersetzung des platonischen Schemas Idee - Seele (ψυχή) - Körper (σῶμα - Welt des Entstehens und Vergehens, mit der auch die Seele als Mitte behaftet ist) - durch Gott (Schöpfer) - ψυχή - σῶμα (Körper und erschaffene Welt, Schöpfung (κτίσις)), wobei wir beim späten Platon an erster Stelle dieses Schematismus, den wie wir gesehen haben ambivalenten Begriff des Demiurgen haben und somit den Schematismus Demiurg - Seele - Körper. Durch die eigentümliche Verschmelzung vom jüdischem Geist und platonischer Philosophie werden dann für Origenes die Ansätze der Körperfeindlichkeit der platonischen Ideenlehre durch die Einführung des Begriffs der Schöpfung verschärft. Damit handelt sich Origenes Schwierigkeiten, sogar im Rahmen der christlichen Theologie ein, nämlich dort, wo er in seiner Christologie den Sohn Logos im Sinne seines Schöpfungsbegriffs selbst als Geschöpf (κτίσμα) bezeichnet. "Aus dem Willen des

Vaters wurde nun dieser Sohn geboren, 'der das Bild des unsichtbaren Gottes ist' und 'Abglanz seiner Herrlichkeit und Prägebild seines Wesens', 'Erstgeborener vor aller Schöpfung', Geschöpf, 'Weisheit'. Die Weisheit selber sagt nämlich (Spr. 8,22): 'Gott schuf mich als Anfang seiner Wege für seine Werke'".[24] Diese Definition des Logos als Geschöpf hat Origenes den Vorwurf der Häresie erbracht und ihn in die Nähe des Arius gerückt. Der philosophiegeschichtliche Ursprung für diese Schwierigkeiten ist hier klar.

Schon in der jüdisch hellenistischen Spekulation von Philon schwankt der Logosbegriff zwischen Abbild und immanenten Gedanken Gottes und Kraft. Er ist sowohl reines Abbild als auch Kraft und gleichzeitig sowohl reine Immanenz als auch personifiziert.[25] Unter dem Einfluß des jüdischen Schöpfungsbegriffs wird hier die platonische Philosophie in ihrer Einsetzung der Seele als Mitte, die sowohl der Idee teilhaftig ist als auch mit dem Körper behaftet, auf eine Weise rezipiert, die den Logos als Mitte zwischen Schöpfer und Welt des Entstehens und Vergehens, also Natur, schwanken läßt zwischen reiner Transzendenz und natürlicher Kraft, die wie die jüdische Weisheit (σοφία) in der materiellen Welt wirkt und sie zusammenhält. Wenn aber schon der erste Schritt in die Richtung der Verwandlung der Idee zum Schöpfer getan worden ist, so liegt naturgemäß auch der zweite Schritt, der Verwandlung des in der Mitte stehenden reinen Abbildes der Wesenheit Gottes, das gleichzeitig wie eine materielle Kraft wirkt, zu einer Person nahe, die bei Origenes den eigentümlichen Status eines Geschöpfes, das das erste aller Schöpfung ist, bekommt.

Dieser Prozeß ist aber begriffsgeschichtlich ohne Zuhilfenahme und Rekurs auf die platonische Konzeption von ψυχή nicht möglich. Der Prozeß der Herstellung des christlichen Dualismus von Gott und Welt, Seele und Geist, jenes Dualismus, der, wie wir gesehen haben, durch die Emanationslehre, durch Pseudodionysius Areopagita und den christlich transformierten Neoplatonismus, die palamitische Lehre der Differenz zwischen Wesen und Energien und das Perichoresekonzept der griechischen Trinitätsdialektik, wieder im Prinzip der Vermittlung zwischen Gott und der Welt und des Überganges von Gott in Natur und umgekehrt zurückgenommen wird, geht ebenso durch das begriffgeschichtliche Feld, durch das Erbe Platons hindurch. Dualismus und Vermittlung, Mitte und

Trennung (χωρισμός, der berühmt berüchtigte Terminus der aristotelischen Kritik an Platon), gehen nur durch Platon hindurch.

Das Problem Platons, das Problem der Mitte, das Problem der ganzen Philosophie bleibt auch in der Patristik aufrecht. Nur in diesem Sinn ist der dreistufige Zugang zur Erkenntnis im Rahmen der origenistischen allegorischen Interpretation der Schrift zu verstehen. Somatisches, psychisches und pneumatisches Verständnis der Schrift entsprechen dem Aufbau der menschlichen Natur, nach dem Konzept der origenistischen Anthropologie und zeichnen sich wie diese durch das Bemühen der Vermittlung aus. In diesem Rahmen ist es die zweite Stufe, das psychische Verständnis, die Stufe der Vermittlung, die im platonisch origenistischen Verständnis, der Seele als Mittlerin entspricht. In letzter Konsequenz schimmert bis zu diesem Konzept die alte platonische Dreiteilung der Seele durch, wobei der Ausdruck Seele in diesem letzten Zusammenhang uns nicht verwirren sollte, es geht hier nicht um Seele als Mitte, sondern um die Gesamtheit jener Vermögen, deren Einheit der Mensch als anthropologische Bestimmung ist. Der Mensch als psychosomatische Einheit, als Vermittlung sowohl mit sich selbst und in sich selbst als auch mit Natur und Geist, ist die Grundposition dieser Tradition, die von Platon bis zu den Kirchenvätern reicht. Darin liegt auch der tiefere Sinn des platonischen Konzeptes vom Staat, dessen Gliederung der Dreiteilung der Seele entspricht. Der Mensch kann nur dann im Staat die Eudämonie erlangen, wenn der Staat ein Abbild der menschlichen Natur ist. Diese erste politische Anthropologie der Philosophiegeschichte stellt somit ein erstes radikales Konzept gegen die Kategorie der Entfremdung dar. Von Platon bis Marx ist die Kontinuität der philosophischen Tradition trotz empiristisch positivistischer Verirrungen mit Rousseau gegen Hobes, dessen Gesellschaftsbegriff in paradoxer Zuspitzung allerdings auf einer Naturanthropologie beruht, und auch gegen positivistische Modelle einer vermeintlichen Totalitarismus Kritik und gegen die postmoderne Auflösung der Welt in der Sklaverei der entfremdeten Sprache, aufrecht.

Wenn Origenes einerseits durch den Schöpfungsbegriff den Dualismus von Gott und Welt, Geist und Geschöpf auch im Bereich der Trinität fördert, so nimmt er ihn wieder durch die Vermittlung seiner Konzeption von Geist zurück. Das geschieht, indem er gegen stoische Einflüsse auf das Verhältnis zwischen Geist und Materie kämpft und somit auch gegen das Prinzip der Trennung in der immanenten Trinität zwischen Gott Vater und Sohn Logos. Das geschieht in Analogie zur Verwandtschaft des menschlichen Geistes mit Gott, "dessen geistiges Bild der Geist selbst ist"[26] und somit die Beschaffenheit des erkennenden Geistes des Menschen als körperliche Substanz ausgeschlossen wird. So wie der Mensch Gott, dessen Abbild er im Geist ist, nur durch Geist erkennen kann, so ist für den Sohn Logos der Vater unsichtbar, aber erkennbar, weil in der immanenten Trinität nur ein Verhältnis des Geistes ist. Denn "zwischen Sehen und Erkennen ist ein Unterschied: Gesehenwerden und Sehen kommt den Körpern zu, Erkanntwerden und Erkennen der geistigen Natur".[27] Im Geist ist Vermittlung sowohl zwischen Gott und Geschöpf als auch in der Trinität selbst, die in sich die Vermittlung ist. In diesem Licht ist aber die eschatologische Erwartung des ontologischen Endzustandes der ἀποκατάστασις (Wiederherstellung, recapitulatio) mit der Realisierung der Vermittlung zwischen Geist und Materie identisch, wenn, wie wir gesehen haben, die Materie in Geist übergehen wird und somit die nur vorläufige Trennung, die in sich ihren Vermittlungsansatz beinhaltet, überwunden wird.

Ebenso wie es für einen Menschen ein Fortschritt ist, wenn er zuvor ein 'natürlicher Mensch' war und nicht wußte was 'des Geistes Gottes ist' (vgl. 1. Kor. 2,14), und wenn er dann durch Erziehung soweit kommt, daß er 'geistig' wird und 'über alles urteilt, selbst aber von niemand beurteilt wird' (vgl. 1. Kor. 2,15): so ist auch bezüglich des Körpers anzunehmen, daß ebenderselbe Körper, der jetzt in seinem Dienst für die Seele 'natürlich' heißt, einen Fortschritt macht, wenn die Seele mit Gott verbunden und 'ein Geist' mit ihm wird (vgl. 1. Kor. 6,17), und daß er dann gewissermaßen als Diener des Geistes zu einem 'geistigen' Zustand und 'geistiger' Beschaffenheit gelangt. Die körperliche Substanz ist ja, wie wir oft dargetan haben, von Gott so geschaffen, daß sie sich leicht in jede Beschaffenheit verwandeln läßt, welche Gott wünscht oder die Sache erfordert."[28]

In einem groß angelegten Erziehungsplan, in dem durch die Vermittlung des Geistes der Mensch selbst geistig wird, kehrt sich also nach Origenes das dualistische Verhältnis um und er wird wieder Einheit im Geiste, dort wo früher Trennung war. Allerdings ist aber diese Trennung nie eine unvermittelte gewesen, in ihrer schärfsten Ausprägung in der Trennung zwischen Gott und Menschen war immer die Seele als Mitte da, die zwischen Menschen und Gott bzw. zwischen Menschen und sich selbst als Abbild im Geiste vermittelt hat. Von der bloßen Einheit an sich, die in der Trennung abstrakt bleibt, geht die Bewegung durch die Vergänglichkeit hindurch in die ursprüngliche Einheit zurück, in einer wiederhergestellten Welt, in der auch die körperliche Beschaffenheit "geistig" geworden ist. Origenes bedient sich in der Darstellung dieses Prozesses, des schon erwähnten hellenistisch orientalischen Schemas von der Seele, die sich das Kleid der Unvergänglichkeit anzieht. "Diese vergängliche Natur des Körpers muß das Kleid der Unvergänglichkeit erhalten, nämlich eine Seele, die die Unvergänglichkeit in sich hat, darum daß sie Christum angezogen hat, die Weisheit und das Wort Gottes."[29]. Hier ist allerdings die philosophische Spur verschwunden. Sie hat dem synkretistischen Mysterienglauben des späten Hellenismus Platz gemacht. In ambivalenter Weise bleibt jedoch auch in diesem Rahmen ein philosophisches Moment aufrecht, in dem stets erfolgenden Hinweis auf den Prozeß der Erziehung. Dieser prozessuelle Charakter der Erziehung, der in der Formulierung vom "Fortschritt" des Körpers im Prozeß der Vergeistigung angedeutet wird, wird bei Origenes oft genug angedeutet: "Diese Materie des Körpers also, die jetzt vergänglich ist, wird Unvergänglichkeit anziehen von dem Augenblick an, wo eine Seele, die vollkommen und in den Lehren der Unvergänglichkeit unterwiesen ist, sich seiner bedient."[30] Diese Unterweisung in die christliche Lehre als Beginn einer Verwandlung des Menschen ist als Moment einer philosophischen Erziehungstradition in dem Maße hinterfragbar, in dem sie nur Bestandteil einer Konzeption ist, die aus der Vorstellung der "Einweihung" in die Kultusmysterien der hellenistischen Religionen entspringt. Hiermit entspräche sie im Rahmen der üblichen Tradition und Praxis des alten Christentums der Vorstellung der Notwendigkeit einer Einweihung für die Unkundigen, die also vor der Taufe als Katechumenen in die christliche Lehre unterwiesen werden müssen und dabei sich einer vorbereitenden "Reinigung" unterziehen lassen müssen.

Allein auch mit dieser Vorstellung verbunden ist die Idee des Erziehungsplanes und der Vermittlung, die stufenweise zur Erkenntnis und zum Übergang in die Sphäre des Geistes führt und in ihrer eigentümlichen Verschmelzung mit mystischem Obskurantismus noch das Moment der Vermittlung zwischen Geistigem und Körperlichem und des durch Erziehung sich vollziehenden Wandels im Menschen enthält. Ersteres, die Vermittlung zwischen endlicher Welt und Ewigkeit haben wir in der Hierarchie des Pseudodionysius gesehen, bei Origenes kommt noch das Zweite als besonderer Schwerpunkt, als Vollkommenheitsideal und höchstes Gut dazu. Dieses Vollkommenheitsideal ist wiederum die Voraussetzung für das Zustandekommen der ersten Vermittlung, nur der "pneumatische" Mensch kann jene Stufe der höchsten Erkenntnis, des Übergangs von der Endlichkeit in die Ewigkeit des Geistes erreichen. Diesem Vollkommenheitsideal des Origenes und der ganzen Patristik, liegt aber ein gewaltiges Stück griechischer Philosophie und Platonismus zugrunde; es ist trotz seiner Vermengung mit orientalischen Initiationsriten und mystischen Kulten ein eindeutiges Erbe der griechischen Philosophie, ein Erbe Platons und des griechischen Weltbildes. Ja, man kann sogar sagen, daß durch Origenes ein in der Tradition Platons angesiedelter pädagogischer Eros in die Patristik hineinkommt, dessen letzte Konsequenz auch die Deutung des zentralen christlichen Glaubensinhalts des Opfertodes Christi als exemplarischen Todes, damit alle Menschen wie Christus werden, selbst ist.

Auch in der späteren Patristik nach Origenes ist in der griechischen Theologie der Einfluß der philosophischen Tradition lebendig geblieben, trotz der im Prinzip des Zeitalters stattfindenden Auseinandersetzung mit den "Heiden" und der θύραθεν Philosophie der Griechen. Die lebendige Erinnerung an diese Philosophie der "Außenstehenden" bleibt in der Spannung zwischen Bildungsanspruch und hohem Bildungsgrad der großen Vertreter der griechischen Theologie, wie z.B. die Kappadokier, und andererseits prinzipieller Bildungsfeindlichkeit der Kirche, aktuell. Trotz allem bleibt das antike Erbe noch lebendig und schlägt sich sogar in der Popularphilosophie und Rhetorik der byzantinischen Zeit nieder. "Eros wird Gedanke, Tugend und Kunst: Gedanke durch sein Verlangen nach Wahrheit, Tugend durch die Gemütsstimmung die er verbreitet, Kunst durch das rechte Gefühl für das Schöne".[31]

Der pädagogische Eros als Herz der platonischen Philosophie und der griechischen παιδεία Tradition lebt also in der byzantinischen Zeit weiter und gerade in der Zeit des Übergangs besitzt er in der alexandrinischen Theologie und Origenes, ihrem größen Vertreter, einen nicht bloß allgemeinen Stellenwert als alles überlebendes Bildungs- und Kulturgut, sondern innerlich mit dem Vollkommenheitsideal des Origenes vermittelt, stellt er einen systematischen Schwerpunkt seiner Theologie dar.* Hiemit ergibt sich aber ein Zusammenhang, der weiterer Erläuterungen bedarf. Es entsteht nämlich der Eindruck, daß bei Origenes der durch die Seele vermittelte pädagogische Eros nur durch das Gefühl, durch einen im Menschen entstehenden überschwenglichen Zustand des Gemütes, zur Erkenntnis Gottes führt. Das ist einerseits richtig, und andererseits entspricht es nicht der patristischen Tradition. Bevor wir uns jedoch an die Untersuchung dieser Frage heranmachen, muß ich vorausschicken, daß hier die origenistische Position sich im Einklang mit der Tradition der östlichen Theologie befindet. Um das anhand der weiteren Darstellung zu verstehen, müssen wir aber von der sich hier abzeichnenden Kardinalfrage ausgehen. Das ist der Stellenwert und die Position des Hl. Geistes und dessen Rolle in der Trinitätsdialektik. Erst anhand der Untersuchung dieser Funktion des Hl. Geistes in der Trinitätsdialektik können wir den Unterschied zwischen östlicher und westlicher Trinitätskonzeption, den philosophischen Gehalt dieses Unterschiedes und seine Auswirkungen auf die anthropologische Bestimmung des Menschen innerhalb der östlichen und der westlichen Tradition begreifen, mit anderen Worten, wir können die in der theologischen Hülle formulierte philosophische Anthropologie der zwei

---

* Im Rahmen der späteren Patristik, vornehmlich bei den Kappadokiern und Pseudodionysius Areopagita vollzieht sich dann jene Wende der Erotisierung des Kosmos[32] als Streben der gesamten Natur nach Gott, als höchstem ontologischen Zustand und Erkenntnisgegenstand in Einem. "Und die Erkenntnis wird Liebe" sagt charakteristisch Gregor von Nyssa,[33] indem er hier eindeutig in der origenistischen Tradition der Vereinigung des Menschen mit Gott im Geiste durch die Vermittlung der Seele steht. Für diese Vereinigung verwendet Origenes die Analogie der Liebe von Mann und Frau, und setzt somit die Grundlage für diese Standardthese des Christentums, in der man zunächst Matthäus zitiert. "Denn man kann von ihm eher als von irgendeinem anderen sagen, wie geschrieben steht (Matth. 19,5-6): 'Die zwei werden in einem Fleisch sein, und sie sind nun nicht zwei, sondern ein Fleisch' Denn der Logos Gottes und die Seele sind noch eher in einem Fleisch als Mann und Frau. Aber auch die Wendung 'Ein Geist sein mit Gott' (vgl. 1. Kor. 6,17) - worauf paßt sie besser als auf jene Seele, die sich durch ihre Liebe so eng mit Gott verbunden hat, daß sie mit Recht, 'ein Geist mit ihm' heißt?"[34]

Traditionen nur dann begreifen, wenn wir den Unterschied in der Bestimmung des Hl. Geistes in der Trinitätsdialektik begreifen. Um das zu sehen, werden wir uns zum Teil auch auf frühere Erläuterungen beziehen müssen und sie weiterentwickeln, damit wir zu einem vollständigeren und abgerundeten Bild kommen. Halten wir nun zunächst die zuletzt gezeigte Kategorie des pädagogischen Eros, der zu Gott durch die Vermittlung der Seele führt, fest, und schauen wir uns eine weitere These von Origenes aus "De Principiis" an.

Das ist eine Zentralthese von Origenes und steht im inneren Zusammenhang mit seinem Konzept der allegorischen Schriftinterpretation. Sie besagt, das der Hl. Geist, der "Paraklet", ein Geist der Erkenntnis ist. Er bedeutet "Tröstung", "denn wenn einer am heiligen Geist teilhaben darf, so bringt ihm die Erkenntnis der unaussprechlichen Geheimnisse gewiß Tröstung und Freudigkeit des Herzens."[35] Origenes macht also keinen Hehl daraus, daß der Hl. Geist ein tiefes intellektuelles, ein philosophisches Erkenntnisbedürfnis befriedigt, das Bedürfnis zu wissen, was die Wahrheit und das Wesen der Dinge ist. Der Hl. Geist befriedigt das elementare Bedürfnis des Wissens der "Gründe von allem, was geschieht, sein Warum und sein Wie...",[36] der Hl. Geist ist also die Erfüllung und gleichzeitig der Träger des Erkenntnisinteresses des Menschen, er ist die philosophischeste Person der Trinität. Indem Origenes die im Griechischen doppelte Bedeutung des Wortes "Paraklet" zur Geltung kommen läßt, schreibt er weiter, daß "beim Erlöser das Wort 'Paraklet' etwas anderes heißt als beim heiligen Geist. Denn beim Erlöser scheint 'Paraklet' zu bedeuten Fürbitter",[36] weil er "wegen unserer Sünden den Vater bittet. Beim heiligen Geist hingegen muß 'Paraklet' als 'Tröster' verstanden werden, weil er den Seelen Trost bringt, denen er das Verständnis des geistigen Wissens enthüllt."[37]

Um es gleich vorwegzunehmen: Ich muß mich eindeutig revidieren. Wenn es früher vom Hl. Geist anhand des Basilius hieß, daß er nur stellvertretend für das Prinzip der Mutter und der Frau sein kann, so kann anhand des früheren Origenes diese Definition keine Gültigkeit haben. Wenn überhaupt vom Prinzip der Mutter in der Trinität gesprochen werden kann, dann nur in Jesu, im Erlöser, im "Fürbitter". Und im Rahmen des "weiblichen Gemüts" des Katholizismus im "heiligen Herzen" Ma-

237

riens.³⁹ Für den Intellektuellen Origenes, für den Geist der alexandrinischen Kirche, für den Geist der noch in der griechischen philosophischen Tradition lebenden Kirche ist so etwas unmöglich. Um es gleich voraus zu schicken: In diesem Licht bekommt auch die Position des Hl. Geistes als Liebe bei Basilius einen anderen Stellenwert.

Prinzipiell ist aber der Hl. Geist, die Person in der Trinität, die das intellektuelle Interesse befriedigt, jenes Interesse, das aus diesem Grund nur dann voll in der Welt erscheint, wenn Pfingsten ist, nach der Himmelfahrt Christi.⁴⁰ Sein Stellenwert in der Trinität entspricht in der Geschichte der menschlichen Erkenntnis, sofern es hier um eine theologische Definition dieser Geschichte geht, der Stufe der höchsten Erkenntnis, der pneumatischen Interpretation der Schrift. Wie kann man aber diese Definition des Hl. Geistes von Origenes mit der bereits geschilderten Darstellung des Basilius in Verbindung bringen, sie, wie ich meine, unter einen gemeinsamen Begriff bringen und die These vertreten, daß beide Darstellungen sich gegenseitig nicht widersprechen, sondern vielmehr von der gleichen Position ausgehen? Wie kann man die Überschwenglichkeit des Ausdrucks bei Basilius, die uns soweit in die Irre geführt hat, als wir sie mit der Liebe im Sinne des Prinzips der Frau und der Mutter identifiziert haben, mit der Position des Origenes unter einen Hut bringen und meinen, daß es sich bei beiden um die gleiche Position handelt? Den Schlüssel dazu liefert uns Origenes selbst. Der Hl. Geist, sagt er, ist der Paraklet, weil er "Tröster" ist, indem er durch die Erkenntnis "Freudigkeit des Herzens" bringt. Wir haben aber gesehen, daß für die orthodoxe Tradition das Herz der Sitz des Denkens ist, daß der Mensch eine Einheit ist, in der kein vernunftloses Gefühl und keine gefühlslose Verunft ist. Wenn daher der "Paraklet" das intellektuelle Interesse des Menschen befriedigt, so befriedigt er auch sein Gefühl, die Leidenschaft des Herzens, die nach Erkenntnis durstet. Diese Leidenschaft ist aber der Eros der Erkenntnis, der pädagogische Eros, den wir unmißverständlich von Platon selbst kennen. Das ist der göttliche Eros, der der Inhalt und die Aussage der Rede Diotimas im Symposion ist, der dem Menschen die Möglichkeit gibt, "die göttliche Schönheit" in "ihrer göttlichen Einzigartigkeit" zu erblicken⁴¹ von dem auch Basilius mit ähnlichen Ausdrücken spricht als "unsagbare Erscheinung der archetypischen Schönheit".⁴²

Wenn also Origenes und die orthodoxe Theologie vom Hl. Geist als Geist der Erkenntnis sprechen, der gleichzeitig das denkende Herz erfüllt und befriedigt, so stehen sie eindeutig in der platonischen Erostradition, die eine Tradition der Einheit des Menschen ist, der Vermittlung von Geist und Gefühl im Eros. In diesem Licht erscheinen die Positionen von Origenes und Basilius identisch, und diese These verhärtet sich, je mehr man bemüht ist sie weiter zu analysieren. Bei Origenes erlangt der Mensch die Erkenntnis des "Warum" und des "Wie" "mit Hilfe des Geistes".[43] Im Prozeß der Erziehung zur Vollkommenheit bedarf der Mensch "der Stärkung und unaufhörlichen Teilung des heiligen Geistes".[44] Bei Basilius ist der Hl. Geist "die Ausstreckung der Hand an die Kranken und die Vervollkommung der sich Vervollständigenden".[45] Mit fast identischen Ausdrücken wird hier die gleiche Funktion der "Stärkung" des Menschen angedeutet. Diese Funktion ist aber etwas, das primär das Herz angeht. Auch im nichtphilosophischen Sprachverständnis setzt Erziehung eine bestimmte Disziplin voraus, Tapferkeit und moralische Kraft. Tapferkeit ist aber immer auch Tapferkeit des Herzens und moralische Kraft eine Eigenschaft des Charakters, beide sind Bestandteil einer nicht rein intellektuellen Tugend, es ist die Haltung des Menschen im Leben, Aristoteles würde sagen sein Habitus. Ich kann z.B. ein hochgebildeter Mensch sein aber trotzdem keine Zivilcourage besitzen und umgekehrt. In letzter Konsequenz ist dafür das Herz als Vermittlung zuständig, jene Instanz, die meine Beziehung nicht nur zu den anderen, sondern zu mir selbst regelt, das die Frage, wie ich zu mir selbst stehe, entscheidet.

Tugend ist erlernbar, ich kann sie aber nicht ohne Herz erwerben. Wenn ich ein tugendhafter Mensch bin, habe ich auch ein Herz, wenn ich kein Herz habe, habe ich nie Tugend. In der klassischen griechischen Philosophie, die vom Menschen als Einheit von Vernunft und Gefühl, Denken und Verhalten ausgeht, ist das eine methodische Selbstverständlichkeit conditio sine qua non der Ethik schlechthin, in ihrem methodischen Ansatz verankert. Das ist der Grund, warum in der "Nikomachischen Ethik" das Prinzip der Mitte als methodisches Instrument logischer Distinktion und Differenzierung der Begriffe auch als Basis für die Affekten- und Gemütslehre von Aristoteles fungiert. In der Patristik fungiert also der Hl. Geist als jene Instanz, die mir meine Erziehung zur Vollkommenheit ermöglicht, die mich "stärkt", indem sie mich diese Kraft aus mir selbst heraus schöpfen läßt. Der Mensch kann dem anderen Menschen diese Kraft nie geben. Insofern hat Feuerbach recht, wenn er über die Macht des Gebetes meint: "Gott *macht* den Menschen selig, aber der Mensch *will* selig sein".[46] Wollte man es marxistisch nach dem Prinzip der "Wurzel von dem Menschen", die "der Mensch selbst ist",[47] ausdrücken, so könnte man sagen, daß im Rahmen der Patristik der Hl. Geist die "Wurzel von dem Menschen" ist. Das ist jenes Prinzip, das ihm "Kraft" und "Bestand" verleiht, welche er doch aus sich selbst schöpft.

Wir sind jetzt aber in unserer Darstellung an einem Moment angelangt, das im Rahmen der Trinitäsdialektik einen besonderen Stellenwert hat. In der Trinitätsspekulation des Origenes kommt es durch die doppelte Interpretation des Wortes "Paraklet" zum Ausdruck. Wir haben bis jetzt die Bedeutung "Tröster" analysiert, jetzt müssen wir versuchen die Bedeutung "Fürbitter" genauer zu untersuchen. Denn anhand dieser Funktion des Hl. Geistes als "Fürbitter" lassen sich einige nicht unwesentliche Rückschlüsse auf die Struktur der griechischen Trinitätsdialektik ziehen. Fürbitter ist nämlich der Sohn Logos, sofern er sich an den Vater zurückwendet. Seine Position in der Trinität ist nicht, uns Stärke und Erkenntnis zu verleihen, sondern, indem er sich für uns einsetzt, zeigt er uns den Weg zurück. Indem er sich nach hinten zum Vater wendet, weist er uns auf ihn hin. Die zweite Person der Trinität offenbart uns also Gott, indem er auf ihn hinzeigt. Nicht zufällig, sondern im Geiste dieser Interpretation heißt es im Evangelium: "Wer mich gesehen hat, hat den Vater gesehen".[48] Im Rahmen der Darstellung der ökonomischen Trinität seitens der griechischen Theologie kommt diesem Moment eine entsprechende systematische Bedeutung zu. Die Bewegung der ökonomischen Trinität, die mit der immanenten, wie wir gesehen haben, identisch und nicht identisch ist (weil die unaussprechliche Differenz aufrecht erhalten bleibt), geht vom Vater durch den Sohn im Geist.

In diesem Verhältnis ist der Zweck des Sohnes, den Vater zu zeigen und der des Geistes, den Vater zu erkennen. Ich kann aber den durch den Sohn gezeigten Vater nicht anders, als nur im Geist erkennen. Der Geist ist die Möglichkeit, daß ich den durch den Sohn geoffenbarten Vater, d.h. den durch ihn gezeigten, überhaupt erkenne. Der Geist ist deswegen sowohl das Prinzip der universellen Vermittlung als Gemeinde, die die ganze Welt umfaßt, Totalität der menschlichen Gemeinschaft, als auch Prinzip individueller Vermittlung, die durch mich gehende Vermittlung zwischen mir selbst und der Erkenntnis meiner selbst in mir in ihrer Vermittlung mit der Gemeinde. Der Paraklet, der mich stärkt, gibt mir die Kraft aus mir selbst zu schöpfen und den Vater in der rückwärtigen Bewegung des zeigenden Sohnes zu erkennen. Deswegen *kann* der Geist nur vom Vater hervorgehen, weil er das Prinzip dieser Vermittlung ist, damit der auf den Vater hinweisende Sohn, der Eingeborene Sohn, der die Verlängerung des Vaters ist und der Vater selbst, in der Vermittlung des Geistes begriffen werden können. Deswegen *geht* der Geist aus dem Vater *hervor* und wird nicht von ihm gezeugt wie der Sohn Logos. Die griechischen Theologen, die den Grund für diese Differenz im Sprachgebrauch nicht angeben können, so daß oft der Eindruck entsteht, daß sie durch einen künstlich geschaffenen Sprachunterschied etwas zu unterscheiden versuchen, was gar nicht unterschieden werden kann, damit eine formale Konstruktion aufrecht erhalten bleibt, deuten jedoch den Grund in ihren Schriften an.

Der Vater ist Quelle und Ursache des Sohnes und des Hl. Geistes, Vater jedoch nur vom Sohne, vom Hl. Geiste Hervorbringer. Der Sohn ist Sohn, Wort, Weisheit, Kraft, Bild, 'Abglanz, Abdruck' des Vaters und aus dem Vater. Der Hl. Geist aber ist nicht Sohn des Vaters, er ist Geist des Vaters, da er vom Vater ausgeht - ohne Geist keine Betätigung-, aber auch Geist des Sohnes, nicht weil er aus ihm, sondern weil er durch ihn vom Vater ausgeht. Urgrund ist nämlich nur der Vater.[49]

In der in dieser Differenz enthaltenen Apposition "ohne Geist keine Betätigung" deutet Johannes von Damaskus an, was der Unterschied zwischen Gezeugtsein und Ausgang oder Hervorgang ist. Der Sohn ist die Verlängerung des Vaters, seine *Erscheinung*. Der Geist ist der springende Funke der hervor-gehenden Erkenntnis (ἐκ-πόρευσις), die vorwärtstreibende Zurücknahme, die die Zurücknahme in sich im voraus hat. Sie ist der Paraklet der individuellen Erkenntnisvermittlung, die mit der Universalität der Gemeinde vermittelt wird. Diese Erkenntnis geht durch mich selbst, sie ist ein durch das Besondere vermitteltes Allgemeines. Es ist kein Zufall, daß der Damaszener für die hier dargestellte Bewegung des Hervorgangs den griechischen Ausdruck ὁρμή verwendet, der in der deutschen Übersetzung in dem Wort Bewegung verloren geht. Würde man diese entscheidende Apposition genau übersetzten, müßte man sagen: "Ohne Geist kein *Antrieb*" ὁρμή ist nicht bloße Bewegung, sondern Triebkraft, Antriebskraft, Trieb, Antrieb. Diese Antriebskraft, dieser Antrieb, treibt hier den Prozeß der Erkenntnis voran, indem er aus seiner Quelle hervorgeht, hervorsprudelt. Das ist der sprunghafte Ansatz der Bewegung, das ἔξαλμα, das wir in der Darstellung der Perichorese schon gesehen haben. Der Hl. Geist ist auf der Ebene der Erkenntnis, auf der Ebene der Ökonomie, der Antrieb, auf der Ebene der immanenten Trinität das ἔξαλμα, der sprunghafte Ansatz der Bewegung. Wenn man im Sinne der lateinischen Trinitätskonzeption den Hl. Geist als sowohl vom Vater als auch vom Sohn ausgehend darstellt, geht diese Dimension verloren.

Der Sohn ist vom Vater geboren, und der Hl. Geist geht urgrundhaft vom Vater, und, da dieser es ohne zeitlichen Abstand verleiht, von beiden gemeinsam hervor. Er würde aber der Sohn des Vaters und Sohnes heißen, wenn Ihn - jeder gesunde Sinn erschrickt vor einer solchen Aussage - beide gezeugt hätten. Nicht also ist beider Geist von beiden gezeugt, sondern Er geht von beiden hervor... Von demjenigen aber, von dem der Sohn Sein Gottsein hat - Er ist ja Gott von Gott -, von dem empfing Er, daß der Heilige Geist auch von Ihm hervorgeht. So liegt der Grund dafür, daß der Heilige Geist auch vom Sohne ausgeht, wie Er vom Vater ausgeht, ebenfalls im Vater. Da läßt sich nun einigermaßen auch begreifen, soweit das von uns überhaupt begriffen werden kann, warum es vom Heiligen Geiste nicht heißt, daß Er geboren ist, sondern vielmehr, daß Er hervorgeht. Würde nämlich auch Er Sohn genannt, dann wäre Er offensichtlich beider Sohn. Das ist eine große Torheit. Keiner nämlich ist Sohn von zweien, außer von Vater und Mutter. Ferner aber sei es, zwischen Gott Vater und Gott Sohn ein solches Verhältnis zu vermuten![50]

Weil er Hl. Geist, gemeinsames Attribut von beiden, Vater und Sohn und Band der Liebe ist, "weil Er nämlich den beiden anderen gemeinsam ist, deshalb heißt Er gesondert für Sich, was die beiden anderen gemeinsam genannt werden. Sonst würde ja, wenn in der Dreieinigkeit der Heilige Geist allein die Liebe wäre, der Sohn nicht bloß als des Vaters, sondern auch als des Heiligen Geistes Sohn erfunden"[51] - wir haben auf diese Argumentation als Zentralthese des scholastischen Rationalismus auch bei Thomas hingewiesen -, kann er nur von beiden gemeinsam hervorgehen, wobei man sich dieses Ausdrucks bedient, ohne im Rahmen eines formalen Rationalismus zu wissen, was der eigentliche Grund dieser Wortwahl ist, nämlich jene Dialektik des Geistes als Antrieb, die im Platonismus der griechischen Theologie begründet ist.

So fungiert als Grund für die Differenz zwischen Gezeugtsein und Hervorgang die sonst daraus entstehende Aporie zwei Väter zu haben[52] oder ein für die Ewigkeit Gottes untragbares Verhältnis von Zeugung nach dem Muster der Endlichkeit des Menschen. Augustinus ist an dieser Stelle der Unzulänglichkeit seiner rationalistischen Argumentation bewußt. "Das läßt sich nun einigermaßen auch begreifen, soweit das von uns überhaupt begriffen werden kann..."[53] Der problematische Charakter dieses Geständnisses liegt aber nicht in der im Wesen der Dialektik begründeten Unmöglichkeit ihre immanente Transzendentalität zu totalisieren, sondern in der hier zwischen den Zeilen zum Ausdruck kommenden Ratlosigkeit eines bloß rationalistischen Zugangs zu einem den Rationalismus übersteigenden dialektischen Problem, in der Unfähigkeit des bloßen Verstandes Probleme der dialektischen Vernunft zu erfassen.

Augustinus versucht hier das eigentliche Problem auf eine für den Verstand zugängliche Ebene zu transferieren, um somit das Problem des Verstandes in seiner Beziehung zur Vernunftdialektik als ein Problem *innerhalb* des Verstandes darzustellen. Vom dialektischen Charakter der eigentlichen Schwierigkeit liefert uns Johannes von Damaskus Zeugnis: "Der Hl. Geist aber ist die das Verborgene der Gottheit offenbarende Kraft des Vaters, die vom Vater durch den Sohn ausgeht, wie er selbst weiß, nicht zeugungsweise."[54] Abgesehen davon, daß uns hier der Übersetzer ἐκπόρευσις mit ausgehen und nicht mit dem plastischeren und korrekten hervorgehen übersetzt, eine Wortwahl, die allerdings üblich ist und Verwirrung schafft, ist an dieser Stelle der Hinweis auf die offenbarende *Kraft* das Entscheidende. Das ist die Kraft des Antriebs, die wir als mit dem Geist identisch, als Moment der Trinitätsdialektik in der griechischen Theologie dargestellt finden. Der Damaszener weist auf sie hin im Bewußtsein der Unmöglichkeit sie in ihrer Totalität zu erfassen. Den Hinweis auf diese Unmöglichkeit besorgt schon wieder die mit sprachlicher Eleganz eingefügte Apposition "wie er selbst weiß". Die Ebene der Unmöglichkeit ist hier eine andere als bei Augustinus. Der Damaszener berichtet von der Kraft, die als mit dem Geist identisch, als *seine* Kraft, ihn nicht bloß als gemeinsames Band, als Prädikat der beiden anderen Personen erscheinen läßt. *Vereinigt* und doch nicht *vermengt* mit den anderen zwei Trinitätspersonen ist der Geist mehr als ein Produkt sich gegenseitig ausschließenden Abhebens voneinander. Als Kraft geht der Geist hervor, das ist der Funke, der sprunghafte Ansatz der Bewegung, die Stimme, die lautlos gesprochen wird. Der Damaszener weist auf seine ewige Transzendentalität hin, auf seine Existenz und seinen Stellenwert und verzichtet im Bewußtsein eines solchen, dem Wesen der Dialektik widersprechenden Unterfangens, es näher zu beschreiben, zu erfassen, zu analysieren (d.h. im wortwörtlichen Sinn zu zergliedern). Vor der Unaussprechlichkeit des inneren Lebens der Trinität, des inneren Lebens Gottes, können wir nur schweigen, über diese Dinge läßt sich höchstens nur sagen: "Er selbst weiß wie".

Die byzantinische Theologie geht bei allen ihren Vertretern von der Auffassung aus, daß man die Dialektik der Trinität nicht mit den Kategorien des Verstandes erfassen kann. Das ist insofern nicht ein locus communis, als man damit nicht nur im allgemeinen Sinn die Unaussprechlichkeit Gottes meint, die eine These aller Theologie schlechthin ist, sondern speziell den Widerspruch zwischen den Kategorien des Verstandes und der Dialektik der Trinität als spekulativer Bewegung. Das ist für uns insofern von Bedeutung, als sich hier der grundlegend andere methodische Zugang zum Problem der Trinität, zwischen griechischer und lateinischer Theologie, zwischen griechischer Patristik und der Tradition der Scholastik zeigt, so wie die Ansätze der letzteren schon bei Augustinus angelegt sind. An einer sehr interessanten Stelle in der "Fünften Theologischen Rede, Über den Heiligen Geist" setzt sich Gregor von Nazianz genau mit dem Argument, das nach Augustinus den Hervorgang des Hl. Geistes von Vater und Sohn begründet, das wir hier schon gesehen haben, auseinander. Indem er der Argumentation des Augustinus folgt und sie zur Darstellung bringt, will er nachweisen, daß sie als ihrem Gegenstand inadäquater, äußerlicher und formaler Rationalismus völlig unzulänglich ist. Allerdings geht es hier immer nicht darum den Hervorgang des Hl. Geistes vom Vater allein im Unterschied zur lateinischen Konzeption nachzuweisen, sondern gegen jene zu argumentieren, die für den Hl. Geist entweder eine untergeordnete

Position im Sinne eines Geschöpfes annehmen, oder seine Existenz, weil man sonst zwei Ursprungspersonen in der Trinität hätte, leugnen. Interessant ist aber diese Stelle für uns, weil Gregor sich in seiner Argumentation einer ähnlichen Logik wie Augustinus, und sich der gleichen Methode bedient, um am Ende seiner Ausführungen nicht nur die Unzulänglichkeit der Thesen seiner Gegner, sondern auch die Unzulänglichkeit dieser Methode selbst zu beweisen.

Und jetzt hast du das Wort! Laß deine Schleuder in Aktion treten, zieh deine Folgerungen. Der Heilige Geist ist entweder überhaupt ungezeugt oder gezeugt. Ist er ungezeugt, so haben wir zwei ursprungslose Wesen. Ist er aber gezeugt, so muß man wieder unterscheiden: Er ist entweder aus dem Vater oder aus dem Sohn gezeugt. Ist er aus dem Vater gezeugt, so haben wir zwei Söhne und Brüder. Vielleicht erdichtest du mir gar Zwillinge oder einen älteren und einen jüngeren (Sohn), der du so sehr am Körperlichen hängst. Wenn dagegen, so fügt er bei, der Heilige Geist aus dem Sohn gezeugt ist, so kommen wir auf einen Gott den Enkel. Ist das nicht der Höhepunkt des Unsinns? So argumentieren jene, die es verstehen, Böses zu tun, und sich weigern, etwas Gutes zu schreiben. Wenn ich die Notwendigkeit dieser Unterscheidungen einsähe, so würde ich die Sache annehmen, ohne mich vor den Bezeichnungen zu fürchten. Doch ist der Sohn Sohn in einem höheren Sinn. Wir haben kein anderes Wort, um auszudrücken, daß er von Gott kommt und (mit ihm) gleichwesentlich ist. Deshalb müssen wir notwendigerweise niedere Bezeichnungen, welche sich auf eine menschliche Verwandtschaft beziehen, auf Gott übertragen."[55]

Eindeutig wendet sich also Gregor von Nazianz gegen die rationalistische Methode in der Interpretation der Trinitätsdialektik, die Methode, die mit dem gegenseitigen Ausschließen und Abheben der Begriffe voneinander arbeitet, d.h. die Methode der scholastischen Distinktion. Für Gregor und die orthodoxe Theologie führt sie in ihrer letzten Konsequenz zum Unsinn. "Wir weisen also deine erste Unterscheidung ab... Mit dieser großartigen Unterscheidung verschwinden, auch im Augenblick die Brüder und Enkel, von denen du sprachst. Sie verschwinden ... und sie werden in der Theologie keinen Platz mehr beanspruchen können."[56]

Der griechischen Theologie ist dieser Rationalismus fremd. Speziell die dritte Hypostase in der Trinität, der Hl. Geist als das die Bewegung der immanenten Trinität, der *Theologie* abschließende Moment, das der Totalität der Trinität in ihrer Transzendentalität ihre unaussprechliche *Heiligkeit* verleiht, "Was wäre die Gottheit, wenn sie nicht vollständig wäre?

Und wie könnte sie vollständig sein, wenn etwas an ihrer Vollendung fehlt? Nun aber fehlt ihr etwas, wenn sie nicht die Heiligkeit hat. Und wie könnte sie (die Heiligkeit) haben ohne diesen (Heiligen Geist)?",[57] ist den Mitteln des unterscheidenden Verstandes absolut unzugänglich. (Die Tradition der rationalistischen Begriffsdistinktion der lateinischen Kirche hat zwar zur höchsten Spitzfindigkeit der Reflexion geführt, gesellt sich aber andererseits mit einem an den Aporien des Verstandes haftenden hierarchisch nach der Ordnung dieser Welt aufgebauten Säkularisierungsprinzip. Das zeigt sich sehr schön gerade anhand des Heiligkeitsbegriffs. Die hierarchische Unterscheidung der katholischen Kirche, jener *Grad* der Heiligkeit in Selige, Heilige etc., ist der orthodoxen Theologie völlig fremd, ja geradezu absurd. Nach Heiligkeitsgraden zu unterscheiden wäre für die orthodoxe Theologie genauso unsinnig wie von einer Frau zu sagen, daß sie ein bißchen schwanger sei.)

Als Prinzip der Vermittlung zwischen Besonderem und Allgemeinem ist der Hl. Geist auch für Gregor von Nazianz jener Geist, in dem wir beten. "Wir beten an im Geiste, und durch ihn bitten wir... 'Wir wissen nicht, wie wir anbeten müssen, aber der Geist tritt für uns ein mit unaussprechlichen Seufzern.' Und wieder anderswo: 'Ich will im Geiste beten, aber ich will auch mit Verständnis beten', d.h., ich werde beten mit meinem Nus und mit meinem Geist."[58] Der Geist ist die Vermittlung in der Trinität und die Vermittlung im Menschen. Er ist die Vermittlung der Vermittlung. Indem hier Gregor I. Kor. 14,15 zitiert und zwischen Nus und Geist (pneuma) unterscheidet, weist er auf die Notwendigkeit dieser Vermittlung in der Vermittlung zwischen Individuum und Gemeinde hin. Der Geist ist das Licht der Erkenntnis, die Voraussetzung und der Abschluß der antreibenden Kraft in sich selbst als reine Transzendentalität, die Überwindung der Überwindung der den bloßen Verstand überwindenden Vernunft. Der Geist ist die höchste Stufe der zu sich selbst kommenden Ewigkeit der Erkenntnis, er ist nur *reiner* Geist, er ist das reinste Moment, die höchste Spitze der Trinitätsspekulation. Mit dem Geist steht und fällt die ganze Theologie. "Und jetzt sehen wir, und wir verkünden: Aus dem Licht des Vaters erfassen wir den Sohn als Licht in dem Licht, das der Heilige Geist ist. Das ist eine kurze und schlichte Theologie der Dreifaltigkeit."[59]

Wenn man also von der Trinitätskonzeption der lateinischen Theologie ausgeht, vom augustinisch-thomistischen Trinitätsbegriff, in dessen Rahmen der Geist aufgrund der logischen Notwendigkeit der rationalistischen Begriffsdistinktion sowohl vom Vater als auch vom Sohn hervorgeht, so verschwindet im Grunde das Moment des Geistes als Vermittlung der Vermittlung in der Totalität der Vermittlung in ihrer Transzendentalität. Der Geist wird dadurch zu etwas äußerlichem, was dazu kommt, er ist bloße Verbindung der Personen, in der sie zueinander *stehen* und nicht die Totalität der Bewegung der Vermittlung in sich selbst. Der Geist ist aber keine Verbindung, kein äußeres Band, der Geist ist kein Produkt der Beziehung der zwei anderen Personen, sondern ihre strukturelle Voraussetzung selbst, die Lebendigkeit selbst, die Lebendigkeit ihrer ewigen Bewegung. Aus diesem Grund ist die radikale Konsequenz der orthodoxen Theologie nicht der Hervorgang des Geistes aus Vater und Sohn (filioque), sondern entsprechend der Ordnung der Offenbarung, d.h. der Ordnung der Erkenntnis, das Gezeugtsein des offenbarenden Logos im Geiste, d.h. ex Patre Spirituque![60]

In der orthodoxen Theologie vollzieht sich die Erkenntnis Gottes und somit, wenn man es nicht in der Sprache der Theologie formuliert, die Erkenntnis des Absoluten, die Erkenntnis schlechthin, durch das Moment des Geistes, das den Höhepunkt und gleichzeitig die strukturelle Voraussetzung der Trinitätsdialektik darstellt. Indem dieser Erkenntnisprozeß der Ordnung der ökonomischen Trinität in der linearen Folge vom Vater durch den Sohn im Geist entspricht, in deren Rahmen der Vater als der absolute Ursprung durch den Sohn im Geist erscheint, so daß der Geist Resultat und Voraussetzung der Trinitätsbewegung ist, fungiert der Geist als Prinzip der Subjektivität des erkennenden Subjekts, als Basis für die Erkenntnis schlechthin. Indem der Mensch Gott erkennt, erkennt er gleichzeitig sich selbst durch sich selbst. In der linearen Offenbarungsordnung, die eine Erkenntnisordnung ist, erscheint Gott in meinem Geiste, so wie ich mich selbst in meinem Geiste erkenne. Der Geist ist somit in der Linearität der Trinitätsbewegung das Prinzip der erkennenden Subjektivität in seiner Innerlichkeit. Im Rahmen dieser Dialektik geht Gott durch mich selbst, so wie ich mich durch mich selbst erkenne. Gott ist in mir und ich bin in Gott, Gott, das Absolute ist an sich, was es in mir hat, somit realisiert sich die These, daß ich ein Abbild Gottes bin, und ich kann nur insofern ein Abbild Gottes sein, als ich ihn durch mich selbst in meinem Geiste erkenne. Weil diese Bewegung eine innere ist, den erkennenden Geist in seiner Innerlichkeit voraussetzt, kann ich nicht auf ihn nach der Logik des Syllogismus zurückschließen, d.h. auf der Basis durch die die lateinische Theologie seinen Hervorgang aus Vater und Sohn erklärt, nämlich nach der Formel daß, wenn der Geist aus dem Vater hervorgeht und der Vater substantiell gleich mit dem Sohn ist, so der Geist auch aus dem Sohn hervorgehen muß. Im Rahmen der griechischen Trinitätskonzeption kann man auf die innere Beziehung der Trinitätspersonen zueinander, die durch das Moment des Geistes als Resultat und Voraussetzung der Trinitätsbewegung in ihrer Innerlichkeit konstituiert wird, nicht nachträglich durch die syllogistische Logik schließen, denn diese Logik bleibt hier mit Äußerlichkeit behaftet.

Für die griechische Trinitätstheologie ist also die Bewegung innerhalb der Trinität innerlich mit dem Selbstbildungsprozeß des Menschen im Geist vermittelt, kann aber nicht aus einer Logik des Verstandes abgeleitet werden. Das ist der tiefere Grund warum der griechischen Theologie die Idee eines rationalen Gottesbeweises immer fremd geblieben ist. In keiner Phase ihrer Entwicklung ist die griechische Theologie jemals auf die Idee einer rationalen Begründung Gottes gekommen. Ihr Hauptinteresse gilt zwar immer der spekulativen Darstellung des Gottesbegriffs, nie aber einer dadurch wie immer gearteten Begründung. Ihrem Selbstverständnis nach, schon in der Zeit der alexandrinischen Schule und Origenes, war sie ein Kommentar zur Schrift, ein Versuch der Interpretation, Erklärung und Darstellung, dessen was für sie in der Schrift als Niederlegung der Offenbarung enthalten war. Trotz ihrer Vorliebe für die polemische dogmatische Auseinandersetzung etwa in der Auseinandersetzung mit den verschiedenen häretischen Bewegungen, trotz ihres auf der Basis des Neoplatonismus beruhenden Intellektualismus hat die griechische Theologie nie versucht ihren spekulativen Wahrheitsanspruch mit den Mitteln des logischen Diskurses zu beweisen. Nichts war ihr fremder als der Anspruch von Anselm, die Notwendigkeit des Gottesbegriffs mit den Mitteln des Verstandes zu beweisen, ja einen Gottesbeweis zu liefern. Etwas überspitzt formuliert kann man sogar sagen, daß so etwas für die griechische Theologie fast in der Nähe der Häresie steht. Sowohl kosmologischer als auch ontologischer Gottesbeweis sind für sie unmöglich. "Und was soll das alles? Wir sind nämlich nicht einmal imstande, das zu erkennen, was zu unseren Füßen liegt. Wir vermögen nicht die Sandkörner am Meeresstrand zu zählen und nicht die Regentropfen noch die Tage (dieser) Weltzeit. Umso weniger können wir in die Tiefen der Gottheit eindringen und die so unsagbare und unaussprechliche Natur (Gottes) beschreiben", schreibt Gregor von Nazianz.[61] Soweit sich allerdings diese Formulierung Gregors auf die Beschreibung und Darstellung des inneren Lebens in der Trinität bezieht, auf das *wie* und nicht auf die logische Begründung des *was* der Existenz Gottes stimmt sie mit der Konzeption von Anselm überein, wonach eine Darstellung der immanenten Trinität, ein Begreifen des *wie in der Trinität*, unmöglich sei:

Mir scheint das Geheimnis einer solch erhabenen Sache allen Scharfsinn des menschlichen Verstandes zu übersteigen, und deshalb glaube ich, daß man sich des Versuches, zu erklären, wie das sei, enthalten soll. Denn ich meine, es müsse für den, der eine unbegreifliche Sache erforscht, genügen, wenn er durch schlußfolgerndes Denken dazu gelangt, zu erkennen, daß sie ganz sicher existiert, auch wenn er mit dem Verstande nicht zu durchdringen vermag, auf welche Weise sie so ist.[62]

Dieser Schlüsselsatz für die ganze Scholastik ist, meine ich, von der griechischen Konzeption insofern verschieden, als bei den Griechen dieser Anspruch der Erkenntnis des *was* durch "schlußfolgerndes Denken" im Horizont ihrer Theologie nicht möglich ist. Für die griechische Tradition ist Theologie nur Kommentar und Beschreibung dessen, was uns als ferner Widerhall der Gottheit zugänglich sein kann, nie aber Beweis von der Existenz dieser Gottheit, und der Weg der Erkenntnis, der zu Gott führt geht nicht vom rational begründeten Wissen von seiner Existenz aus, das quasi im voraus feststeht, sondern kann nur in der Art eines mühevollen hinaufführenden Vortastens in der Negativität des göttlichen Dunkels geschehen. Das ist auch ein konstitutiver Grund für die bereits erwähnte Unmöglichkeit in der griechischen Tradition ein Weltbild der Theodizee zu entwickeln. Für die griechische Theologie kann Gott nie das Produkt diskursiver Notwendigkeit sein. Das ist der geistesgeschichtliche Hintergrund, vor dem sich im Rahmen des Hesychasmus-Streites in der Zeit der

Hochscholastik die Auseinandersetzung zwischen der palamitischen Theologie und den griechischen Thomisten abspielt, eines Streits, der somit die Auseinandersetzung zwischen zwei Welten, dem byzantinischen Osten und dem lateinischen Westen repräsentiert. Wenn man hier die scholastische Konzeption bis zu ihrer extremen Konsequenz durchdenkt, kann man sich des Eindrucks nicht erwehren, daß sie in der Radikalität ihres "schlußfolgernden Denkens" Gott quasi vorschreibt, daß er zu sein hat, weil er notwendig gedacht werden kann. Letzten Endes ist das die Quintessenz des berühmten ontologischen Gottesbeweises von Anselm im zweiten Kapitel vom "Proslogion".

Die philosophiegeschichtliche Folge dieses Denkens, die rationalistische Gesamtbegründung der Welt liegt hier auf der Hand. Besteht gerade in der Rigorosität dieses rationalistischen Rigorismus die Faszination und Genialität dieses Konzeptes, das die Basis für die Philosophie der Neuzeit bildet, so liegt auch darin der Keim für die unentrinnbaren Aporien, in die der Formalismus des bloßen Verstandes gerät. Bei keinem Philosophen tritt es meiner Meinung nach deutlicher in Erscheinung als bei Descartes, der den Übergang von der aufgearbeiteten Tradition der Scholastik in die Neuzeit repräsentiert. Das zeigt sich sehr schön im zwölften Absatz seiner vierten Meditation, wo es um den Konflikt zwischen der göttlichen Herkunft der durch das "lumen naturale" gewährleisteten Objektivität der Erkenntnis in ihrer Notwendigkeit und Freiheit des Willens geht.

Wendete ich mich der falschen Seite zu, so irrte ich mich völlig, wählte ich aber die andere, so träfe ich zwar zufällig auf die Wahrheit, wäre aber darum nicht von Schuld frei, da ja das natürliche Licht augenscheinlich macht, daß die Verstandeserkenntnis stets der Willensbestimmung vorhergehen muß. Und in diesem unrichtigen Gebrauche meiner Wahlfreiheit liegt der Mangel, welcher den Begriff des Irrtums ausmacht. Der Mangel, will ich sagen, liegt in der Tätigkeit selbst, sofern sie von mir ausgeht, nicht aber in der Fähigkeit, die ich von Gott empfangen habe und ebensowenig in der Tätigkeit, soweit sie von ihm abhängt.[63]

Das Prinzip des Geistes ist in der griechischen Theologie kein lumen naturale, im Sinne Descartes', keine natürliche Vernunft, die göttlicher Herkunft ist und durch vernünftigen Willensgebrauch zur richtigen Erkenntnis führen kann. Einem solchen Verständnis liegt nämlich die Konzeption vom Geist als Vermögen zugrunde, das instrumental eingesetzt werden kann. Weil Descartes Schwierigkeiten mit der Vermittlung hat, setzt er dort Gott ein, wo das Vermögen der natürlichen Vernunft, des "lumen naturale", mit dem Vermögen des Willens kollidiert. Richtige Erkenntnis wäre demnach die Übereinstimmung des inneren Zwecks des Willens, mit dem durch den Geist erkennbaren Gegenstand der Erkenntnis, wenn nämlich der Mensch das will, was er durch das Vermögen der natürlichen Vernunft, die die objektive Wahrheit erkennen kann, weil sie göttlicher Herkunft ist, erkennen kann. Eindeutig erkennt man hier ein Denkmuster, das platonischen Ursprungs ist. In diesem Zusammenhang ist die Vermutung gar nicht abwegig, daß dieses Schema durch die Einflüsse der augustinischen Platonrezeption entstanden sein könnte. Ich meine aber, daß diese platonischen Einflüsse, die bei Augustinus Bestandteil einer, hinsichtlich der Frage der Grundtendenz seines Denkens, eigenartigen Mischung aus mehreren Grundmotiven sind, hier auf eine rein rationalistische Ebene der Reflexion transferiert werden. In diesem Zusammenhang ist es symptomatisch, daß in diesem Schema das Moment des Eros als Antriebskraft und Vermittlung im Prozeß der Erziehung völlig fehlt. Das Pathos der Erkenntnis ist hier Resultat reiner Rationalität.

Descartes steht somit deutlich auf dem Boden der scholastischen Tradition, in deren Rahmen das Verhältnis zwischen Freiheit und Gnade eine rationalistische Deutung erfährt. Im Rahmen dieses scholastischen Verständnisses des Verhältnisses zwischen Freiheit und Gnade erkennt nämlich der menschliche Geist als Vermögen der Erkenntnis die absolute Wahrheit dank der Wirksamkeit der göttlichen Gnade, die selbst ein Produkt der göttlichen Ursache ist.[64] Gott als höchste Substanz wirkt im Rahmen dieses Verständnisses auf den menschlichen Geist durch die Gnade als Produkt und Wirkung der höchsten Ursache. Somit ist der im Zustand der Freiheit befindliche menschliche Geist als Erkenntnisvermögen in der Lage die Wahrheit zu erkennen durch die Einwirkung der göttlichen Gnade. Dieses so geartete Verhältnis von Freiheit und Gnade ist die Basis für das Denkmuster der augustinisch scholastischen Konzeption, der Konzeption der lateinischen Theologie hinsichtlich der Beziehung zwischen menschlicher Erkenntnis und göttlicher Ordnung und Wirklichkeit. Im Rahmen der griechischen Theologie steht aber das Prinzip des Geistes nicht dem Prinzip der Gnade als Produkt und Resultat des Wirkens der göttlichen Ursache gegenüber. Für die Griechen ist das Prinzip des Geistes sowohl als menschlicher Geist der Erkenntnis als auch als die dritte Trinitätsperson, als Hl. Geist, unzertrennlich mit der Gnade als Energie Gottes verbunden, die nicht logisches Produkt einer Ursache ist, sondern im Sinne der Theologie des Verhältnisses von Wesen und Energien, die ganze Welt als Erscheinung Gottes, als unerschaffene Energie seines Wesens, mit ihm ontologisch gleichwertig, aber in unaussprechlicher Differenz von ihm begriffen, erfüllt. Somit ist der erkennende Geist die Wurzel für den Menschen, die Totalität von Mensch und Gott in Einem, im gleichzeitigen zwischen ihnen bestehenden Widerspruch, in der Spannung der zwischen ihnen bestehenden ontologischen Differenz. Der Mensch kann also nicht durch die rationale Übereinstimmung von Willen und Verstand unter dem Primat des Verstandes erkennen, sondern durch die Praxis des alles umfassenden Geistes in seiner Negativität, im widerspruchsvollen Prozeß einer Selbstbildung eines zu sich selbst Kommens im Bewußtsein Bestandteil einer Wirklichkeit zu sein, in der Gott ist, als auch nicht ist. Der Mensch kann Gott nie die Existenz durch den Verstand, der sich unter die Obhut der Gnade setzt, vorschreiben. Der Mensch ist als Abbild Gottes selbst Gnade oder genauer formuliert, in der Gnade, weil er aber in der Gnade ist, ist er in unumschränkter Freiheit Aufhebung der Gnade, Freiheit und Gnade sind kein Verhältnis der Rationalität, sondern ein Verhältnis der Transzendentalität, des transzendentalen Widerspruchs. "Er war in der Welt und die Welt ist durch ihn geworden, aber die Welt erkannte ihn nicht",[65] heißt es im Prooimion des Johannesevangeliums.[66] Die Welt erkannte ihn aber nicht, weil sie ihn nicht erkennen konnte, und auf dieser Unmöglichkeit beruht für die griechische Theologie die Möglichkeit, daß man ihn erkennt.

Die Erkenntnis Gottes haftet für die griechische Theologie stets am transzendentalen Widerspruch, daher ist sie Erkenntnis dessen, was in unaussprechlicher Ferne von der Welt entfernt und gleichzeitig in der ganzen Welt anwesend ist. Symeon d. Neue Theologe behandelt diesen Widerspruch als Hauptwiderspruch im Prozeß der Erkenntnis Gottes sehr aufschlußreich in einer kleinen Abhandlung, die uns mit dem symptomatischen Titel "Dialog eines Scholastikers mit Symeon dem Neuen Theologen", überliefert worden ist. Auf die Frage des Scholastikers, ob Gott, indem nach Symeon nach platonisch-alexandrinischem Verständnis die Welt und die Menschen vor der Schöpfung präexistiert haben, *nach der Schöpfung* sich von der Welt entfernt habe oder noch in ihr anwesend geblieben ist, antwortet Symeon, daß Gott nach dem Modus des Raums sich von den Geschöpfen gar nicht entfernt habe, weil der überall Anwesende nirgendswohin gehen könnte (wo er also nicht gewesen sei), daß er aber nach seiner Natur und seiner Substanz von der ganzen Schöpfung unermeßlich und unbegreiflich entfernt sei.[67] Um diesen Widerspruch begreiflich zu machen bedient sich dann Symeon der Analogie des menschlichen Nus. So wie der Nus der Menschen weder von Wänden, noch an einem bestimmten Ort eingeschränkt ist, sondern im Unterschied zum Körper nicht eingeschlossen werden kann und sich überall frei bewegen kann, frei von Fesseln und doch von ihnen getrennt in gewisser Weise mit ihnen zusammen ist, so ist auch Gott in allem und außerhalb von allem und gleichzeitig ist er "der Natur der Substanz und der Herrlichkeit nach" nirgends, weil er "unbeschreibbar ist",[68] der rationalistische Zugang zum transzendentalen Widerspruch ist also von seinen strukturellen Voaussetzungen her unmöglich. Ist die Erkenntnis Gottes Erkenntnis dieses transzendentalen Widerspruchs im Wissen der nicht darstellbaren Vermittlung von Geist und Materie, göttlicher und menschlicher Wirklichkeit, so bedeutet diese Erkenntnis auch einen bewußten Abstand von den Dingen dieser Welt. Den Geist im Geist erkennen heißt somit ganz bewußt eine Haltung einnehmen, die von der Organisation des Wissens der Gegenstände weltlicher Erkenntnis nicht berührt wird, sie zwar in ihrem relativen Stellenwert nicht leugnet, jedoch nur als relativ und begrenzt anerkennt, d.h. sie als der Modalität der Endlichkeit des bloßen Verstandes untergeordnet erkennt. Getrennt vom Licht des Geistes unterliegt diese Welt der Täuschung und den unentrinnbaren Aporien der bloßen Verstandeskategorien. Diese Erkenntnishaltung ist somit nicht, wie oft mißverstanden wird, seichte und irrationale Kontemplation, obskurantistische Abkehr von konkreter Erkenntnis, sondern Bewußtsein der Grenze und der Differenz in der widersprüchlichen Struktur des Erkenntnisprozesses selbst. "Jeder Mensch, der dem Einen gegenüber unempfindsam ist, ist allen gegenüber unempfindsam, wie der, der die Empfindung des Einen hat, die Empfindung von allem hat und außerhalb der Empfindung von allen ist; er ist in der Empfindung von allen, wird aber von ihrer Empfindung nicht besetzt."⁶⁹ Ich meine, daß diese Erkenntnishaltung eine philosophische ist. Der eigentliche Charakter des Erkenntnisideals, das hier in seinem fundamentalen Unterschied zur θύραθεν παιδεία, wie sie die byzantinischen Theologen bezeichneten, von Symeon umschrieben wird, ist nicht die Leugnung des Wissens, sondern die Kenntnis des transzendentalen Widerspruchs zwischen Verstand und Vernunft und das Ausgerichtetsein des Denkens und der Reflexion auf den Primat der Erkenntnis, auf das, was dem Wissen schlechthin Gegenstand und Bestand verleiht. Wenn jemand dieser hinter den Dingen seienden Vernunft gegenüber unempfänglich ist, d.h. sich seinen Platz als "Beaufsichtiger der sichtbaren Schöpfung" und "Myste der gedachten Schöpfung" aufgegeben hat, hat er sich "obwohl er sich in einem ehrenvollen Platz befindet, mit der vernunftlosen Kreatur und den Tragtieren zusammengesellt und verähnlicht".⁷⁰

In der Hervorhebung des Menschen als über der Natur stehenden Naturwesens, als philosophischen Wesens, das nach der Vermittlung im Geiste über den bloßen Verstand hinaus trachtet, stehen Symeon und die byzantinische Theologie in unmittelbarer Nähe zu den Ausführungen von Platons Theaitetos über den äußerlich lächerlich wirkenden habitus und die Unbeholfenheit des wahren Philosophen:

... sondern in der Tat wohnt nur sein Körper im Staate und hält sich darin auf; seine Seele aber, dieses alles für gering haltend und für nichtig, schweift verachtend nach Pindaros überall umher, was auf der Erde und was in ihren Tiefen ist messend, und am Himmel die Sterne verteilend, und überall jegliche Natur alles dessen, was ist, im ganzen erforschend, zu nichts aber von dem, was in der Nähe ist, sich herablassend.⁷¹

Voraussetzung für die Erkenntnis der Welt ist die Möglichkeit der Überwindung der Welt, d.h. das Begreifen des Widerspruchs zwischen der Welt wie sie ist, wie sie sein muß, und wie sie zu sein scheint. Mögen die Ausführungen Symeons in der theologischen Hülle umwickelt und von ihr in ihrer expansiven Dynamik auch eingeschränkt sein, ihr tieferer, ihnen zugrunde liegender Sinn ist das Bewußtsein der Differenz von Sein und Schein, Wesen und Erscheinung in der Dialektik des die bloße Rationalität des Verstandes überwindenden Erkenntnisprozesses. In dieser Dialektik des Erkenntnisprozesses, die im Geist geschieht, ändert sich aber der Mensch in der Praxis des sich durch ihn selbst in ihm erkennenden Geistes. Gott, das Absolute, offenbart sich im Menschen durch seinen Geist im Menschen selbst. Das ist der Grund, warum nach Symeon die "geläuterten" Seelen nicht wissen, wie es ihnen im Zustand der Erkenntnis geschieht, sondern "Feuer" fangen, "entflammt" sind, vom philosophischen Furor, von der "geheimnisvollen Begierde" besessen in sich "durchhallen", und indem sie die Schrift nach dem Maß ihrer Erkenntnisse interpretieren keine Ruhe und Erleichterung finden.[72]

Weil es nicht mehr das Ihrige ist, sondern des Geistes, der in ihnen ist, der sie bewegt und von ihnen bewegt wird und es geschieht in ihnen alles, was du in den Hl. Schriften über das himmlische Reich... gesagt werden hörst. ... Und warum versuche ich, indem ich Vieles sage, alles durchzunehmen, während sie unzählig sind? ... Wie kann die Zunge davon erzählen, indem sie abzählt? Wahrlich kann sie es nicht. Denn obwohl wir sie in uns aufgrund des spendenden Gottes in Besitz genommen haben und mit herum tragen, können wir sie weder mit dem Nus (Denken) abzählen noch mit dem Wort erläutern.[73]

In der Dialektik der Trinität, deren Höhepunkt und Abschluß die Dialektik des Geistes ist, realisiert sich eine Dialektik der Praxis, in deren Rahmen das erkennende Subjekt als Träger des subjektiven Geistes mit dem absolutem Geist identisch wird. Diese Praxis ist natürlich eine theologische. Sie ist nicht im marxistischen Sinn gesellschaftliche Praxis, sondern stellt eine Art theologische Vorwegnahme dessen, was bei Hegel als Prozeß des Subjektwerdens der Substanz dargestellt wird. Im Rahmen dieser durch die Mittel der Theologie entwickelten Dialektik wird allerdings der Geist nicht das "ihrige" der entflammten Seelen. Er kommt immer von außen, das ist die Schranke, die der Dynamik des Geistes von der Theologie als Prinzip auferlegt wird, das ist die theologische Einschränkung, der theologische Hemmschuh, der der Dialektik des Geistes von außen aufgezwungen wird, ohne den als letztere, äußerste theologische Schranke die Theologie hier aufgehoben wäre. Wäre diese Schranke hier nicht aufrecht erhalten geblieben, so hätten wir in der Dialektik des Geistes keine Theologie mehr, letztere wäre in Philosophie übergegangen. Jedoch stößt hier die Theologie in der Dialektik des Geistes auf ihre äußerste Grenze und bleibt nur noch als äußerste, letzte Hülle erhalten, als dünner Vorhang, der subjektiven Geist in seiner höchsten in der Theologie möglichen Expansion vom objektiven Geist trennt. Indem der Geist nicht das "ihrige" der entflammten Seelen ist, sie aber von ihm bewegt werden, so wie er von ihnen, ist die im Rahmen der Theologie letztmögliche Stufe des Prozesses der zum Subjekt werdenden Substanz errreicht worden. Wäre die letzte Stufe erreicht worden, so wäre der Geist der "ihrige" geworden, wäre der auf der äußeren Einheit des gegenseitig bewegt Werdens stehengebliebene Prozeß der Vereinigung vom inneren und äußeren Geist zum Abschluß seiner Bewegung in die die äußere Einheit verinnerlichende, integrierende und überwindende organische Einheit von Innen und Außen, in der das Innere und das Äußere sich gegenseitig als konstitutive Momente das eine des anderen wissen und erkennen, gekommen. Indem aber Äußeres und Inneres sich gegenseitig stoßen, im Verhältnis der sich affizierenden Gegensätzlichkeit, nicht aber des konstitutiven Widerspruchs begriffen sind, und der Geist noch nicht das "ihrige" wieder geworden ist, sondern die Aufhebung des ersten "ihrigen", der ersten äußeren Gleichgültigkeit des Inneren gegen das Äußere und somit im Inneren sich die Macht des innerlich gewordenen Äußeren manifestiert, ist der Prozeß der Aufhebung der Religion nicht abgeschlossen, aber an seiner höchsten Stufe angelangt. Auf dieser Stufe weiß der subjektive Geist, daß er nicht mehr auf gleichgültiger Souveränität beharren kann. Er wird "besessen", "durchhaucht", "entflammt" vom Geiste, kann nicht mehr für sich allein sein, sondern bezieht sein Leben vom äußeren Geist, ist Bestandteil dieses Geistes, den er affiziert und auf den er gegenwirkt, und indem er in dieser äußeren Einheit des Gegensatzes, in der er seine Souveränität verloren hat, aber sich noch nicht als konstitutives Moment im Widerspruch der organischen Einheit weiß, weiß er nicht, wie ihm geschieht. In der theologischen Geistspekulation der byzantinischen Tradition kommt es somit zu der im Rahmen der Theologie höchstmöglichen Stufe der Bildung eines Subjektsbegriffs, der in sich mit der absoluten Substanz vereinheitlicht ist. Dieser Subjektbegriff tritt sowohl im Rahmen der Erkenntnistheorie als auch im Rahmen der Ethik in Erscheinung.

Das mag hier kein Zufall sein. In der Tradition der Philosophie waren immer diese zwei Disziplinen aufs engste miteinander verbunden. Gerade die Trennung von Erkenntnistheorie und Ethik, die Durchbrechung ihrer systematischen Einheit und die Verselbständigung ihres inhaltlichen Ansatzes, waren meiner Meinung nach demgemäß immer ein Zeichen für den Niedergang der Philosophie in Zeiten des Untergangs eines gesellschaftlichen Prinzips. So etwa der Eklektizismus der Spätantike, die diversen Formen der skeptischen und kynischen Philosophie etc., d.h. Philosophien, die sich entweder durch die Trennung von Erkenntnistheorie und Ethik oder durch die Aufgabe der erkenntnistheoretischen Reflexion und die Konzentration auf die Prinzipien einer individualistischen Ethik auszeichnen. Anders hier. Im Rahmen der theologischen Spekulation in der byzantinischen Theologie bleibt die Einheit von Erkenntnistheorie und Ethik aufrecht. Das zeigt sich am besten in der Darstellung der Dialektik des Hl. Geistes.

In der ethischen Reflexion der byzantinischen Theologie ist somit dieser Subjektbegriff die Basis für eine radikale Konzeption von Selbstbestimmung als ethische und geistige Vervollkommnung, in deren Rahmen allein der Mensch zu sich selbst kommt. Ein schöner diesbezüglicher Text ist uns von Basilius d. Großen überliefert worden.

'Hab' also acht auf *dich selbst!*' d.h. nicht auf das Deinige, nicht auf die Dinge um dich her, sondern auf dich allein hab' acht! Denn etwas anderes sind *wir*, etwas anderes ist das Unsrige, etwas anderes sind die Dinge um uns her. Wir sind Seele und Geist, insofern wir nach dem Ebenbilde des Schöpfers geschaffen sind. Das Unsrige aber ist der Leib mit seinen Sinnesorganen, um uns her aber sind äußere Habe, Künste und der übrige Lebensapparat. Was sagt nun unsere Stelle? Hab' nicht acht aufs Fleisch, such' nicht sein Wohlbehagen auf alle mögliche Weise! Verlang' nicht Gesundheit, Schönheit, Sinnengenuß, Langlebigkeit! Bewundere nicht Geld und Ehre und Macht! Und was alles dir zu diesem zeitlichen Leben dient, schätz' das nicht hoch, damit du nicht durch die Sorge für diese Dinge dein *vorzüglicheres* Leben vernachlässigst! Vielmehr 'hab' acht auf dich', d.h. auf deine Seele! Sie schmücke, für sie sorge, damit durch deine Achtsamkeit aller Unrat, der ihr von der Sünde her anklebt, entfernt, alle Schmach des Lasters beseitigt werde, und sie im vollem Schmucke der Tugend erstrahle und glänze. Erforsch' dich selbst, wer du bist, lern' deine Natur kennen; wisse, daß sterblich dein Leib, unsterblich die Seele! Wisse, daß zweifach unser Leben: das eine fleischlich, rasch vorübergehend, das andere der Seele verwandt und endlos.[74]

Das ist die ethische Seite der Dialektik des Geistes, die rigorose Selbstbestimmung des Menschen als geistige Subjektivität. Ist die ethische Seite dieser Selbstbestimmung im Geist nicht von der theologischen Schranke begrenzt und eingeschränkt und stimmt sie mit der philosophischen Tradition der Antike und insbesondere mit der platonischen Tradition überein, so bleibt jedoch die erkenntnistheoretische Seite der Dialektik des Geistes von der theologischen Hülle, von der Metaphysik der Trennung zwischen innerem und äußerem Geist, in ihrer letzten Konsequenz, an ihrer höchsten Stufe angelangt, begrenzt und künstlich eingeschränkt. Das sind die objektiven Grenzen dieser Dialektik innerhalb einer Spekulation, die theologisch bleibt. Wenn man jedoch bedenkt, daß sie durch ihre Wende zum Widerspruch hin, zur Dialektik des Widerspruchs, die die Aporien des rationalistischen Denkens überwindet, daß sie sich somit über die Kategorien des "schlußfolgernden Denkens" hinwegsetzt, und daß die Folgen dieses "schlußfolgernden Denkens" noch in der Philosophie der Neuzeit, in der künstlichen und äußerlichen Metaphysik eines mechanischen Gottesbegriffs, auf den man als deus ex machina rekurriert, damit das System der Vermittlung zwischen Geist und Materie funktionieren kann (so auch bei Descartes) und eine von der Reflexion von außen gesetzte Letztursache der Dinge die Aporie eines unendlichen Regresses unterbricht, so erscheinen einem die Leistungen und das philosophiegeschichtliche Verdienst dieser Dialektik (in einer Zeit, in der es sonst keine Philosophie *außerhalb* der Theologie gab), gar nicht geringfügig. Auf alle Fälle vollzieht die byzantinische Dialektik des Geistes die für die Geschichte der Auseinandersetzung mit dem Rationalismus entscheidenste und interessanteste Wende im Rahmen der palamitischen Konzeption von der Schau des göttlichen Lichts im Geiste im Zustand der höchsten Stufe der Askese mit "körperlichen Augen".

An dieser Stelle müssen wir auf diese These der palamitischen Theologie nochmals rekurrieren, um auf einen wesentlichen Aspekt, der im Zusammenhang unserer Erläuterungen von Bedeutung ist, hinzuweisen. Im Unterschied nämlich zu der Tradition der neoplatonischen Religionsspekulation der Spätantike besteht Palamas darauf, daß man die Schau des göttlichen Lichtes im Geiste nicht durch die Trennung des Geistes von Seele und Körper erreicht, sozusagen in einer rein geistigen Ekstase, sondern durch direkte Teilhabe am Göttlichen im Zustand körperlicher und geistiger Vergöttlichung. In der Auseinandersetzung mit den Thomisten, für die die Schau Gottes nur im Denken, mit geistigem Auge, d.h. als Begriff möglich erschien, beharrte Palamas auf dem Aspekt der Körperlichkeit, d.h. des in Materie übergegangenen Geistes als Kraft, die dem Asketen die körperliche Schau ermöglicht. In diesem Sinn spricht er sogar von einer Ausschaltung der Teilhabe Vermittlungen, wie etwa die Engelhierarchie, eine Vermittlung, die für die Thomisten akzeptabel war. Am Beispiel der Schau, die dem Apostel Stephanos während der Verwandlung Christi auf dem Berg Tabor zuteil wurde, versucht Palamas zu zeigen, daß sie körperlich und ohne Vermittlung stattfand. Stephanos hat keine Hilfe von den Engeln erhalten, schreibt Palamas "Stephanos hat die Herrlichkeit Gottes gesehen, weil er voll des Hl. Geistes war, weil es nicht möglich ist, wie der Prophet sagte, daß das Licht gesehen wird, wenn es nicht im Licht gesehen wird. Und wenn wir im Licht des Vaters Gott im Geist sehen, so gibt es also eine unmittelbare Vereinigung zwischen uns und Gott und von dort eine Übertragung von Licht, die nicht durch die Vermittlung der Engel teilhaftig ist."[75]

Die göttliche Schau ist also nach Palamas nicht die intellektuelle Anschauung, sondern körperlicher Natur. Das hier wieder aufgenommene antike Moment von der Erkenntnis des Gleichen durch das Gleiche ist nur ein Aspekt äußerlicher, zusätzlicher Begründung, in der das Argumentationsschema eingebettet ist. Wenn der Thomist Barlaam diese These ablehnt, schreibt Palamas weiter, und beruft sich auf Pseudodionysius Areopagita (im Sinne des Aspektes der Vermittlung durch die göttliche Hierarchie), so hat er "die Kraft der Theologie dieses das Heilige Lehrenden gerade nicht verstanden", erklärt er unmißverständlich.[76] Durch seine Geist-Konzeption radikalisiert also Palamas die pseudodionysische Metaphysik von der Schau Gottes weiter, indem er ihren neoplatonischen Charakter der Vermittlung und geistiger Schau durch die Hervorhebung des Momentes des ins materiell Körperliche übergegangenen Geistes als Medium des Lichtes, das somit körperlich in direkter Vereinigung des Gleichen mit dem Gleichen des gottgewordenen Menschen mit Gott gesehen wird, abschwächt. (Ich glaube allerdings, daß bei Pseudodionysius dieser neoplatonische Aspekt Hand in Hand mit der in der byzantinischen Theologie verankerten *direkten* Schau des Verborgenen - wie auch bei Johannes von Damaskus - geht. Welcher Aspekt aber bei Pseudodionysius die Oberhand gewinnt, oder wie beide Aspekte miteinander vermittelt sind, ist hier nicht das Entscheidende. Für unseren Zusammenhang hier ist die Interpretation von Palamas in seiner Auseinandersetzung mit dem Thomismus wichtig.)

Bei Palamas wird also die Schranke zwischen Körper und Geist, aber auch zwischen innerem und äußerem Geist dadurch überwunden, daß der Mensch, der innere subjektive Geist, mit dem Geist außer ihm eins wird. Der Prozeß dieser Vereinigung ist aber ein solcher, in dem der Körper erhalten bleibt, in dem der Geist außerhalb des menschlichen Geistes durch den Körper, d.h. durch die Sinne, vom menschlichen Geist erkannt, nachdem er erst vom menschlichen Auge gesehen wird. In der Hierarchie der Erkenntnis bleibt der sensualistische Primat aufrecht. Das ist aber eine ganz neue und im Vergleich mit der Scholastik grundverschiedene Situation. Indem in der byzantinischen Theologie die Eschatologie des Geistes als Abschluß der Trinitätsdialektik in der Vereinigung zwischen subjektivem und absolutem Geist in der Schau des Verborgenen schon in der diesseitigen Welt realisiert wird und diese höchste Stufe der Bewegung des Geistes die ontologische Differenz zwischen Geist und Materie durch die Konzeption des materiellen Charakters dieser Schau, durch die Vergeistigung der Materie, die aber Materie bleibt in dem gegenseitigen Übergehen von Materie in Geist und Geist in Materie, überwindet, indem im Rahmen dieser Theologie die unaufhebbare Differenz in der ontologischen Rangordnung zwischen Geist und Materie einer anderen Rangordnung, in der keine unüberwindbare Differenz ist, weicht, und die Notwendigkeit der Vermittlung aufgehoben wird, durchbricht diese Theologie die Kategorien der Rationalität und erscheint als das, was sie ist, nämlich revolutionäre Anthropologie und Dialektik. Revolutionär ist sie, weil sie die Kategorien des Verstandes überwindet ohne in den bloßen Irrationalismus zu münden; denn sie hat eine innere dialektische Logik. Anthropologie ist sie, weil sie in ihrem Unterfangen von einem Menschenbild ausgeht, das Voraussetzung und innerer Zweck ihrer Systematik ist. Dialektik ist sie, weil sie in der Sprache der Theologie den Prozeß der Überwindung des Widerspruchs zwischen Menschen und Gott, Geist und Materie darzustellen versucht.

Wir haben gesehen, daß in der byzantinischen Theologie die Dialektik des Geistes, die inneren und äußeren Geist vereint, eine Dialektik der

Praxis ist. Weil diese Dialektik in ihrer letzten Konsequenz der Vereinigung vom inneren und äußeren Geist auch die ontologische Differenz zwischen Körper und Geist aufhebt, geht sie von einer Anthropologie aus, in der das Verhältnis zwischen Geist und Körper nicht durch die unüberwindliche Trennung zwischen beiden bestimmt wird, sondern durch die Konzeption der Einheit in der Verschiedenheit. Analog der Lehre der Perichorese in bezug auf die Trinität ist der Mensch die Einheit des Ineinandergehens von Geist (πνεῦμα) Nus (Denken, Verstand) und Seele (ψυχή) im Körper. Das Zentrum dieser Einheit ist, wie wir gesehen haben, das denkende, leidende und erkennende Herz. Denkend ist das Herz durch den Verstand (Nus), leidend durch die Seele (ψυχή) und erkennend durch den Geist (πνεῦμα). Wenn daher der Mensch im Prozeß der Erkenntnis, geistige Erkenntnis in der Trennung von Körper, in der Weise begrifflichen Wissens erlangen zu können, meint, so ist dieses Wissen, sofern es aus dem Bereich des Nus kommt, begrenzt und aporetisch und sofern sich dieses Bemühen auf den Geist bezieht, ist das Unterfangen, im *reinen* Geist, d.h. vom Körper losgetrennt Erkenntnis zu erlangen, im vorhinein falsch und unmöglich, weil der Geist, der die höchste Stufe der Totalität der Erkenntnis darstellt, von seiner ontologischen Grundvoraussetzung her eine Totalität mit dem Körper darstellt. (Wenn in der letzten Konsequenz dieser Dialektik der Geist in Natur übergeht und die Natur in Geist, vollzieht sich im Ganzen, das, was im Menschen schon angelegt ist.)

Wir müssen also hier den Neoplatonismus der byzantinischen Theologie, den wir unter anderem mit dem Hinweis auf Pseudodionysius zu zeigen versucht haben, insofern relativieren, als die Bewegung des erkennenden Geistes im Eros, in der byzantinischen Theologie als Eros des Geistes und im Geiste, ein geistiger Eros ist, weil in ihr die Vereinigung des Körpers mit dem Geist als das Höchste und nicht die Trennung von beiden angestrebt wird. Die Praxis des Gebetes ist daher eine Praxis, in der, wie schon erwähnt, diese Vereinigung angestrebt wird und nicht ein Zustand geistiger Ek-stase herbeigeführt werden soll - letzteres entspräche vielmehr der scholastisch rationalistischen Auffassung -, die den Widerspruch zwischen Geist und Materie mit den Mitteln des Verstandes nicht überwinden kann. Für die palamitische Theologie ist dagegen das Gebet die Praxis der Überwindung des Widerspruchs zwischen Geist und Körper in jener Totalität der Bewegung der Vereinigung vom subjektiven und absoluten Geist, die wir schon gesehen haben.

Die Kraft dieser Bewegung entspringt aus dem Herzen des Betenden, und weil sie die Totalität des in ihm innewohnenden Geistes ist, weil sie den "pneumatischen" Charakter des Gebetes ausmacht und sowohl innerer als auch äußerer Geist ist, der die Vereinigung von Körper und Geist im Geist anstrebt, ist sie nicht das äußere Abstraktionsprodukt, die leere Widerspiegelung des reinen Gedankens im Herzen. Nur wenn man der rationalistischen Theorie der Ek-stase huldigt, ist für ihn das Gebet die äußere Hülle der subjektiven Verstandesreflexion im Herzen, das Idol dieser Abstraktion, oder wie Palamas sagt, indem er seinen rationalistischen Gegner zitiert, "Phantasie, die in sich das Idol des Herzens trägt".[77] Ich finde, daß diese ausgezeichnete und treffliche Formulierung den Sachverhalt der Trennung von Geist und Materie in der Konzeption der Ekstase und der Selbstprojektion des aus der Einheit von Geist und Gemüt entrissenen Herzens auf den Spiegel leerer Rationalität, die Schizophrenie und das Auseinandergerissensein dieses Bewußtseins mit hervorragender sprachlicher Akribie zum Ausdruck bringt. Im Unterschied zur rationalistischen Konzeption schreibt Palamas über das Gebet: "Diejenigen, die des Gebetes würdig sind, wissen, daß es weder eine imaginäre Reproduktion ist, noch eine Kraft, die jenen (Kräften), die auf uns ruhen, angehört, noch einmal seiend und einmal nichtseiend, sondern unermüdliche Energie, die von der Gnade hervorgeht, die in der Seele mitseiend und mitverwurzelt ist..."[78] Durch die Kraft dieser unermüdlichen Energie wird im Zustand der Vereinigung mit Gott der Körper "vergeistigt" (Palamas spricht von einer "Umwandlung der Elemente" des Körpers), sodaß "der ganze Mensch dann Geist ist".[79] "Das alles offenbart sich aber durch die Erfahrung".[80]

Im athropologischen Konzept der byzantinischen Theologie ist der Mensch also der Energie des Geistes im voraus teilhaftig, die aus ihm selbst durch die Vermittlung des Herzens hervorgeht, um im Zustand der Vergeistigung, der ἀνάβασις, der höchsten Erhöhung auch den Körper zu "erquicken"[81] Der Körper wird aber im Rahmen der ἀνάβασις miteinbezogen, der Körper ist ein würdiges "Geschenk" Gottes[82] und im Unterschied zum Thomisten Barlaam, der in typisch rationalistischer Manier der

Vereinfachung die Meinung vertrat, daß "die göttliche Einigung nicht von den Großen und Notwendigen, sondern nur von den Vergeblichen überhöht" und somit glaubte, "daß das vergeblich ist, was nicht existiert, wenn sie vervollständigt wird",[83] ist er als Würdiges bei der durch Gebet erreichten Vorwegnahme des Reichs der Freiheit dabei. Die im anthropologischen Konzept ontologisch angelegte Teilhabe des Menschen am Geist realisiert sich aber als Andeutung der eschatologischen Erwartung des Reichs der Freiheit in der Praxis der Askese und des Gebetes. Der Hinweis von Palamas auf die Erfahrung zeigt genau in die Richtung der Praxis hin als jener Totalität, in der der Prozeß der Erkenntnis in der Vereinigung vom inneren und äußeren Geist und somit in der Beziehung zwischen Menschen und Gott der inneren Trinitätsbewegung entsprechend, realisiert wird. Diesen Prozeß kann man nicht durch die Kategorie des streitsüchtigen rationalen Verstandes erfassen, der nach den Regeln des rhetorischen Wortgefechtes operiert. "Demjenigen, der Wortgefechte betreibt und sich streitsüchtig entgegensetzt wäre es genug zu sagen, daß: 'Wir und auch die Gemeinde Gottes kennen einen solchen Brauch nicht' (1. Kor. 11,16), uns vom praxislosen Verstand leiten zu lassen; wir ehren den praktischen Verstand und die verstandesmäßige Praxis."[84]

Im Rahmen der byzantinischen Anthropologie wird also ein Konzept vom Menschen entworfen als Bestandteil einer Weltordnung, an der er durch Teilhabe an der "unermüdlichen Energie" des Geistes teilnimmt. Diese Energie wirkt und offenbart sich unaufhörlich, sie ist in stetiger Bewegung begriffen. Sie ist absoluter und subjektiver Geist, eine Kraft im Menschen, die aus dem Herzen kommt, durch sie totalisiert er sich selbst und schreitet zur Erkenntnis als Vereinigung vom subjektiven und absolutem Geist voran durch den "in der Praxis seienden Logos und die im Logos seiende Praxis". Der Mensch kann zur Erkenntnis des Absoluten kommen und damit zu sich selbst, kann, um mit Basilius zu sprechen, seine Natur kennenlernen, das realisieren, was ohnehin in ihm ontologisch angelegt ist, wenn er an dieser Bewegung durch die eigene Praxis teilnimmt; die Bestimmung des Menschen in der orthodoxen Anthropologie ist eine Bestimmung durch die Praxis. Die *Wahrheit* des Menschen ist seine erkennende Praxis, weder durch rationalistische Abstraktion, noch durch bloße Kontemplation, vermag er zu sich selbst zu kommen, sondern nur durch die Tätigkeit des Geistes in ihm, durch seine Praxis. Das ist das Geheimnis der "pneumatischen" Konzeption der orthodoxen Theologie. In der Bewegung des Geistes, im dem Menschen innewohnenden "pneuma" erhält er sich selbst und das Absolute, an dem er teilhat. An dieser Bewegung nimmt er aber als Ganzes teil. Auch sein Körper, der die "Wohnstätte" des Geistes ist, ist mit dem Geist und der Bewegung des Geistes vermittelt. Wenn aber der Mensch ein Ganzes ist, wenn er die Einheit der Verschiedenheit in sich vereinigt, so steht er für die orthodoxe Anthropologie als Person da. Der Mensch als Ganzes in der unwiederbringlichen Einmaligkeit und Einheit der Person ist das Zentrum dieser Anthropologie. Im Lichte des Geistes im Prozeß der Erkenntnis erhält sich die ganze Person und in der eschatologischen Erwartung der Wiederherstellung der "ursprünglichen Schönheit" der Natur erscheint auch die Person in der Schönheit des Geistes. In der Eschatologie der Erwartung des ontologischen Endzustandes erscheint nicht nur die außerhalb des Menschen seiende Natur in ihrer ursprünglichen Schönheit, sondern die Natur des Menschen selbst, sein Körper und sein Fleisch erscheinen in der Schönheit der ihnen zukommenden Würde. (Diese Hervorhebung des Fleisches und die Lehre von seiner Wiederherstellung ist nicht ohne Grund im Rahmen der rationalistischen Tradition der katholischen Theologie, in der die Konzeption des Geistes in der Trennung vom Körper tiefe Wurzeln hat, oft Gegenstand der Kritik gewesen. So hat man die Auffassung von der "Vergottung" des Fleisches als magisches Bewußtsein abgetan und die Darstellung dieser Lehre im Rahmen des Auferstehungsdogmas als unchristlichen Aberglauben interpretiert.) Auch der rationalistische Geist der protestantischen Theologie, vor allem Harnack, konnten dieser Lehre wenig abgewinnen und machen sich darüber lustig.

Welch breiten Boden aber die Überzeugung von der Inferiorität der Erlösungslehre der griechischen Kirche heute bereits gewonnen hat, zeigt der neuerdings viel besprochene Vortrag von Dr. Lepsius über das Kreuz Christi. Lepsius geht in manchen Behauptungen sogar noch über Harnack, Ritschl und Kaftan hinaus. Redet letzterer von unterevangelischem Christentum, Harnack von unterchristlichen Elementen, so spricht Lepsius bereits von einem Eindringen des buddhistischen Geistes durch Vermittlung des griechischen Geistes in die christliche Kirche. Mit Pathos weist er jede physikalische Wirkung des Todes Christi zurück und jede Vorstellung der Erlösung als eines *pharmakologischen Prozesses*.[85]

Ich meine, daß es wenig Sinn hat sich auf eine endlose Diskussion über theologische Glaubenssätze mit den Mitteln der Theologie einzulassen. Sich über den Glauben an Übernatürlichem zu mokieren, setzt zunächst einmal den Standpunkt der Theologie zu verlassen voraus, an diesem Widerspruch haftet auch die "rationalste" protestantische Theologie. Insofern sind solche Auseinandersetzungen furchtlos und langweilig, wenn sie von Theologen geführt werden. Das, was wir aus diesen Auseinandersetzungen gewinnen können, ist der philosophische Kern in der theologischen Hülle, den meist die Theologen selbst übersehen. In diesem Fall meine ich, daß der Vorwurf, die griechische Theologie gehe von einer Konzeption des Leibes, der Inkarnation und der Auferstehung aus, die den Inhalt dieser Glaubenssätze wie eine chemische Analyse analysiert, völlig absurd ist. Unser Interesse gilt aber dieser Kritik insofern, als sie das Unvermögen einer rationalistischen Tradition in der Theologie, den Kern der griechischen Theologie, die Dialektik des Widerspruchs zu begreifen, zeigt. Diese Dialektik bestimmt das Wesen dieser Theologie und schlägt sich in ihrer Dogmatik nieder. Die Lehre von der Vergottung, die Christologie und die Auferstehungskonzeption der griechischen Theologie beruhen gerade auf der antinomischen Struktur der Einheit im Widerspruch von Geist und Materie, pneuma und Körper. Im Ramen dieses Widerspruchs müssen in der Eschatologie der Erlösung die Körper im Geist und der Geist in der Materie, in den Körpern, erscheinen, und es ist gerade die theologische Schranke, die die Radikalisierung dieses Begriffs bis zur letzten Konsequenz hindert, nämlich bis zur Herstellung der Identität von Geist und Materie, in deren Rahmen zwischen dem ontologischen Zustand des vergotteten Menschen und Gott kein Unterschied mehr bestünde, wo im Zustand der Erlösung der Mensch nicht nur *bei* Gott, sondern Gott selbst wäre.

Es liegt im Wesen der Theologie, daß dieser Unterschied aufrecht bleiben muß, trotz der im System angelegten Tendenz ihn ganz aufzuheben. Wenn die rationalistische Theologie bei sonstiger Aufrechterhaltung des formalen Glaubensinhaltes diese Position des Widerspruchs nicht begreift, so begibt sie sich auf den uralten Boden der monophysitisch-jüdischen Häresien, deren Basis gerade dieses Unvermögen des Verstandes war, die Dialektik von Endlichkeit und Ewigkeit zu begreifen, weil sie durch die Schranken des abstrakten jüdischen Monotheismus eingeschränkt waren. So haben im 6. Jhdt. in Byzanz die sog. Aphthartodoketen lange vor dem Vorwurf des "pharmakologischen Prozesses" für große Auseinandersetzungen mit der These gesorgt, daß der Körper Christi vor der Auferstehung dem Verfall und der Verwesung nicht preisgegeben war, weil er sonst kein Gott gewesen wäre; und in unserem Zusammenhang, im Rahmen der Dialektik des Geistes, formulierten die sog. Pneumatomachen die These, daß es keinen Hl. Geist gibt, weil Gott in seiner absoluten Transzendentalität, als Ewigkeit unmöglich in die endliche Welt eintreten, und in ihr erscheinen und als Hl. Geist wirken kann.

Es ist immer faszinierend zu sehen wie im Laufe der Geistesgeschichte alte Denkmuster, die man der Vergangenheit gehörig glaubt, immer wieder unter veränderten Vorzeichen aufreten und für neue Auseinandersetzungen sorgen. Die Frage der Beziehung von Geist und Materie, die "unermüdliche Energie" des Geistes in der Welt, die Kardinalthese der griechischen Theologie, an der sich in der Vergangenheit beinahe Bürgerkriege entflammt haben, ist nach wie vor in der säkularisierten Welt von heute im Rahmen von Geschichtsphilosophie und Revolutionstheorie ungebrochen aktuell. Es ist in diesem Zusammenhang kein Zufall, daß die lateinamerikanische Befreiungstheologie sich besonders mit der Position des Geistes in der Geschichte und seiner Beziehung zum leidenden und unterdrückten Menschen auseinandersetzt. Im Rahmen dieser Theologie erfährt die traditionelle Maria-Frömmigkeit eine interessante Wende, die auch in der Trinitätsspekulation Auswirkungen hat. Das ist die These von der ontologischen Gleichwertigkeit Mariens mit den göttlichen Trinitätspersonen dadurch, daß sie auf die gleiche ontologische Rangordnung mit dem Hl. Geist als Adressatin seiner besonderen Sendung gesetzt wird. Leonardo Boff vertritt diese These und vermittelt damit den Begriff des Hl. Geistes als Träger von Freiheit und Gnade mit dem Begriff des Weiblichen als Prinzip des Fleisches, der Solidarität und der Liebe, oder auf eine kurze Formel gebracht, mit dem Prinzip der Frau als das, was der Welt Bestand verleiht. "Wir vertreten die theologische Hypothese (es handelt sich also nicht um offizielle Lehre der Kirche), daß zwischen der göttlichen Person des Heiligen Geistes und Maria eine ontologische Beziehung besteht, so daß Maria wirklich (d.h. ohne Metapher und Übertreibung) Tempel des Geistes wird."[86] Nach dieser These ist Maria heilig, nicht aufgrund menschlicher Vollkommenheit und Verdienstes, sondern weil sie vom Hl. Geist auserwählt und "vergöttlicht" wird.[87]

Wenn wir richtig gehen in der Annahme, die Dimension der substantiellen Heiligkeit Marias gründe darauf, daß der Heilige Geist und das ewige Wort in ihr wohnen, dann müssen wir sagen: Die Heiligkeit Marias ist keine bloße Abglanz-Heiligkeit jener Quellheiligkeit, die Jesus wäre. Maria verkörpert nicht das Geheimnis des Mondes (mysterium lunae), welcher sein Licht vom Geheimnis der Sonne (mysterium solis) empfängt. Ihre Heiligkeit ist ursprünglich, weil sie die Heiligkeit des Heiligen Geistes ist.[88]

Mit der "substantiellen Heiligkeit" Mariens wird hier eine Position vertreten, die in großer Nähe zur orthodoxen Anthropologie steht, zu der These von der "Vergöttlichung" des Fleisches. In der Verherrlichung Mariens im Geist wird in letzter Konsequenz die innere Beziehung dargestellt zwischen Geist als "Parakleten", der die ganze Natur wiederherstellt und somit auch als Träger des sozialrevolutionären Ideals der Befreiung der Menschen von Unterdrückung und Not und als Vorboten und Träger des Reiches der Freiheit, und dem Prinzip der Frau als Mutter (mater) als Begründerin und Quelle des Fleisches, als Ursprung der Materialität des Menschen und Inbegriff des Leidens und der Hoffnung. Diese Interpretation der Mütterlichkeit und des Weiblichen, die Verklärung der Mutter als "mater dolorosa" ist für den Katholizismus nichts Neues. Neu ist hier die Herstellung der ontologischen Gleichwertigkeit durch die "weibliche" Interpretation der Position des Geistes und seiner Beziehung zu Maria.

Ich meine, daß wir in dieser These der "Theologie der Befreiung" ein Stück ursprüngliches, revolutionäres Christentum finden, das in der Hervorhebung der Beziehung von Geist und Fleisch in ihrer Unmittelbarkeit in Maria von der rationalistischen Konzeption des römisch-katholischen Lehramtes abbricht und gerade aufgrund seiner revolutionären Basis der Vergottungslehre der orthodoxen und vornehmlich der palamitischen Theologie sehr nahe liegt.

XI. Das Reich des Geistes und das Reich der Schönheit oder die Ikone und das Fleisch

Das Reich des Geistes ist auch das Reich der Schönheit. Die Schau des Reiches des Geistes ist die Schau der Schönheit, der Geist ist Geist der Schönheit, schreibt Paul Evdokimov.[1]

Dostojewski hat es richtig verstanden. Der Hl. Geist, sagt er, ist der unmittelbare Besitz der Schönheit, er breitet den Glanz der Heiligkeit aus. Deswegen ist nach dem Hl. Gregor Palamas der Geist im Schoß der Hl. Dreifaltigkeit die vorewige Freude ... wo sich die drei mitgefreut haben. Die berühmte Ikone der Hl. Dreifaltigkeit von Roublief bietet uns die hinreißende Schau dieser göttlichen Schönheit.[2]

Wenn aber das Reich des Geistes Reich der Erkenntnis und Reich der Schönheit ist, wenn in diesem erhofften Reich der Freiheit im platonischen Sinn die Identität zwischen absoluter Erkenntnis als Erkenntnis des Guten und Schönheit ist, so ist Schönheit, weil sie dieses Gute, dieses Absolute ist, nicht nur in der Erkenntnis, sondern auch als Erscheinung in der sinnlichen Welt. In der byzantinischen Tradition ist Schönheit die Erscheinung des Absoluten in der äußeren Natur und in der Welt der Sinnlichkeit. Im Rahmen dieser Tradition muß also die transzendente Schönheit des Absoluten erscheinen. Obwohl oder gerade weil die byzantinische Theologie von der Transzendenz der absoluten Erkenntnis ausgeht, besteht die Bewegung ihrer Verwirklichung in ihrem Erscheinen, d.h. in ihrem Sichtbarwerden im Geist des Menschen. Dieses Sichtbarwerden im Geiste, die Widerspiegelung ihrer selbst im Geiste, ist aber gleichzeitig die Widerspiegelung ihrer selbst und die Schau ihrer selbst im Geiste durch die Sinne. Die Schönheit der absoluten Erkenntnis muß sich selbst im Geiste durch die Sinne sichtbar werden. Die Realisierung der absoluten Schönheit als Erkenntnis ihrer selbst durch sich selbst kann nur durch die Sinne erfolgen.

Das ist die eigentliche Basis und die Quintessenz der byzantinischen Konzeption vom Geist. Die Wahrheit des Geistes ist die sichtbar gewordene Schönheit seiner Erscheinung und seine Schönheit ist die Wahrheit seiner Erscheinung. Die Wahrheit der Erscheinung ist aber eine Wahrheit der Sinne. Die evangelischen Berichte von der Heiligung von Blinden haben hier einen realistischen und keinen symbolischen Stellenwert. Die Theologie der Ikonen beruht auf diesem Grundsatz. Ihr Wahrheitsanspruch steht und fällt mit der These der Möglichkeit das Unmögliche zu zeigen. Weil aber der Mensch als Subjekt des Absoluten teilhaftig ist und in sich Träger der Bewegung des Geistes ist, ist die ihm durch die Sinne erscheinende Schönheit des Absoluten gleichzeitig die Schönheit seiner selbst. In der byzantinischen Theologie "formiert der Mensch", um mit Marx zu sprechen, "nicht nur" nach den Gesetzen der Schönheit",[3] sondern ist er die Schönheit selbst. In der Ikone erkennt sich der Mensch selbst. Soweit und in dem Ausmaß die Ausführungen von Boff über die innere Beziehung zwischen dem Hl. Geist und dem Prinzip der Frau zutreffend sind, finden sie ihre Bestätigung in der Ikonentheologie und im Ikonenkult der byzantinischen Kirche. Boff interpretiert Lk. 1, 35 "Heiliger Geist wird über dich kommen, und die Kraft des Höchsten wird dich überschatten. *Deshalb* wird auch das Kind heilig und Sohn Gottes genannt werden".[4] Er verweist auf dieses *deshalb* und meint, daß hier die Göttlichkeit Jesu von der Göttlichkeit der von "Geist überschatteten", ontologisch auf der gleichen Rangordnung stehenden Maria abgeleitet werden kann, also nicht nur vom Geist, wie im Rahmen der üblichen Christologie, wobei Maria nur als "leerer Tempel" fungiert.[5]

Nun meine ich, daß diese Interpretation, die von der offiziellen Theologie abweicht, eine deutliche Bestätigung in der byzantinischen Ikonentheologie findet. Hier liefert uns der Ausdruck "überschatten", im griechischen "ἐπισκιάζειν", einen sehr aufschlußreichen Zugang zu einer Interpretation, die im Rahmen der Bildertheologie den Stellenwert der Ikone auf der gleichen interpretatorischen Linie erscheinen läßt wie die Position Mariens bei Boff. Zunächst einmal steht der Gebrauch dieses Ausdrucks im Zusammenhang mit dem Zelt (σκηνή) der Juden, den wir aus dem Alten Testament kennen. So wie das "Offenbarungszelt Gottes, das Mose, der Knecht des Herrn, in der Wüste angefertigt hatte",[6] ist die Ikone Zelt.

"Τί δὲ ἡ σκηνή ἄπασα; οὐχί εἰκὼν ἦν; οὐ σκιὰ καί ὑπόδειγμα."
("Denn was war das ganze Zelt? War es nicht Bild? Nicht Schatten und Exempel?")[7] So wie das Zelt seinen Schatten als Wohnstätte des Heiligen wirft, so wirft auch die Ikone ihren Schatten über die "hl. Mysterien".[8] "Sie zeichnet rätselhaft in schattenhaften Umrissen die Zukunft der Künftigen, so wie die Arche die hl. Mutter Gottes und Gottesgebärerin".[9] Die Ikonen werden aber auch selbst vom Hl. Geist "überschattet", "...und deswegen werden sie durch die Gnade des Hl. Geistes überschattet" ("...καί διὰ τοῦτο θείου πνεύματος ἐπισκιαζομένων χάριτι").[10]

Hier verwendet Johannes von Damaskus "ἐπισκιάζειν" für die Ikonen in der gleichen Bedeutung wie Lukas für Maria. So wie sie sind die Ikonen vom Geist "überschattet", so wie sie wie eine Arche Gottes von dieser "Arche" vorgezeichnet wird (ist hier vielleicht mit κιβωτὸς die Buchlade der Juden gemeint?) und somit das Prinzip des Fleisches des Logos, der als Fleisch erscheinen wird, repräsentiert, repräsentieren die Ikonen die sinnliche Manifestation, die Materialisierung des künftigen Reiches. Zudem wird hier "ἐπισκιάζειν" in bezug auf die Ikonen in einem Textzusammenhang verwendet, der, wie wir schon gesehen haben, gegen den Dualismus der Manichäer die Würde der Materie verteidigt. Der Zusammenhang zwischen der Ikone und dem Prinzip der Frau, den wir schon angedeutet haben, wird also hier durch die gleiche Wortwahl, "ἐπισκιάζειν" für das Schwangerwerden Mariens durch den Geist und für die vom Geist "überschattete" Ikone als bereits vorhandene, sinnliche Manifestation der künftigen Freude (Johannes von Damaskus verwendet den Ausdruck "μακαρισθῆναι" - sich ergötzen, selig sein, das beinhaltet auch Freude der Sinne wie das "ἀγαλλιᾶσθαι" des Kindes im Bauch von Elisabeth - "...hüpfte das Kind vor Freude in meinem Leib", [Lk.1, 44]), erhärtet.

Somit erscheint der Kreis abgeschlossen zu sein. In früheren Erörterungen haben wir schon auf die innere Beziehung zwischen dem Prinzip der Frau und der Ikone hingewiesen. Dieses Prinzip der Frau haben wir dann im Rahmen der Darstellung der Theologie des Hl. Geistes von Basilius auf den Geist ausgeweitet, ihm sozusagen stellvertretend diese Position unterstellt. In weiterer Folge haben wir aber in der Auseinandersetzung mit der origenistischen Geistinterpretation und dem Begriff des Parakleten gesehen, daß es sich hier um eine geistige Bestimmung des Parakleten handeln kann, die "Freudigkeit des Herzens" bringt. Ausgehend von dieser Bestimmung haben wir dann versucht, die für die griechische Theologie zentrale These des Herzens als Vermittlung darzustellen. Somit haben wir uns aber in den Bereich der orthodoxen Anthropologie begeben. Im Rahmen der Erörterung dieser Anthropologie stellten wir aber fest, daß die Dialektik des Geistes in der griechischen Theologie, sich auf die Aporien des "schlußfolgernden Denkens" der Scholastik gar nicht einläßt, sondern im Rahmen einer antinomischen Struktur einen Praxisbegriff entwickelt, der subjektiven und absoluten Geist vermittelt und die Dimension einer revolutionären Eschatologie begründet, die sich als konkrete sinnliche Manifestation und Vorwegnahme des Reichs der Freiheit in seiner Materialität in der Ikone konkretisiert und mit dem Begriff der Schönheit innerlich vermittelt ist.

Wenn wir jetzt in weiterer Folge unserer Erörterungen die innere Beziehung zwischen der Position Mariens als Prinzip des Fleisches und der Ikone nochmals feststellen und uns dabei in interpretatorischer Nähe mit der Position des "Befreiungstheologen" Boff befinden, eine Position, die übrigens für eine "revolutionäre Theologie" symptomatisch ist, stellt sich die systematische Frage, welche Bewandtnis es mit der Beziehung zwischen Maria und Geist in der griechischen Theologie hat. Wenn in der, wie Boff meint, ontologischen Gleichwertigkeit von Geist und Maria der Geist das Prinzip der Frau wäre, so wäre unsere origenistische Interpretation nicht stichhältig und wir müßten zugeben, daß unsere ursprüngliche Annahme doch richtig war.

Natürlich kann man hier auch auf eklektizistische Weise aus dem Dilemma herauskommen, indem man auf den eigentümlichen Charakter der griechischen Theologie, wie auch der Theologie überhaupt, als Verschmelzung von mehreren Denkmustern hinweist und damit durch den Hinweis auf *verschiedene Tendenzen* die Sache mal so mal anders, wie in der Sonntagspredigt, interpretiert. Damit würden wir aber mit der Theologie wie Theologen meist umgehen und das wäre den ganzen Aufwand nicht wert. Denn wir würden in diesem Fall weit hinter den von Marx kritisierten Standpunkt des "kritischen Theologen" zurückfallen:

...da selbst der *kritische* Theologe *Theologe* bleibt, also entweder von bestimmten Voraussetzungen der Philosophie als einer Autorität ausgehen muß, oder wenn ihm im Prozeß der Kritik und durch fremde Entdeckungen Zweifel an den philosophischen Voraussetzungen entstanden sind, sie feiger - und ungerechtfertigter Weise verläßt, von ihnen *abstrahiert,* seine Knechtschaft unter dieselben und den Ärger über diese Knechtschaft nur mehr in negativer, bewußtloser und sophistischer Weise kundtut.[11]

Ich meine, daß die Geschichte der Theologie, die uns hier als Philosophen beschäftigt, doch eine innere Kontinuität hat, vor allem in Zeiten, in denen sonst *keine Philosophie* war. Weil wir uns also bei unserem Unterfangen mit der Begriffsgeschichte dieser nur als Theologie geschichtlich möglich gewesenen Philosophie befassen, haben wir uns an strenger Begriffsdistinktion in der Darstellung dieser Kontinuität zu halten.

Um es gleich vorwegzunehmen: Der Geist ist in der griechischen Theologie nicht mit der Position der Frau (und somit mit der Ikone selbst als seine sinnliche Manifestation) identisch. Der Geist ist und bleibt in dieser Theologie Geist der Erkenntnis, "geistiger" Geist. Der Geist ist mit Sinnlichkeit vermittelt aber nicht Sinnlichkeit selbst. Er *erscheint* in Sinnlichkeit, geht in Natur über, wird Natur im Geist und Geist in Natur, ist aber nicht voraussetzungslose Natur selbst. (Das würde auch den Standpunkt jeder Theologie aufheben.) Die unaussprechliche Differenz zwischen Geist und Materie bleibt aufrecht. Johannes von Damaskus erklärt das dezidiert: "Denn die Heiligen waren auch im Leben voll des Hl. Geistes, und nachdem sie gestorben waren, blieb die Gnade des Hl. Geistes ohne herauszutreten in den Seelen, in den Körpern, in den Gräbern, in den Gestalten (Gesichtern) und in ihren Hl. Bildern, nicht der Substanz nach, sondern durch Gnade und Energie".[12] Die substantielle Differenz also zwischen Körper und Geist, Menschen und Gott, oben und unten in der ontologischen Stufenleiter bleibt aufrecht. "Gnade und Energie" durchdringen im Zustand der Heiligkeit den Menschen und er wird in seiner ganzen Natur als Person des Geistes teilhaftig, auch in diesem Endzustand bleibt ein sprachlich nicht ausdrückbarer Unterschied zwischen Mensch und Gott aufrecht. Interessant in0 diesem Zusammenhang ist, daß der Geist auch in den "Gestalten", χαρακτῆρσι der Heiligen nach ihrem Tod bleibt. Was bedeutet hier dieses χαρακτῆρσι? In der Tradition heißt es Abdruck, Abdruck eines Siegels, deswegen übersetze ich mit "Gestalt" (das lateinische figura der Übersetzung in der Patrologia von Migne), kann aber auch im eigentlichen Sinn "Gesicht" heißen, der Abdruck der Besonderheit einer Person. Es handelt sich um jenen Begriff der Person als Ganzheit des individuellen Menschen, auf den wir schon als Zentralbegriff in der byzantinischen Anthropologie hingewiesen haben, die im ontologischen Endzustand der Gnade als Ganzes erhellt wird. Wenn man die Ikonen gemäß dem (jüdischen) Gesetz bekämpft, wird man der Gnade verlustig, schreibt der Damaszener.[13] Denn wie der Schmuck des jüdischen Zeltes ist das Bild in seiner Materialität gottgewollt. Es ist ein Teil seiner Herrlichkeit. "Das frühere Israel sah Gott nicht, wir aber widerspiegeln in uns selbst die Herrlichkeit Gottes mit aufgerichtetem Gesicht." ("Οὐχ ἕωρα Θεὸν ὁ πάλαι Ἰσραήλ, ἡμεῖς δὲ ἀνακεκαλυμμένῳ προσώπῳ τήν δόξαν Κυρίου κατοπτριζόμεθα.")[14] Dieses "κατοπτριζόμεθα" ist nicht das lateinische speculamur der Migne Ausgabe. Wir sehen Gott nicht in uns. Wir sind in uns seine Widerspiegelung in uns. Im ontologischen Endzustand der Gnade sind wir es als Person mit unserem und in unserem aufgerichteten Gesicht. Das ist unser χαρακτήρ, der Abdruck der Herrlichkeit auf unserem Gesicht. Wir sind zu uns selbst gekommen, indem wir in unserem Gesicht die Widerspiegelung Gottes in uns sind. Das ist der Endzustand subjektiver Schönheit in der Herrlichkeit. In platonisch-paulinischer Tradition verwendet der Damaszener die Analogie des Spiegels, um auf dieses Endverhältnis hinzuweisen. Jedoch ist durch die Widerspiegelung seiner selbst in der Materie der Geist mit der Materie nicht identisch, weder mit der Ikone, noch mit uns als Personen.

Im Rahmen dieses Verständnisses ist die Ikone Verheißung. Sie spiegelt in sich die Zukunft des Geistes wider. Sie ist "überschattet" vom Geist wie die Maria vom Geist "überschattet" ist, Geist und Ikone sind aber nicht identisch, so wie Geist und Maria nicht identisch sind. Wäre die Ikone mit dem Geist identisch, hätten die Bilderstürmer Recht. In diesem Fall hätten wir in der Ikone keine Beziehung zwischen Abbild und Original, wir hätten nicht *hinter* der Ikone das, worauf sie hinweist. Dann wäre aber der Ikonenkult ein Götzenglaube. Sowohl Maria, deren Verkündigung die Kirche feiert, als auch die Ikone sind ein Zeichen und Vorwegnahme der Zukunft, des erwarteten Triumphes des Geistes. Deswegen ist in der griechischen Theologie die Ikone Vorausschau, sinnliche Manifestation der eschatologischen Erwartung, aber "die Ehrerbittung der Ikone geht auf das Original über" ("ἡ τῆς εἰκόνος τιμή ἐπί τὸ πρωτότυπον διαβαίνει").[15] Die Ikone ist Gottesschau, nicht aber Gott selbst, sie ist geheiligt durch die Teilhabe, nicht aber das Heilige selbst. (Für die Person Mariens, gilt hier das gleiche Verhältnis, sie ist heilig aber nicht das Heilige, Boffs unterschiedslose Gleichwertigkeit der ontologischen Rangordnung wird von der griechischen Theologie nicht akzeptiert.) Weil aber die Ikone einen eschatologischen Charakter hat und nicht nur Wiedererinnerung ist und weil sie Gottesschau ist, das "Verborgene offenbart",[16] ist die Grundauffassung von ihr im griechischen Osten anders als im lateinischen Westen.

Im Gegensatz dazu hebt im Westen die Synode von Trient für die Ikonen den Charakter der Wiedererinnerung, des Erinnerungsstücks, aber nicht den des Gottoffenbarenden hervor, das somit außerhalb der geheimnisvollen Perspektive der Parusie gesetzt wird. Sie hat sich somit für alle katholischen Konfessionen ausgesprochen, aber gegenüber der notwendigerweise bilderfeindlichen Reformation hat (die lateinische Kirche) das ikonographische Dogma abgelehnt, das im Westen sowieso nach der siebenten ökumenischen Synode aufgegeben worden war.[17]

Die Ikone ist also in der griechischen Theologie die Mitte zwischen jenseitiger und diesseitiger Welt, zwischen menschlicher Wirklichkeit und eschatologischer Erwartung, Reich der Freiheit oder des Geistes und Reich der Notwendigkeit. Besteht der Neoplatonismus der griechischen Theologie in der ontologischen Differenz von Geist und Materie in der Aufrechterhaltung der Trennung zwischen beiden, so auch in der Vermittlung im Rahmen der Bildertheologie durch die Ikone als Widerspiegelung und Spiegel in Einem, als sinnlich gewordener Geist, Geist, der für die Sinnlichkeit ist ohne von der Sinnlichkeit zu sein. Die Ikone ist das Auge des Menschen für Gott, das Fenster des Sinnlichen für das Übersinnliche (die Ikonen haben somit auch einen pädagogischen Wert, der Damaszener nennt sie auch "... Bücher der nicht Schriftkundigen...").[18]

Eine tiefe Sehnsucht nach der sinnlichen Schau des Unsichtbaren kennzeichnet die griechische Theologie. Indem sie die unaussprechliche ontologische Differenz zwischen Geist und Materie aufrecht erhalten bleiben läßt, stößt sie an die im Rahmen der Theologie äußerst mögliche Annäherung zwischen beiden. Das Reich der Freiheit ist nicht nur ewige Freude des Geistes, sondern auch ewige Freude der Sinne. Das ist der revolutionäre Kern dieser Theologie. Deswegen ist Maria nicht mit dem Geist ontologisch gleichwesentlich, sie ist aber die Ikone des Geistes, die Verheißung der Freude der Sinne, wenn das Reich des Geistes kommt. Es gibt in der Theologie von Palamas eine uns überlieferte These, die kaum zur Sprache gebracht wird, weil sie nicht der offiziellen Lehre entspricht. Palamas behauptete nämlich mit Beharrlichkeit von der evangelischen Version abweichend, daß Maria die erste war, die den auferstandenen Jesus sah und im Unterschied zu Maria Magdalena berührte.[19] Weil Maria der einzige Körper war, der "... in sich den vorewigen und eingeborenen Sohn Gottes, die ewige Quelle der Gnade, aber auch in der Weise der Geburt erschienen, nahm...",[20] muß sie geradezu auch körperlich nach dem Tod in den Himmel steigen. Denn sie war "Königin, der ganzen weltlichen und überweltlichen Schöpfung durch die unsagbare Geburt..."[21] Sie steht als einzige zwischen Gott und der ganzen Menschengattung, sie hat "...Gott zum Menschensohn gemacht", "die Menschen zu Söhnen Gottes ausgearbeitet..."[22]

Ich halte in diesem Zusammenhang diese theologische These von Palamas, die in der schlichten Formulierung "zum Menschensohn *gemacht*" (dieses "ἐποίησεν" ist hier ein Verb, das auf einen materiellen Herstellungszusammenhang deutet, im Sinne von ποιῶ mache ich etwas, wenn ich z.B. ein Haus baue.), so wie in dem Satz "die Menschen... *ausgearbeitet*" (ἀπεργάζομαι deutet auf einen materiellen Herstellungszusammenhang hin, ließe sich sinngemäß mit "eine Arbeit zu Ende führen", "ausführen" übersetzen - und hier auch im poetischen bzw. im übertragenen Sinn teleologisch verstehen), zum Ausdruck kommt, für höchst interessant. Maria ist hier nicht bloß die Mittlerin, sondern das Prinzip des Fleisches im unmittelbaren Sinn, die Formulierungen sind kraß und unmißverständlich. Sie weichen zwar von der offiziellen Theologie nicht ab, sind aber ihre äußerste Grenze. Maria ist weder das leere "Gefäß" des Geistes, noch selbst Geist, d.h. mit ihm gleich wesentlich, sie ist das Fleisch des Geistes, in dem der Geist zu Fleisch *gemacht* wird, in dem der Geist als Fleisch wächst. Umgekehrt vollendet sie die Menschen zu Gott, macht sie sie Gott, indem sie die Ausarbeitung des Fleisches bis zum Ende ausführt. Das ist die letzte Konsequenz eines theologischen Materialismus, der nicht weitergeführt werden kann, weil dann die ontologische Differenz zwischen Materie und Geist aufgehoben wäre. Als Prinzip des Fleisches muß dann das Fleisch Mariens in den Himmel steigen, denn sie hat die Teleologie der Vollendung des Fleisches, seiner Verwandlung, seines qualitativen Sprungs in den Geist, vollzogen. Diese Teleologie hat aber das Fleisch Mariens, oder sie mit und in ihrem Fleisch vollzogen (sie ist zwar "überschattet" worden, aber Palamas erwähnt das hier nicht, er spricht von der Vervollkommnung und Verwandlung des Fleisches in Geist), durch das Erreichen der Stufe der Vollkommenheit des Fleisches. Die Menschen werden Gott, weil Maria Gott zu vollkommenem Fleisch *macht*. Weil sie das vollständige Prinzip des Geistes ist, die Apotheose und der Triumph des Fleisches, darf sie auch das auferstandene Fleisch berühren. Das auferstandene, im Geist vervollständigte Fleisch, das jetzt den qualitativen Umschlag realisiert und für die anderen Menschen noch unzugänglich, unerreichbar, *unberührbar*, weil es ihnen noch ontologisch fremd ist, eine andere Welt, eine andere Qualität, ist für sie nicht fremd, denn sie hat es gemacht, sie ist seine Voraussetzung noch bevor es gestorben und auferstanden ist. Der Geist des Fleisches ist ihr nicht fremd, weil sie das Fleisch des Geistes ist. Maria kehrt in dieser Darstellung von Palamas das religiöse, theologische Verhältnis um. Nicht das Fleisch kommt vom Geist, sondern der Geist vom Fleisch. Nicht Jesus realisiert die Einheit des Widerspruchs, sondern Maria, weil sie seine Mutter ist, seine fleischliche Voraussetzung. Jesus ist das Produkt Mariens, er ist Fleisch von ihrem Fleische. Natürlich bleibt hier das theologische Verhältnis aufrecht. Die "Überschattung", die "unsagbare Geburt", das in sich Nehmen "der ewigen Quelle" usw. Palamas läßt das gelten, das kommt alles außerhalb Mariens, Palamas bleibt ein christlicher Theologe.

Der ganze Gedankengang sprengt aber diese theologischen Voraussetzungen, die Begründung für die These, daß Maria als erste den Auferstandenen sah und berührte, im Sinne der Diskrepanz zur historischen Schilderung in den Evangelien, ist äußerst schwach. Palamas meint, daß die Evangelisten das verschwiegen haben, damit sie nicht durch die Einschaltung des Zeugnisses der Mutter in den Zentralbericht der Evangelien in die Geschichte von der Auferstehung vor ihrem Lesepublikum unglaubwürdig werden, damit das Zeugnis der Mutter nicht als frommer Wunsch abqualifiziert wird. Das ist für einen Theologen mit den Kapazitäten von Palamas ein äußerst armseliger und hölzener Begründungszusammenhang. Das ist ein notdürftiger Rettungsanker, damit die Diskrepanz mit der Autorität der Evangelien weder als Abweichung noch als Korrektur der Evangelien interpretiert werden kann. Indem Palamas hier die theologische Grundvoraussetzung vom Geist, der von außerhalb Mariens kommt, gelten läßt, widerspricht er sich selbst, er schafft aber eine notdürftige Verkittung des Widerspruchs zu der evangelischen Schilderung und hebt durch diese Darstellung Mariens die Position des Fleisches, man kann sagen, der Primat des Fleisches hervor, weil er nicht anders kann; die Dialektik dieser Materialismuswende, ihre Kraft im Gedanken ist stärker als der Hemmschuh des religiösen Glaubens, der theologischen Dogmatik.

Maria ist also hier als Prinzip des Fleisches, der Primat des Fleisches vor dem Geist. Maria ist das Bild, die Ikone, das Fleisch, aber nicht der Geist. Der Geist bleibt "geistig" transzendent, unaussprechlich. Es wird in der griechischen Theologie keine ontologisch gleiche Rangordnung zwischen beiden hergestellt. In ihr ist Maria weder das "Gefäß", noch wird hier wie bei Boff der verzweifelte Versuch unternommen die materialistische Wende gegen den Hemmschuh der "Gefäß"-Tradition zu vollziehen ohne die theologische Hülle zu sprengen, mit dem letzten Endes rationalistischen Versuch, eine "Gleichwesentlichkeit" durch den Hinweis auf die "Spezialsendung" des Geistes für Maria herzustellen. Maria ist für die Griechen, für Palamas, die Apotheose des Fleisches, das Geist wird, weil der Geist aus ihm wird. Sie lösen den Widerspruch, der durch die Lehre vom Primat des Geistes entsteht nicht, sie lassen die theoretische Gleichwesentlichkeit nicht gelten, indem sie mit aller Kraft die materialistische Wende, bis zur letzten zulässigen Grenze vollziehen und somit den Primat des Geistes unterwandern.

Nicht zufällig hat Palamas einen großen Einfluß auf die Theorie der Ikonenmalerei ausgeübt. Theophanes der Grieche, der große Meister der Ikonenmalerei, wurde von ihm und seiner Lehre von den unerschaffenen Energien stark beeinflußt.[24] Das ist alles symptomatisch und bekräftigt meiner Meinung nach die These von der inneren Beziehung zwischen der byzantinischen und vornehmlich palamitischen Materialismuswende und dem Stellenwert der Ikonen und Mariens. Im Rahmen der inneren theologischen Systematik zeigt sich das sehr deutlich in der Konzeption des Begriffs der Schönheit als konstitutiven Moments der byzantinischen Anthropologie. Wir wollen jetzt die schon gemachten diesbezüglichen Andeutungen weiter zur Darstellung bringen. Entscheidend ist hier, daß nach Palamas Maria der Inbegriff der sichtbar gewordenen Schönheit des gesamten Kosmos ist. Sie ist die Ikone der Schönheit der gesamten Schöpfung in ihrer überwesentlichen Einheit mit der nicht erschaffenen Welt.

Gerade so wie Gott, weil er das Bild (die Ikone) alles Schönen aufstellen wollte, und sein eigenes Bild der Schönheit deutlich Engeln und Menschen zeigen (wollte), hat er sie (Maria) wirklich so über alles Schöne ausgefertigt, indem er alles zusammengefaßt hat, womit er verteilend alles geschmückt hat, indem er den sichtbaren und unsichtbaren Gütern (dem sichtbar und unsichtbar Guten) den gemeinsamen Schmuck untergestellt hat (zugrundegelegt hat), sie wird also, indem er sie als eine größere Vermengung von allem göttlichen und engelhaften und menschlichen gemeinsamen, und als über alles höherstehende Schönheit, die beide Welten zusätzlich beschmückt, verborgenerweise aufgezeigt hat ... in den Himmel fahren.[25]

Maria ist also nach Palamas der Schmuck der sichtbaren und unsichtbaren Welt, der Inbegriff und die Basis ihrer beiden Schönheit (ich meine, daß hier Kosmos in der Bedeutung von Schmuck und nicht als geordnete - und als schöne! - Welt im Unterschied zum Chaos steht). Maria ist das für Menschen und Engel sichtbar gewordene Bild und die Schönheit Gottes selbst. Sie vereinigt die Schönheit der sinnlichen mit der Schönheit der geistigen Welt, sie ist die Totalität der Schönheit. In den überschwenglichen Äußerungen von Palamas ist sie sogar mehr als das Wort, weil sie das Bild ist, und das Sehen geht dem Hören voraus. In der Rangordnung der Sinne ist das Sehen wichtiger als das Hören. Auch im Alltag und im übertragenen Sinn sagen wir, wenn wir etwas erfahren wollen, daß wir es sehen wollen. Das ist durchaus in der Tradition verankert. In einer interessanten Stelle in der ersten Bilderrede weist Johannes von Damaskus auf den Vorrang des Sehens hin.[26] Durch die Verherrlichung Mariens zeigt sich also der von der Theologie selbst nie eingestandene Primat der Frau und des Fleisches. In der Schilderung von Palamas läßt sich unschwer die kaum verhüllte Glorifizierung der Schönheit des Fleisches erkennen. Es ist das Zentrum und die Brücke der Welt, das hier "verborgenerweise aufgezeigt" wird. Gott hat die Welt schön geschaffen, hat sie gesehen und sich zur Ruhe gesetzt. "Gott sah alles an, was er gemacht hatte: Es war sehr gut".[27] Doch in Gen. I 31 im griechischen Text der Septuaginta heißt es: "καί εἶδεν ὁ θεὸς τὰ πάντα, ὅσα ἐποίησεν, καί ἰδοὺ καλὰ λίαν", "Gott sah alles, was er gemacht hatte: Siehe da, sehr schön".[28]

Die griechische Theologie ist die geheime, versteckte, sich selbst nicht eingestandene Verherrlichung der Materialität der Welt, der Schönheit und des Lichtes. Trotz oder gerade wegen ihrer neoplatonischen Umwege in der Distinktion zwischen sichtbarer und unsichtbarer Welt, ist der Hinweis auf die Totalität der Sinnlichkeit und den König der Sinne, das Sehen, enthalten. In diesem Sinn ist die griechische Theologie zutiefst platonisch. Auch bei Platon ist das Sehen in eigenartiger Weise der Primat der Erkenntnis. Die Idee ist zwar Begriff, Denken, Durchbrechung und Überwindung von Sinnlichkeit, Aufhebung des Scheins des trügerischen Wissens; Erkenntnis ist nicht sinnliche Gewißheit jedoch kommt sie vom Sehen her. Das Sehen ist die erste Form der Geschichte der Erkenntnis, die erste Stufe des Wissens. Der erste Schritt im Prozeß des Erkennens ist zu wissen, daß das, was ich sehe nicht die Wahrheit des Seins ist, sondern Schein. Das Sehen ist aber die Voraussetzung der ersten Negation, die Voraussetzung des Scheins. Das Sehen ist der Beginn in der Geschichte der Erkenntnis. Das Kind will sehen, was in dem Spielzeug drinnen ist. Die erste Philosophie ist Naturphilosophie. Für die gesamte griechische Philosophie ist das Sehen die Mutter der Erkenntnis.

Alle Menschen haben von Natur ein Verlangen nach Wissen. Ein Zeichen dessen ist die Freude an den Sinneswahrnehmungen; denn man freut sich an denselben, vom Nutzen abgesehen, um ihrer selbst willen, und unter allen am meisten an der Wahrnehmung durch die Augen. Denn nicht bloß, wenn wir handeln wollen, sondern auch, wenn wir hieran gar nicht denken, ziehen wir das Sehen sozusagen allem anderen vor. Das kommt daher, daß dieser Sinn mehr als die anderen uns zur Erkennntnis eines Dinges verhilft und viele Unterschiede offenbart.[29]

Diese "Freude an den Sinneswahrnehmungen" bleibt auch in der Welt der griechischen Theologie die verborgene Wahrheit, die sie triumphierend durch die Ikonenlehre und stellvertretend durch den Stellenwert Mariens zum Ausdruck bringt. Im inneren Gewölbe der byzantinischen Kirchen ist oft als Symbol für den alles erkennenden Gott ein Auge gemalt. Gott, der erkennende, allesumfassende und über allem stehende Geist, der in überwesentliche Transzendenz ist, *sieht* alles. Als Prinzip des Fleisches ist Maria in der griechischen Theologie seine Schönheit, weil sie die Gewißheit repräsentiert, daß alles von ihm ist. Als gemeinsamer Schmuck hält das Fleisch Materie und Geist zusammen. Im Fleisch ist die Vermittlung, seine Schönheit ist die Gewißheit seiner Existenz, die Freude an der Wahrnehmung des Prinzips des Lebens, und an der Zuversicht, daß ich es erkennen kann. In seiner Kritik der Hegel'schen "Wissenschaft der Logik", in dem Teil über "die Lehre vom Wesen", schreibt Lenin, indem er Hegel rezipiert:

Der Schein (das Scheinende) ist die *Widerspiegelung* des Wesens in sich (ihm) selbst ...
'Das Werden im Wesen, seine reflektierende Bewegung, ist daher die Bewegung von Nichts zu Nichts und dadurch zu sich selbst zurück' (15) ...
Das ist scharfsinnig und tief. Es gibt in der Natur und im Leben Bewegungen 'zu Nichts'. Bloß 'von Nichts' gibt es wohl keine. Immer von irgend etwas.[30]

Das ist die Basis des philosophischen Materialismus. Die griechische Theologie beschreibt den Prozeß der Negativität der Erkenntnis, auf ihre durch den Hemmschuh der Religion eingeschränkte widerspruchsvolle und metaphorische Weise. Sie behauptet wie Theologie überhaupt, daß "der Mensch Gott werden muß, weil Gott Mensch geworden ist". Seit Feuerbach wissen wir, daß das Umgekehrte der Fall ist. Gott muß Mensch werden, damit der Mensch Gott werden kann. Die umgekehrte Geschichte der Darstellung dieses Verhältnisses, wie sie aber die Theologie schreibt, geht durch den Weg der Negativität hindurch; das ist vornehmlich durch die palamitische Theologie geleistet worden, die von der "unaussprechlichen" ontologischen Differenz ausgeht, um in ihrer letzten Konsequenz das Sichtbarwerden des Prinzips dieser Differenz als Herrlichkeit des Fleisches, das kein Fleisch sein kann, zu zeigen. Der Geist vollzieht in der Trinität die Bewegung zu sich selbst durch das Nichts zurück. In diesem Schrecken der Negativität der reinen Transzendentalität ist es die Ikone, die ihm die "Freude der Wahrnehmung" verschafft, "die Widerspiegelung in ihm selbst", es ist Maria, das Prinzip des Fleisches, an dem er sich am Ende des Weges ergötzen kann. Das ist der "makellose Spiegel" seiner

Herrlichkeit und Schönheit. Weder der dürre, hölzerne Verstand, die bloße Rationalität, noch der seichte Irrationalismus vermögen den Geist aus dem Schrecken des Nichts, aus der Ewigkeit der ewigen Differenz der reinen Negativität befreien.

Der Geist spiegelt sich also selbst in der Ikone wider und die Schönheit der Ikone ist die Schönheit des Menschen selbst. Weil aber die Ikone die Widerspiegelung des Menschen selbst ist, ist sie auch Widerspiegelung der Differenz, sie ist das, was der Mensch ist und nicht ist. Sie ist das Buch, das der Mensch von sich selbst liest, sie ist die "Freude der Wahrnehmung" des Menschen als Einheit im Widerspruch und in der Negativität. In dem Ausmaß die Ikone Widerspiegelung des Menschen ist, ist sie Widerspiegelung dessen, was der Mensch nicht ist. Weil sie Andeutung und Darstellung dieser Differenz ist, ist sie nicht "von dieser Welt", sie ist auch nicht Erzählung eines Ereignisses, Wiedererinnerung im Sinne der religiösen Kunst, die ihre Gegenstände aus dem Bereich der Religion bezieht oder das subjektive Bewußtsein des Malers, sein persönliches religiöses Bewußtsein ausdrückt. Denn die Ikone drückt nicht den persönlichen Entwurf des Malers als Subjekt aus, um diese Differenz für sich selbst zu überwinden, sie ist nicht Produkt seiner individuellen Freiheit (wie schon im Westen das Bewußtsein individueller Freiheit durch die Renaissance vorweggenommen wird), sondern das Bewußtsein der ontologischen Differenz, in der der Mensch angesiedelt ist, sie ist Ausdruck der Gesetzmäßigkeit der Herrschaft des Geistes über die Natur, der sich der Mensch als seiner Gesetzmäßigkeit unterordnet. Aus diesem Grund unterzeichneten in Byzanz die Maler ihre Werke gar nicht oder gaben ihren Namen durch die Formulierung bekannt: "Durch die Hand des...". Der Maler tritt in der byzantinischen Malerei als Persönlichkeit zurück, er ist ein Vollzugsorgan des Geistes. In der byzantinischen Ikonenmalerei gibt es keine subjektive Freiheit des Malers. In diesem Sinn ist die Tradition der sog. "ἀχειροποίητοι εἰκόνες", d.h. nicht von Menschenhand, sondern von Gotteshand gemachten Ikonen, zu verstehen.

Diese Freiheit ist, daß der Künstler seine Persönlichkeit, sein 'Ich' ausdrückt. Dieser Freiheit gemäß haben die persönliche Frömmigkeit, die individuellen Gefühle, die Erfahrung von diesem oder jenem Menschen eine größere Bedeutung als das Bekenntnis der objektiven Wahrheit der göttlichen Offenbarung. In Wirklichkeit ist es die Pflege der Willkür. Ich lasse beiseite, daß in einem religiösen Bild, das mit säkulärem Geist gemalt worden ist, diese Freiheit des Künstlers zu Lasten von denen, die das Bild sehen, zum Ausdruck kommt, weil der Maler ihnen seine Persönlichkeit, die zwischen ihnen und der Wirklichkeit der Kirche eingeschoben wird, präsentiert.[31]

Mit anderen Worten: Die Freiheit des Künstlers ist die Freiheit der subjektiven empirischen Existenz. Der Mensch ist aber nicht nur empirische Existenz, sondern Bewußtsein der ontologischen Differenz, Bewußtsein der Grenze und des Nichts. Er kann die Negativität seiner empirischen Existenz nicht außerhalb der Totalität des Geistes, dessen Andeutung die Gemeinschaft der Kirche als Vorwegnahme der Vereinigung von menschlicher Wirklichkeit und Ewigkeit ist, durch einen subjektiven Entwurf überwinden. Weil die Ikone das Bewußtsein der Vermittlung ist, die Mitte zwischen Endlichkeit und Ewigkeit, kann die Kunst als Widerspiegelung des Menschen in diesem Spiegel zwischen sich und der Ewigkeit nur mit den Mitteln der Ewigkeit arbeiten. Sonst ist das Unternehmen hoffnungslos, denn man befindet sich auf fremder Erde. "Wie könnten wir singen die Lieder des Herrn, fern auf fremder Erde?", heißt es im Buch der Psalmen.[32] Platon dürfte es geahnt haben, als er die Forderung stellte, die Künstler aus der Politeia zu verbannen. Trotzdem geht in der Ikonenmalerei die Freiheit nicht unter. Ihr tieferer Sinn und Selbstverständnis ist nicht die Freiheit der Kunst, sondern die Kunst der Freiheit.

Die byzantinische Malerei hat einen stabilen und ewigen Charakter, weil sie auch die ewigen Elemente der Welt reflektiert. Und trotz allem, oh paradoxes Wunder, ihre Werke haben in sich die größte Originalität! Die Einfachheit der technischen Durchführung, die aus der tiefsten Kenntnis der Malerei kommt, ermöglicht es erst, daß einige Sachen, klein und belanglos, wie z. B. ein Licht auf einer Nase, oder die Rundung einer Furche, eine große Bedeutung erhalten, und im Geist desjenigen, der mit Kenntnis eine byzantinische Ikone betrachtet, tief eingeprägt bleiben, so wie ein erloschenes Rot oder Grün, das einer zum erstenmal in seinem Leben zu sehen glaubt.[33]

Das bürgerliche Zeitalter hat dieses Bewußtsein von Kunst mißverstanden. Für Hegel ist die byzantinische Malerei die blinde Reproduktion eines festgelegten Typus, ein toter Schematismus. Er meint wie "Herr von Rumohr", daß man "griechischen Madonnen und Christusbildern" "auch in den günstigsten Beispielen ansieht, daß sie sogleich als Mumie entstanden waren und künftiger Ausbildung im voraus entsagt hatten".[34] Im großen Drama der Weltgeschichte bleibt naturgemäß für das Bürgertum als neu auftretendes Subjekt der Geschichte die Kunst eines theokratischen Zeitalters, das ohne Bürgertum am Feudalismus zugrundegegangen ist, unverständlich und fremd. Byzanz ist als Brücke zwischen antiker und feudaler Welt noch vor der Entstehung der neuen Welt aus der feudalen Welt untergegangen.

Die Freiheit des Menschen ist aber die Freiheit des Menschen über den Menschen, über die Schwäche und Haltlosigkeit seiner selbst. Die Ikone ist nicht nur der Triumph der Schönheit der Widerspiegelung des Menschen in sich als Schau seiner Schönheit, sondern auch der Triumph des Menschen über die Kontingenz seines Seins, seiner Schwäche und seiner Verzweiflung an sich selbst. Die Ikone ist der Ort, die unio mystica, in dem das mystische, d.h. noch nicht außer sich getretene internalisierte Bewußtsein der Einheit der Trinität mit dem subjektiven Bewußtsein ist, die Andeutung des kommenden Reichs des Außer-sich-Tretens, in dem es eine Einheit des für sich als an und für sich in ihm selbst für die anderen sein wird. Solange der Mensch an dieser Haltlosigkeit haftet, ist die Ikone Stütze, Wahrheit der Negativität des für sich Seins noch bevor es an und für sich Sein geworden ist im Bewußtsein, daß die Welt ein ihm Äußeres, Indifferentes ist. Die Zeit ist der Adlatus dieses Äußeren, sie ist für den Menschen die kalte schlechte Ewigkeit der unbeteiligten Dauer. Die Ikone ist aber Aufhebung der schlechten Ewigkeit der unbeteiligten Dauer, sie ist konkrete Negativität der Beteiligung, der Teilhabe an der Ewigkeit; oder sie hindert die Menschen nicht mehr daran sich dieser Teilhabe zu erfreuen, sie liegt nicht mehr dazwischen. Die Ikone zerreißt den Schleier zwischen sich und der Ewigkeit, weil sie die Schau der Widerspiegelung des Menschen im Dasein der Ewigkeit ist. Die Ikone ist somit die Differenz, die keine Differenz ist, weil sie Differenz ist. Die Ikone ist das offene Fenster des Herzens, die Aufhebung der Theodizee, das Verschwinden der Zeit, das Verschwinden des Raums, das Verschwinden der Anschauung, weil sie die Anschauung der Anschauung ist, in der Wirklichkeit der Transzendentalität der für sich selbst - nicht für die anderen - stillgestandenen Zeit. Wenn die Zeit die Hölle ist, so straft sie die Ikone

Lügen, sie ist das Hier und Jetzt im ewigen Tod der Zeit, die Auferstehung vor der Auferstehung, Parusie vor der Parusie, Zukunft vor der Zukunft und Gegenwart vor der Gegenwart, sie ist das Nichtsein des Seins und das Sein des Nichtseins, noch bevor das Sein gewußt hat, daß es Nichtsein und das Nichtsein, daß es Sein ist. Die Ikone ist die Geschichte der Genesis des Menschen. Sie war da, noch bevor der Mensch war, sie ist Abbild vor dem Original, die Umkehrung des Verhältnisses der Widerspiegelung, der Spiegel noch bevor wir uns in ihm widerspiegeln, sie ist "makellos", weil sie die Spiegelung des Abbildes vor dem Abbild ist, sie ist das Licht vor der Dunkelheit und das Licht vor dem Licht. Die Ikone ist der Primat des Absoluten vor dem Absoluten, weil sie Sein des Absoluten für uns ist. Es ist diese Bestimmung der Ikone, die sie für die Tradition der westlichen Theologie fremd bleiben läßt. Weil die Ikone mit dem Geist als Totalität der Bewegung der Trinität, als Abschluß und voraussetzunglose Voraussetzung dieser Bewegung vermittelt ist, kann sie im Rahmen der lateinischen Konzeption vom Geist als logisches Resultat des "schlußfolgernden Denkens" nicht in eine innere Beziehung mit ihm und der Trinität in ihrer Bewegung treten. Es entspricht daher der Trinitätskonzeption der lateinischen Theologie, daß die Ikone in ihr den Stellenwert eines Objektes, das der Erinnerung dient, hat.

Für die griechische Theologie ist die Ikone Abbild vor der Erinnerung, sie dient auch der Erinnerung, ist aber nicht aufgrund der Erinnerung. Für die lateinische Theologie kann es auch die Ikone geben, weil es Erinnerung gibt. So wie ich feststelle, daß es einen Geist als Band der Liebe geben muß, so kann es auch die Ikone als Erinnerungsstütze der Werke dieses Geistes auf der Welt geben, ich kann mir aber die Werke dieses Geistes anders denken und vorstellen, wenn ich ein religiöser Mensch bin, ich brauche dazu die Ikone nicht, ja im Rahmen der Rationalität der Verstandesreflexion, wenn ich an Gott denken will, besitzt sogar die Ikone etwas Abstoßendes. Sie kann hier in den Verdacht eines primitiven Anthropomorphismus geraten oder als Götzenglaube mißverstanden werden. Für den "reinen Geist" als Produkt des reinen Verstandes ist die Ikone als Widerspruch vom Sinnlich-Übersinnlichen unerträglich, deswegen ist sie auch für das "rationalste" Christentum, den Protestantismus undenkbar. Überspitzt formuliert könnte man sogar sagen, daß für den protestantischen Geist der Ikonenkult etwas Ekelerregendes haben müßte, so wie der mittelalterliche Reliquienkult, der Luther zum Aufstand gegen die Entweihung des Christentums mitveranlaßt.

Im Rahmen des "schlußfolgernden Denkens" wird der sinnliche Gehalt des Geistes ausgeschaltet, so wie Maria zum "Gefäß" wird. Vertritt sie noch immer im Katholizismus als "Gefäß" das Prinzip des Fleisches in einer Form entfremdeter Rationalität, so bleibt in ihm für die Ikone kein Platz mehr. Durch das "schlußfolgernde" Denken kann ich nicht mit Notwendigkeit auf die Ikone schließen, sie hat in ihrer inneren Beziehung zur Bewegung des Geistes in der Trinität als Widerspruch vom Sinnlich-Übersinnlichen für den Katholizismus keinen ontologischen Wert, sie ist nicht "geheiligt". Natürlich hält die katholische Volksreligiosität noch an allerlei sinnlichen Darstellungen von Glaubensinhalten, auch an Ikonen, und es ist hier kein Zufall, daß es fast immer Ikonen Mariens sind, sowie auch an anderen Formen der Gegenständlichkeit des Glaubens, wie Amulette u.ä., fest. Jedoch haben alle diese Formen von Volksreligiosität keine wirkliche innere Beziehung zur Theologie der Trinität, besitzen daher innerhalb der katholischen Theologie eine weitaus geringere Bedeutung als die Ikonen bei den Orthodoxen und sind Ausdruck von Volksreligiosität oder (wie bei den Orthodoxen in diesem Sinn auch) von Aberglauben.

In der römischen Theologie ist der Geist, wie wir gesehen haben, die Gemeinschaft von Vater und Sohn. "Der Heilige Geist ist also gewissermaßen die unaussprechliche Gemeinschaft von Vater und Sohn. Vielleicht hat Er Seinen Namen daher, daß man auf Vater und Sohn die gleiche Benennung anwenden kann. Er wird ja in einer Sonderbezeichnung genannt, was die beiden anderen in einem allgemeinen Sinne heißen."[35] Als Gesamtheit der Relation von Vater und Sohn ist also der Geist das AnSich von beiden, er ist an sich das, was sie in sich haben. Diese Gesamtheit des An-Sich ist für Augustinus und die Tradition der lateinischen Theologie Liebe. Die Funktion dieser Liebe ist aber die Einheit des Selbstbewußtseins der Trinität zu sein. Unmißverständlich formuliert das Anselm:

Denn müßig und völlig nutzlos ist das Bewußtsein und die Erkenntnis irgendeiner Sache, wenn nicht die Sache selbst, je nachdem es die Vernunft verlangt, geliebt oder verworfen würde. Es liebt also sich selbst der höchste Geist, wie er sich seiner bewußt ist und sich erkennt ... Es ist also klar, daß die Liebe des höchsten Geistes daraus hervorgeht, daß er sich seiner bewußt ist und sich erkennt. Wenn im Bewußtsein des höchsten Geistes der Vater verstanden wird, in der Erkenntnis der Sohn, so ist es offenbar, daß vom Vater und Sohne in gleicher Weise die Liebe des höchsten Geistes hervorgeht.[36]

Diese Einheit des Selbstbewußtseins der Trinität im Moment der Liebe wird aber den Menschen geschenkt. Der Mensch ist der Liebe Gottes für sich in sich selbst teilhaftig. Das entwickelt wiederum Augustinus. "Was aber geschenkt wurde, das hat eine Beziehung sowohl zum Schenker als auch zum Geschenkten. Deshalb heißt der Heilige Geist nicht nur der Geist des Vaters und Sohnes, die ihn schenkten, sondern auch unser Geist, da wir Ihn empfangen."[37] Diese Reihe von Beziehungen, die zur subjektiven Teilnahme des Menschen am Geist führen, ist formal. Weil die Trinität in sich dem Wesen nach unterschieden ist (alle Personen sind gleichwesentlich) und die Beziehungen der Personen zueinander die Eigenschaften der Personen bestimmen, weil also das Verhältnis zwischen Wesen und Personen analog dem Verhältnis zwischen Substanz und Akzidenzien ist und somit diese einheitliche Substanz das Wesen, das für sich Sein der Hypostasen bestimmt und nicht wie bei den Griechen die Hypostasen das für sich Sein sind, ist dieses Geschenk des Geistes in seiner Einheit in der Perichorese formal und für das Subjekt, für den individuellen Menschen äußerlich. Es ist Produkt einer logischen Schlußfolgerung, die auch in sich äußerlich bleibt.

Der Geist als die Beziehung von Vater und Sohn als Resultat des Verhältnisses von Akzidenzien zueinander ist letzten Endes eine conclusio des Verstandes. Allerdings ist die lateinische Theologie in dieser Bestimmung der inneren Notwendigkeit einer über das formale hinausgehenden Bewegung in der Trinität bewußt; sie artikuliert diesen Gedanken ohne die Methode der Darstellung zu ändern und damit stößt sie auf ihre eigenen Grenzen. Das zeigt sich sehr schön sowohl bei Augustinus als auch bei Anselm. Bei Augustinus heißt es nämlich einige Zeilen im gleichen Kapitel weiter, daß der Hervorgang des Geistes eine innere, vor der Endlichkeit der Zeit und der zeitlichen Relation der Beziehung zum Menschen angesiedelte Bewegung ist; denn wäre der Geist als Geschenk durch die Beziehung zum Geschenkten bestimmt, so wäre er mit Vater und Sohn nicht gleichwesentlich, d.h. er wäre kein Gott.[38] Augustinus spürt hier die Konsequenzen der Äußerlichkeit der Bestimmung des innentrinitanischen Lebens durch das Verhältnis von Substanz und Akzidenzien, das notwendigerweise zu einer endlichen Bestimmung des Geistes führt. (Das gleiche Problem haben wir in der Auseinandersetzung zwischen Palamas und den Thomisten gesehen. So ging es unter anderem in der Auseinandersetzung über Wesen und Energien um die Frage ob die Gnade Geschöpf ist oder nicht.) Er stellt daher die Frage nach dem *Modus* des Hervorgangs und meint: "Oder ist der Hervorgang des Heiligen Geistes doch ein immerwährender, und geht Er nicht in der Zeit, sondern von Ewigkeit hervor, und war Er schon dadurch, daß Er als schenkbar hervorging, Geschenk, auch bevor Er tatsächlich geschenkt wurde? So ist es. Etwas anderes bedeutet ja Geschenk, etwas anderes geschenkt. Geschenk kann etwas sein, auch bevor es tatsächlich gegeben wird; 'geschenkt' aber kann es erst heißen, wenn es gegeben ist."[39]

Wenn der Geist nach dem Modus der Beziehung zum Menschen bestimmt wird, so ist er äußerlich und endlich, wenn aber der Modus des Geschenktwerdens trinitätsimmanent ist und ewig, so bleibt er innerhalb der Trinität im Widerspruch, weil er nicht nach der Relation der Akzidenz, also der zeitlichen Beziehung zum Menschen bestimmt werden kann, sondern nach der Substanz, was aber nicht möglich ist, weil er durch die Beziehung zum Menschen bestimmt wird; denn sonst wäre er kein Geschenk. Um aus dem Dilemma herauszukommen, führt Augustinus die Distinktion zwischen "Geschenk" und "geschenkt" und rettet somit die Situation mit einem Sophisma. Denn "Geschenk" kann nicht "nicht geschenkt" sein, denn ein nicht geschenktes Geschenk hört auf, ein Geschenk zu sein. Die innere Bestimmung, der innere Zweck eines Geschenkes ist geschenkt zu werden, wenn es aber vom Geschenktwerden bestimmt wird, so ist seine Bestimmung in diesem Zusammenhang eine äußerliche. Hier zeigen sich also die inneren Grenzen der lateinischen Trinitätsdialektik. (Im Unterschied dazu entkommt die byzantinische Theologie diesem typischen Dilemma durch die Konzeption der Hypostasen als das "für sich Seiende" und die Lehre von der Perichorese, so daß man hier nicht mit einem Verhältnis von Substanz und Akzidenzien zu tun hat, so wie auch durch die Konzeption des Unterschiedes zwischen Wesen und Energien, die wir schon erörtert haben.) Augustinus zeigt hier, wie er kraft der konsequenten logischen Darstellung, auf die von ihm selbst gesetzten Grenzen, auf das Hemmnis seiner eigenen methodischen Voraussetzungen stößt. Gerade diese Tatsache zeugt von der Kraft und der Distinktionsfähigkeit seines Denkens, das das Prinzip seines Zeitalters, das lateinische Prinzip (so wie wir es auch im Rahmen seines Zeitbegriffs gesehen haben), nicht überwinden kann.

Auch bei Anselm zeigen sich die inneren Grenzen dieses Prinzips. Denn gerade in der Konzeption der Liebe als Einheit mit der Selbsterkenntnis, als innere dialektische Beziehung, in deren Rahmen keine Selbsterkenntnis ohne Liebe und keine Liebe ohne Selbsterkenntnis sein kann, zeigt sich die aus dem rationalistischen Charakter des "schlußfolgernden Denkens", aus der inneren logischen Voraussetzung dieses Denkens entstehende Bestimmung des Geistes als Kraft, die aus dem Selbstbewußtsein der Trinität hervorgeht und somit ein formal verstandesmäßiges Verständnis von ihm sprengt. Die Bestimmung der Liebe geht hier über das bloße gemeinsame Band zwischen Vater und Sohn hinaus, sie sprengt die Dimensionen des bloßen Verstandes; die Liebe ist hier eine organische Beziehung, ein inneres Wesen mit einer Dynamik, die nach außen drängt. Der Geist soll hier die Trinität offenbaren, die in Erscheinung treten will, nach außen drängt; die Trinität erscheint durch den Geist. Das ist nicht mehr Resultat der Beziehungen von Substanz und Akzidenzien in der Trinität, sondern geht über diesen Formalismus hinaus, die konsequente Durchführung der logischen Bewegung innerhalb des Formalismus sprengt in der Einheit des Selbstbewußtseins der Trinität seine eigenen methodischen Voraussetzungen. In der Einheit des Selbstbewußtseins der Trinität als sich selbst liebender Liebe, die aus sich heraus austreten will, überwindet Anselm seine eigenen Voraussetzungen und zeigt die letzte Konsequenz seines Denkens, nämlich kraft seiner inneren Dynamik die in ihm selbst durch sich selbst angelegten Schranken zu sprengen. In dieser Passage zeigt sich m.E. die Genialität Anselms, seines inneren Ringens, der Kampf seines Denkens mit dem inneren Hemmschuh seines präzis durchgeführten Vorhabens, den Begriff Gottes durch die Kategorien des Verstandes zu begründen. Auch in der byzantinischen Theologie ist der Geist ein Geschenk Gottes an den Menschen, er ist Gnade, die die Gemeinschaft zwischen Menschen und Gott, die communio zwischen beiden herstellt und trägt. Der Geist ist die in sich seiende Vermittlung der inneren Einheit der Trinität in ihrer Bewegung, mit dem Menschen. Als diese Einheit von innerer und äußerer Vermittlung ist aber der Geist nicht Produkt einer formalen Operation des Verstandes im Sinne einer Beziehung von Substanz und Akzidenzien; oder wie Evdokimov sagt, seine Begründung ist nicht ursächlich.[40]

Wie wir schon gesehen haben ist der Geist Tätigkeit, Energie, die das innere Leben in der Trinität mit dem Menschen vermittelt. Als innere Tätigkeit ist er die Einheit der Bewegung in der Perichorese, als äußere Energie, die den Menschen die Möglichkeit der Erkenntnis in der communio gibt, ist er Geschenk, Gabe, Gnade, oder genauer formuliert, Träger der Gnade in der Einheit der Gemeinde mit der Trinität. Die Reihenfolge der Momente in der immanenten Bewegung des Geistes in der Trinität wird, weil sie nicht verstandeslogisch deduzierbar ist, durch Analogien aus dem Bereich der neoplatonischen Lichtmetaphysik dargestellt. Diese Analogien sollen die *Einheit* der Trinität zum Ausdruck bringen als eine Einheit, die weder durch die verstandeslogische Distinktion von Wesen und Akzidenzien begründbar ist, noch durch eine ebenfalls formallogische Begründung, in deren Rahmen die Beziehungen zwischen den Hypostasen die Tätigkeit des Geistes als zeitliche Reihenfolge einer logischen Bewegung bestimmen, sodaß, weil die Hypostasen das "an und für sich Seiende" sind, die immanente Geschichte des Geistes in der Trinität logisch ableitbar wäre von den jeweiligen Eigenschaften, sodaß also die "charakteristischen Idiomata" die verstandeslogische Begründung für die Momente wären, die Stationen der Bewegung des Geistes in der Trinität als zeitliche oder logische Reihenfolge. Vornehmlich Athanasius verwendet in seiner Auseinandersetzung mit Arius die Analogie des Lichtes und der von ihm ausgehenden Strahlen als Darstellung der Einheit Gottes in seiner immerwährenden unzeitlichen Energie. "Denn dort, wo also das Licht ist, dort ist auch sein Abglanz; und dort wo der Abglanz, dort auch seine Energie und die glänzende Gnade."[41] Dieser Einheit der immerwährenden zeitlosen Energie der Trinität wird der Mensch durch den Geist teilhaftig, wobei, wie wir gesehen haben, die Differenz zwischen innerer Trinitätsbewegung, "immanenter Trinität" und "Ordnung der Offenbarung", "ökonomischer

Trinität", aufrecht erhalten bleibt. Diese Differenz ist aber eine Differenz in der Identität der Trinität, die Gemeinschaft mit dem Menschen wird wieder Gemeinschaft der Hypostasen in der Trinität, hergestellt durch die Vermittlung des Geistes als Energie.

Denn die Gnade, die gegeben wird und Gabe in der Trinität wird vom Vater durch den Sohn im Hl. Geist gegeben. Denn wie die Gnade, die gegeben wird vom Vater durch den Sohn ist, so wäre keine Gemeinschaft mit der Gabe in uns wenn nicht im Hl. Geist. Denn indem wir dessen teilhaftig sind, haben wir die Liebe des Vaters, und des Sohnes Gnade und die Gemeinschaft mit dem Geist selbst. Es zeigt sich also, daß die Energie aus ihnen in der Trinität eine ist. Denn der Apostel zeigt, daß die, die gegeben werden nicht von einem jeden (von ihnen) verschieden und dividiert sind, sondern, daß die, die gegeben werden in der Trinität gegeben werden und das alles von einem Gott ist.[42]

So wie also der Geist in der Totalität der immanenten Trinität die die Einheit abschließende und vervollkommnende Tätigkeit der Einheit selbst ist, so ist er auch in der ökonomischen Trinität die die Ordnung der Offenbarung abschließende Tätigkeit. In der ökonomischen Trinität verhält es sich so, daß "... einerseits der Sohn zu den Unvollkommenen herabsteigt, andererseits der Geist das Siegel der Vollkommenen ist..."[43]

Der vervollkommnende Charakter des Geistes kommt in der theologischen Tradition auch in der inneren und oft nicht klar erkannten Unterscheidung zwischen Taufe und Salbung zum Ausdruck. Die Salbung selbst wird in diesem Zusammenhang als "eines der unklarsten Kapitel der Quellen der christlichen Religion" bezeichnet.[44] Diese Unklarheit herrscht vor allem deswegen, weil man die Salbung mit Recht mit dem Geist in Verbindung setzt, jedoch ihre spezielle Bedeutung nicht erkennen kann, weil die Gabe des Geistes schon durch die Taufe gegeben worden ist. Daniélou führt unter zahlreichen Hinweisen auf die Kirchenväter aus, daß die Taufe der Wiedergeburt des Menschen im Geist, die Salbung aber seine Vervollständigung und Reifung, aber auch der "Auferweckung der pneumatischen Sinne",[45] entspricht. "Der Taufe folgt das geistige Siegel, denn nach der Geburt muß die Vervollkommnung vollzogen werden."[46] Daniélou zitiert ferner unter anderem auch den Palamas Schüler Nikolaos Kabasilas, der die Salbung als Sakrament der Fortgeschrittenen sieht, während er die Taufe als Sakrament der Anfänger bezeichnet.[47] Zwischen

Taufe und Salbung ist für die Theologie eine Bewegung, ein Prozeß der Vervollkommnung und des Fortschrittes im Geist.

Der Geist ist also in der byzantinischen Theologie die Einheit der in sich mit sich selbst nach innen vermittelnden Tätigkeit und der in dieser Einheit der sich selbst vermittelnden Innerlichkeit die Einheit der mit sich selbst nach außen als sich selbst vermittelnden Tätigkeit. Weil der Geist die Energie der aus sich heraustretenden Innerlichkeit ist in der Vermittlung mit sich selbst, ist er das Prinzip des Lebens in der Trinität, das nicht darstellbar ist, die Bilder, die wir uns von ihm machen sind, wie Gregor der Theologe sagt, trügerisch. "So schien es mir schließlich am besten zu sein, die Bilder und Schatten fahrenzulassen, weil sie trügerisch sind und von der Wahrheit weit abstehen"[48] Gregor kennt die Unzulänglichkeiten der Analogien, ihn befriedigen auch die Lichtgleichnisse des Athanasius nicht. Er ist in gewisser Beziehung der größte griechische Theologe, seine Rede über den Hl. Geist endet mit einem totalen Verzicht darauf, die Dialektik der Trinität in irgendeiner Weise bildhaft darstellen zu wollen. Dieser Verzicht am Ende seiner Ausführungen als Resultat seines vorhergehenden zähen Ringens mit dem Trinitätsbegriff, *der Abstand*, den er immer zwischen sich und dem Gegenstand seiner Spekulation in großmütiger und ehrfurchtsvoller Resignation bewußt in vornehmer Zurückhaltung des Gedankens offenläßt, gehört zu den großartigsten Seiten griechischer Theologie. Er zitiert aus der Tradition unzählige Bezeichnungen für den Geist, er ist Feuer, seinen Energien gemäß hat er viele Weisen (πολύτροπον), er schenkt Leben, er erleuchtet, er macht Evangelisten, Propheten, Aposteln, etc.[49]

Der Geist ist Geist des Lebens und Geist der Prophetie und er ist unaussagbar und undarstellbar. Der Gerechtigkeit halber muß man hier allerdings hinzufügen: Auch bei Augustinus ist dieses innere Ringen, das Bewußtsein menschlicher Schwäche im Widerspruch zu seinem inneren Bedürfnis des Fortschreitens der Spekulation in seiner Universalität das Beste vom Besten, was jemals von Philosophenhand aufs Papier gebracht wurde. Seine "confessiones" sind im wahrsten Sinne des Wortes Weltliteratur. Augustinus ist eine brennende, sich aufzehrende Seele. In der Neuzeit findet sie nur in den großen Revolutionären ihresgleichen. Ich habe dieses weltgeschichtliche Pathos in einer Passage Trotzkis wiedergefunden.

Die Geschichte ist ein fruchtbarer Mechanismus, der unseren Idealen dient. Ihre Arbeit ist langsam, auf eine barbarische Weise langsam, unerbittlich hart, und trotzdem geht die Arbeit voran. Wir glauben an sie. Es gibt nur Augenblicke, wenn dieses unersättliche Ungeheuer das lebendige Blut unserer Herzen wie seine Nahrung verschlingt, in denen wir ihm mit allen unseren Kräften zuschreien wollen: Was du zu tun hast, mach es schnell!"[50]

Die Bewegung des Geistes in der Trinität ist aber auch ein lebender Widerspruch. Gregor weist die Analogie der Sonne und des Sonnenstrahls ab mit dem Hauptargument, daß die Dreifaltigkeit aus drei gleich wesentlichen Sonnen bestünde und nicht nur dem Vater untergeordnet werden könnte. "Denn Strahl und Licht sind nicht verschiedene Sonnen, sondern irgendwelche Ausflüsse aus der Sonne und wesenhafte Eigenschaften."[51] Dieser Einwand von Gregor ist in seiner Grundtendenz typisch für die griechische Theologie. Obwohl sie sich selbst sehr oft der Tradition der neoplatonischen Lichtmetaphysik bedient, liefert sie hier durch die Feder ihres größten aus dem sog. "Dreiergespann" der Kappadokier, ein eindrucksvolles Zeugnis ihrer grundlegenden theologischen Auffassung, daß die Bewegung in der Trinität jedem rationalen Verständnis unzugänglich ist und gerade deswegen ein Verständnis von ihr im Sinne eines Verhältnisses zwischen Wesen und Eigenschaften, also nach dem Schema der Scholastik unzulänglich und falsch ist. Auch eine neoplatonische und nicht aristotelische Fassung dieses Verhältnisses ist für die griechische Theologie nicht akzeptabel. Das Problem, das sich für sie stellt ist, daß die Hypostasen in der Trinität jede für sich das Für-sich-Sein der Totalität der Trinität sind, miteinander vereinigt, und doch unvermengt sind. Jede Hypostase ist für sich das gesamte Wesen der Trinität und sie sind miteinander auf unaussprechliche Weise vereinigt und gleichzeitig getrennt, denn sie vermengen sich nicht und die Totalität der gesamten Trinität ist nicht aus ihnen zusammengesetzt.

Wir sagen, jeder von den dreien hat eine vollkommene Hypostase, damit wir nicht eine aus drei unvollkommenen (Hypostasen) zusammengesetzte vollkommene Natur annehmen, sondern eine in drei vollkommenen Hypostasen bestehende einzige, einfache, übervollkommene, übervollendete Wesenheit. Denn alles, was aus Unvollkommenem besteht, ist sicherlich zusammengesetzt. Eine Zusammensetzung aus vollkommenen Hypostasen aber ist ausgeschlossen. Darum sagen wir auch nicht, das Wesen bestehe *aus* Hypostasen, sondern *in* Hypostasen.[52]

In dieser paradoxen und widersprüchlichen Einheit verhält es sich bei den Hypostasen so: "Eine jede von ihnen besitzt ja nicht weniger Einheit mit der anderen als mit sich selbst..."[53] Wenn der Damaszener daher von der Analogie des Lichtes Gebrauch macht, um die Verhältnisse in der Trinität darzustellen, dann nur, indem er von drei Sonnen spricht. "Denn die Gottheit ist, wenn man es kurz sagen soll, ungeteilt in Geteilten und gleichsam in drei zusammenhängenden und ungetrennten Sonnen *eine* Verbindung und Einheit des Lichtes."[54] In einem letzten Versuch dieses Verhältnis bildhaft darzustellen, bevor er die Unmöglichkeit dieses Unternehmens dezidiert erklärt, liefert Gregor der Theologe das vielleicht am besten gelungene Bild, um diese Trinitätsdialektik anschaulich zu machen.

Von irgendeinem habe ich auch die folgende Gedankenskizze gehört. Er stellt sich einen funkelnden Sonnenstrahl (vor), der ringsum, erzitternd von der Bewegung der Wasser, auf eine Wand gestrahlt wird. Der Strahl empfängt die Bewegung durch Vermittlung der dazwischenliegenden Luft und wird sodann festgehalten von der Widerstand leistenden Substanz (d.h. von der Wand), und es entsteht so ein überraschendes Erzittern (des Strahls). Er erbebt in zahlreichen und gedrängten Bewegungen, so daß man nicht unterscheiden kann, ob es sich eher um einen (Lichtstrahl) als um mehrere oder eher um mehrere als um einen handelt. Durch die Schnelligkeit des Zusammenprallens und Auseinanderfallens entflieht nämlich (der Strahl), bevor das Auge ihn fassen kann.[55]

Gregor lehnt in weiterer Folge auch dieses Gleichnis ab, vornehmlich weil es an die "unbeständige Natur" erinnert und uns eine "Zusammensetzung... nahelegt".[56] Gregor argumentiert also hier in der gleichen Weise wie Johannes von Damaskus. Die eine nicht zusammengesetzte und doch zusammenhängende Einheit des Lichtes ist bei beiden Autoren der zentrale Topos und die unbegreifliche Paradoxie der Trinität. Es ist in diesem Zusammenhang kein Zufall, daß das "überraschende Erzittern" der deutschen Übersetzung im griechischen Text "παλμὸς παράδοξος" heißt, "paradoxe Schwingung", "paradoxes Erzittern". Dieses paradoxe Erzittern ist der bildhafte Ausdruck für den sich bewegenden Kern des Widerspruchs in der Trinitätsdialektik, für ihr pulsierendes Herz. Für die reine Verstandeslogik ist dieses pulsierende Herz, der Widerspruch selbst als Prinzip des Lebens, unbegreiflich. So wie das pulsierende Herz das Prinzip des Lebens im Menschen ist, das Zentrum des lebenden Körpers, so ist dieser "παλμὸς παράδοξος", man kann auch mit "paradoxes Pulsieren" übersetzen, das Zentrum des Lebens in der Trinität, die für die Theologie, d.h. im Sinne der Tradition für die Darstellung von immanenter und ökonomischer Trinität auch das Zentrum der Totalität des Lebens ist. So wie das pulsierende Herz des Menschen mit seiner unaufhörlichen Bewegung das Leben des Menschen erhält, so ist das paradoxe Pulsieren in der Trinität in seiner ewigen Bewegung das Prinzip des ewigen Lebens. Dieses Pulsieren ist aber paradox, d.h. für den Verstand unbegreiflich, weil es der ewige Widerspruch in der Ewigkeit seiner Bewegung ist und in dem Ausmaß der spekulative Widerspruch unbegreiflich und paradox ist, ist das Leben es auch. Die Wahrheit des Lebens ist die Unbegreiflichkeit des Widerspruchs, d.h. nicht die leere Sinnlosigkeit des Irrationalismus, also nicht unbegreiflich in formal-logischer Dinstinktion vom Rationalismus, sondern im Sinne der übergreifenden dialektischen Bewegung, deren innere Begründung sie selbst ist. Am Ende seiner "Wissenschaft der Logik", dort wo der Übergang der absoluten Idee zur Natur, wie Hegel sagt, "angedeutet" wird, schreibt er:

Zweitens ist diese Idee noch logisch, sie ist in den reinen Gedanken eingeschlossen, die Wissenschaft nur des göttlichen *Begriffs*. Die systematische Ausführung ist zwar selbst eine Realisation, aber innerhalb derselben Sphäre gehalten. Weil die reine Idee des Erkennens insofern in die Subjektivität eingeschlossen ist, ist sie *Trieb*, diese aufzuheben, und die reine Wahrheit wird als letztes Resultat auch der *Anfang einer anderen Sphäre und Wissenschaft*."[57]

Indem der Geist in der Trinität die Bewegung totalisiert und die "Gemeinschaft mit der Gabe in uns" in sich hat, indem ohne ihn "keine Betätigung ist", sprunghafte Bewegung (ἔξαλμα), "Feuer", "paradoxes Erzittern", ist er in der Sprache der Theologie der Trieb, von dem hier Hegel spricht. Dieser Trieb ist in der Anthropologie der Väter mit dem pulsierenden Herzen des Menschen vermittelt als Topos, in dem die Totalität der Natur mit dem Individuum, in dem die gesamte Natur (denn jedes Individuum ist in sich Produkt der gesamten Naturgeschichte) mit dem Geist vermittelt wird. Dieser Trieb ist somit im Menschen mit der ganzen Natur vermittelt, der Geist ist das die Gesamtheit von Menschen und Natur in der Einheit mit der aus sich selbst heraustretenden Trinität Vervollständigende ("τὸ τελειωτικὸν"). Indem der Geist Trieb oder Kraft, wie die Kirchenväter sagen, ist, ist er die Kraft, die einerseits die Subjektivität in der Trinität zu überwinden trachtet und andererseits in der Vermittlung mit der Natur im Menschen auch die Subjektivität des Menschen in der Natur. Das ist die Ek-stase, das aus sich Heraustreten des Menschen der theologischen Tradition einerseits, und die Verwandlung und die Vergottung der Natur andererseits. Weil nun die Darstellung dieses Prozesses in der Sprache der Theologie erfolgt, sind die anderen Momente in der Bewegung der Trinität, Gott Vater und der Sohn Logos von der Hülle der Religion umgeben. Mehr als Gott der Geist sind sie Gestalten aus der "Nebelregion der religiösen Welt".[58]

Der Geist als Abschluß und Kern der Trinitätsdialektik, als jene Hypostase, die den Begriff der Trinität als Tätigkeit repräsentiert, ist die abstrakteste und gleichzeitig konkreteste Person der Trinität und aus diesem Grund nicht wie die anderen zwei Personen personifizierbar. Indem der Geist mit dem pulsierenden Herzen des Menschen vermittelt ist, indem er Natur im Menschen mit sich selbst vermittelt, ist er sowohl sichtbar als auch nicht sichtbar. In der theologischen Tradition haben wir mit dieser doppelten Bestimmung des Geistes zu tun. Einerseits ist er das alles erfüllende Licht, in dem alles erscheint und andererseits absolut entfernt und unsichtbar; er ist nur ein Prinzip, von dem wir in unserem Herzen wissen, das sich aber *für das Auge* in keiner Weise andeutet. (Nach dieser Bestimmung fällt er außerhalb der Kategorie der Ikone, ist in ihr nicht vermittelt und für unsere Sinnlichkeit angedeutet.)

Denn wir sind gerettet, doch in der Hoffnung. Hoffnung aber, die man schon erfüllt sieht, ist keine Hoffnung. Wie kann man auf etwas hoffen, das man sieht? Hoffen wir aber auf das, was wir nicht sehen, dann harren wir aus in Geduld. So nimmt sich auch der Geist unserer Schwachheit an. Denn wir wissen nicht, worum wir in rechter Weise beten sollen; der Geist selber tritt jedoch für uns ein mit Seufzen, das wir nicht in Worte fassen können. Und Gott, der die Herzen erforscht, weiß, was die Absicht des Geistes ist: Er tritt so, wie Gott es will, für die Heiligen ein.[59]

Der Geist ist also "der Seufzer der bedrängten Kreatur",[60] das Prinzip ihrer Hoffnung. Sofern er in der Negativität dieser Welt als ihr Gegensatz bestimmt wird, ist er unsichtbar, nur für das pulsierende Herz wahrnehmbar. Die anderen Personen der Trinität sind dem Menschen näher, Vater und Sohn spiegeln sich gegenseitig wider und realisieren sich für das Denken in der konkreten historischen Gestalt Jesu. Der Geist aber, der in unserem Herzen vom Logos spricht, ist mehr als der Logos selbst; denn er ist nur Hoffnung, die man nicht "erfüllt sieht", unendliche Sehnsucht in der unendlichen Negativität unserer "Zeitlichkeit", um den Ausdruck der Kirchenväter zu gebrauchen.

Der Geist ist für den Menschen das, was ihm übriggeblieben ist, nachdem Jesus gekreuzigt worden ist, der Geist ist das, was nachher ist und noch nicht ist. Der Glaube an die Auferstehung ist im Geist, er bestimmt den Inhalt des Glaubens, sonst ist für die Menschen Jesus ein gekreuzigter, der Christ kann nur im Geist an die Auferstehung glauben. Der Geist ist die hoffnungslose Hoffnung in der Schrecklichkeit des Nachher. Paulus meint es eindeutig, der Geist ist die Hoffnung angesichts der leeren Negativität des Todes. "Die Schöpfung ist der Vergänglichkeit unterworfen, nicht aus eigenem Willen, sondern durch den, der sie unterworfen hat; aber zugleich gab er ihr Hoffnung..."[61] Deswegen ist der Geist jene Hypostase in der Trinität, die das einfache, schreckliche Geheimnis der Taufe, die in ihr ausgedrückte menschliche Hoffnung angesichts des Todes zum Ausdruck bringt. In der Taufe symbolisiert das Wasser den Tod und der Geist ist das vage Versprechen des Sieges über den Tod, des ewigen Lebens und der Auferstehung. "Und der Geist gewährt die Verlobung des Lebens", schreibt Basilius d. Große,[62] deswegen ist der Geist "die Ausstreckung der Hand an die Kranken",[63] er ist der Paraklet, der im Todesbett dem Sterbenden beisteht. Insofern ist der Geist mit Maria vermittelt, die uns in der Stunde unseres Todes" beistehen soll.[64] Hier ist Maria aber nicht so sehr unsere Hoffnung als Mutter des inkarnierten Logos, wie die Theologie meint, sondern als das Prinzip des Trostes dort, wo es keinen Trost gibt, als die Mutter, die ihrem sterbenden Kind allein besser als die ganze Theologie beistehen kann. Hier kehrt die Theologie ein reales menschliches Verhältnis um. Als vages unsichtbares Versprechen vor dem Schrecken des Todes ist der Geist die Basis des Glaubens selbst. Paulus spricht das mit dem ihm eigenen unbarmherzigen Realismus aus. "Glaube aber ist: Feststehen in dem, was man erhofft, Überzeugtsein von Dingen, die man nicht sieht."[65] (Ich glaube, daß Paulus einer der größten Realisten der theologischen Tradition ist. Seine "pneumatische Wende" ist nicht nur die Universalisierung und Konkretisierung des Prinzips des Geistes als Bestimmung des Menschen im Namen des Christentums, sondern auch der unmißverständliche Hinweis, daß es für die Dinge des christlichen Glaubens keine andere wie immer geartete Gewißheit gibt als die Gewißheit, die aus dem Glauben selbst resultiert. Das Christentum Paulus' liegt daher per definitionem außerhalb jeder "rationalen" Begründung von Theologie.)

Das ist die eine Seite des Geistes, die unsichtbare, ja haltlose Hoffnung. (Mit seiner sola fide These ist der Protestantismus die letzte geschichtliche Zuspitzung dieser Position.) Die andere Seite ist die bereits dargestellte der Ikonentheologie. Die Dimension des Geistes ist also in der Theologie zwischen sichtbar werdender und unsichtbarer Hoffnung angesiedelt, und im Rahmen dieser zweiten Seite kommt dem Glauben nicht eine rational begründbare Gewißheit zu, sondern das Bewußtsein, über einen sinnlichen Zugang zur unaussagbaren Transzendentalität des Gottesbegriffs zu verfügen, jenseits des Bemühens des formalen Verstandes.

XII. Der Geist und das "pulsierende Herz" Kierkegaard und Hegel

Soweit beide Konzeptionen ihre anthropologische Basis im Begriff des "pulsierenden Herzens" haben, ist es die Praxis des Menschen, innerhalb der sich der Kampf um die Vermittlung abspielt im Angesicht der leeren Ewigkeit des Todes. "Ich ziehe einen Tropfen Blut vor, als ein Glas Tinte", schreibt der Dichter.[1] Im Lichte des pulsierenden, brennenden Herzens sind die Positionen von Paulus, Augustinus, Gregor d. Theologen oder Trotzki im wesentlichsten nicht verschieden. Die Kontinuität dieses auf seine letzte, nicht mehr weiter reduzierbare Bestimmung reduzierten Wesentlichsten ist das, was man gemeinhin als abendländische Tradition bezeichnet. Auf dieser Bestimmung beruht in der Philosophie die Tradition der Subjektivität. Die Basis dieser Tradition ist der Begriff des Geistes selbst. Im Lichte dieses Geistbegriffs erscheint der methologische Zugang, die Frage, ob der Gang der Reflexion vom Allgemeinen auf das Besondere oder vom Besonderen aufs Allgemeine geht, uninteressant. Kierkegaards Bestimmung des Geistes als Selbstbestimmung des Menschen behält ihren Wahrheitsanspruch innerhalb der abendländischen Tradition von Philosophie unabhängig von der Frage, ob sein methodischer Zugang zum Problem der Bestimmung von Wirklichkeit durch die Selbstbestimmung des Subjekts Gültigkeit haben kann oder nicht. Seine Schilderung des Zustandes der "Geistlosigkeit" als Fundamentalschwäche, die nur im Christentum als Prinzip des Geistes möglich sein kann, im Unterschied zum Heidentum, ist ein typisches Beispiel für diese Art von Reflexion, die ausgehend von der christlichen Tradition die Subjektivitätswende des Christentums radikalisiert und die vom Protestantismus verschärften Voraussetzungen dieser radikalen Selbstbestimmung des Menschen, ihr Prinzip des Christentums, bis zur ihren äußersten Spitze treibt.

Es gibt nur einen Beweis des Geistes, das ist der Erweis des Geistes in einem selbst; jeder, der etwas andres verlangt, mag vielleicht dazu kommen, Beweise in allem Überfluß zu erhalten, er ist doch aber schon als geistlos bestimmt. In der Geistlosigkeit ist keine Angst, dafür ist sie zu glücklich und zufrieden, und zu geistlos. Aber das ist ein recht trauriger Grund, und das Heidentum ist darin von der Geistlosigkeit unterschieden, daß es in Richtung *auf* Geist bestimmt ist, diese in Richtung *fort von* Geist. Das Heidentum ist daher, wenn man so will, Geistesabwesenheit, und somit weit verschieden von der Geistlosigkeit. Insofern ist das Heidentum weit vorzuziehen. Die Geistlosigkeit ist Stagnation des Geistes, und Zerrbild der Idealität. Die Geistlosigkeit ist daher nicht eigentlich dumm, wo es auf den Wortschall ankommt, aber sie ist *dumm* in dem Sinne, in welchem es vom Salz heißt, 'wo nun das Salz dumm wird, womit soll man's salzen'? Eben darin liegt ihr Verderben, aber auch ihre Sicherheit, daß sie nichts geistig versteht, nichts als Aufgabe erfaßt, ob sie es gleich vermag, mit ihrer schleimigen Mattheit alles zu betasten.[2]

Obwohl Kierkegaard in der Bestimmung des Geistes als Selbstbestimmung des Menschen nicht von der Geschichte der Subjekt werdenden Substanz à la Hegel ausgeht und somit vom methodischen Grundsatz her von diametral entgegengesetzten Voraussetzungen einer Individualdialektik, ist seine Bestimmung der Geistlosigkeit in ihrer matten Zufriedenheit das Pendant dessen, was bei Hegel in der "Phänomenologie" als "geistiges Tierreich" dargestellt wird.

Das Bewußtsein dieser Einheit ist zwar ebenfalls eine Vergleichung, aber was verglichen wird, hat eben nur den *Schein* des Gegensatzes; ein Schein der Form, der für das Selbstbewußtsein der Vernunft, daß die Individualität an ihr selbst die Wirklichkeit ist, nichts mehr als Schein ist. Das Individuum kann also, da es weiß, daß es in seiner Wirklichkeit nichts anders finden kann als ihre Einheit mit ihm oder nur die Gewißheit seiner selbst in ihrer Wahrheit, und daß es also immer seinen Zweck erreicht, *nur Freude an sich erleben*.[3]

Zwar mag das "geistige Tierreich" in der Geschichte der Subjekt werdenden Substanz eine niedrige Stufe dieses Prozesses darstellen, in der "weder *Erhebung*, noch *Klage*, noch *Reue*" ist,[4] weil das alles fortgeschrittene Bestimmungen "des Gedankens" sind, während die "Geistlosigkeit" bei Kierkegaard zwar leblose und erstarrte, jedoch auch als tote Existenz vorhandene Bildung voraussetzt, der Effekt aber, die menschliche Realität des von beiden Philosophen beschriebenen Zustandes, ist der gleiche. Das ist die Stumpfheit und Mattheit, die Langeweile und die Fähigkeit in der inneren Widerspruchslosigkeit, "Freude an sich" zu "erleben". In der negativen Bestimmung, oder in der Bestimmung dessen, wo der *Mangel* am Geist ist, treffen sich beide in den Grundvoraussetzungen ihrer Methode entgegengesetzten Philosophen. Der Geist ist hier eindeutig die Bedingung der Innerlichkeit und der Subjektivität, der Mensch wird durch den Geist gesetzt, indem er durch ihn im Widerspruch ist, geschieht bei Hegel durch den Prozeß und Geschichte der Negativität, daß dort, wo kein Bewußtsein vom Inhalt der Negativität, auch Geistlosigkeit ist, kein Widerspruch, sondern nur "der Schein des Gegensatzes"; so verhält es sich im Rahmen der alles begründenden Individualdialektik Kierkegaards so, daß der Geist der Angst produzierende Geist ist, daß er dort ist, wo die Angst ist als Bewußtsein der Differenz und der Grenze. Im Rahmen der radikalen christlichen Anthropologie der Subjektivität Kierkegaards ist der Geist in der traditionellen Konzeption der die Synthesis vom Leiblichen und Seelischen leistenden Instanz gleichzeitig die Instanz der Synthesis zwischen Zeitlichem und Ewigem.[5] Als solcher ist er aber Vermittlung des Widerspruchs selbst und somit Angst.

Die Kierkegaard'sche Kritik des Katholizismus, oder genauer formuliert der katholischen Schuldogmatik, beruht gerade darauf, daß sie durch eine schlechte Kontinuität (wie Kierkegaard ihr vorwirft) den Widerspruch ausschaltet, oder, wie Kierkegaard es ausdrückt, den "qualitativen Sprung",[6] d.h. das eschatologische Moment der "Fülle der Zeit"[7] als Einheit von Vergangenheit und Zukunft im Begriff der im Augenblick erscheinenden Ewigkeit "durch einen einfachen gleitenden Zusammenhang"[8] eliminiert. Ich meine, daß die Kritik von Kierkegaard den höchsten Standpunkt der Tradition des protestantischen Subjektivitätsbegriffs in der Religionsphilosophie darstellt. Im Unterschied zu Hegel, der seinen Protestantismus in der Darstellung der Offenbarungsreligion als Gestalt des absoluten Geistes als innerhalb dieser Gestalt angesiedelt abhandelt und somit samt offenbarer Religion in der Endkonsequenz seiner Systematik überwindet (wobei die Spannung zwischen offenbarer Religion und philosophischem System des absoluten Geistes doch aufrechterhalten bleibt), ist aber Kierkegaard vornehmlich ein Religionsphilosoph, dessen Denken nicht der Religion innerhalb der Philosophie gewidmet ist, sondern um eine christlich-religiöse Interpretation von Philosophie zentriert ist. Er betrachtet nicht die

Religion durch die Philosophie, sondern die Philosophie durch die Religion. Im Rahmen dieser Religionsphilosophie wird der letzte Versuch in der Philosophie der Geschichte übernommen, die Aporien des scholastischen "schlußfolgernden Denkens" als rationalistischen Begründungszusammenhangs der Inhalte der Trinitätsspekulation auf eine Weise zu überwinden, die den Anforderungen des durch Scholastik und Prostestantismus dominierenden Rationalitätsprinzips in der Religionsphilosophie der Neuzeit entsprechen, ohne die Dimension der christlichen Eschatalogie als für das Christentum konstitutiven Widerspruchs zwischen Endlichkeit und Ewigkeit, menschlicher Wirklichkeit und Reich des Geistes, aufzugeben.

Wenn die These von Habermas stimmt, daß in der Neuzeit der religiöse Glaube reflexiv wird:

> Im Zuge der Durchsetzung universalistischer Verkehrsformen in der kapitalistischen Wirtschaft und im modernen Staat wird die Einstellung zur jüdisch-christlichen und zur griechisch-ontologischen Überlieferung subjektivistisch gebrochen (Reformation und moderne Philosophie). Die obersten Prinzipien verlieren ihren fraglosen Charakter; der religiöse Glaube und die theoretische Einstellung werden reflexiv...[9]

so stellt die Philosophie Kierkegaards den letzten Versuch dar, diesem reflexiven Prinzip der Neuzeit im Prinzip der ihn tragenden Tradition des Protestantismus zu entsprechen, ohne die Tradition der alten theologischen Spekulation der Kirchenväter und der jüdischen Apokalyptik zu durchbrechen. Das zeigt sich sehr schön durch seinen Zeitbegriff, durch die hier zitierte These vom Augenblick. Wenn hier Kierkegaard die Verdichtung von Ewigkeit, eschatologischer Zukunftserwartung, Vergangenheit in der Zeitlichkeit und Setzung des Menschen in der Subjektivität der Angst vor sich selbst als den Widerspruch selbst erblickt, so wendet er sich dadurch gegen die Aporie der schlechten Unendlichkeit der Zeit als formaler Verstandesabstraktion, er versucht der augustinischen Vernichtung des Augenblicks in der Aporie der schlechten Unendlichkeit zu entkommen. Die Kierkegaard'sche Dialektik der Selbstsetzung des Menschen in Angst und seine These vom Augenblick gegen den "einfachen gleitenden Zusammenhang" ist die letzte philosophiegeschichtliche Brücke des Protestantismus, die ihn mit der apokalyptisch-eschatologischen Tradition der alten Theologie verbindet. Kierkegaard vereinigt in seinem Subjektivitätsbegriff die Tradition der Kirchenväter und den neuzeitlichen Geist des Protestantismus. Indem er durch seinen Zeitbegriff gegen Hegel polemisiert, indem er das Prinzip der Subjektivität zum Zentrum seiner Philosophie macht, steht er der traditionellen christlichen Anthropologie, die im Menschen und im "pulsierenden Herzen" das Zentrum der Vermittlung zwischen Ewigkeit und Endlichkeit erblickt, sehr nahe.

In der neuesten Philosophie hat die Abstraktion ihren Gipfel im reinen Sein; aber das reine Sein ist der abstrakteste Ausdruck für die Ewigkeit, und ist als Nichts eben wieder der Augenblick. Hier zeigt sich abermals, wie wichtig der Augenblick ist, denn erst mit dieser Kategorie kann es gelingen, der Ewigkeit ihre Bedeutung zu verleihen, sofern die Ewigkeit und der Augenblick zu den äußersten Gegensätzen werden, während sonst die dialektische Hexerei die Ewigkeit und den Augenblick dahin bringt, das Gleiche zu bedeuten. Erst mit dem Christentum werden Sinnlichkeit, Zeitlichkeit, der Augenblick verständlich, eben weil erst mit dem Christentum die Ewigkeit wesentlich wird.[10]

Das ist ein fast Feuerbach'scher Kierkegaard! In der Hervorhebung des Widerspruchs zwischen Zeitlichkeit und Ewigkeit, in der Sinnlichkeit im Augenblick, in der Polemik gegen das "reine Sein", steht Kierkegaard auch der Tradition der Ikone als Vermittlung sehr nahe, näher als sonst jemals im Rahmen der protestantischen Theologie möglich sein konnte, im übrigen versteht er aber Hegel nicht. Seine Polemik gegen das "reine Sein" resultiert aus der formalen Gleichsetzung dieser Konzeption der Zeit bei Hegel als verschwindende Größe, als Negativität und Äußerlichkeit im Unterschied zur Ewigkeit des Begriffs[11], mit der schlechten Ewigkeit des formalen Verstandes. "Nur das Natürliche ist darum der Zeit untertan, insofern es endlich ist; das Wahre dagegen, die Idee, der Geist, ist *ewig*. - Der Begriff der Ewigkeit muß aber nicht negativ so gefaßt werden als die Abstraktion von der Zeit, daß sie außerhalb derselben gleichsam existiere; ohnehin nicht in dem Sinn, als ob die Ewigkeit *nach* der Zeit komme; so würde die Ewigkeit zur Zukunft, zu einem Momente der Zeit, gemacht."[12]

Indem Hegel die Endlichkeit der Zeit in der Ewigkeit des Begriffs nicht in der abstrakten Negativität außerhalb der Zeit aufhebt, setzt er die objektiv idealistischen Voraussetzungen für die Aufhebung der entfremdeten

Zeit im Reich der Freiheit im Sinne einer marxistisch-christlichen Eschatologie, in der, wie wir gesehen haben, die Aporie der schlechten Unendlichkeit aufgehoben ist. Indem Kierkegaard gegen diesen Begriff von Zeit polemisiert, beharrt er auf einem Standpunkt von Dialektik, der Ewigkeit und Zeitlichkeit als prinzipiell unüberbrückbaren Widerspruch ansieht und somit die Aufhebung der entfremdeten Zeit außerhalb der geschichtlichen Wirklichkeit des Menschen verlagert. Das ist der Standpunkt der Ikone als Vorwegnahme der Parusie, als Durchbrechung vom "einfachen gleitenden Zusammenhang mit dem Gegenwärtigen",[13] als Erwartung, die in die Geschichte eingreift, aber außerhalb der Geschichte ist. Die Position Hegels setzt die Voraussetzungen für eine säkularisierte Eschatologie, die Position Kierkegaards und der Ikone für eine Eschatologie, die als Eingriff in die Geschichte, vor der Geschichte war. Der Standpunkt Hegels ist der Standpunkt des Geistes in der Geschichte, der Standpunkt Kierkegaards und der Ikone ist der Standpunkt des Geistes noch bevor Geschichte war, der Standpunkt der Theologie.

Kierkegaard verwechselt aber die Geschichte des Geistes in der Geschichte mit der Geschichte außerhalb des Geistes, d.h. mit der Zeit als abstrakte Größe, mit schlechter Unendlichkeit als Geschichte ohne Geschichte. Deswegen ist für ihn der Hegel'sche Begriff der Negativität unverständlich,[14] d.h. jener Begriff, in dem der Geist in der Bewegung seiner selbst in der Geschichte ist. Indem Kierkegaard die Geschichte des Geistes mit der abstrakten Zeit des formalen Verstandes verwechselt, leistet er aber im Kampf gegen Hegel auch Widerstand gegen die Verflachung der Theologie durch die offizielle Kirchendogmatik, seine Religionsphilosophie ist ein leidenschaftliches Aufbegehren der protestantischen Geisttradition gegen die Ausschaltung des Geistes als Widerspruch zu der Kontinuität der schlechten Ewigkeit von Zeit. Das Zentrum dieses Widerstandes ist der Begriff des Subjekts, in ihm realisiert sich der Widerspruch zwischen schlechter Unendlichkeit der abstrakten Zeit und sie durchbrechendem Geist. Seinem Wesen nach ist dieser Widerspruch ein außergeschichtlicher, die Folge des Generationsverhältnisses im Unterschied zu Adam ist nur quantitative Verschiedenheit.[15] Das Pathos der protestantischen Subjektivität steht bei Kierkegaard, wie wir gesehen haben, über der Geschichte. Im Unterschied zu ihm hebt Hegel diese

Subjektivität als Moment des Geistes in der Geschichte hervor.[16] Auch an anderer Stelle in der Philosophie der Geschichte spricht Hegel nochmals vom Subjektivitätsprinzip der offenbaren Religion, das sich im Begriff vom "*Diesen*" realisiert, "denn die griechische natürliche Heiterkeit ist noch nicht fortgegangen bis zur subjektiven Freiheit des Ich selbst, noch nicht zu dieser Innerlichkeit, noch nicht bis zur Bestimmung des Geistes als eines *Diesen*."[17]

Im Unterschied zu Kierkegaard vermittelt sich hier der Protestantismus Hegels, das Pathos der christlichen Subjektivität mit dem Begriff der Geschichte, wie bei der Bestimmung der Geistlosigkeit treffen sich hier jedoch beide in dieser Konkretion der Subjektivität des Geistes. Für Hegel ist diese Subjektivität des "Dieser", "das Zusammenleben der ungeheuersten Gegensätze", ein Produkt der Geschichte. Sie wird erst dann als Totalität des Widerspruchs, als das "paradoxe" im Christentum möglich, sobald der Mensch auch von sich als "dieser", als Selbstbewußtsein sprechen kann. Für Kierkegaard und die theologische Tradition ist die Geschichte etwas Äußeres. Die Offenbarung ist der eigentliche Anfang der Geschichte, sie beginnt mit dem "neuen Bund", und endet mit der Realisierung der Verheißung. Wie auch die liturgische Ordnung dreht sich um diese Achse die ganze Welt. Wie in Kirchenarchitektur und Liturgie die innere Gliederung der Teilung der Zeit in vorchristlichem und nachchristlichem Zeitalter entspricht (so etwa der räumliche und liturgische Stellenwert der Katechumenen im Unterschied zu den Gläubigen), so ist die Geschichte des Menschen, wie Weltgeschichte überhaupt, nur als Teil der Heilsgeschichte möglich.

Für Hegel ist Heilsgeschichte in der Weltgeschichte. Für die Theologie ist Weltgeschichte in der Heilsgeschichte. Weil Hegel Subjektivität als bürgerliche Subjektivität in der Weltgeschichte, die "nicht der Boden des Glücks"[18] ist, emanzipiert, ist für ihn Heilsgeschichte ein Akt im Drama der Weltgeschichte, weil er Weltgeschichte in dem Maße von der Heilsgeschichte emanzipiert, in dem Maße er Subjektivität in der Weltgeschichte emanzipiert. Für die Theologie ist aber Weltgeschichte in dem Maße ein Drama, in dem sie von der Heilsgeschichte emanzipiert worden ist, außerhalb ihrer befindlich ist. Das ist der theologische Begriff der Sünde (ἁμαρτία), der Trennung und des ontologischen Mangels. Kierkegaard hat es auch so verstanden und vertritt in diesem Sinn die klassische theologische Position. Gerade darin liegt auch sein unüberwindlicher, unversöhnlicher Gegensatz zu Hegel. Die Tiefe dieses Gegensatzes entspricht der Tiefe des Gegensatzes zwischen Philosophie und Theologie. Es ist das Bewußtsein dieses Gegensatzes, das Hegel zu der Erklärung veranlaßt, daß die Kirchenväter und Scholastiker, daß die Theologie überhaupt, keinen Platz in der Geschichte der Philosophie hat.

Die Kirchenväter waren zwar große Philosophen und die Ausbildung des Christentums hat ihnen viel zu verdanken; aber ihr Philosophieren bewegt sich innerhalb eines schon festgesetzten, gegebenen Lehrbegriffs, welcher zu Grunde gelegt ist ... Der Inhalt der christlichen Religion kann nur auf spekulative Weise gefaßt werden. Wenn also die Kirchenväter innerhalb der christlichen Lehre, des christlichen Glaubens gedacht haben, so sind ihre Gedanken an sich schon spekulativ. Aber dieser Inhalt beruht nicht auf sich, ist nicht durch das Denken als solches gerechtfertigt, sondern die letzte Rechtfertigung dieses Inhaltes ist die für sich schon festgesetzte, vorausgesetzte Lehre der Kirche.[19]

Hegel geht in seiner Argumentation vom Standpunkt der Philosophie als emanzipiertes Denken aus. Kierkegaard geht vom orthodox theologischen Verständnis des Sündebegriffs aus.

Indem also die Sünde in die Welt gekommen ist, wurde dies für die gesamte Schöpfung bedeutungsvoll. Diese Wirkung der Sünde im nicht-menschlichen Dasein habe ich als objektive Angst bezeichnet. Was hier gemeint ist kann ich andeuten mit der Erinnerung an das Wort der Schrift vom 'ängstlichen Harren der Kreatur'(ἀποκαραδοκία τῆς κτίσεως, Röm. 8,19). Sofern nämlich von einem Harren und Erwarten die Rede sein solll, versteht es sich von selbst, daß die Schöpfung sich in einem Zustande der Unvollkommenheit befindet. Bei solchen Ausdrücken und Bestimmungen wie Sehnen, Harren, Erwarten, usf. übersieht man oft, daß sie einen vorhergehenden Zustand in sich schließen, und daß dieser daher gegenwärtig ist und sich geltend macht zu der gleichen Zeit, da das Sehnen sich entfaltet. In den Zustand, in welchem der Erwartende ist, ist er nicht vermöge eines Zufalls usf. geraten, so daß er sich in ihm ganz und gar fremd fände, sondern er erzeugt ihn gleichzeitig selbst. Ausdruck eines solchen Sehnens ist Angst; denn in der Angst bekundet sich der Zustand, aus dem er sich heraussehnt, und bekundet sich, insofern als das Sehnen nicht genug ist um ihn frei zu machen.[20]

Die Sünde wird zwar von jedem einzelnen Individuum für sich gesetzt und erzeugt subjektive Angst, jedoch ist sie auch ein ontologischer Zustand der ganzen Schöpfung, mit der objektiven Angst vermittelt. "Unter objektiver Angst hingegen verstehen wir den Widerschein jener Sündigkeit der Generation in der ganzen Welt."[21] Die Sünde ist die unabdingbare conditio des Menschen und der gesamten Schöpfung.

Auch für Hegel ist der Begriff der Sünde für die Bestimmung des Menschen konstitutiv, er ist ein notwendiges Moment des Menschenseins selbst. "Das Paradies ist ein Park, wo nur die Tiere und nicht die Menschen bleiben können."[22] Die Sünde ist der Standpunkt des sich selbst erkennenden Geistes. "Nur der Mensch ist Geist, das heißt, für sich selbst. Dieses Fürsichsein, dieses Bewußtsein ist aber zugleich die Trennung von dem allgemeinen göttlichen Geist. Halte ich mich in meiner abstrakten Freiheit gegen das Gute, so ist dies eben der Standpunkt des Bösen. Der Sündenfall ist daher der ewige Mythus des Menschen, wodurch er eben Mensch wird."[23] Im Unterschied zu Kierkegaard ist aber bei Hegel in der Bestimmung der Subjektivität der Sünde auch ihre Versöhnung im Prozeß der Selbsterkenntnis und des zu sich selbst Kommens des Geistes angedeutet. Indem das Bewußtsein der Sünde in seiner Subjektivität als Moment der inneren Geschichte des Selbstbewußtseins dargestellt wird, erhält die Sünde eine andere Deutung als sie bei Kierkegaard als Fundamentalkategorie besitzt.

Aus der Unruhe des unendlichen Schmerzes, in welcher die beiden Seiten des Gegensatzes sich aufeinander beziehen, geht die Einheit Gottes und der als negativ gesetzten Realität, d.i. der von ihm getrennten Subjektivität hervor. Der unendliche Verlust wird nur durch seine Unendlichkeit ausgeglichen und dadurch unendlicher Gewinn. Die Identität des Subjekts und Gottes kommt in die Welt, *als die Zeit erfüllt war*: Das Bewußtsein dieser Identität ist das Erkennen Gottes in seiner Wahrheit. Der Inhalt der Wahrheit ist der *Geist* selbst, die lebendige Bewegung in sich selbst.[24]

Diese Wahrheit der christlichen Religion als Offenbarungsreligion, in der die Versöhnung mit der Subjektivität des Bewußtseins der Sünde vollzogen wird, ist aber bei Hegel selbst ein Moment des Prozesses der Weltgeschichte. Indem bei Hegel der Unterschied zwischen Religion und Welt im Staat aufgehoben wird, indem die Spannung zwischen beiden eine Angelegenheit der Weltgeschichte ist, denn "Das Geschäft der Geschichte ist nur, daß die Religion als menschliche Vernunft erscheine, daß das religiöse Prinzip, das dem Herzen der Menschen innewohnt, auch als weltliche Freiheit hervorgebracht werde. So wird die Entzweiung zwischen dem Innern des Herzens und dem Dasein aufgehoben",[25] verliert für das Individuum das Bewußtsein der Sünde seine fundamental theologische Bedeutung als seine Begründung selbst im Rahmen einer Individualdialektik, wie dies bei Kierkegaard der Fall ist. Das Paradies hört auf ein Park für die Tiere zu sein, denn der Staat wird zum Paradies selbst. Das ist die äußerste Konsequenz der Hegel'schen Geschichtsphilosophie, gegen die sich Kierkegaard wendet. Schimmert in dem Staatsbegriff Hegels die Konzeption des Reichs der Freiheit als eines irdischen Reichs durch, wäre es hier eine falsche Hegelinterpretation, seinen Staatsbegriff als Verherrlichung des realen Staates des preußischen Absolutismus anzusehen, wie es immer wieder durch die Kritik geschieht. Die berühmte Wendung von der Vernünftigkeit des Wirklichen deutet nicht auf die einfache Identität zwischen beiden hin, sondern auf ihre innere Beziehung als dialektische, in sich widersprüchliche Identität. Sie will uns sagen, daß die Wirklichkeit der Vernunft unterstellt ist, weil die Vernunft Wirklichkeit wird. Unabhängig davon bleibt allerdings bei Hegel der Widerspruch zwischen der Affirmation des realen bürgerlichen Staates, den er aber als *Beginn* der Geschichte ansieht, und der Dynamik seines Geschichtsbegriffs aufrecht, es wäre aber falsch, ihm in seiner Staatskonzeption so etwas wie Ende der Geschichte zu unterstellen.[26]

Für Kierkegaard und seine Individualethik bleibt diese Konzeption eine Unmöglichkeit, gegen die sich gerade sein Denken richtet. Man kann sogar sagen, daß diese Vorstellung für ihn etwas Blasphemisches hätte. Auch hinsichtlich der Realität des Staates wäre ihm eine geschichtsphilosophische Konzeption, in deren Rahmen in der objektiven Wirklichkeit auch nur eine Spur von Vernunft in der Geschichte wäre, ein Greuel. Seine ganze Kritik der Wirklichkeit seines Zeitalters beruht auf einer fundamental theologischen Auseinandersetzung mit der Realität und der selbstzufriedenen Heuchelei des dänischen Protestantismus, sie ist die fundamental theologische protestantische Reaktion gegen die Entartung des realen Protestantismus. Weil für Kierkegaard die Sünde keine Angelegenheit der Geschichte ist, ist bei ihm die Hoffnung auf ihre Überwindung im Glauben eine außergeschichtliche. Der Mensch ist das Sich-selbst-Setzen in der Sünde und der Angst vor der Freiheit und die Überwindung der Angst im Glauben.[27] Die Realität des Individuums ist nicht Sache der Weltgeschichte. "Ein einzelnes Individuum zu sein ist weltgeschichtlich gar nichts, unendlich nichts - und doch ist es die einzig wahre und höchste Bedeutung eines Menschen und auf diese Weise höher als jede andere Bedeutung, die Blendwerk ist, wohl nicht an und für sich, sondern immer Blendwerk, wenn sie das Höchste sein soll."[28] Die Ironie gegen Hegel ist hier offenkundig.[29]

In dieser Distinktion von der Weltgeschichte drückt Kierkegaard auf seine Weise die fundamental theologische Position von der Einmaligkeit des Menschen in seiner Transzendentalität, die nicht geschichtlich deduzierbar ist, aus. Das zeigt sich am deutlichsten in der Frage der Herkunft des Menschen, die, wie wir gesehen haben, sowohl für Kierkegaard als auch für Hegel mit dem Begriff der Sünde vermittelt ist. Wenn aber Hegel die *Konsequenz* des Menschen geschichtlich deutet, so deutet er letztlich auch seine Herkunft als eine geschichtliche. Die Sünde als anthropologisches constituens ist letzten Endes selbst ein Moment von der Geschichte der Selbsterkenntnis. Ich meine, daß die Auseinandersetzung zwischen den Standpunkten von Hegel und Kierkegaard sehr aufschlußreich für uns sein kann im Zusammenhang mit der Entwicklung in der Tradition der Auseinandersetzung über den Geist in eschatologischer Hinsicht. Der Boden für diese Auseinandersetzung ist aber der Bereich der Anthropologie selbst und das Entscheidenste in der anthropologischen Bestimmung ist die Frage des Anfangs des Menschen. Die Frage kann somit für die Geschichtsphilosophie lauten: Wann ist der Mensch? Ich meine, daß der eigentliche Grund, warum die theologische Tradition den geschichtlichen Zugang zu dieser Frage, den Versuch sie zu lösen in der Weise der Geschichte, in der doppelten Bedeutung von Natur und Menschengeschichte und in der Spannung zwischen beiden ablehnt, nicht so sehr die Aufrechterhaltung des formalen erzählerischen Zusammenhangs im Schöpfungsbericht als Bestandteil der Dogmatik ist, sondern die Frage der Transzendentalität. Gerade die Philosophie Kierkegaards, die in diesem Sinn ein Paradebeispiel für einen in der Tradition stehenden fundamentaltheologischen Zugang zu der Frage der anthropologischen Bestimmung des Menschen darstellt, illustriert mit ihrer Auseinandersetzung mit Hegel den eigentlichen Charakter dieser Problematik.

In seiner Darstellung der Entstehung der Sünde schreibt Kierkegaard: "Die Sünde kommt also hinein als das Plötzliche, d.h. durch den Sprung; jedoch dieser Sprung setzt zugleich die Qualität; aber indem die Qualität gesetzt ist, ist im gleichen Augenblick der Sprung in die Qualität verkehrt und von der Qualität vorausgesetzt und die Qualität vom Sprunge. Dies ist dem Verstand ein Ärgernis, mithin ist es ein Mythus."[30] Kierkegaard steht hier eindeutig in der Tradition der Transzendentalität als Grundvoraussetzung der Theologie in der Tradition von Pseudodionysius Areopagita, Palamas und Symeon d. Neuen Theologen. Wie die Bestimmung des Geistes, der "Stimme, die stimmlos lautet", die unendliche Transzendentalität ist, die ewige Einheit des "Umschließenden, Umschlossenen" die, wie wir beim Damaszener gesehen haben, sprunghaft hervortritt, so ist die Sünde als Resultat und Voraussetzung, als Sprung, die anthropologische Konstante des Menschen, sofern der Mensch Geist ist. Es verdichten sich in dieser Darstellung alle Momente, die wir bis jetzt in der Darstellung der theologischen Spekulation von Geist gesehen haben. Auch das "Plötzliche" erinnert uns an den platonischen Funken. Kierkegaard wendet übrigens diese Kategorie in einem analogen Zusammenhang in der Bestimmung des "Augenblicks" an, und zitiert dabei Platon. "Ein Blick ist darum eine Bezeichnung der Zeit, jedoch wohl zu merken der Zeit in dem schicksalsschwangeren Zusammenstoß, indem sie berührt wird von der Ewigkeit. Was wir den Augenblick nennen, das nennt Plato das Plötzliche (τὸ ἐξαιφνὲς)"[31] und "Nichts ist so geschwinde wie des Auges Blick, und dennoch ist er empfähig (kommensurabel) für des Ewigen Gehalt."[32] (Die Übernahme der Kierkegaard'schen Kategorie des Blicks von der späteren Existenzphilosophie, so etwa bei Sartre in "Sein und Nichts" als "Blick des Anderen", kann uns hier nur mittelbar interessieren, soweit der "Blick des Anderen" auch nur indirekt mit dem fundamental theologischen Kontext Kierkegaards im "Begriff der Angst" zusammenhängt.

Ist bei Kierkegaard der Blick das Medium der Berührung von Endlichkeit mit Ewigkeit im Zusammenhang der Augenblick Konzeption im Rahmen seiner Zeittheorie, so ist er bei Sartre das Medium der Berührung des Menschen von der kategorialen Fremdheit des anderen.) Indem sich der Mensch selbst in der Transzendentalität der Sünde als Geist setzt, ist er selbst ein transzendentales Paradoxon, oder der Mensch ist dadurch

Mensch, daß er sich zum Menschen macht, indem er dadurch sich selbst im voraus macht und sich gleichzeitig zu dem macht, was er im voraus ist. Der Mensch ist in sich gleichzeitig die rückwärtige Bewegung nach vorne. Das ist das, was nach Kierkegaard der Verstand nicht versteht und deswegen im Schöpfungsmythos die Geschichte der Sünde linear entwickelt als etwas, das einmal eingetreten ist. Dieser Standpunkt ist der Standpunkt der Theologie. Am Beispiel Kiergegaards können wir im Rahmen einer neuzeitlichen Religionsspekulation den Standpunkt der klassischen Theologie explizieren. Der Widerspruch des Menschen, sein transzendentaler Anfang ist somit nicht geschichtlich auflösbar, die Reflexion kann bis zur leeren Bestimmung des Anfangs zurückgehen und sich eben diesen Anfang als konkretes Moment vorstellen, sie bleibt dabei an etwas Inhaltsleerem stecken; denn der Anfang ist die Durchbrechung der Linearität, der Sprung, der sich selbst rückwärts nach vorne setzt.

Materialistisch gesehen, kann ich mir den Menschen als Produkt der Naturgeschichte und als höchste Organisationsform der Materie denken (für diese Art des Denkens liefert uns Lenin in "Materialismus und Empiriokritizismus" eine klassische Darstellung, die unabhängig von der damit zusammenhängenden polemischen Auseinandersetzung mit der sog. Widerspiegelungstheorie, allein schon aus dem Grund in der erkenntnistheoretischen Diskussion unübersehbar bleibt), ich kann ihn mir auch als Produkt seiner Praxis, seiner Auseinandersetzung mit der Natur, seiner Genesis als "Menschenwerdung des Affen"[33] denken und beide Konzeptionen als miteinander vermittelt auffassen, das ändert nichts an der Notwendigkeit und Paradoxie des Sprungs, der einmal da ist, sich als neue Qualität einstellt. (Die naturgeschichtliche Vorstellung von der Entwicklung des Menschen im Sinne einer Kontinuität, in der trotz der Durchbrechung des linear evolutionären Schemas durch Sprünge, Mutationen etc. es prinzipiell möglich ist, daß es geschichtlich mehr oder weniger Mensch gab, ist für das philosophische Bewußtsein geradezu absurd und unerträglich. Dabei geht es nicht um die Leugnung des Grundgedankens, daß der Mensch als Naturwesen wie alle Lebewesen in seiner biologischen Entwicklungsgeschichte den Gesetzen der Evolution unterworfen ist, sondern um die Hervorhebung dessen, was das konstituierende Moment in der Bestimmung des Menschen als Bruchs innerhalb der Natur ist. Der Geist und das

Bewußtsein des Geistes, das Bewußtsein der Differenz kann in seiner Genesis nicht graduell-linear als konkretes Moment zeitlicher Entwicklung fixiert werden, genauso wie man nicht zeitlich bestimmen kann, ab welchem Moment der Entwicklung der Fötus im Mutterleib ein Mensch ist. Versucht man dieser Frage nachzugehen, so ergeben sich nach den Gesichtspunkten, unter denen man an sie herankommt, die widersprüchlichsten Bestimmungen. Wenn man den Menschen unter dem Gesichtspunkt bloßer Potentialität zu erkennen glaubt, so ist der Fötus vom ersten Moment der Empfängnis ein Mensch. Wenn man unter Menschsein bereits entwickeltes Ich, Bewußtsein der Abgrenzung von den anderen Individuen in der Natur versteht, so ist nicht einmal ein Neugeborenes ein Mensch. Überhaupt, wenn man die Frage auf diese Weise stellt, ist sie scholastisch. Sie ist Resultat einer reinen Verstandesabstraktion, die den Sprung als Widerspruch nicht begreift. Sie ist für die Philosophie in dem Ausmaß unerträglich, in dem für die Theologie es unerträglich ist, Zeitverhältnisse in die Beziehungen der Hypostasen in der Trinität einzuführen, so daß es möglich wäre zu sagen, daß es einen Zeitpunkt gab, in dem es den Vater gab, aber *noch* nicht den Sohn etc. In beiden Fällen handelt es sich vom Prinzip des Denkens her um den gleichen Argumentationszusammenhang.)

Auch wenn ich die Entstehungsgeschichte des Menschen als Teil der Naturgeschichte interpretiere, ändert das nichts am Widerspruch, an der Paradoxie seiner Existenz als Naturwesen in der Welt, er ist, wie schon erwähnt, auch als Naturwesen das Andere der Natur. In diesem Sinn ist die Traditon der Theologie von der Tradition der Philosophie Hegels nicht prinzipiell verschieden. Beide treffen sich im Bereich einer dialektischen Anthropologie, die von der Grundbestimmung des Menschen als Widerspruch ausgeht. Die Übereinstimmung in dieser anthropologischen Grundbestimmung impliziert jedoch nicht die grundlegende Differenz in der Bestimmung dessen, was in der Theologie Schöpfung heißt und in der philosophischen Tradition Gegenstand der Naturphilosophie ist. Im Lichte dieser Differenz zeigt sich aber der essentielle Unterschied hinsichtlich des Prinzips des Denkens und der ganzen Systematik. Auch bei Kierkegaard sorgt der Hinweis auf die Sünde in der Schöpfung für Probleme, die den spezifisch theologischen Aspekt seines Denkens ausweisen. Indem er, wie wir gesehen haben, die Sünde auf die ganze Schöpfung überträgt, sie zu einem ontologischen Grundzustand auch der außerhalb des Menschen seienden Natur erklärt, verläßt er den Boden der Philosophie (man könnte sonst seine Existenzdialektik als ein subjektiv idealistisches System von Philosophie ansehen) und begibt sich auf den Boden und die Tradition der reinen Theologie.

Schöpfung im Sinn Kierkegaards ist in Hinsicht auf das Zeitalter und die klare terminologische Deutung, die dieser Begriff in der christlichen Tradition, in der Kierkegaard steht, hat, ein unphilosophischer, ein theologischer Begriff. (Hier ist dieser Begriff eindeutig abgrenzend von der Philosophie des Zeitalters, mit der sich Kierkegaard auseinandersetzt, vornehmlich mit der Hegel'schen.) Weil Kierkegaard im Rahmen der theologischen Tradition den Geist *außerhalb* der Natur setzt, ihn in einen ontologischen Abstand von der Natur als von der Natur unendlich getrennt setzt, sehnt sich nach ihm die ganze Schöpfung. Im Unterschied zum philosophischen Idealismus Hegels ist der Geist bei Kierkegaard nicht in Natur und durch Natur vermittelt. Er ist nicht das dialektisch Andere der Natur, sondern das von ihr in ontologischer Hinsicht getrennte, das Unüberbrückbare im Gegensatz zu ihr Befindliche. Somit ist auch die objektive Wirklichkeit außerhalb des Subjekts nicht ein Gegenstand objektiver Erkenntnis für den Geist als Vermittlung zwischen Menschen und Natur, der in ihr nach Hegel in der Vermittlung mit dem menschlichen Geist sich selbst erkennt.

Die Trennung der Schöpfung vom Geist ist nicht das Bewußtsein der Trennung von der "absoluten Idee", womit wir nach Hegel den Mythos von der Erbsünde hätten, sondern das Bewußtsein der Trennung vom außerhalb der Schöpfung seienden Geist, nicht in ihr als Natur vermittelt. Das ist insofern kein subjektiver Idealismus, als dieses in der Trennung definierte Subjekt auch keine Natur setzt, sie als sein Produkt bestimmt, seine Wahrnehmung zum Grund für das Wahrgenommene selbst erklärt, also nicht nur zum Kriterium, sondern zum Grund der Erkenntniswahrheit selbst erklärt etc. Mit anderen Worten: Kierkegaard entwickelt kein auf der Basis des subjektiven Idealismus mögliches System von Erkenntnistheorie. "Das ängstliche Harren der Kreatur" ist die unendliche Sehnsucht und der Schmerz der endlichen Schöpfung nach dem, was außerhalb ihrer befindlich ist (es ist hier auch nicht das neoplatonische Moment der Erotisierung des Kosmos als Vermittlung, wie wir es bei Pseudodionysius gesehen haben); wie der Mensch, zittert bei Kierkegaard die ganze Schöpfung in Angst, in der Furcht vor der unendlichen Differenz.[34] Dieses Moment der Furcht ist in der Theologie der Kirchenväter sehr stark verankert, auch während der sog. Epiklese in der eucharistischen Liturgie. In diesem Sachverhalt der Angst der ganzen Schöpfung vor Gott, der in der christlichen Tradition und mit ihr bei Kierkegaard waltet, ist aber auch ein anderes Moment enthalten, das in der Philosophie der Neuzeit im Zuge der Säkularisierung der Welt und der Emanzipation des Gedankens von der Theologie verlorenging. Das ist das tief empfundene Mitleid für die Kreatur und die Natur als Schöpfung, das Bewußtsein, daß sie in ihrer Unmittelbarkeit gut und unschuldig ist, und daß sie, die des Geistes entbehrt, die arm und harmlos ist, die einfach da ist, unseres Mitgefühls würdig ist. Die großen asketischen Väter, wie Isaak d. Syrer, beziehen deswegen in ihre Gebete die arme Kreatur ein, sie seufzen und beten für sie, wie für die gesamte Menschheit. Das Tier ist dem Menschen untertan, in der ontologischen Ordnung der Welt kann es der Mensch als Mittel zu seinem Zwecke gebrauchen, indem er aber das tut als Meister der Schöpfung, ist er für sie verantwortlich. So verdient auch das Tier unser Mitgefühl und unsere Sympathie als Geschöpf Gottes.

Diese christliche Lehre von dem Stellenwert der Natur ist in der Neuzeit durch die Idee der Selbstproduktion des Menschen als in der Natur vermittelten Aufhebung von Natur, durch den Begriff der Arbeit als Totalität der gesellschaftlichen Synthesis und durch die Realität der Arbeit selbst, in der Internationalisierung der Arbeitsteilung unter den Bedingungen des Kapitals, geschichtlich überholt worden; sie hat keinen Stellenwert, weil sie keinen Stellenwert haben kann. Wenn man sich die moderne ökologische Diskussion unter diesem Gesichtspunkt anschaut, kann man, glaube ich, so etwas wie eine vage und theoretisch nicht systematisierte Umkehr zu diesem christlichen Grundgedanken, vermischt mit sozialistischen Gedankengütern (d.h. ohne eine grundsätzliche Auseinandersetzung über den Begriff der Arbeit im Sozialismus), erkennen. Indem aber Kierkegaard darauf hinweist, daß in der Sehnsucht der Schöpfung, "ein vorhergehender Zustand" eingeschlossen ist, so steht er auch in dieser Bestimmung auf dem Boden der Tradition des "Archetyps", der "ursprünglichen

Schönheit der Natur" usw. Indem der Mensch in der Angst sich selbst setzt und begründet, weiß er, daß er der Archetyp war, den er gleichzeitig in der Bewegung rückwärts nach vorne setzt. Das ist nicht ganz das gleiche, wie das, was Hegel in der Darstellung des Mythos von der Erbsünde schildert. Indem bei Kierkegaard der Mensch in der rückwärtigen Bewegung nach vorne den Archetyp setzt, so setzt er ihn als etwas Reales, er ist die Sehnsucht nach etwas, das war, nicht nach etwas, das nie sein konnte. Dieses war ist bei Kierkegaard in der Setzung des Menschen in der Angst, in der Selbstbegründung des Menschen enthalten. Bei Hegel ist es die im Prozeß der Selbsterkenntnis des Geistes notwendige Sehnsucht nach etwas, das nie war, weil sonst kein Mensch wäre. Für Hegel ist es im Rahmen der Geschichte des Subjekts unmöglich. Für Kierkegaard wird es als konstitutives Moment des Subjekts, möglich zu sein, möglich. Hegel denkt geschichtlich, Kierkegaard anthropologisch. Deswegen ist für Kierkegaard die ursprüngliche Unschuld des Menschen ein realer Zustand und nicht wie die Hegel'sche Kategorie der Unmittelbarkeit ein logisches Moment, das "im gleichen Augenblick", in dem "die Mittelbarkeit zum Vorschein kommt", von ihr aufgehoben wird.[35] Die Unschuld ist daher nach Kierkegaard nicht wie die Unmittelbarkeit bei Hegel reines Sein, Nichts.[36] Sie ist eine ethische und nicht eine logische Kategorie.[37] "Die Unschuld ist etwas, das durch eine Transzendenz aufgehoben wird, eben weil die Unschuld *Etwas* ist..."[38] Wie bei Hegel ist sie bei Kierkegaard auch Unwissenheit. Aber "sie ist keineswegs das reine Sein des Unmittelbaren, sondern sie *ist* Unwissenheit. Daß man, wenn man die Unwissenheit von außen her betrachtet, sie sieht als auf das Wissen zu bestimmt, ist etwas, das die Unwissenheit ganz und gar nichts angeht."[39]

Die Unwissenheit ist also bei Kierkegaard ein ontologischer Urzustand, eine ursprüngliche Realität, der die Sehnsucht des Menschen als Rückkehr zu ihr gilt. Sie ist nicht eine in der Geschichte des Geistes aufgehobene Größe, bevor sie in Erscheinung getreten ist, bevor sie wirklich existierte. Die methodischen Voraussetzungen dieser Bestimmung der Unschuld als realen ontologischen Zustandes sind allerdings logisch nicht haltbar. Vom Aspekt der Methode her hat Hegel recht, wenn er die reale Existenz der Unmittelbakeit als unmöglich, als reines Nichts definiert. Deswegen ist hier Kierkegaard genötigt, die Differenz zwischen Logik und Ethik als methodische Grundvoraussetzung in die Reflexion einzuführen. Diese Differenz ist aber nicht durch eine erkenntnistheoretische Notwendigkeit des Denkens selbst begründet, sondern durch das Bedürfnis der methodisch begründeten Konsequenzen dieser Notwendigkeit zu entkommen. Der Begriff *Transzendenz*, durch den die Unschuld aufgehoben wird, entspricht nicht der dialektischen Erkenntnistheorie, sondern der theologischen Dogmatik, d.h. hier der Grundkonzeption der theologischen Anthropologie von Kierkegaard. Diese Transzendenz ist voraussetzungslose dogmatische Annahme, sie ist nur axiomatisch begründet. Hier zeigen sich die Schranken der Methode, auf die das theologische Denken als auf seine immanenten von ihm selbst auferlegten Schranken stößt, eindeutig, zeigt sich die Trennungslinie zwischen philosophischem und theologischem Denken. Im Kapitel über die Unschuld erörtert Kierkegaard konsequent den Unterschied zwischen "reinem Sein" und realer Unschuld durch den Hinweis auf diese Aufhebung der Unschuld "durch eine Transzendenz", kann aber das Wesen dieser Transzendenzen nicht konkret logisch bestimmen. Daher ist für Kierkegaard die eschatologische Erwartung des Christentums eine Dimension jenseits der Geschichte.

Indem der Mensch durch sein Sich-selbst-Setzen auch das setzt, was er ursprünglich war, ist die eschatologische Dimension ein Bestandteil der menschlichen Natur, eine anthropologische Konstante, die von dem Prozeß der Geschichte völlig unabhängig ist. Das Wesen des Menschen ist nicht seine wie immer erfaßbare und darstellbare Geschichte, sondern die in der Ontologie des Menschen selbst angelegte Eschatologie. Das Wesen des Menschen in seiner die ganze Existenz erfassenden Angst ist das Bewußtsein seines ihm als Vergangenheit und als anthropologische Voraussetzung angelegten Telos. Der Realisierung dieses Telos, der Verwirklichung der in ihm angelegten Eschatologie, d.h. Sehnsucht und Streben danach, daß der Mensch Mensch wird, gilt die ganze Leidenschaft und die fundamentale Angst der menschlichen Existenz. Nur wenn der Mensch Mensch wird, wird Gott in der Welt sein. In letzter Konsequenz ist der Inhalt der Anthropologie Kierkegaards identisch mit der evangelischen Tradition einer radikalen Ethik. Wenn der Mensch wie Gott wird, ist Gott auf Erden. Der Mensch ist das Primäre in der Bestimmung des Menschen, unabhängig von der Geschichte und den realen Bedingungen seiner Existenz in der Welt. Kierkegaards Konzept ist das Konzept einer Theologie, die in der Hervorhebung der Dialektik der Subjektivität einerseits im Rahmen der evangelischen Tradition angesiedelt ist und andererseits durch die Ausschaltung der Geschichtsreflexion, d.h. durch die Setzung des Menschen außerhalb der Geschichte auch die theologische Tradition von Geschichte ausschaltet. Kierkegaard steht außerhalb der theologischen Geschichtsspekulation, außerhalb der Tradition von Augustinus und Tertullian. (Das ist die Radikalität seines Protestantismus, daß im Rahmen seiner theologischen Subjektivitätsdialektik die Konstruktion des ganzen Kosmos auf eine personale Beziehung zwischen Mensch und Gott reduziert wird.)

Mensch und Kosmos, die ganze Schöpfung bestehen nach Kierkegaard in der Sehnsucht nach Gott, in der Realisierung dessen, was in ihnen angelegt ist, die Tatsache ihres Seins begründet. Weil Kosmos und Mensch nur durch Gott sein können, ist ihr ganzes Dasein das unendliche Streben und die Sehnsucht nach ihm und in diesem Streben ist Geschichte nicht enthalten. Es gibt keinen wie immer gearteten Weg der Approximation Gottes innerhalb des kategorialen Rahmens der Geschichte nach der Offenbarung, sie ist der Beginn der Geschichte, sofern sie die Voraussetzung für ihr Ende ist. Nach der Offenbarung, wenn ich mich im Bewußtsein der Angst setze, kann ich nur das Ende im Glauben erhoffen, alle anderen Bestimmungen des Lebens werden als Bestimmungen der Endlichkeit irrelevant. Die Schöpfung ist durch Gott, er ist aber die Entfernung von ihr, der unendliche Abstand, die unendliche Differenz, er ist für sie in der negativen Bestimmung ihres Mangels faßbar, im Bewußtsein ihrer Unvollkommenheit. Die Anthropologie Kierkegaards stellt also ein Konzept dar, das in seinen Grundzügen der traditionellen christlichen Anthropologie und der Ausschaltung der in den drei verschiedenen theologischen Traditionen (wir haben als Grundmuster für diese Traditionen die Position von Augustinus, Tertullian und die der byzantinischen Theologie erörtert) verankerten Geschichtsspekulation entspricht. Bei Kierkegaard ist also weder Geschichtsphilosophie noch jene Seite des Geistes, die wir in der Ikonentheologie gesehen haben. Im Rahmen seines Subjektivitätsbegriffs ist weder die Möglichkeit, daß der Geist in Geschichte übergeht und somit *erscheint*, noch daß er in der Ikone erscheint, die ein Moment der Vermittlung der Sinnlichkeit das Sichtbarwerden des Geistes ist. Bei Kierkegaard ist somit die Bestimmung des Geistes die Seite der hoffnungslosen Hoffnung und des Schreckens, die wir, im Realismus der Formulierung von Paulus enthalten, gefunden haben. Es ist dies das Schicksal des Geistes, in der bürgerlichen Welt in sich einzugehen und zu verzweifeln oder als Geschichte sichtbar zu werden. Das erste ist die Subjektivitätsdialektik Kierkegaards, das zweite die Geschichtsphilosophie Hegels. Der erste Fall ist der Fall der protestantischen Auflehnung gegen den seicht gewordenen Rationalismus des "schlußfolgernden Denkens" der westlichen Theologie. Weil aus diesem Rationalismus die langweilige Dogmatik des "gleitenden zeitlichen Zusammenhangs" geworden ist und die Theologie zum Legitimationszusammenhang für die institutionalisierte Macht der Kirche (das revolutionäre Moment der augustinischen Geschichtsphilosophie war nur zum bloßen *Lehrgut* erstarrt), hat der Protestantismus und mit ihm Kierkegaard als radikalisierter Protestantismus im Prostestantismus das bürgerliche Subjekt in der Theologie in der absoluten Einsamkeit der Dialektik der sich selbst produzierenden Subjektivität zu begründen versucht. Kierkegaards Religionsphilosophie ist die letzte Antwort des protestantischen Geistes, der letzte große theologische Versuch, das Christentum in der säkularisierten bürgerlichen Welt, in der Radikalität des Anspruchs, den er an die Menschen stellt, zu retten.

Das Wirken Kierkegaards fällt mit der Zeit der Konsolidierung des bürgerlichen Subjekts in der Welt in der ersten Hälfte des 19. Jhdt. zusammen. In dieser Zeit zwischen Französischer Revolution und dem Revolutionsjahr 1848 ist das bürgerliche Subjekt in Freiheit entlassen worden, in die Welt hinausgegangen und hat den Anspruch gestellt, der Geist der Welt zu sein. In seiner unumschränkten Freiheit ist dieses bürgerliche Subjekt die unentwegte Reflexion auf sich, die Durchbrechung der jenseitigen Macht der Religion über die diesseitige, reale Welt des Menschen. Indem sich dieses bürgerliche Subjekt von der Macht der Religion emanzipierte, sich auf sich bezog und daran ging, sich die Welt untertan zu machen, entzog es sich im Säkularisierungsprozeß der Religion von dem schon hölzern gewesenen, unterhöhlten Zusammenhang des im theologischen Sinn erscheinenden Geistes und verlegte den Geist in sich selbst hinein, weil in der Kirche kein Geist sein konnte. Der Protestantismus vollzog bekanntlich diesen Prozeß der Verinnerlichung des unhaltbar gewordenen äußeren Geistes als die letztmögliche bürgerliche Form der Religion in einer Welt, in der der institutionelle Schein des Geistes unmöglich geworden war. Indem er aber diesen Prozeß der Verinnerlichung vollzog und den Geist in die Subjektivität des Glaubens und Herzens als seinen einzigen Ort hinein bezog, so machte er ihn damit gleichzeitig reichhältiger und ärmer. Reichhältiger ist der Geist hiemit dadurch geworden, daß er konkrete menschliche Fülle annahm, daß er in jedem Menschen konkret geworden ist, Fleisch und Blut annahm, weil er der Geist in jedem einzelnen Menschen wurde. Ärmer aber ist der Geist hiemit dadurch geworden, daß er, indem er für jeden einzelnen allein geworden ist, aufgehört hat, ein objektiver, erscheinender Zusammenhang in der Welt zu sein, kollektiv sichtbar zu sein über das Individuum hinaus. Seine Kollektivität im Begriff der Gemeinde bestand nunmehr in der Vorstellung des Einzelnen, in der Imagination der Kommunion, deswegen auch außerhalb der Geschichte, weil nicht mehr in der Idee des Staates, wie sie nach außen tritt, enthalten. (Die Trennung von Kirche und Staat ist hier eine entscheidende Wende. In der Dialektik der Emanzipation von der Macht der Institution ist das immer in allen Bereichen des Lebens der Fall. Wenn ich mich z.B. von den Schranken der Familie, von den Familienbanden emanzipiere, so werde ich autonomer, freier. Wenn ich aber außerhalb von jedem menschlichen Verband lebe, keine *Angehörigen* habe - wobei die juristische Form dieses Verbandes uninteressant ist - so bin ich in dieser meiner Freiheit in einem Zustand fundamentaler Entfremdung, schlimmer als Robinson in seiner einsamen Insel jemals gewesen ist.)

In seinem prizipiellen Rekurs auf die Subjektivität im Zeitalter der Herstellung des bürgerlichen Subjekts war es somit dem Protestantismus von seiner inneren Logik her gar nicht möglich, in dem Subjekt seienden Geist die Dimension der Geschichtseschatologie erscheinen zu lassen. (Deswegen geht Augustinus im Kierkegaard unter, in dem sich selbst setzenden Individuum, in der Angst vor Freiheit und Sünde tritt die Hoffnung der Gemeinsamkeit der civitas dei gar nicht in Erscheinung. Der soteriologische Aspekt des Christentums wird im Glauben im Sinne einer *Privatsache* personalisiert.) Das war aber geschichtlich deswegen möglich, weil die durch den Protestantismus eingeleitete Subjektivitätswende als Auflehnung gegen die Fadaise der katholischen Religionsdogmatik des "schlußfolgernden Denkens" aufgetreten ist, ohne jemals durch den historischen Raum und die Wirklichkeit der Ikonentheologie durchgegangen zu sein, und auch ohne gegen das Prinzip des Rationalismus schlechthin zu sein. Der Unterschied zwischen der Subjektivitätswende des Protestantismus und der othodoxen Theologie, die beide gegen den Rationalismus des "schlußfolgernden Denkens" auftreten, besteht darin, daß im Protestantismus, dem die Tradition der Ikonentheologie fremd ist, der Aspekt der durch die Ikone in der Welt erscheinenden Hoffnung nicht enthalten sein kann. Zwar ist in der radikalen "sola fides" Subjektivität die Hoffnung in der Weise des Heroischen enthalten, im heldenhaften Beharren des Menschen auf dem Standpunkt des Glaubens und des erhofften Heils. Jedoch erscheint diese Hoffnung nur im sich zurückgezogenen Glauben, im äußersten und stillen Refugium des Herzens. Zwar ist im Protestantismus der Begriff der Gemeinde von elementarer Bedeutung für den Christen, Luther erklärt dezidiert, "daß ein Christenmensch nicht in sich lebt, sondern in Christus und in seinem Nächsten",[40] er ist in der absoluten Freiheit des Glaubens als Herr und Knecht aller Dinge[41] so, daß er gegenüber dem Nächsten in einem Verhältnis dienender Liebe steht, "ich will gegenüber meinem Nächsten auch ein <Christ> werden, wie Christus es mir geworden ist...",[42] jedoch ist und bleibt im Protestantismus das Moment der Hoffnung in einer radikalen Beziehung zwischen Menschen und Gott, die im Glauben das Subjekt selbst begründet.

Wer nun nicht mit diesen Blinden in der Irre gehen will, muß auf mehr sehen als auf die Werke, die Gebote oder Lehre von den Werken. Er muß vor allen Dingen auf die Person sehen, wie diese rechtsschaffen werde. Diese wird aber nicht durch Gebote und Werke, sondern durch Gottes Wort (d.h. durch seine Verheißung der Gnade) und durch den Glauben rechtsschaffen und selig.[43]

Damit ist aber das Moment der Hoffnung innerlich mit dem Moment der Verzweiflung verbunden, die Dialektik der sich selbst im Glauben begründenden Subjektivität ist eine Dialektik, die Hoffnung und Verzweiflung als innigste Aufeinanderbezogenheit miteinander vermittelt.

Im Lichte dieser Tradition gesehen steht die Religionsphilosophie von Kierkegaard eindeutig auf dem Boden des Protestantismus, sie verschärft ihn nur und radikalisiert sein Konzept vom Subjekt, ohne in irgendeiner

Weise seinen Rahmen zu sprengen. Kierkegaard bleibt vornehmlich auch darin in guter protestantischer Tradition, daß er die strukturellen Voraussetzungen für seinen Begriff von der Verzweiflung als constituens für den Menschen durchaus im Luther'schen Konzept von der herorischen Freiheit des Subjekts im Glauben und der daraus resultierenden Hoffnung vorgefunden findet. In der Dialektik von Hoffnung und Verzweiflung als Basis für die Selbstbegründung des Subjekts tritt aber bei Kierkegaard und im Protestantismus überhaupt die conditio humana der bürgerlichen Welt in Erscheinung. Dort, wo das bürgerliche Subjekt sich auf sich bezieht, sich in sich hinein einzieht, in der Innerlichkeit, im atomistischen Prinzip als Topos des bürgerlichen Bewußtseins, in dem es für sich in der Geschichte sein kann, ist als Bedingung seiner Freiheit in der Welt Angst und Verzweiflung. Das ist die andere Seite des egoistischen Prinzips und seiner Entlassung in die Geschichte als Bedingung der Freiheit, als constituens der bürgerlichen Gesellschaft. In der Dialektik von Verzweiflung und Hoffnung als Begründungszusammenhang bürgerlicher Subjektivität im Protestantismus reflektiert sich der im egoistischen Prinzip der bürgerlichen Gesellschaft enthaltene, dieses Prinzip konstituierende Widerspruch zwischen realer Wirklichkeit und abstrakter Möglichkeit der Verheißung von Glück.

Weil in der bürgerlichen Gesellschaft die Verheißung von Glück nur in der Erfüllung des egoistischen Interesses des Subjekts sein kann, weil es ihre nackte, wirkliche Existenz ist, weil in ihr das Interesse des Subjekts sein egoistisches Privatinteresse ist, ist in ihr der religiöse Glaube oder ihr spirituelles Interesse in der Gestalt des Sich-Zurückziehens des Subjekts in sich, in der Spannung zwischen der Möglichkeit seiner Freiheit und der Bodenlosigkeit der unendlichen Angst vor Zerstörung und Untergang. In der bürgerlichen Gesellschaft steht das Subjekt in der Wirklichkeit gewordenen Freiheit gleichzeitig vor dem Abgrund der Vernichtung und der Möglichkeit des Glücks. Auf seine verschlüsselte, spiritualistische Weise in seiner Philosophie, die die Apothese dieses Begriffs bürgerlicher Freiheit ist, gibt Hegel in seiner Rechtsphilosophie diesen Sachverhalt mit unverhohlenem Realismus wieder. "Im *System der Bedürfnisse* ist die Subsistenz und das Wohl jedes Einzelnen als eine *Möglichkeit*, deren Wirklichkeit durch seine Willkür und natürliche Besonderheit, ebenso als durch das objektive System der Bedürfnisse bedingt ist"[44] und im § 237 heißt es weiter:

> Wenn nun die Möglichkeit der Theilnahme an dem allgemeinen Vermögen für die Individuen vorhanden und durch die öffentliche Macht gesichert ist, so bleibt sie, ohnehin daß diese Sicherung unvollständig bleiben muß, noch von der subjektiven Seite den Zufälligkeiten unterworfen und um so mehr, je mehr sie Bedingungen der Geschicklichkeit, Gesundheit, Kapital u.s.w. voraussetzt.[45]

Es gibt in der bürgerlichen Gesellschaft "von der subjektiven Seite" keine größere Angst als die Angst vor den "Zufälligkeiten", denen sie "unterworfen" ist im Bewußtsein, daß "diese Sicherung ohnehin unvollständig bleiben muß". Die Angst vor dem Verlust der ökonomischen Existenz ist der eigentliche Klebstoff, der Kitt, der den Zusammenhalt der Individuen gewährleistet, der auch vor dem Klassengegensatz nicht Halt macht, der gleichsam Proletarier und Kapitalisten in einer unzertrennlichen widersprüchlichen Einheit umfaßt. In der Ikone erscheint aber der Geist außerhalb des Subjekts, d.h. für das Subjekt als zweite Offenbarung, die Hoffnung verheißt. Es ist kein Zufall, daß Johannes von Damaskus im Vorwort zu seiner zweiten Ikonenrede diese als Opfergabe an Gott versteht, als Zeugnis der Dankbarkeit für das Geschenk der Hoffnung.[46] Die Rede für die Ikonen ist gleichzeitig als Stellungnahme für das Prinzip der Hoffnung, Hoffnung selbst, wie die Ikone Hoffnung ist.

In der orthodoxen Theologie vollzieht sich der Prozeß der Verinnerlichung des Geistes und die Herstellung des Subjekts nicht durch die heroische Selbstbegründung auf der Basis der Dialektik von Hoffnung und Verzweiflung, sondern im Bewußtsein, daß der Geist im Kosmos erschienen ist und erscheint; der Mensch begründet sich nicht selbst im Geist in einer Welt, in der der Geist nur in ihm ist, in der in der Selbstbegründung des Menschen auch die Begründung des Geistes ist und außerhalb dieser Begründung, außerhalb des Menschen kein Geist ist, in der also der Mensch sich in der radikalen Einsamkeit des Glaubens als Geist bestimmt, sondern indem er in der Reflexion auf sich in der Welt, die vom Lichte des Geistes erfüllt ist, als Sehender begreift. Im Rahmen dieser Theologie harrt die ganze Kreatur, Natur und Kosmos, nicht nur angstvoll dem Geist entgegen, sondern deutet ihn auch an, der ganze Kosmos ist, sofern er auch entfernt (im Sinne der neoplatonischen Lichtmetaphysik) vom Geist berührt ist, ein Vorbote des Geistes, der in ihm erscheint.

In byzantinischen Ikonen sieht man oft neben den dargestellten Personen der Heiligen ganz am Rande kleine, dem oberflächlichen Beobachter als bedeutungslose, "dekorative" Details anmutende Überreste aus reiner Natur. Diese reinen Naturbestimmungen, sei es eine bescheidene niedrige Pflanze, ein unauffälliges Gewächs in einer wüsten Gegend, in der der dargestellte Heilige gelebt hat oder ein Stein, der einfach im leeren Gelände, in dem der Heilige steht, herumliegt u.ä., sind indes keine zufälligen, bedeutungslosen Naturbestimmungen, die der Maler *hinzugemalt* hat, damit das Gemälde aus rein ästhetischen Gründen zusätzlich damit ausgefüllt wird, damit also die Komposition als Ganzes abgerundet und abgeschlossen werden kann. Diese kleinen "Zugaben" des Malers aus dem Bereich der Natur in der Darstellung einer Welt, die über der Natur steht, sind keine äußerliche kompositorische Zufälligkeit, keine bloße Beigabe, sondern stehen in einem inneren Zusammenhang mit dem Geist des ganzen Werks. Sie verleihen ihm in der totalen Einfachheit in der Darstellung der Situation, in der asketischen Armut des dargestellten natürlichen Umfeldes und der technischen Mittel, die zur Anwendung kommen, eine eigenartige Atmosphäre von Würde und geistvoller Pietät. Die bescheidene Pflanze, der Stein, manchmal ein harmloser kleiner Vogel, der auf einer Erhöhung des Bodens sitzt, sie sind alle als einfache Naturbestimmungen, als unschuldige, harmlose Kreatur im Gesamtkonzept des Werks nicht außerhalb des in der Welt durch den dargestellten Heiligen erscheinenden Geistes, sondern von ihm erfaßt, sie sind auch in ihm, indem sie auf ihre bescheidene, demütige Weise, seine Herrlichkeit andeuten.

Dieses In-der-Welt-Sein des Menschen als Voraussetzung der Selbstbestimmung im Geiste in der Universalität seiner Erscheinung hat andere strukturelle Voraussetzungen als Basis für seine geschichtliche Genesis, als die Dialektik der Selbstbegründung des Subjekts im Protestantismus. (Die byzantinische Ikone ist noch in einer vorkapitalistischen Welt angesiedelt, von der der institutionelle Schatten des Katholizismus als weltliches Herrschaftsinstrument fern liegt, die protestantische Dialektik der Selbstbegründung des Subjekts ist die Wegbereiterin der Strukturen, die im Kapitalismus die Kategorie der Entfremdung als geschichtsmächtige, alles umfassende Wirklichkeit herstellen. Die Einsamkeit der Freiheit als Bedingung der Möglichkeit des Subjekts ist die geschichtliche Voraussetzung und strukturelle Vorwegnahme der Entfremdung des bürgerlichen Subjekts, die in der Bestimmung seiner totalen Freiheit sich schon im voraus reflektiert.) In der Dialektik der Selbstbestimmung des Subjekts im Protestantismus und in der radikalen Fassung dieser Dialektik bei Kierkegaard ist die Spannung zwischen Selbstbestimmung im Geist und im Glauben und Möglichkeit der Abwesenheit Gottes entscheidend. Die Hoffnung des Subjekts ist eine Hoffnung in der Verzweiflung. Die Vorwegnahme der Entfremdung im Kapitalismus geschieht im Protestantismus durch die Dialektik von Verzweiflung und Hoffnung des Subjekts als Basis seiner Selbstbegründung in einer prinzipiell säkularisierten Welt. Im Prozeß der Konzentration des Menschen auf sich vollzieht sich aber gleichzeitig mit der Konkretisierung des Geistes in der Beziehung zu sich selbst im Menschen die Entleerung der Welt vom Geist, der ganze Kosmos, die Natur und das saeculum, hören im Rahmen dieses Prozesses auf eine Stätte des Geistes zu sein, der Geist ist im Menschen in seiner prinzipiellen Differenz von der Natur. Dieser ungeheure Prozeß, der durch die Reformation als Vorwegnahme des egoistischen bürgerlichen Prinzips geschieht, setzt also mit der Emanzipation des Menschen im Geist auch die Trennung von Geist und Natur, die Entleerung der Natur von Geist. (Es ist das Verdienst Hegels, daß er, indem er die Natur im Geist aufhebt, um den Geist in letzter Konsequenz in Natur übergehen zu lassen, diese Entzweiung im System der Spekulation überwindet. Hegel ist die philosophische Überwindung des Protestantismus, Kierkegaard sein philosophischer Ausdruck.)

In dieser Entzweiung von Menschen und Natur, die nicht Ausdruck des dialektischen Widerspruchs der Einheit von beiden ist, sondern ihrer unüberwindlichen Trennung, in dem Prinzip der modernen Welt angelegt, ist das Prinzip der kapitalistischen Entfremdung des Menschen und der Degradierung des gesamten Kosmos zum bloßen Objekt der Ausbeutung geworden. (Dem Prinzip nach ist für den Kapitalismus der ganze Kosmos, das Universum, ein Ausbeutungsobjekt. Nicht nur die wissenschaftlich erkannte und erfaßte, sondern auch die unerforschte noch nicht erkannte und erfaßte Natur, auch das *Unbekannte* ist für den Kapitalismus ein Gegenstand potentieller Ausbeutung. Zugespitzt formuliert kann man sagen, daß im Kapitalismus die ganze Welt, die ganze Natur, ob erkannt oder noch nicht erkannt, dem Wertgesetz unterliegt. Die Vision der potentiellen Zerstörung der Welt ist daher m.e. als reale weltgeschichtliche Perspektive nicht ein Phantasieprodukt, sondern Ausdruck der Universalisierung der innewohnenden Dynamik des Kapitalismus, in dessen Rahmen die ungeheure Entwicklung der Produktivitätskräfte den Widerspruch zwischen Potentialität des Fortschrittes und der Zerstörung verschärft. Das manifestiert sich nicht nur in der potentiellen Gefahr einer Atomkatastrophe, sondern auch in der Zerstörung der Natur, die eine neue universale Qualität darstellt, nämlich den gesamten Stoffwechsel zwischen dem Menschen als Gattung und der Natur als Universalobjekt umfaßt. Der Widerspruch zwischen Fortschritt und Zerstörung zeigt sich sehr schön am folgenden Beispiel: In den Industrienationen ist die Lebenserwartung durch bessere ernährungsphysiologische, medizinische etc. Voraussetzungen, kurz durch eine bessere Lebensqualität wesentlich gestiegen. In keiner anderen Epoche der Geschichte lebten die Menschen so lange wie in unserer. Gleichzeitig nehmen ständig die Erkrankungen, die durch die Zerstörung der Umwelt bedingt sind, zu. Kinder leiden in den großen Ballungszentren an Asthma und chronischer Bronchitis, die Zahl der Krebserkrankungen, auch bei jungen Menschen, steigt enorm. Nach bestimmten Berechnungen werden nach der Tschernobylkatastrophe in fünfzehn Jahren fast alle Jugendlichen, die zwei Tage nach der Katastrophe in Kiew zur Schule gegangen sind, an Krebs sterben. Durch den Fortschritt der Wissenschaft sind in unserer Zeit 90-Jährige keine Seltenheit und dafür sterben 15-Jährige an Krebs. Der klassische, durch den Marxismus entdeckte Widerspruch zwischen Produktivkräften und Produktionsverhältnissen ist in unserem Zeitalter nicht überwunden, sondern hat eine neue, universale Qualität.)

Beruht im Protestantismus die Möglichkeit der Hoffnung auf der Basis der Selbstbestimmung des Subjekts als Konkretion des Geistes im individuellen Glauben und in der Entzweiung von Menschen und Natur, so ist für die byzantinische Theologie und Anthropologie, die in einer inneren Beziehung mit der Tradition der Ikonen steht, die Hoffnung in der Anwesenheit des Geistes im Kosmos als Vorwegnahme und Andeutung des künftigen Reiches angesiedelt. (Die byzantinische Theologie kann nicht getrennt von der Ikonentheologie gedacht werden. Letztere ist nicht ein zusätzliches Attribut, eine kulturelle Eigenart der byzantinischen Theologie, die sie neben anderen äußeren Eigenarten und Gewohnheiten wie religiöse Gebräuche, Sitten u.ä. entwickelt hat. Die Ikonentheologie ist das innere Band, das Herz und die Quintessenz der byzantinischen Theologie. Sie ist für sie konstitutiv, denn sie ist die Weise, in der diese Theologie selbst in der Welt erscheint. Deswegen ist für die byzantinische Theologie die Ikone der Triumph, in dem die eschatologische Anwesenheit der Kirche in der Welt selbst erscheint. Aus diesem Grund wird der Tag der Wiederherstellung des Ikonenkults nach der Epoche der Bilderstürmerei als großer Sonntag der Orthodoxie gefeiert. In der Ikone erscheint die Orthodoxie selbst, wollte man das Wesen der orthodoxen Theologie auf eine kurze Formel bringen, so könnte man sagen, daß die byzantinische Theologie, die Ikonentheologie ist.) Die Ikone, in der der Geist erscheint, ist die Erscheinung dieser Hoffnung selbst, und im Rahmen der anthropologischen Bestimmung des Menschen ist das brennende und pulsierende Herz als Zentrum des individuellen Menschen einerseits die Wohnstätte der Sehnsucht nach der Vereinigung des ganzen Kosmos im Geiste, im Reich des Geistes und der Freiheit und die Wohnstätte des unendlichen Schmerzes für die Entzweiung und die Trennung und andererseits die Vorwegnahme dieser Vereinigung selbst, weil in ihm der Geist als Konkretion und gleichzeitig als Geist der Vereinigung selber ist.

"Wenn die Macht der Vereinigung aus dem Leben der Menschen verschwindet und die Gegensätze ihre lebendige Beziehung und Wechselwirkung verloren haben und Selbständigkeit gewinnen, entsteht das Bedürfnis der Philosophie."[47] Dieser Satz von Hegel, der die Tragödie der bürgerlichen Welt charakterisiert und den Standpunkt seiner Philosophie als jener Konzeption von der vereinigenden Macht des Begriffs in der entzweiten Welt aufzeigt, gilt mutatis mutandis insofern für die byzantinische Theologie, als in ihr die Entzweiung der Welt, die Trennung von Subjekt, Natur und Geschichte in der Totalität des Erscheinenden, im Kosmos anwesenden Geistes, im Kosmos, der selbst wie die Ikone der Abglanz der ursprünglichen Schönheit ist, in der Spannung zwischen Bewußtsein der Sünde ($\dot{\alpha}\mu\alpha\rho\tau\acute{\iota}\alpha$), ontologischem Mangelzustand und in der Welt seienden erscheinenden Hoffnung, eine in sich ihre eigene Aufhebung enthaltende ist, weil die Dialektik der Hoffnung nicht nur das Setzen des Subjekts, sondern die ganze Welt umfaßt. In dieser Dialektik ist das pulsierende Herz jener geheimnisvolle Topos, in dem das Streben nach der Vermittlung und die Vermittlung selbst ist. Diese Vermittlung geschieht aber im Schatten der Hoffnung, den der Geist auf den Kosmos wirft.

Im Protestantismus ist als bürgerlicher Form des Christentums in der Hervorhebung der Subjektivität des Glaubens die Reflexion im religiösen Bewußtsein der Subjektivität der Arbeit als Wesens und Voraussetzung der Entzweiung des Menschen, sofern sie sich in der Verselbständigung der Dynamik ihrer Entwicklung als letzte Konsequenz dieser Dynamik als das einzige Wesen des Reichtums, als das Herz des Privateigentums, das den Menschen entzweit, erweist. In einer sehr aufschlußreichen Stelle in den "Pariser Manuskripten" führt Marx in einer Analyse der klassischen Nationalökonomie direkt den Vergleich zwischen ihr und Luther an.

Engels hat daher mit Recht *Adam Smith* den *national-ökonomischen Luther* genannt. Wie Luther als das Wesen der äußerlichen *Welt* die *Religion*, den *Glauben* erkannte und daher dem katholischen Heidentum gegenübertrat, wie er die *äußere* Religiösität aufhob, indem er die Religiösität zum *inneren* Wesen des Menschen machte, wie er die außer dem Laien vorhandenen Pfaffen negierte, weil er den Pfaffen in das Herz der Laien versetzte, so wird der außer dem Menschen befindliche und von ihm unabhängige - also nur auf eine äußerliche Weise zu erhaltende und zu behauptende - Reichtum aufgehoben, d.h. diese seine *äußerliche gedankenlose Gegenständlichkeit* wird aufgehoben, indem sich das Privateigentum inkorporiert im Menschen selbst und der Mensch selbst als sein Wesen erkannt - aber darum der Mensch selbst in der Bestimmung des Privateigentums wie bei Luther der Religion gesetzt wird. Unter dem Schein einer Anerkennung des Menschen ist also die Nationalökonomie, deren Prinzip die Arbeit, vielmehr nur die konsequente Durchführung der Verleugnung des Menschen, indem er selbst nicht mehr in einer äußerlichen Spannung zu dem äußerlichen Wesen des Privateigentums steht, sondern er selbst dies gespannte Wesen des Privateigentums ist. Was früher *Sichäußerlichsein*, reale Entäußerung des Menschen, ist nur zur Tat der Entäußerung, zur Veräußerung geworden.[48]

In ihrer letzten Konsequenz ist daher die Nationalökonomie, führt Marx weiter an, indem sie die Arbeit "als das einzige *Wesen des Reichtums*" nachweist, "menschenfeindlich".[49] In der absoluten Subjektivität der Arbeit, die das Wesen des Reichtums von jeder Naturbestimmung loslöst - Marx führt hier das Beispiel der Grundrente an als außerhalb der Arbeit seienden Überrestes aus der Naturwüchsigkeit der Eigentumsbestimmung in der feudalen Gesellschaftsordnung[50] -, in der Freiheit der Arbeit als von den feudalen Banden losgelöste Tätigkeit und Subjektivität, die die Bedingung der Genesis des bürgerlichen Subjekts ist, ist also die Menschenfeindlichkeit, d.h. die Bedingung der Möglichkeit der Entzweiung und Entfremdung des Menschen, im Kapitalismus angelegt. Die Doppeldeutigkeit dieser Freiheit zeigt sich am besten am Beispiel des Vertragsverhältnisses. Der Arbeiter, der Lohnarbeit leistet und der Kapitalist, der für bestimmte Arbeit einen bestimmten Lohn zahlt, sind beide formal gleich und frei und gehen freiwillig einen Vertrag zwischen zwei gleichberechtigten Partnern ein. Daß die gesellschaftliche Wirklichkeit und die realen menschlichen Verhältnisse in ihr den Formalismus dieser Freiheit des bloßen Rechtsverhältnisses durchbrechen und die faktische, wirkliche Ungleichheit zwischen den beiden Vertragspartnern zutage tritt, ist hier offenkundig. Die absolute Subjektivität und Freiheit der Arbeit im Kapitalismus kehrt sich also zu ihrem Gegenteil um, zur absoluten Unfreiheit und Entfremdung, ein Verhältnis, in dem die gesellschaftlichen Verhältnisse als persönliche Verhältnisse der Menschen erscheinen.

Wie man daher immer die Charaktermasken beurteilen mag, worin sich die Menschen hier gegenüber treten, die gesellschaftlichen Verhältnisse der Personen in ihren Arbeiten erscheinen jedenfalls als ihre eignen persönlichen Verhältnisse und sind nicht verkleidet in gesellschaftliche Verhältnisse der Sachen, der Arbeitsprodukte.[51]

Daß letztlich dieses Verhältnis auch für den Kapitalisten, der seine Charaktermaske tragen muß, ein entfremdetes wird, ist die äußerste Konsequenz der Entfremdung, die die ganze Gesellschaft umfaßt. Diese Doppelseitigkeit der Freiheit, die in sich die absolute Unfreiheit enthält, reflektiert sich also im Protestantismus als die entscheidende reine Form von der christlichen Religion im bürgerlichen Zeitalter. Die Dialektik von Hoffnung und Verzweiflung in der absoluten Freiheit des sich selbst in der Angst setzenden Subjekts bei Kierkegaard ist die äußerste religiöse Konsequenz, der *Widerschein* dieser Doppelseitigkeit im religiösen Bewußtsein, die äußerste Zuspitzung der Reflexion im Protestantismus, die Kreuzesabnahme Jesu in der kapitalistischen Welt, in der die leere Tautologie des "einfachen gleitenden Zusammenhangs" entlarvt worden ist und die eschatologische Hoffnung in den letztmöglichen Ort, in das letztmögliche Residium sich zurückgezogen hat, in die subjektive Existenz des individuellen Menschen, dessen Schicksal Einsamkeit und Entfremdung ist. Die eschatologische Hoffnung ist daher bei Kierkegaard die Imagination der Hoffnung, die Verzweiflung und das letzte Aufbäumen der Hoffnung in der Haltlosigkeit des "einfachen gleitenden Zusammenhangs", d.h. in der teuflischen Hypokrisie einer zutiefst unchristlichen Welt, die sich den Anschein geben will, christlich zu sein. (Kierkegaard ist vornehmlich ein christlicher Denker, ein Theologe, der in seiner Kritik der Unchristlichkeit seines Zeitalters in verschlüsselter Form insofern eine Kritik des Kapitalismus liefert, als er seine fundamentale, ihm zutiefst eigene, zugrundeliegende Unchristlichkeit nachweist.) Die Basis für die Anthropologie Kierkegaards ist daher die absolute Einsamkeit des atomisierten Subjekts, das vor dem Abgrund steht, vor dem das brennende Herz nur innehalten, schweigen kann. Indem das Individuum sich angesichts der Transzendentalität seiner Freiheit in Angst setzt, jener Freiheit, die für es unaufholsam ist, weil nicht totalisierbar, indem sie nur negativ ist, es entzweit, ist das Herz als Zentrum der christlichen Existenz ein schweigsames, es denkt für sich, was es nicht sprechen kann.

Abraham schweigt, - aber er *kann* nicht sprechen, darin liegen die Not und die Angst. Wenn ich nämlich damit, daß ich spreche, mich nicht verständlich zu machen vermag, so spreche ich nicht, und spräche ich gleich ununterbrochen, Nacht und Tag. So ist es bei Abraham. Er kann alles sagen; aber Eines kann er nicht sagen, und doch, wo er das Eine nicht sagen kann, d.h. es so sagen kann, daß es ein andrer es versteht, so spricht er nicht. Das Lindernde an der Rede ist, daß sie mich übersetzt in das Allgemeine. Abraham kann nun das Schönste, das eine Sprache überhaupt auftreiben kann, über seine Liebe zu Isaak sagen. Aber das ist es nicht, was ihm im Sinne liegt, es ist das Tiefere, daß er ihn opfern will, weil es eine Prüfung ist. Dies Letzte kann niemand verstehen, und so kann jedermann das Erste lediglich mißverstehen. Diese Not kennt der tragische Held nicht.[52]

Das Moment des Schweigens ist unabdingbar in einer Welt, in der es im Gegensatz zum "tragischen Helden" keine Öffentlichkeit für den Geist sein kann.

Es heißt in der Bergpredigt: Wenn du fastest, so salbe dein Haupt und wasche dein Angesicht, daß die Leute dein Fasten nicht sehen mögen. Diese Stelle zeugt unmittelbar davon, daß die Subjektivität inkommensurabel ist für die Wirklichkeit, ja, daß es ihr freisteht zu täuschen. Wenn nur die Kerle, welche in unserer Zeit mit losem Gerede über die Idee der Menschheit herumlaufen, das Neue Testament lesen wollten, sie kämen vielleicht auf andre Gedanken.[53]

Die politische Position Kierkegaards - seine Ironie über "die Kerle" ist hier unübersehbar - ist nicht das eigentliche Problem. Seine reaktionäre politische Position ändert nichts an der philosophischen Qualität und dem Wahrheitsanspruch des in seiner Existenzdialektik dargestellten Dramas der prinzipiellen abgründigen Einsamkeit der Subjektivität in der Welt der institutionalisierten bürgerlichen Freiheit, in der die Öffentlichkeit für den Geist sich notwendigerweise zum bloßen Gerede verwandelt, weil sie an der Negativität der abstrakten Arbeit haftet, die sich der gesamten Gesellschaft bemächtigt, der eigentliche Motor ist im Prozeß ihrer Reproduktion und somit auch die Macht der universellen Verdinglichung. Öffenlichkeit wird somit eine vergegenständlichte Äußerlichkeit, die dem Geist fremd ist.

Kierkegaards Philosophie erfaßt als Religionsphilosophie in der Kritik der theologischen Dogmatik und des institutionalisierten Christentums seiner Zeit das Wesen des Kapitalismus als Entzweiung, als Trennung des Menschen von der Gesellschaft in der Notwendigkeit der Zurückgezogenheit in der reinen Subjektivität. Er entlarvt den trügerischen Schluß der Aufklärungstradition, daß das Individuum in der demokratischen Öffentlichkeit bei sich ist, indem er die negative Abstraktheit dieses Öffentlichkeitsbegriffs aufzeigt, eine Abstraktheit, die sich zu ihrem Gegenteil verwandelt, eine Öffentlichkeit wird, in der der Mensch nicht bei sich sein kann, sondern umgekehrt in ihr entfremdet ist, weil sie eine Öffentlichkeit zwischen Ungleichen ist. Kierkegaard argumentiert hier nicht politisch, sondern theologisch, die Formulierung entlarvt aber die historische List der Vernunft in der theologischen Argumentation selbst, "die Subjektivität" ist "inkommensurabel für die Wirklichkeit", weil beiden kein objektives gemeinsames Maß zugrundeliegt, das erst einen Vergleich ermöglicht, d.h. weil der Maßstab für den Vergleich in sich selbst ungleich ist. Die eigentliche Basis der Religionsphilosophie Kierkegaards, auf der sich der

Gegenstand seiner Religionskritik formiert, ist daher die Scheindemokratie und das Scheinchristentum, das die theologische, die religiöse Formulierung der Scheindemokratie ist. Indem die Philosophie Kierkegaards die Fundamente dieses Scheinchristentums zerstört, richtet sie sich auch gegen die reale historische Basis, auf der diese Fundamente stehen, und unterzieht sie ebenfalls einer radikalen, zerstörerischen Kritik. Die Konsequenz dieser Kritik ist der Nachweis, daß wahres Christentum in der Welt der bürgerlichen Demokratie, in der die Freiheit eine formale, eine negative bleibt, unmöglich ist. Kierkegaard spricht das nicht so aus, er ist kein politischer Denker, sondern ein Religionsphilosoph, die gesellschaftspolitische Schlußfolgerung aus seiner Religionskritik ist jedoch von eminent politischer Bedeutung, das ist die prinzipielle Unvereinbarkeit zwischen der gesellschaftlichen Wirklichkeit der Welt und dem Prinzip des Christentums; pointiert formuliert könnte man sagen, daß in dieser Welt wahres Christentum nur mit der Verzweiflung des Herzens einhergehen kann, und daß die Realisierung des Christentums den Tod dieser Welt, ihre Aufhebung voraussetzt. Das ist der Punkt, in dem sich die Kierkegaard'sche Religionskritik und die Marx'sche Philosophie treffen und gleichzeitig sich voneinander unterscheiden.

Ist bekanntlich für Marx die Aufhebung der Philosophie die Voraussetzung für ihre Verwirklichung,[54] weil die Philosophie (vornehmlich die deutsche) die spirituelle Projektion von realen Lebensbedürfnissen und Zusammenhängen unter dem "Hirnschädel" des Volkes darstellt,[55] so ist für Kierkegaard, der im Prinzip des Christentums verbleibt, die Realisierung des Christentums nur durch die Aufhebung der säkularisierten bürgerlichen Wirklichkeit möglich. Für Marx ist die Aufhebung der Philosophie als Aufhebung des ideologischen Scheins die Voraussetzung der Aufhebung der bürgerlichen Gesellschaft und der Trennung zwischen Philosophie und Wirklichkeit, damit die Philosophie realisiert wird, für Kierkegaard ist die Aufhebung der bürgerlichen Gesellschaft eine im Wege der Negation abgeleitete Bestimmung unter umgekehrten Voraussetzungen als es bei Marx gedacht wird. Sie ist die Voraussetzung der Verwirklichung des Christentums, weil sonst in ihr das Christentum unmöglich ist. Ist für Marx die Aufhebung des ideologischen Scheins die Voraussetzung für die Aufhebung der bürgerlichen Gesellschaft und der

Verwirklichung von Philosophie, somit aber auch die Aufhebung von Religion in diesem Prozeß enthalten, so ist für Kierkegaard die Realisierung der Religion nur unter der Voraussetzung der Aufhebung der Gesellschaft möglich. Für Marx müssen Religion und Philosophie aufgehoben werden, damit die bürgerliche Gesellschaft auch aufgehoben wird und die sozialistische Gesellschaft Wirklichkeit wird. Für Kierkegaard kann die bürgerliche Gesellschaft nicht sein, wenn die Religion Wirklichkeit sein soll.

Ist die Philosophie von Marx der große entscheidende Entwurf von Widerstand gegen die entfremdete bürgerliche Welt und somit die letzte epochale Zäsur in der Philosophie der Neuzeit, so ist die Philosophie von Kierkegaard im Grunde Theologie. Sie ist ein großer theologischer Entwurf von Widerstand gegen die bürgerliche Welt im Prinzip der bürgerlichen Welt, der theologische Hinweis auf die Sünde *in* der bürgerlichen Welt, ohne die bürgerliche Welt im Sinne der Gesellschaftsordnung in Frage zu stellen. Somit ist die Theologie Kierkegaards das letzte Konzept einer christlichen Anthropologie und Eschatologie in einer säkularisierten Welt. Sie ist das insofern, als sie im Rahmen der Dialektik der existentiellen Verzweiflung die Unmöglichkeit und Unhaltbarkeit von Anthropologie und Eschatologie in dieser Welt manifestiert, indem sie zeigt, daß eine christliche Anthropologie und eschatologische Hoffnung in dieser Welt nur in der Verzweiflung Bestand haben kann.

XIII. Subjektivität und Hoffnung oder Byzanz und die bürgerliche Welt. Die erscheinende Hoffnung

Ist im Protestantismus Kierkegaards die letzte Auflehung christlicher Subjektivität in der säkularisierten Welt der bürgerlichen Gesellschaft, so bleibt doch in der byzantinischen Theologie, in der Ikonentheologie und der byzantinischen Trinitätsdialektik und Anthropologie die Dimension des nach innen und nach außen im Lichte des Herzens auch dem Auge zugänglichen erscheinenden Geistes aufrecht, und somit bleibt in Byzanz christliche Subjektivität mit erscheinender Hoffnung vermittelt. Wenn wir uns hier einerseits die Positionen Kierkegaards und Hegels als der bürgerlichen Gesellschaft immanent und andererseits die Position der byzantinischen Theologie als vorbürgerlichen Standpunkt des Bewußtseins anschauen, so ergibt sich folgender Schematismus: Der Standpunkt Kierkegaards, der Standpunkt der Verzweiflung beruht auf der Gewißheit, daß in der unchristlichen bürgerlichen Welt die eschatologische Hoffnung auf das Reich des Geistes nur eine hoffnungslose Hoffnung der in der Verzweiflung begründeten Subjektivität sein kann. In seiner Abkehr von der Welt ist der Geist reine transzendentale Negativität, die in der Verzweiflung des Herzens innewohnt und gegenüber jeder Vorwegnahme des In-der-Welt-Seins fremd bleibt.

Der Standpunkt Hegels ist der Standpunkt des Christentums nach Pfingsten. Der Geist wird und erscheint in der Welt, ist das andere von ihr und doch in ihr enthalten. Indem er das andere von ihr ist, formt er die Welt, die Welt hält dem Geist nicht stand und wird selbst Geist, weil sie von ihm zerstört wird, ihre Positivität aufgehoben. Geschichte ist somit Aufhebung von Geschichte, ihre Wahrheit ist der Prozeß ihrer Zerstörung. Indem der Geist in der Geschichte zu sich selbst kommt, wird das Christentum als Standpunkt der Religion aufgehoben, der Standpunkt der Religion erscheint als begrenzter Standpunkt, oder die Wahrheit offenbarende Religion ist, daß sie im Geist aufgehoben wird. Das Reich des Geistes ist demnach die Aufhebung, Überwindung des religiösen Standpunkts, die Wahrheit der Religion ist die Emanzipation von ihr. Indem der Protestantismus die Abkehr des Geistes von der Welt in die Innerlichkeit der Subjektivität vollzogen hat, hat er die Voraussetzungen für die Emanzipation der Welt von der Religion geschaffen, indem ab nun das Wesen der Religion auf dem Abstand von der Welt, auf dem Vakuum und der Trennung beruht. Kierkegaards Philosophie beruht auf der Verzweiflung der Trennung, während Hegels Philosophie die Position der Wiedervereinigung im Widerspruch im Prozeß der Zerstörung ist, den die bürgerliche Welt als Beginn der Geschichte als auf die Spitze getriebende Zerstörung entfesselt.

Die byzantinische Theologie reflektiert aber in sich eine Welt, die noch nicht durch die Trennung von Subjektivität und Allgemeinheit des Geistes gekennzeichnet ist. Weil die Negativität der Arbeit noch nicht das alles scheidende Subjektive ist, die allesumfassende, zerstörende Tätigkeit, sondern der Reichtum der Gesellschaft sich durch eine äußere abstrakte Kraft, nicht durch innere Tätigkeit, sondern durch das kaufmännische Kalkül des äußerlichen Verstandes oder durch die institutionelle Herrschaft der überlebenden Strukturen der Sklavenhaltergesellschaft (hier ist Macht Ausübung von Herrschaft aufgrund von übernommenen Strukturen, sie hat in sich etwas Gewohnheitsmäßiges, sie ist Sitte, Tradition, die auf realen ökonomischen Verhältnissen beruht, jedoch haben diese Verhältnisse keine innere Bewegung, sie sind Überbleibsel aus einer früheren Gesellschaftsordnung) sich anhäuft, weil die damit verbundene Repression exogen ist und andererseits es auch nicht die katholische Staatsmacht gibt (in Byzanz ist die Kirche trotz ihres Eigentums am Boden keine feudale Staatsmacht, sondern vornehmlich institutionell-bürokratische Macht), ist der Geist in Kirche und Staat nicht von der Subjektivität der Innerlichkeit getrennt, sondern mit ihr vermittelt, oder genauer formuliert, sie ist seiner teilhaftig, sie nimmt an ihm teil. Wir haben ferner gesehen, daß in Byzanz der Staat, die Zentralgewalt bonapartistisch ist und die Kirche zentristisch, während in Rom die Kirche selbst der Bonapart ist.

Das schlägt sich auch in der Trinitätskonzeption nieder. Im Byzantinischen Bonapartismus ist der Kaiser der Bonapart, er ist mächtiger als die Kirche, teilt aber mit ihr die Herrschaft. Deswegen wird der Staat im Rahmen der eschatologischen Reflexion in die Herrlichkeit des künftigen Reiches mitübernommen. Weil der Staat an dieser Herrlichkeit teilnimmt, weil er durch die Vermittlung der zentristischen Kirche auch auf Erden als Teilhaber des künftigen Reichs bestimmt wird, weil er ohne die Kirche nicht überleben kann, auf sie angewiesen ist, ist er auch in der Theologie der Trinität in diesem seinem Angewiesensein auf die Kirche angewiesen. Deswegen geht die innere Trinitätsbewegung vom Vater durch den Sohn im Geist, d.h. daß, wenn wir den Gang der Spekulation auf die realen weltlichen Verhältnisse projizieren, wir eine innere Kompatibilität zwischen Trinitätstheologie und Status der Weltgeschichte feststellen können. Wenn der Sohn in Byzanz die personifizierte Zentralgewalt ist, d.h. der Kaiser, so kann er die Macht, die *durch* ihn geht (nicht von ihm ausgeht, weil er die Macht nur *verwalten* kann, weil er sie teilen muß aufgrund seiner Schwäche), nur im Geist, d.h. in der Kirche als ecclesia, als eigentlichem Topos, in dem sie erscheint, ausüben. In Byzanz ist im reellen Sinn der Kaiser und im ideellen Sinn Jesus der Bonapart. Im realen Staat kann in Byzanz der Kaiser nicht ohne die Kirche herrschen, und im ideellen Konzept kann der Sohn Logos nicht ohne den Geist, *in dem* er ist, in der Welt erscheinen, d.h. in der Welt herrschen. Im realen byzantinischen Staat kann der Kaiser nicht ohne die Partizipation der Kirche an der Macht herrschen, deswegen kann der ideelle Bonapart Jesus nicht in der Trinität herrschen, ohne daß der Geist an dieser Herrschaft partizipiert.

Jesus ist der Heiland, das Zentrum der Trinität, der Geist ist jedoch das, was ihr Bestand verleiht. Jesus ist das Zentrum, der Geist aber schließt das ab, wovon Jesus das Zentrum ist, Jesus ist die Mitte, der Geist aber ist das Ende der Trinität. Nicht aber partizipiert bloß der Geist an der Herrschaft Jesu, sondern Jesus tritt einen Teil seiner Herrschaft an den Geist ab. Deswegen ist der Geist nicht das Band der Liebe, wie in der lateinischen Konzeption, er kommt nicht nachträglich dazu, sondern ermöglicht erst die Herrschaft, weil Jesus nur *in ihm* erscheinen kann. Die Herrschaft geht durch Jesu, *ist* aber im Geist, sie geht durch den Bonaparten, ist aber in der Kirche, in der Instanz des Bewußtseins. Der Kaiser ist die praktische

Macht, die Staatsgewalt, die Kirche ist aber die ideelle, die theoretische Macht. Der Kaiser ist das Schwert, die Kirche ist das Bewußtsein. Weil der Geist das Bewußtsein ist, in dem die Macht sich verwirklicht und im byzantinischen Bonapartismus die Subjektivität der Arbeit noch nicht ist und daher die Individuen noch nicht wie in der bürgerlichen Gesellschaft atomisiert sind, ist die Kirche als das Prinzip des Geistes in der Welt jene Institution, an die Macht abgetreten wird, und somit gleichzeitig die die Individuen verbindene Spiritualität des Staates, an der die Subjektivität teil hat. Diese Individuen sind aber im Geist für sich, der Geist als die Gemeinschaft der Teilhaber der Subjektivität, ist auch das Individuum selbst für sich, der Mensch in der für sich seienden Existenz des Menschen. In der byzantinischen Trinitätskonzeption ist der Geist in mir selbst und ich bin im Geist. Indem die Subjektivität der Arbeit noch nicht entwickelt worden ist, ist es die allgemeine Teilhabe an dem Geist, an der Institution, die mich Indiviuum werden läßt.

Im byzantinischen Bonapartismus ist der Geist institutioneller Geist, die Bürokratie ist der allgemeine Bindestoff, der spirituelle Kitt des Staates. Ist die Macht des Staates in der bürokratischen Zentralgewalt und ihrem weit im ganzen Imperium verzweigten Apparat konzentriert, so ist sie trotz ihrer uneingeschränkten Befugnisse eine hohle Macht, die im Prozeß der Schwächung der Zentralgewalt als nackte Existenz des Staates umso hohler erscheint, je prunkvoller und bombastischer die bürokratische Hülle ist, von der sie umgeben wird (je "byzantinischer" die leeren Titeln und die Formeln, die diese Bürokratie verwendet, sind). Weil in Byzanz die reale Machtbasis des Kaisers immer schmäler wurde, je tiefgreifender der Prozeß der Feudalisierung des Reiches vor sich ging, wurde die ideelle, spirituelle Machtbasis, die Idee des Reiches von der Kirche umso stärker getragen, je schwächer der Staat war. (Das ist der eigentliche Grund, warum in der Zeit des Bürgerkrieges die politischen Zeloten von Thessaloniki mit einem eigentümlichen Legitimismus der Zentralgewalt des Kaisers in Konstantinopel loyal geblieben sind, während die religiösen Zeloten als theologische Bewegung eine neue Führung im Staat favorisiert haben, damit die alte Aristokratenklasse sich gegen den Zerfall der Zentralgewalt, durch die Feudalklasse betrieben, sich zur Wehr setzen kann. Da sich die "dritte Klasse", die politischen Zeloten, sich vor der Erstarkung der alten herrschenden Klasse fürchteten, bevorzugten sie die alte Zentralgewalt, während die kirchlichen Zeloten für eine neue Führung und somit eine Stärkung der traditionellen Machtbasis des Staates eintraten.)

Je ärmer also in Byzanz der reale Stoff, aus dem die Staatsgewalt geschmiedet wurde, ward, desto reichlicher war der ideelle Stoff, die Kirche als Glaube und Institution und als Ersatz für den dahinschwindenden Staat. Im byzantinischen Bonapartismus ist daher die dritte Trinitätsperson, der hl. Geist, der spirituelle Ersatz des Staates, sie ist die Identität stiftende Instanz, sofern sie die kollektive, geschichtliche Identität ist, die in der Subjektivität aufbewahrt bleibt. (Das ist der tiefere Grund, warum in Byzanz Auseinandersetzungen über die Kirchenlehre, d.h. meist über Trinität und Christologie, in deren Rahmen auch die Auseinandersetzung mit der katholischen Theologie stattfand, einen überaus großen Einfluß auf die Volksmassen ausgeübt haben und diesen Massen den Anlaß geliefert haben, um geschichtlich zu handeln. In Byzanz sind die Massen als historisches Subjekt mit ungeheurer Leidenschaft an theologischen Auseinandersetzungen beteiligt gewesen, weil es in diesen Auseinandersetzungen um sie selbst gegangen ist. Ja, man kann in diesem Sinn sagen, daß die theologischen Auseinandersetzungen in Byzanz der eigentliche Ort gewesen sind, in dem die Massen als historisches Subjekt in Erscheinung getreten sind.) In Byzanz ist Jesus der ideelle Bonapart und der Geist seine eigentliche und einzige Machtbasis. Das Imperium steht und fällt in Byzanz mit der Position des Geistes. Wenn die Macht des Geistes untergraben wird, so verliert auch der Bonapart und mit ihm der Staat selbst, den er inkorporiert, den Boden unter den Füßen; denn der Geist ist der Boden, auf dem der Bonapart Jesus - Kaiser steht. Am deutlichsten hat sich das im Rahmen der Auseinandersetzungen über die Ikonen gezeigt. Indem die Bilderstürmer die Ikonen abschaffen wollten, wollten sie das Prinzip des erscheinenden Geistes abschaffen, d.h. jenes Prinzip, das der Herrschaft des bonapartischen Kaisers als Zentralgewalt Legitimität verlieh. In ihrem reformatorischen Eifer stützten sie sich auf die Armee und versuchten die Zentralgewalt den Zentrifugalkräften, die östlicher Provenienz waren, d.h. vornehmlich den Interessen der aufstrebenden Feudalherren in den östlichen Gebieten des Reiches folgten, unterzuordnen. Es ist hier symptomatisch, daß, nach eigenem Verständnis der Ikonoklasten, dieses Bemühen nur über die Abschaffung der Ikonen, d.h. des erscheindenden Geistes, vom Erfolg gekrönt werden konnte, und daß schließlich dieses Bemühen auch daran scheiterte. Auch später erhielt die Auseinandersetzung mit der katholischen Kirche über den Hervorgang des hl. Geistes, die Frage des "filioque", nicht zufällig den Rang eines dogmatischen Streites, wo es sich doch im Rahmen dieser Auseinandersetzung um die Position des Geistes handelte und die in der Synode von Florenz künstlich unter politischem Druck herbeigeführte Einigung der griechischen mit der lateinischen Kirche, und die Aufgabe seitens der Griechen, alle ihre dogmatischen Positionen durch die Empörung des Volkes in Konstantinopel am Tage ihrer Ankündigung praktisch zunichte gemacht wurde.

Anders verhält es sich mit dem lateinischen Prinzip. Hier ist auch die Geschichte der Entstehung der dogmatischen Differenz aufschlußreich. Wir wissen, daß Karl d. Große darauf bestanden hat, die Formulierung, daß der Geist vom Vater *durch* den Sohn ausgeht, aus der trinitarischen Formel zu eliminieren und mit "vom Vater und Sohn" zu ersetzen, denn "*per* habe nicht den Sinn von *ex*!"[1] Die lateinische Kirche leistete gegen diese Hinzufügung Widerstand, bis sie sich schließlich fügte. Diese Geschichte ist bekannt, jedoch wird die innere Beziehung zwischen dem geschichtlichen Anspruch auf die Herrschaft in der damaligen Welt, wie er sich durch Karl d. Großen durch die Neuformulierung der Trinitätsformel im Unterschied zum weltpolitischen Kontrahenten, zu Byzanz, artikulierte, die *inhaltliche* Beziehung zwischen dogmatischer Neufassung selbst und politischem Anspruch durch den allgemeinen Hinweis auf den machtpolitischen Hintergrund des "filioque"-Streites nicht in ihrer Spezifität erkannt und übersehen. Indem Karl d. Große auf der Unterscheidung zwischen *ex* und *per* beharrte und eine Neufassung der Trinitätsformel verlangte, in der der Geist "ex patre filioque" hervorgeht, konzentrierte er in der Person des Sohnes alle innentrinitarische Macht; denn die Macht des Sohnes wird hier nicht mehr mit der dritten Trinitätsperson, mit dem Geist verteilt. Zwar ist in dieser Formel die Gleichwesentlichkeit des Geistes mit Vater und Sohn im Sinne seines Abgeleitetseins von ihnen enthalten, jedoch ist in weiterer Folge die Position des Geistes in dieser Formel untergeordnet. Denn er ist gemeinsames Produkt von beiden, seine hypostatische Selbständigkeit wird von der Identität seines sie übergreifenden Wesens, von der Identität der Trinität als solcher, aufgehoben. In der Identität der Trinität als solcher aber, in der Identität des Wesens, ist der Geist innerhalb dieser Formel untergeordnet, denn er bleibt in seiner Gleichwesentlichkeit bloßes Produkt, logisch-rationales Abgeleitetsein. In letzter Konsequenz kann man hier sagen, daß durch die lateinische Trinitätsformel, indem die formal-logische Identität des Wesens der Trinität hervorgehoben wird, alle drei Hypostasen aufgehoben, oder milder formuliert zu etwas Sekundärem, Untergeordnetem, gemacht werden.

Seit Photius werfen die Orthodoxen der Auffassung, daß der Geist 'vom Vater und Sohn als vom gleichen Prinzip und durch einen einzelnen Hauchungsakt' hervorgeht, immer wieder vor, daß der Vater und der Sohn, da sie sich den Hypostasen nach unterscheiden, den Geist nur kraft der gemeinsamen Natur hauchen könnten. Aus der gemeinsamen Natur kann jedoch keine Hypostase hervorgehen; eine Hypostase kann nur aus einer Hypostase kommen. Übrigens müßte der Geist, wenn er aus der gemeinsamen Natur hervorginge, aus sich selbst hervorgehen, weil er an ihr gleicherweise teilhat; dies aber ist absurd. Die Lateiner antworten natürlich auf diesen Einwand, und dies seit Jahrhunderten. Daß er immer wiederholt wird, zeigt, wie sehr das, was in der einen theologischen Glaubenskonstruktion intellektuell durchschlagend ist, einer anderen theologischen Konstruktion fremd bleibt. Die Orthodoxen bleiben der Überzeugung, daß wir die Hypostasen aus der Natur oder dem Wesen ableiten; unser Begriff der Hypostase als einer subsistenten Beziehung sagt ihnen nichts. Wir geben zu, daß sie Art und Weise, wie die 'ins Kraut geschossene Scholastik' (H. Clérissac) in indiskreter Unerschrockenheit über das Trinitätsmysterium endlos spekuliert hat, einem als ungebührliche Intellektualisierung vorkommen kann. Doch dies entbindet uns nicht vom Bemühen, den Wert dessen wahrzunehmen, was Heilige und Genies wie Thomas von Aquin in den Begriffen 'subsistente Relationen' zum Ausdruck gebracht haben.[2]

Ich gebe hier eine längere Passage aus Congars Werk wieder, weil in ihr meiner Meinung nach in knapper und präziser Form die theologische Argumentationslinie der griechischen und der lateinischen Kirche in ihrer Auseinandersetzung über das "filioque" dargestellt wird. Das, was uns aber in dem hier erörterten Zusammenhang interessiert, ist nicht eine nochmalige Darstellung der Aporien des sich selbst begründenden Rationalismus der scholastischen Konzeption, die hier mit dem Hinweis auf den "Intellektualismus" vom katholischen Theologen Congar etwas vage zugegeben werden (allein die Formulierung "Intellektualismus" trägt m.E.

zur Verwirrung bei; denn Rationalismus und eine rationalistische Tradition von Theologie ist doch nicht mit "Intellektualismus" schlechthin identisch. Die griechischen Kirchenväter, die Kappadokier, und auch die späteren Theologen, waren allesamt "intellektualistisch", wie die griechische Theologie überhaupt, doch rationalistisch war diese Theologie nie), sondern die innere Beziehung zwischen diesem Rationalismus und der weltgeschichtlichen Position der katholischen Kirche.

Es ist in der Auseinandersetzung mit dieser Position, in der der Gegenspieler Karls d. Großen, der Patriarch von Konstantinopel, Photius d. Große, die Lehre vom Unterschied zwischen Wesen und Hypostasen im Unterschied zu der lateinischen Konzeption, die die Gemeinsamkeit des Wesens hervorhebt, radikalisiert und somit die Voraussetzungen für die endgültige dogmatische Ablehung des "filioque" schafft.[3] In der Konzeption Karls d. Großen wird im Gegensatz zur byzantinischen Konzeption alle innentrinitarische Macht auf die Person des Sohnes Logos konzentriert. Weil der Sohn Logos diese Macht nicht mit dem Geist teilt, ist seine Herrschaft absolut. In der Konzeption der lateinischen Kirche ist Jesus der Bonapart ohne Beteiligung des Geistes. Der Geist erscheint hier nicht, denn der Kaiser ist der Ursprung des Geistes, nicht erscheint er im Geist, sondern der Geist ist, weil der Kaiser ist. In der Konzeption Karls d. Großen ist der Sohn Logos ein Usurpator. Sowie Karl d. Große selbst alle Macht in sich vereinigt, so ist auch seine Trinitätskonzeption die Konzeption des übermächtigen Sohn-Logos. Die Tatsache, daß diese Konzeption Rom zunächst nicht genehm war, ist jedoch kein Hindernis für ihre früher oder später von der päpstlichen Kirche erfolgte Übernahme gewesen. Indem Rom sich diese Konzeption aufzwingen ließ, indem es ein Stück Selbständigkeit der Kirche zugunsten der Staatsgewalt preisgab, ließ es sich eine Konzeption auf den Leib schmieden, die seiner weltgeschichtlichen Rolle und Organisation entsprach. Die Beziehung zwischen Idee und Wirklichkeit ist hier eine indirekte, vermittelte, sie geht durch den Weg des Umkehrens des realen Verhältnisses vor. Das reale, weltliche Verhältnis drückt sich nicht direkt auf das spekulative und theologische auf, sondern das bürokratische, in der Organisation enthaltende und reflektierte weltliche Verhältnis wirkt hier auf das theologisch-dogmatische. Die katholische Kirche wirkt auf das Dogma, indem sie in sich das reale

Weltverhältnis reflektiert, und nicht das Weltverhältnis wirkt auf das Dogma, das dann auf die katholische Kirche wirkt. In seiner Indirektheit, in seiner Umkehrung ist dieses Verhältnis, indem es durch die Kirche als Organisation durchgeht, in ihr reflektiert wird, ein durch Bürokratie vermitteltes, ihr wesensverwandtes, insofern mutatis mutandis ein *theologisches*.

In seiner "Kritik der Hegel'schen Staatsphilosophie" im Kapitel über die Regierungsgewalt und speziell über § 297 der Hegel'schen Rechtsphilosophie liefert Marx eine meiner Meinung nach ausgezeichnete, unübertroffene Darstellung des Wesens der Bürokratie.

'Der Staatsformalismus', der die Bürokratie ist, ist der 'Staat als Formalismus', und als solchen Formalismus hat sie Hegel beschrieben. Da dieser 'Staatsformalismus' sich als wirkliche Macht konstituiert und sich selbst zu einem eigenen *materiellen* Inhalt wird, so versteht es sich nun von selbst, daß die 'Bürokratie' ein Gewebe von *praktischen* Illusionen oder die 'Illusion des Staats' ist. Der bürokratische Geist ist ein durch und durch jesuitischer, theologischer Geist. Die Bürokraten sind die Staatsjesuiten und Staatstheologen. Die Bürokratie ist la république prêtre.[4]

Diese innere Verwandtschaft von bürokratischem und theologischem Geist, die darauf beruht, daß der bürokratische Geist, ähnlich wie Marx sagen würde, der illusorische Spiritualismus des Staates ist und in verkehrter Form wie der theologische Geist reale Weltverhältnisse als substanzialisierte ideelle Verhältnisse zur Darstellung bringt, drückt sich also darin aus, daß, so wie der Staat für das Verständnis der Bürokratie als das von der Gesellschaft unabhängige, auf sie wirkende, sie lenkende Sonderinteresse erscheint, während in Wirklichkeit das Sonderinteresse des Staates Ausdruck der gesellschaftlichen Sonderinteressen ist, auch für die Theologie die Theorie und die spekulative Digmatik, als das Sonderinteresse des Geistes schlechthin, das auf die Organisation der Kirche wirkt, erscheint, während in Wirklichkeit dieses theologische Sonderinteresse Ausdruck des Sonderinteresses der Kirche als Institution und Organisation ist. "Wenn Hegel die Regierungsgewalt die *objektive* Seite der dem Monarchen innewohnenden Souveränität nennt, so ist das richtig in demselben Sinne, wie die katholische Kirche das *reelle Dasein* der Souveränität, des Inhalts und Geistes der heiligen Dreieinigkeit war."[5] Dieses reelle

Dasein aber ist in Wirklichkeit die Wahrheit des "Geistes der hl. Dreieinigkeit", es ist ihr Primat und nicht umgekehrt, denn das Verhältnis zwischen der Kirche als Institution und spekulativer theologischer Dogmatik ist dem Verhältnis zwischen Bürokratie und ihrem eigenen theoretischen Selbstverständnis als Verkörperung des allgemeinen Staatsinteresses analog. "In der Bürokratie ist die Identität des Staatsinteresses und des besonderen Privatzweckes so gesetzt, daß das *Staatsinteresse* zu einem *besonderen* Privatzwecke gegenüber den anderen Privatzwecken wird."[6]

Auch in der Frage ihrer Aufhebung verhält es sich daher mit der Kirche als Institution, die den Schein, ein allgemeines Interesse zu verkörpern, aufrecht erhält, analog der Bürokratie. "Die Aufhebung der Bürokratie kann nur sein, daß das allgemeine Interesse *wirklich* und nicht wie bei Hegel, bloß im Gedanken, in der *Abstraktion* zum besonderen Interesse wird, was nur dadurch möglich ist, daß das *besondere* Interesse wirklich zum *allgemeinen* wird."[7] Mit anderen Worten: Die Verwirklichung der Kirche ist ihre Aufhebung; wenn das, was die Kirche im Bewußtsein der Menschen vertritt, Wirklichkeit wird, wird die Kirche als Institution aufgehoben. Das ist der eine Aspekt. Die weitere Konsequenz dieses Satzes, die *entscheidende* Konsequenz, ist, daß Kirche als Institution und Wahrheit und Wirklichkeit der Kirche einander ausschließende, kontradiktorische Begriffe sind. Damit die Wahrheit der Kirche als allgemeine Wirklichkeit gesetzt werden kann, muß die Kirche als Institution zerstört werden. Das größte Hindernis für die Wahrheit der Kirche ist die Kirche selbst. Es scheint tatsächlich so zu sein, daß man in der Dialektik der Weltgeschichte, vom Mythos des Großinquisitors nicht umhin kann.

Indem also die römische Kirche selbst die von Karl d. Großen gestellte weltgeschichtliche Aufgabe nicht nur dogmatisch, sondern institutionell übernimmt, indem sie selbst Staat und selbst der Bonapart wird, läßt sie den Geist im Reich des Sohnes nur eine untergeordnete formale Rolle spielen. In der Wirklichkeit der bonapartischen Herrschaft des Sohnes ist der Geist in einem Subordinationsverhältnis. (Das wird dogmatisch nicht zugegeben, ist jedoch in der Wirklichkeit der römischen Trinitätskonzeption in der doppelten Gestalt als theologische Spekulation und als Institution enthalten.) Weil hier im Unterschied zu Byzanz kein Verhältnis ist mit einer anderen staatspolitischen Macht, mit der die Herrschaft geteilt werden kann, weil hier nur eine Herrschaft ist, ist auch kein Verhältnis zwischen Staat und Geist. Weil der Staat mächtig ist, steht der Geist zu ihm in einem Verhältnis der Subordination, wenn der Staat aber schwach wird, nimmt der Geist nicht an Macht zu. Das Verhältnis zum Geist ist also ein negatives, nivellierendes, nicht ein dialektisches der weiterführenden, produktiven, konkreten Negation. In diesem Reich des Sohnes ist daher kein Platz für den Geist, wenn die Macht des Sohnes untergeht, denn er scheint nicht in der Subjektivität der Massen als historisches Subjekt. Es gibt daher keine größere Tragödie für den Katholizismus, als den Verlust seiner Macht als realer Staatsmacht.

Der moderne Katholizismus operiert mit der Suggestion, mit dem Popanz von Macht. Er agiert mit dem Ersatz von Macht durch Diplomatie, durch die Macht der Massenmedien und durch die Unterstützung, die dem Vatikan als "völkerrechtlichem Subjekt" von den "befreundeten Staaten entgegengebracht wird. Dieser ganze Komplex von Machtersatz reicht jedoch nicht aus, um realen Machtverlust zu kompensieren. Die Tragödie des Katholizismus ist im Zeitalter des Verlustes der realen Macht der Kirche, daß er in einer säkularisierten Welt Geist vortäuschen muß, dort, wo kein Geist sein kann, im scheinbaren, kompensatorischen Betrieb für verlorene Macht, die ursprünglich darauf beruhte, daß in der Kirche als Bonapart die anderen Personen der Trinität durch die Hervorhebung des Sohnes von ihm isoliert wurden, zu suchen. Im Unterschied zur orthodoxen Kirche verlangt die katholische Kirche von den Massen ihrer Gläubigen viel, ohne es selbst den Menschen in den modernen Industrienationen geben zu können, denn sie kann den Verlust des Geistes nicht durch verlorene Macht wiedergutmachen und versucht den Menschen vorzutäuschen, daß beide Verluste wiedergutgemacht worden sind. Diese Tragödie beruht aber darauf, daß dadurch, daß die katholische Kirche von den Menschen etwas abverlangt, was möglich ist, weil sie Staat war, die erwähnte Spannung zwischen Wahrheit der Kirche und Kirche als Institution oder die Spannung in der Kirche als Hindernis ihrer selbst unüberwindlich ist und *innerhalb* der Kirche nicht lösbar ist. D.h. also, daß die Wahrheit der Kirche außerhalb der Kirche ist, ja, um es nocheinmal zu sagen: Die Wahrheit der Kirche ist in ihrer Zerstörung, denn die Institution, die Bürokratie der Kirche war ohnehin die Zerstörung ihrer Wahrheit.

In ihrer Auseinandersetzung mit dem Prinzip der lateinischen Kirche und mit der Macht Karls d. Großen entwickelte die byzantinische Theologie eine Konzeption, die in der Hervorhebung der Differenz zwischen Wesen und Hypostasen die früher übliche Formulierung "durch den Sohn", jenes *per*, das Karl d. Große zu einem eindeutigen *ex* verwandelt hatte, etwas weggedrängt hat.

Für Photius subsistieren und unterscheiden sich die drei Personen durch unmittelbare persönliche Prioritäten, die sie charakterisieren. Der Vater ist *anarchos*, ursprungslos; der Sohn ist gezeugt, was ihn auf den Vater als solchen bezieht; der Geist geht vom Vater als seiner Ursache, als der einzigen Ursache des Geistes und zugleich des Sohnes, hervor. Die Monarchie des Vaters ist das Prinzip des Geistes wie des Monogenes, und das Prinzip ihrer Wesensgleichheit. Während aber die griechischen Väter ein geradliniges, dynamisches Schema dieser Monarchie vorlegten - vom Vater durch den Sohn im Geist -, nimmt Photius ein zweigliedriges Schema an: vom Vater geht der Sohn und der Geist aus.[8]

Durch diese Hervorhebung der Hypostasen im inneren Trinitätsprozeß ließe sich dann die Ablehnung des "filioque" leichter begründen im Sinne des dargestellten Argumentes von der Unmöglichkeit des Hervorgangs des Geistes aus sich selbst im Falle der Annahme einer gemeinsamen Natur. Ich glaube jedoch, daß hier einige Klarstellungen erforderlich sind: Es ist unbestritten, daß die Argumentation von Photius die Ablehnung des "filioque" mit größerer Entschiedenheit ermöglicht, als es bei der Formel "durch den Sohn" der Fall sein kann. Jedoch ist die Abschaffung des "durch" nicht allein auf Photius zurückzuführen, das ist vielmehr der Versuch einer Darstellung, die um einen formalen Kompromiß bemüht ist. In diesem Sinn dient bei vielen sowohl katholischen als auch orthodoxen Theologen der Hinweis auf die Ursprünglichkeit der Formel "durch den Sohn" dem Bemühen, eine "mittlere" Position zu formulieren, die für beide Seiten akzeptabel wäre.[9] Trotz der dynamisch-dialektischen Darstellung der Trinitätsbewegung bei Evdokimov, die ein unleugbares Verdienst seiner Theologie ist, kann man sich bei ihm nicht des Eindrucks erwehren, daß sein Konzept auf eine unbedingte dogmatische Annäherung der beiden Theologien schon im vornhinein abzielt und daher auch gewisse Grundpositionen schon im vornhinein annehmen muß. "Die Formulierung des Photius 'vom Vater allein' ist eine polemische Formulierung gegen das "filioque". Die herrschende Auffassung der Väter ist weder das eine noch das andere, sondern sie stellt eine dritte Position, die variantenreicher und weniger formell klar ist, dar", schreibt Evdokimov.[10]

Ich meine, daß diese "dritte Position" zumindest in den Ausführungen von Congar und Evdokimov etwas Gekünsteltes hat und unabhängig von der Tatsache der Historizität der christlichen Dogmatik, der unleugbaren Entwicklung des Dogmas durch alle möglichen Varianten hindurch bis zu seiner endgültigen Formulierung durch Ost und West (die Geschichte dieser Varianten, die historisierende Dogmengeschichte kann hier nicht unsere Aufgabe sein), sich eindeutig über den Sachverhalt hinwegsetzt, daß trotz der erwähnten Entwicklung und Historizität die hypostatische Konzeption des Hervorganges des Geistes *vom Vater* ohne eine wie immer zu formulierende Beteiligung des Sohnes schon *vor* Photius, deutlich etwa bei Johannes von Damaskus, zum Ausdruck gekommen ist. So schreibt Johannes in der schon zitierten Stelle: "Darum sagen wir auch nicht, das Wesen bestehe *aus* Hypostasen, sondern *in* Hypostasen",[11] weil sonst "eine zusammengesetzte vollkommene Natur" angenommen werden könnte, während die Trinität nach Johannes "eine in drei vollkommenen Hypostasen bestehende einzige, einfache, übervollkommene, übervollendete Wesenheit ist".[12]

Im Rahmen dieser hypostatischen Konzeption erklärt dann Johannes dezidiert: "Der Hl. Geist aber, sagen wir, ist aus dem Vater, und wir nennen ihn Geist des Vaters. Dagegen behaupten wir nicht, daß er aus dem Sohne ist, nennen ihn jedoch Geist des Sohnes."[13] Ich meine, daß diese Stelle bei Johannes von Damaskus ein deutlicher Hinweis auf die griechische Trinitätslehre in dieser Form schon *vor* Photius ist. Den Hinweis von Stiefenhofer in der zitierten Damaszenerausgabe,[14] daß diese Formulierung des Johannes von Damaskus eine *bewußte* Polemik gegen das "filioque" darstellt, weil diese Formel ihm nach der Synode von Toledo (589) bewußt sein müßte, halte ich für problematisch, ebenfalls die Kommentierung dieser Stelle bei Bilz, der wie Stiefenhofer meint, daß Johannes von Damaskus sich hier konkret gegen das "filioque", allerdings aufgrund anderer Quellen als die Synode von Toledo, wendet.[15] Letzteres scheint also nicht der Fall zu sein, weil in dem Zeitalter des Damaszeners der Konflikt über das "filioque" einerseits, wenn überhaupt bekannt, noch keinen allgemein übergreifenden Charakter angenommen haben dürfte, und andererseits, wenn das "filioque" aufgrund von vereinzelten Ereignissen schon bekannt sein sollte, doch noch keinen staatspolitischen Konfliktstoff dargestellt hat, das ist erst durch Karl d. Großen geschehen. Auch wenn der Damaszener hier seine Formulierung *bewußt* gegen das "filioque" einsetzt, ist das Resultat einer rein theologischen Auseinandersetzung, denn der weltgeschichtliche, staatspolitische Konflikt ist bei weitem noch nicht ausgereift, wie es erst bei Karl d. Großen der Fall ist. Die byzantinische Formulierung ist also nicht eine bloße ideologische Zweckformel, die der Abwehr Karls d. Großen gilt. Sie ist ein entwicklungsgeschichtliches Produkt der byzantinischen Trinitätsdialektik, das dann allerdings von Photius souverän im Kampf gegen Karl d. Großen eingesetzt wird. Die Tatsache, daß, wie Bilz an zahlreichen Stellen nachweist,[16] auch für die griechische Patristik vor Photius der Ausdruck "durch den Sohn" zumindest indirekt möglich und an einigen Stellen auch direkt ausgesprochen werden konnte, kann nicht darüber hinwegtäuschen, daß auch in dieser Formel, die in der Dialektik von der Einheit von Wesen und Hypostasen, in der Dialektik der Perichorese zur Darstellung gebrachte unbedingte Ableitung des Sohnes und des Geistes vom Vater (auf unaussprechlich verschiedene Weise), hervorgehoben werden soll. Das ist aber eine grundlegend verschiedene Position als die Karls d. Großen noch vor der endgültigen Fixierung durch Photius.

An dieser Stelle müssen wir also noch einmal die Bedeutung der hypostasenhaften Trinitätskonzeption der Byzantiner hervorheben. Zusammen mit dem Prinzip der Monarchie des Vaters stellt sie den Schlüssel für das Verständnis der byzantinischen Trinitätskonzeption dar. Wir wollen versuchen, es nicht formal im Sinne der üblichen Dogmengeschichte, sondern inhaltlich zu begreifen. Dabei müssen wir über das bereits in diesem Zusammenhang Erwähnte hinausgehen. Wir müssen hier begreifen, daß die Trinität für Johannes von Damaskus eine "übervollkommene, übervollendete Wesenheit" ist, *indem* sie in den drei Hypostasen besteht, d.h., daß jede Hypostase in sich das *Ganze* der Trinität ist. Johannes von Damaskus erweist sich hier als hervorragender Dialektiker. Trotz der Argumentation von der Hypostase als subsistenten Beziehung, wie sie die katholische Theologie vertritt, gelingt es ihr jedoch nicht, ihren formal logischen Charakter abzustreifen. Auch als subsistente Beziehungen sind nämlich die Hypostasen Momente einer Wesenheit, die *aus* ihnen zusammengesetzt ist. Die katholische Theologie hält sich natürlich streng in ihrer Dogmatik an den Grundsatz der Identität und Gleichwesentlichkeit der Totalität der Trinität mit jeder einzelnen Hypostase, an den nicht als Zusammensetzung interpretierbaren Charakter der Trinität, die die Totalität der Synthesis, der nicht Synthesis ist. Auch wenn man die These von der Zusammensetzung der Trinität aus ihren Momenten im Rahmen der katholischen Theologie als übertriebene Polemik ansieht, ist es jedoch so, daß, indem in der katholischen Theologie die Hypostasen Momente des Wesens sind, sie auch *im* Wesen sind und daß darauf das spezifische Gewicht fällt und nicht darauf, daß das Wesen in den Hypostasen ist. Zwar laufen beide Sätze auf das gleiche hinaus (daß das Innere das Äußere und das Äußere das Innere ist) und trotzdem sind beide Sätze nicht absolut identisch. Indem für die katholische Theologie die Hypostasen im Wesen sind und das Wesen die Einheit der Hypostasen ist, *in der* sie sind, ist es für die bonapartistische Gewalt der Kirche auch dieses Wesen, das den entscheidenden Aspekt des Trinitätsverständnisses liefert und nicht die Hypostasen. Durch diese Hervorhebung des Wesens vollzieht sich die Anpassung der Lehre der Kirche an die Konzeption des philosophischen Aristotelismus, mittelalterliche Ontologie und Naturrecht sind das Produkt dieser Anpassung.

Diese Anpassung, die die Grundlage für die spätere Emanzipation des Denkens von den theologischen Fesseln bildete (so wurde kirchliches Naturrecht zum bürgerlichen Menschenrecht und theologisches Ontologiekonzept und aristotelisierende Metaphysik zur Basis für den rationalistischen Diskurs der Neuzeit), war gleichzeitig die Basis für die Projektion des Wesens auf die Institution der Kirche und die Identifizierung des Sohnes Logos mit dem Papst als zentrale Momente in Trinität und Kirche, die das Ganze zusammenhalten. Der Primat des Wesens wird in der katholischen Theologie zum Primat des Papstes, der Bonapart, der alle Macht in seinen Händen konzentriert und ohne ihn keine Macht ist, sondern Machtvakuum, wird in letzter Konsequenz als Inkarnation der Macht des Wesens zum Wesen der Macht selbst. Das drückt sich sehr schön im Dogma von der Unfehlbarkeit des Papstes aus, dem notwendigen Pendant zum Primat des Papstes, d.h. seinem geschichtlichen Anspruch auf Universalherrschaft. Das resultiert aus einer unleugbaren Dialektik: Dort, wo Machtkonzentration ist und wo Macht auftritt mit dem Anspruch Macht zu sein, muß sie eine unbedingte, uneingeschränkte sein. Damit der katholische Bonapartismus seine historische Funktion erfüllen kann, muß er als unbedingte Identität mit dem Wesen, ja als Wesen selbst auftreten, denn ein Bonapart, der in sich skeptisch und distanziert über sich selbst im Zweifel ist, hört damit auf ein Bonapart zu sein, der Zweifel ist die Zerstörung des Bonaparten, seine Selbstaufhebung. Dagegen besteht die Macht des Bonaparten darin, daß er die Macht hat; in dieser Tautologie, die aus der unbedingten absoluten Identität von Person und Amt resultiert, kommt das Wesen des Bonapartismus am deutlichsten zum Ausdruck. Das Wesen der katholischen Kirche ist der Papst selbst, sie ist für ihn und nicht er für die Kirche.

In der orthodoxen Theologie ist im Unterschied zur katholischen die Anpassung an die Konzeption des philosophischen Aristotelismus und die Projektion des Wesens auf die Institution der Kirche durch die Hervorhebung der Hypostasen, *in denen* das Wesen ist, nicht möglich. So bleibt der Aristotelismus in der orthodoxen Theologie eine äußerliche Hülle, auch dort, wo er für die äußere Geschichte der Dogmatik der Fall zu sein scheint. Indem der Platonismus der Kirchenväter die Basis der orthodoxen Theologie bleibt und in der Realität der Organisation von Kirche und Staat mit dem Zentrismus der byzantinischen Kirche zusammentrifft, sind in Byzanz und in der Tradition der byzantinischen Theologie die Voraussetzungen für die Umkehrungsformel "Kirche für den Papst" bzw. für ihr Oberhaupt als Bonaparten nicht gegeben und das Wesen der Kirche besteht nicht im Absolutheitsanspruch ihrer weltlichen Macht, sondern in ihrer Position der Vermittlung. Diese Vermittlung ist aber nicht nur eine Vermittlung zwischen Massenbasis und Staat, sondern auch zwischen Staat *für* die Massen und Himmelsreich, die byzantinische Kirche ist das Moment der Vermittlung in der Beziehung der Triplizität von Kaiserreich, Massen und Reich des Geistes, sie vermittelt in der Bewegung dieser Triplizität nach *Innen* und nach *Außen*, sie setzt als Vermittlungsmoment in dieser Triplizität fort, dort, wo sich die Grenzen und Aporien des siegreichen römischen Christentums Jahrhunderte vorher bei Augustinus abzeichneten.

Im Rahmen dieser Arbeit haben wir versucht diese Aporien anhand des augustinischen Zeitbegriffs zu zeigen, die byzantinische Kirche setzt gerade dort fort, wo Augustinus vor der weltgeschichtlich gezeichneten Grenze des triumphierenden römischen Christentums stehen bleibt, vor der unüberwindlichen Aporie des Konzeptes einer civitas dei, die in ihrer Differenz zur civitas terrena schon selbst ein Teil dieser civitas terrena geworden ist. Dieser Widerspruch zwischen eschatologischem Zug und institutioneller Realität, der bei Augustinus sich im Widerspruch seiner Geschichtsphilosophie und seiner rationalen Trinitätsdialektik verdichtet, ist also für die byzantinische Theologie nicht relevant; mit ihrem spiralförmig gefaßten dialektischen Zeitbegriff und ihrer Lehre von der Perichorese und der Bewegung des Umschließenden, Umschlossenen als Basis der innentrinitarischen Dialektik, setzt sie dort fort, wo die Grenzen der augustinischen Konzeption sind und über diese Grenzen hinweg, über den Rationalismus des "schlußfolgernden Denkens" der Scholastik hinaus, dringt sie mit ihrer Ikonen-Theorie in Bereiche hinein, die "nicht von dieser Welt" sind und doch sich in dieser Welt zeigen, die Hoffnung dieser Welt sind und in ihr *scheinen* wie das Licht, das "in der Finsternis leuchtet".[17]

Von seiner theologischen Hülle umhüllt, bleibt der durch die Arbeit der griechischen Kirchenväter spekulativ umgestaltete sozialrevolutionäre Kern dieser Theologie aufrecht und erinnert im byzantinischen Kulturbereich die Menschen wie jene Stimme, die "stimmlos lautet", jenseits von den aporetischen Strukturen des neuzeitlichen Rationalismus an die Ewigkeit des revolutionären Anspruchs, das Jammertal dieser Welt im Reich des Geistes und der Freiheit zu überwinden.

Anmerkungen

Einleitung

1 In der späteren Phase der byzantinischen Geschichte hat es jedoch bürgerliche Sozialbewegungen gegen den Absolutismus der herrschenden Feudalaristokratie gegeben. Die wichtigste dieser Bewegungen war die Bewegung der Zeloten in Thessaloniki, sie regierte die Stadt sogar 7 Jahre (1342-1349). J. KORDATOS vergleicht diese Bewegung mit der Bewegung der Popolari in Italien. Vgl. J. KORDATOS, Große Geschichte Griechenlands, Bd., VIII, Athen 1960, 254, griechisch.
2 Vgl. in diesem Zusammenhang die Ausführungen von G. OSTROGORSKY, Geschichte des byzantinischen Staates, München 1980, 15 f.
3 Interessant sind in diesem Zusammenhang die Ausführungen über die Aneignungsgesellschaft von A. SOHN-RETHEL, Geistige und körperliche Arbeit, Frankfurt/M. 1972, 142-145.
4 K. MARX, Grundrisse der Kritik der politischen Ökonomie [Europäische Verlagsanstalt und Europaverlag], Frankfurt-Wien o.J., 368-374.
5 A. SOHN-RETHEL, Geistige und körperliche Arbeit, 145.
6 G.W.F. HEGEL, Vorlesungen über die Philosophie der Religion, Bd. 1, Hamburg 1966, 91.
7 Diese streitbare Stelle lautet: "Οὗτος δή ὁ υἱὸς ἐκ θελήματος τοῦ πατρὸς ἐγενήθη, 'ὅς ἐστιν εἰκὼν / τοῦ θεοῦ τοῦ ἀοράτου' καί ἀπαύγασμα τῆς δόξης αὐτοῦ χαρακτήρ / τε τῆς ὑποστάσεως αὐτοῦ, 'πρωτότοκος πάσης κτίσεως', κτίσμα, / σοφία· αὐτή γὰρ ἡ σοφία φησίν·' ὁ θεὸς ἔκτισέ με ἀρχήν ὁδῶν αὐτοῦ / εἰς ἔργα αὐτοῦ'." ORIGENES, De princ. IV 4,1 349,11, hg. von H. GÖRGEMANNS/H. KARPP, Darmstadt 1976, 784; dt. Übers. siehe Anhang, 1.
8 Vgl. GREGOR von NYSSA, Große Katechese, Bibliothek der Kirchenväter, Bd. 56, München 1927, 47.
9 Vgl. ATHANASIUS der GROSSE, Gegen die Arianer. Erste Rede. Bibliothek der Kirchenväter, Bd. 13, München 1913, 55-57.
10 Ebenda, 66.
11 GREGOR von NYSSA, Große Katechese, 6.
12 GREGOR von NAZIANZ, XX. Rede, Über die Glaubenslehre und die Aufstellung der Bischöfe, Bibliothek der Kirchenväter, Bd. 59, München 1928, 408.
13 A. von HARNACK, Das Wesen des Christentums, Gütersloh 1977, 132 f.
14 K. ÖHLER, Die Kontinuität in der Philosophie der Griechen bis zum Untergang des byzantinischen Reiches, in: Antike Philosophie und byzantinisches Mittelalter, München 1969, 33.

15 Ebenda, 34-35.
16 K. MARX, Zur Kritik der Hegelschen Rechtsphilosophie, MEW Bd. 1, Berlin 1970, 386.
17 Vgl. F. ALTHEIM, Römische Religionsgeschichte II, Berlin 1956, 147.
18 Ebenda, 148.
19 Vgl. V. LOSSKY, Essai sur la théologie mystique de l'église d'orient, in griech. Übersetzung: Ἡ Μυστική Θεολογία τῆς Ἀνατολικῆς Ἐκκλησία, Thessaloniki, 1973, 64.
20 Ebenda, 64; Übers. durch den Verf. Vgl. dazu auch J. BILZ, Die Trinitätslehre des hl. Johannes von Damaskus. Mit besonderer Berücksichtigung des Verhältnisses der griechischen zur lateinischen Auffassungsweise des Geheimnisses, Paderborn 1909. Diese Arbeit ist m.E. ein unerläßliches Standardwerk im Bereich der Darstellung der Trinitätsdialektik.
21 Siehe in diesem Zusammenhang E. BLOCH, Avicenna und die aristotelische Linke, in: Das Materialismusproblem, Frankfurt/Main 1972, 481-489.
22 Vgl. in diesem Zusammenhang, D. SAVRAMIS, Theologie und Gesellschaft, München 1971, der religionssoziologisch das östliche Christentum richtig charakterisiert, jedoch gesellschaftspolitisch systemimmanent bleibt.
23 J. BILZ, Die Trinitätslehre des hl. Johannes von Damaskus, 19.
24 JOHANNES von DAMASKUS, Κεφάλαια φιλοσοφικά, in: Πηγή γνώσεως, PG 94, 669 A, Übers. durch den Verf.
25 Diese Interpretation übernimmt auch D. STIEFENHOFER, Des Heiligen Johannes von Damaskus genaue Darlegung des orthodoxen Glaubens, Bibliothek der Kirchenväter, Bd. 44, München 1923, XIX, der die gleiche Stelle aus J. BILZ zitiert. Übereinstimmend auch die Darstellung von K. ÖHLER, Die Kontinuität in der Philosophie der Griechen bis zum Untergang des byzantinischen Reiches, 23-26.
26 I. ZIZIOULAS, Von der Personenmaske zur Person, zit. nach Ioannes Damaskenos-Dialectica, Athen 1978, 16, griechisch; Übers. durch den Verf.

I. Der Logos als ποίησις *und* κτίσις

1 K. ÖHLER, Die Kontinuität in der Philosophie der Griechen bis zum Untergang des byzantinischen Reiches, 35.
2 K. KAUTSKY, Die Entstehung der biblischen Urgeschichte, Wien 1883.
3 Vgl. Die Bibel. Die heilige Schrift des Alten und Neuen Bundes, Freiburg-Basel-Wien 1968, Einleitung, 5.
4 Gen. 1, 1, Die Bibel. Einheitsübersetzung, Freiburg-Basel-Wien 1980.
5 Gen. 2, 18, ebenda.
6 Gen. 3, 4-5, ebenda.
7 R. REITZENSTEIN, Die hellenistischen Mysterienreligionen, Göttingen 1920.
8 Vgl. A. von HARNACK, Das Wesen des Christentums, 132 f. Vgl. auch oben Anmerkung 13 d. Einleitung.
9 H. RAHNER, Griechische Mythen in christlicher Deutung, Darmstadt 1966, 105 f.

10 Ebenda, 107 f.
11 Siehe, Sir. 24, 1-23; Bar. 3, 9-4, 1; Sap. Sol. 9, 1-19; Prov. 8, 22-30; Ezech. 37, 1-14; Psalm 147, 1-9 u. 32, 1-9.
12 Sap.sol. 9, 9, Die Bibel. Einheitsübersetzung, Hervorhebung durch den Verf.
13 Prov. 8, 30, ebenda.
14 1 Kor, 8, 6, ebenda.
15 ORIGENES, De princ. I 2, 6, 137.
16 Ebenda I 2, 8, 141.
17 Ebenda I 2, 3, 127.
18 Ebenda I 2, 6, 135.
19 Vgl. ebenda. Siehe dort auch die vom Herausgeber stammende Fußnote 16.
20 ORIGENES, De princ. I 3, 5, 169 f.
21 Vgl. ebenda I 3, 8, 181. Siehe dort auch die vom Herausgeber stammende Fußnote 28.
22 Kol. 1, 15-18; dt. Übers. siehe Anhang 6.
23 Vgl. ISAAK der SYRER, Rede 32, Über das reine Gebet, in: Unseres seligen Vaters Isaaks Bischofs von Ninive des Syrers die gefundenen asketischen [Werke]. Leipzig 1770, hg. vom Priestermönchen Nikephoros Theotokos, 2. Auflage Athen o.J., 149, griechisch; dt. Übers., siehe Anhang 7. Der Hinweis auf die προσευχή als μεσίτις zwischen Seele und Geist sowie der Endzustand der Heiligen im Geist, wobei hier νοῦς im Unterschied zu πνεῦμα verwendet wird, der bezogen auf Θεὸς nicht existiert, ist m.E. symptomatisch. Auf alle Fälle liegt in dieser Dreiteilung von σῶμα, ψυχή und πνεῦμα eine das christliche Denken dominierende Dialektik, deren Gegenstück in der Triplizität der philosophischen Konzepte von Dialektik liegt.
24 Hebr. 1, 2-4; dt. Übers., siehe Anhang 8.
25 Vgl. G. KITTEL Hg., Theologisches Wörterbuch zum Neuen Testament, Bd. 4, Stuttgart 1957, 134-135.
26 Joh. 1, 1; dt. Übers., siehe Anhang 9.
27 ATHANASIUS der GROSSE, Oratio IV, contra Arianos, PG 26, 468 B-C; dt. Übers., siehe Anhang 10.
28 Ebenda, PG 26, 468 C; dt. Übers., siehe Anhang 11.
29 JOHANNES 1, 18; dt. Übers., siehe Anhang 12.
30 Vgl. Die Bibel. Die heilige Schrift des alten und neuen Bundes, Joh. 1, 18.
31 Im Unterschied dazu wird in der Einheitsübersetzung die Gleichwesentlichkeit betont "Der einzige, der Gott ist und am Herzen des Vaters ruht...", Die Bibel. Einheitsübersetzung, Joh. 1, 18.
32 Joh. 14, 6-11; dt. Übers., siehe Anhang 13.
33 R. REITZENSTEIN, Die hellenistischen Mysterienreligionen, 45.
34 Ebenda, 43.
35 Vgl. GREGOR von NAZIANZ, hg. von J. BARBEL, Die fünf theologischen Reden, IV. Über den Sohn, Düsseldorf 1963, 186.
36 ATHANASIUS der GROSSE, De sententia Dionysii 4, 1, in: Werke, Bd. 2, hg. von H.G. OPITZ, Berlin-Leipzig 1935, 48; dt. Übers., siehe Anhang 14.
37 Ebenda, 4, 1-2, 48; dt. Übers., siehe Anhang 15.
38 R. REITZENSTEIN, Die hellenistischen Mysterienreligionen, 8.

39 Vgl. Joh. 15, 1. Ἐγὼ εἰμι ἡ ἄμπελος ἡ ἀληθινή, καί ὁ πατήρ μου ὁ γεωργός ἐστι; dt. Übers., siehe Anhang 16.
40 ATHANASIUS der GROSSE, De sententia Dionysii, 10, 5, 54; dt. Übers. siehe Anhang 17.
41 Vgl. H.G. OPITZ Hg., Glaubensbekenntnis des Arius und seiner Genossen an Alexander von Alexandrien, 1-5, in: Urkunden zur Geschichte des Arianischen Streites 318-328, Bd. 3, Berlin-Leipzig 1934, 12-13; dt. Übers., siehe Anhang 18.
42 ORIGENES, contra Haereses. Lib. VII, PG 16/3, 3322 B; dt. Übers., siehe Anhang 19.
43 Vgl. auch Enzyklopädie für Religion und Moral, Bd. 5, Athen 1964, 149-150 griechisch, in der auf die Erwähnung von Saturnilus bei Hippolytos bezug genommen wird.
44 H.G. OPITZ Hg., Brief Alexanders von Alexandrien an alle Bischöfe, 8-9, in: Urkunden zur Geschichte des Arianischen Streites, Bd. 3, 8; dt. Übers., siehe Anhang 20.
45 GREGOR von NAZIANZ, XX. Rede, Über die Glaubenslehre und die Aufstellung der Bischöfe, 408.
46 H.G. OPITZ Hg., Glaubensbekenntnis des Arius und seiner Genossen an Alexander von Alexandrien, 2-3, 12.
47 Ebenda, 4-5, 13.
48 Auf diesen Sachverhalt geht die Polemik des Athanasius mit besonderer Schärfe ein: "... und es war einmal, da es nicht war, und war nicht, bevor es wurde..." ATHANASIUS der GROSSE, Gegen die Arianer, 23.
49 H.G. OPITZ Hg., Glaubensbekenntnis des Arius und seiner Genossen an Alexander von Alexandrien, 4-5, 13.
50 ATHANASIUS der GROSSE, De sententia Dionysii, 20, 3, 61; dt. Übers., siehe Anhang 21.
51 H.G. OPITZ Hg., Glaubensbekenntnis des Arius und seiner Genossen an Alexander von Alexandrien, 4, 13.
52 Vgl. J. KORDATOS, Große Geschichte Griechenlands, Bd. VII, Athen 1960, 67 f, griechisch.
53 Vgl. A. von HARNACK, Die Mission und Ausbreitung des Christentums in den drei ersten Jahrhunderten, Leipzig 1924, 12.
54 Ebenda, 59 f.
55 Kordatos berichtet über Konstantin d. Großen in dieser Situation ironisch: "Konstantin war natürlich ein hervorragender Militär und Politiker. Seine Bildung war aber sehr mittelmäßig. Abgesehen davon war seine Muttersprache lateinisch. Griechisch konnte er nicht. Vielleicht konnte er sich in der Koine verständigen. Er wurde in Altgriechisch nicht unterrichtet und konnte die altgriechischen Schriftsteller nicht lesen. Er hat nie Interesse für die schönen Künste und die Literatur gezeigt. Es steht also außer Frage, daß er kein Jota von dem was Arius, Athanasius und die anderen Bischöfe über das ὁμοούσιον und ὁμοιούσιον des trinitarischen Dogmas erzählt haben, verstanden hat." J. KORDATOS, Große Geschichte Griechenlands, Bd. VII, 68, Fußnote 2; dt. Übers. durch den Verf.

56 H.G. OPITZ Hg., Symbol der Synode von Nicäa, in: Urkunden zur Geschichte des Arianischen Streites, Bd. 3, 51-52; dt. Übers., siehe Anhang 22.
57 ATHANASIUS der GROSSE, De sententia Dionysii, 17, 1, 58; dt. Übers., siehe Anhang 23.
58 Vgl. W. JÄGER, Gregor von Nyssas Lehre vom Heiligen Geist, Leiden 1966, 6.
59 'Ακάθιστος ὕμνος, in: ʽΙερὰ Σύνοψις καί τὰ ἅγια Πάθη, Athen 1970, 170 f; dt. Übers., siehe Anhang 24.
60 Vgl. ATHANASIUS der GROSSE, Oratio IV, contra Arianos, PG 26, 505 A-B.
61 GREGOR von NAZIANZ, Die fünf theologischen Reden, III, 144; dt. Übers., siehe Anhang 25.
62 Vgl. J. BARBEL Hg., Gregor von Nazianz, Die fünf theologischen Reden, IV, 279.
63 GREGOR von NAZIANZ, Die fünf theologischen Reden, III, 132 f; dt. Übers., siehe Anhang 26.
64 Ebenda, 146; dt. Übers., siehe Anhang 27.
65 Ebenda, 160 f; dt. Übers., siehe Anhang 28.
66 GREGOR von NAZIANZ, Ad Cledonium presbyterum contra Apollinarium. Epistola I, PG 37, 85 C - 86 B; dt. Übers., siehe Anhang 29.
67 JOHANNES von DAMASKUS, Genaue Darlegung des orthodoxen Glaubens, Bibliothek d. Kirchenväter, Bd. 44, München 1923, 14.
68 ʽΙερὰ Σύνοψις καί τὰ ἅγια Πάθη, 170.
69 Joh. 1,14; dt. Übers., siehe Anhang 30.
70 GREGOR von NAZIANZ, oratio XLV, In Sanctum Pascha, PG 36, 862-863 B; Übers. durch den Verf.
71 Siehe ebenda.

II. Der Nestorianismus als besondere Variante einer patriarchalischen Tradition

1 F. LOOFS, Fragmente des Nestorius, Hallen 1905, 245 f; dt. Übers., siehe Anhang 31.
2 Ebenda, 178; dt. Übers., siehe Anhang 32.
3 Ebenda, 178 f; dt. Übers., siehe Anhang 33.
4 Ebenda, 260; dt. Übers., siehe Anhang 34.
5 Vgl. Lexikon für Theologie und Kirche, Bd. 7, Freiburg in Breisgau 1957, 855.
6 F. LOOFS, Fragmente des Nestorius, 252; dt. Übers., siehe Anhang 35.
7 CYRILLUS von ALEXANDRIEN, adversus Nest. PG 76, 21 C; dt. Übers., siehe Anhang 36.
8 CYRILLUS von ALEXANDRIEN, Epistola XVII, PG 77, 75 D; dt. Übers., siehe Anhang 37.
9 Vgl. A. von HARNACK, Das Wesen des Christentums, 135.

10 ISAAK der SYRER, Über das Schweigen, in: Rede 34, Über die Reuen, in: Unseres seligen Vaters Isaaks Bischofs von Ninive des Syrers die gefundenen asketischen [Werke], 151; dt. Übers., siehe Anhang 38.
11 Matth. 10, 6-16; dt. Übers., siehe Anhang 39.
12 CYRILLUS von ALEXANDRIEN, Epistola XVII, PG 77, 73 C; dt. Übers., siehe Anhang 40.
13 Ebenda, PG 77, 76 C; dt. Übers., siehe Anhang 41.
14 CYRILLUS von ALEXANDRIEN, adversus Nest., PG 76, 20 D - 21 A; dt. Übers., siehe Anhang 42.

III. Die Dialektik der Erkenntnis Gottes und die Beziehung zwischen γέννησις, κτίσις und ἐνέργεια

1 V. LOSSKY, Die mystische Theologie der morgenländischen Kirche, Graz-Wien-Köln 1961, 105.
2 Über φιλόσοφος βίος als asketisches Ideal in Fortsetzung der platonischen Tradition und seinen Stellenwert bei Gregor von Nyssa und dem Begründer des Ordenslebens Basilius d. Großen siehe, W. JAEGER, GREGOR von NYSSAS, Lehre vom Heiligen Geist, Leiden 1966, 113, wo auch auf die spezielle Bedeutung von μορφωμένος bezug genommen wird. Über den "agonalen" Charakter des παιδεία Ideals scheint m.e. beiliegender Abschnitt sehr aufschlußreich. Über φιλόσοφος und φιλοσοφία siehe auch H. HUNGER, Reich der neuen Mitte, Graz-Wien-Köln 1965, 285 f, 302 f, 313 f, 317 f, wo auch der Zusammenhang mit παιδεία zur Sprache gebracht wird.
3 W. JAEGER, Gregor von Nyssas, Lehre vom Heiligen Geist, 112.
4 V. LOSSKY, Die mystische Theologie der morgenländischen Kirche, 100.
5 Vgl. in diesem Zusammenhang die Unterscheidung zwischen Kirchenrecht und Staatskirchenrecht, in: Lexikon für Theologie und Kirche, Bd. 6, Freiburg i. Breisgau 1957, 245. Ferner Enzyklopädie für Religion und Moral, Bd. 7, Athen 1965, 302, griechisch, in dem der Hinweis auf den Unterschied zwischen institutionellem Kirchenrecht und göttlichem Recht erfolgt. Auf theologischer Ebene verhalten sich die Dinge entsprechend.
6 V. LOSSKY, Die mystische Theologie der morgenländischen Kirche, 100.
7 Ebenda, 106.
8 GREGOR PALAMAS, capita physica, theologica, moralia et practica, PG 150, 143 D; dt. Übers., siehe Anhang 43.
9 V. LOSSKY, Die mystische Theologie der morgenländischen Kirche, 95.
10 Ebenda, 106.
11 CYRILLUS von ALEXANDRIEN, De Sancta Trinitate dial VI, PG 75, 619 A; dt. Übers., siehe Anhang 44.
12 BASILIUS der GROSSE, De spiritu sancto, in: Basile de Césarée, Traité du Saint Esprit, Sources chrétiennes, Paris 1945, 197; dt. Übers., siehe Anhang 45.
13 Ebenda, 227; dt. Übers., siehe Anhang 46.
14 Ebenda, 228; dt. Übers., siehe Anhang 47.

15 R. REITZENSTEIN, Die hellenistischen Mysterienreligionen, 88.
16 BASILIUS der GROSSE, De spiritu sancto, 228; dt. Übers., siehe Anhang 48.
17 Ebenda, 231; dt. Übers., siehe Anhang 49.
18 Ebenda, 226; dt. Übers., siehe Anhang 50.
19 Ebenda, 175 ; dt. Übers., siehe Anhang 51.
20 Ebenda, 177; dt. Übers., siehe Anhang 52.
21 Ebenda, 147; Übers. durch den Verf.
22 Ebenda. Übers. durch den Verf.
23 Ebenda. Übers. durch den Verf.
24 Ebenda. Übers. durch den Verf.
25 AURELIUS AUGUSTINUS, Über den dreieinigen Gott, München 1951, 275.
26 Ebenda, 283 f, Hervorhebung durch d. Verf.
27 CLEMENS ALEXANDRINUS, Strom. II, 23, PG 8, 1085 C.
28 AURELIUS AUGUSTINUS, Über den dreieinigen Gott, 285 f.

IV. Die Dialektik des Geistes, der Ikone und des Lichtes

1 DIONYSIUS AREOPAGITA, Über göttliche Namen, in: Des heiligen Dionysius Areopagita angebliche Schriften über göttliche Namen, München 1933, 119.
2 JOHANNES von DAMASKUS, De imag. orat. III, PG 94, 1137 C, Übers. durch den Verf.
3 BASILIUS der GROSSE, De spiritu sancto, 231.
4 JOHANNES von DAMASKUS, De imag. orat. I, PG 94, 1264 C; dt. Übers., siehe Anhang 53.
5 MAXIMUS CONFESSOR, Περί άπόρων, PG 91, 1088 C. Siehe auch T. WARE, 'Η μεταμόρφωση τοῦ σώματος, in: Zeitschrift "σύνορο" , Nr. 33, Athen 1965, 8; dt. Übers., siehe Anhang 54
6 JUSTIN, Fragmente, PG 6, 1584 C, 1585 B. Siehe auch T. WARE, ebenda, 9; dt. Übers., siehe Anhang 55.
7 PLUTARCH, Moralia II, 53-54, hg. von W. WACHSTÄDT/W. SIEVEKING/ J.B. TITCHENER, Leipzig 1971; dt. Übers., siehe Anhang 56.
8 So wie es etwa einige Jahrhunderte später Descartes im berühmten Wachsbeispiel verwendet, vgl. R. DESCARTES, Meditatio II, in: Meditationes de prima philosophia, Hamburg, 1959, 53.
9 Vgl. B. KOTTER, Die Schriften des Johannes von Damaskus, Bd. II, Berlin-New York 1975, 8.
10 JOHANNES von DAMASKUS, De imag. orat. II, PG 94 1296 B; dt. Übers., siehe Anhang 57.
11 DIONYSIUS AREOPAGITA, Über göttliche Namen, 102.
12 PLUTARCH, Moralia II, 53-54; dt. Übers, siehe Anhang 56.
13 JOHANNES von DAMASKUS, De imag. orat. I, PG 94, 1245 B - C, dt. Übers., siehe Anhang 58.
14 Vgl. DIONYSIUS AREOPAGITA, Über göttliche Namen, 103.

15 EPIPHANIUS von KONSTANTIA, Aus der Rede am Karsamstag, PG 43, 457 B-C; dt. Übers., siehe Anhang 59.
16 DIONYSIUS AREOPAGITA, Himmlische Hierarchie, PG 3, 329 B; dt. Übers., siehe Anhang 60.
17 Ebenda, 76 f, dt. Übers., siehe Anhang 61.
18 GERMANOS PATRIARCH von KONSTANTINOPEL, Epistola ad Thomam, PG 98, 184 C; dt. Übers., siehe Anhang 62.
19 A. VASILIEV, Geschichte des byzantinischen Imperiums, Athen 1954, 353, griechisch; Übers. durch den Verf.
20 Ebenda. Übers. durch den Verf.
21 Vgl. JOHANNES von DAMASKUS, Genaue Darlegung des orthodoxen Glaubens, 79 f.
22 1 Kor. 6, 12-20, Die Bibel. Einheitsübersetzung.
23 I. KANT, Die Metaphysik der Sitten, Berlin 1916, 81.
24 JOHANNES von DAMASKUS, Sacra Parallela, PG 96, 242 C; dt. Übers., siehe Anhang 63.
25 Vgl. in diesem Zusammenhang, J. BILZ, Die Trinitätslehre des Hl. Johannes von Damaskus, Paderborn 1909; ferner, I. ZIZIOULAS, Von der Personenmaske zur Person, in: Widmung zu Ehren des Metropoliten von Chalkedon Meliton, Thessaloniki 1977, 297, griechisch.
26 JOHANNES von DAMASKUS, Sacra Parallela, PG 96, 245 B; dt. Übers., siehe Anhang 64.
27 Ebenda, PG 96, 257 B; dt. Übers., siehe Anhang 65.
28 ATHANASIUS der GROSSE, Leben des Hl. Antonius, PG 26, 864 C - 865 A; dt. Übers., siehe Anhang 66. Siehe ebenfalls T. WARE, Ἡ μεταμόρφωση τοῦ σώματος, 11.
29 Ebenda, PG 26, 973 A-B; dt. Übers., siehe Anhang 67. Vgl. T. Ware, ebenda.
30 BASILIUS der GROSSE, À une vierge tombée, in: Saint Basile à une vierge tombée, in: Lettres, Paris 1957, 120; dt. Übers., siehe Anhang 68.
31 Ebenda. Dt. Übers., siehe Anhang 69.
32 Ebenda. Dt. Übers., siehe Anhang 70.
33 G.W.F. HEGEL, Vorlesungen über die Philosophie der Religion, III. Teil, Die absolute Religion, Bd. II, Hamburg 1966, 63 f.
34 Y. CONGAR, Der Heilige Geist, Freiburg-Basel-Wien, 407.
35 L. FEUERBACH, Das Wesen des Christentums, Stuttgart 1969, 221 f.
36 Vgl. G.W.F. HEGEL, Philosophie der Geschichte, Stuttgart 1961, 456 f.
37 J. SPLETT, Die Trinitätslehre G.W.F. Hegels, Freiburg-München 1984, 139.
38 Vgl. Y. CONGAR, Der Heilige Geist, 331 f.

V. Der Katholizismus als Religion des Sohnes

1 Vgl. K. RAHNER, Marxistische Utopie und christliche Zukunft des Menschen, in: R. GARAUDY/J.B. METZ/K. RAHNER, Der Dialog, Reinbek bei Hamburg 1966, 12 f.

2 Vgl. ORIGENES, De princ. III 6, 8, 665.
3 G. OSTROGORSKY, Geschichte des byzantinischen Staates, 479.
4 NIKEPHORUS GREGORAS, Historia XV, 11, zit. nach A. VASILIEV, Geschichte des byzantinischen Imperiums, 853, griechisch; Übers. durch den Verf.

VI. Die Orthodoxie als Religion der Auferstehung

1 Vgl. 1. Kor., 15, 17.
2 GREGOR von NAZIANZ, I. Rede, Das hl. Osterfest, Bibliothek der Kirchenväter, Bd. 59, 2.
3 O. SPENGLER, Der Untergang des Abendlandes, München 1986, 835.
4 P. EVDOKIMOV, Der Hl. Geist in der orthodoxen Tradition, Thessaloniki 1973, 114, griechisch; Übers. durch den Verf.

VII. Die Differenz zwischen paulinischer und johanneischer Theologie

1 Röm. 13, 1-4.
2 Eph. 6, 5-10.
3 Röm. 6, 14.
4 Politeia X, 617 e.
5 Ebenda, 619 a.
6 Politik 1295 b. Über die Dialektik des μοῖρα Begriffs aktiv und passiv gefaßt, 192. Vgl. auch G. THOMPSON, Die ersten Philosophen, Berlin/Ost 1968, 192-204 und über dessen Wandlung in μέτρον und νόμος 193. G. THOMPSON, Frühgeschichte Griechenlands und der Ägäis, 1960 Berlin/Ost, 289 f. Über den Begriff μέτρον als Ideal des Gleichgewichts der Klassen siehe auch das Kapitel über die griechische Religion bei A. LUNATSCHARSKY, Einführung in die Geschichte der Religionen, Athen 1959, 39-58, griechisch.
7 Röm. 6, 15-18 und 13, 5-8.
8 2. Thess. 3, 8-13.
9 Vgl. die Darstellung der paulinischen Theologie bei A. LUNATSCHARSKY, Einführung in die Geschichte der Religionen, 81 f. Über den Prozeß der Pauperisierung des Landes und der Konzentration der verarmten Bevölkerung in den großen Städten der Antike als Ursache des Verfalls der Sklavenhaltergesellschaft vgl. auch die klassische Darstellung im Feuerbach Teil der Deutschen Ideologie in: K. MARX/F. ENGELS, Die deutsche Ideologie, MEW 3, Berlin/Ost 1973, 23-24.
10 2. Thess. 3, 8-13, 1. Tim. 3, 1-6.
11 Apok. 1, 11; 2, 9.
12 A. von HARNACK, Die Mission und Ausbreitung des Christentums in den drei ersten Jahrhunderten, 53, wo evangelische Zeugen zitiert werden. Über das Verhältnis beider frühchristlichen Gemeinden berichtet er ausführlich.

13 Apok. 5, 5.
14 Ebenda 6, 3-4; 19, 11-21.
15 Über die im Rahmen des Synkretismus vom Isiskult übernommene Funktion des weißen Gewandes als "Himmelskleid" u.ä. vgl. R. REITZENSTEIN, Die hellenistischen Mysterienreligionen, 30 und über die Funktion des Gewandes als neuen Körpers des Mysten, als Erneuerung, Gottähnlichkeit, Wiedergeburt, etc., 30 f. Vgl. auch über die Taufe, Röm. 6, 3-12 und Gal. 3, 27, und wovor die Herrschenden am Tage des Zorns zittern, Apok. 6, 15-17 und 16, 16-21.
16 Apok. 17, 5 und 18.
17 G.W.F. HEGEL, Philosophie der Geschichte, Stuttgart 1961, 64.
18 Apok. 21, 3 und 22-26.
19 AISCHYLOS, Der Gefesselte Prometheus, 1025, übers. und hg. von O. WERNER, München 1969.
20 G.W.F. HEGEL, Philosophie der Geschichte, 64 u. 70 f.
21 Joh. 1, 10.
22 Ebenda, 1, 13; 3, 6-8.
23 Ebenda, 9, 30.
24 Ebenda, 14, 16-18 und 26; 15, 26; 16, 13.
25 Ebenda, 16, 7.
26 Ebenda, 14, 22-23.
27 Ebenda, 16, 18.
28 Ebenda, 17, 11-18.
29 F. KLOSTERMANN, Prinzip Gemeinde, Wien 1965, 31. Vgl. in diesem Zusammenhang die Erläuterungen von Klostermann über den Begriff πάροικος-Beisasse, die Fremdheit der Kirche in der Welt, die ecclesia peregrinans als ihre grundlegende Bestimmung, 31-33.
30 Matth. 5, 10.
31 Ebenda, 10, 34.
32 G.W.F. HEGEL, Phänomenologie des Geistes, Hamburg 1952, 150.

VIII. Das Verhältnis von οὐσία und ἐνέργεια und die Bewegung in der Trinität

1 Über Palamas aus historischer und kulturgeschichtlicher Sicht vgl. die zahlreichen Hinweise von H. HUNGER, Reich der neuen Mitte, Graz-Wien-Köln 1965.
2 G.W.F. HEGEL, Wissenschaft der Logik, Bd. 1, Frankfurt/Main 1969, 44.
3 Gregor PALAMAS, Über Einigung und Unterscheidung, in: Werke Bd. 3, Thessaloniki 1983, 108, griechisch; Übers. durch den Verf.
4 Ebenda, 108 f; Übers. durch den Verf.
5 AURELIUS AUGUSTINUS, Gottesstaat XX, 9, Bibliothek der Kirchenväter, Bd. 3, München 1916, 287.
6 Vgl. die Bemerkungen CONGARS in: Der Heilige Geist, 331-337.
7 AURELIUS AUGUSTINUS, Gottesstaat IV, 4, Bibliothek der Kirchenväter, Bd. 1, 191-192.

8 Ebenda, XV, 4, Bd. 2, 366.
9 Ebenda, IV, 4, Bd. 1, 191.
10 PLATON, Apologie des Sokrates, 30 b-d, in: Werke in acht Bänden, griech. und dt., Bd. 2, hg. von G. EIGLER, Darmstadt 1973.
11 AURELIUS AUGUSTINUS, Gottesstaat XV, 2, Bibliothek der Kirchenväter, Bd. 2, 363.
12 Ebenda, I, 35, Bd. 1, 76.
13 F. NIETZSCHE, Der Antichrist, München 1964, 8.
14 Ebenda, 70.
15 JOHANNES von DAMASKUS, Genaue Darlegung des orthodoxen Glaubens, 42.
16 Vgl. den griechischen Originaltext in: De fide orthodoxa, PG 94, 860 B.
17 Vgl. ARISTOTELES, Metaphysik, XIII 5, 1079b 35 - 1080a 1, in: Werke, Bd. I, hg. von E. ROLFES, Leipzig 1921.
18 PLATON, Nomoi X 894 c.
19 Ebenda, Nomoi X 895 a-b.
20 Vgl. die Ausführungen über die Beschaffenheit der kosmologischen Seele und ihrer Lokalisation bzw. die Art, wodurch sie das Universum lenkt in Nomoi 899a.
21 ARISTOTELES, Metaphysik XII 7, 1073a 5-6.
22 Ebenda, XII 8, 1073a-1073b.
23 Ebenda, XII 8, 1074a-1074b.
24 Ebenda, XII 8, 1073b.
25 Vgl. V. NOULAS, Ethik und Politik bei Aristoteles, Athen 1977, 47, griechisch.
26 THOMAS von AQUIN, Über das Sein und das Wesen, Darmstadt 1965, 49-50.
27 Ebenda, 48.
28 Ebenda.
29 Vgl. JOHANNES von DAMASKUS, Genaue Darlegung des orthodoxen Glaubens, 7.
30 Ebenda, 28.
31 Ebenda, 2.
32 H. MARCUSE, Zum Problem der Dialektik, in: ADORNO/HORKHEIMER/MARCUSE, Kritische Theorie der Gesellschaft, Bd. IV, 250, Fußnote; o.O. und o.J.
33 PLATON, 7. Brief, 341 c-d, in: Werke in acht Bänden, Bd. 5.
34 J. LACAN Subversion du sujet et dialectique du désir dans l'inconscient freudien, in: Ecrits II coll., éditions du Seuil, série Points p. 167, Paris 1971. Vgl. in diesem Zusammenhang den ausgezeichneten Aufsatz von S. MICHAIL, Damit wir es zusammen mit HEGEL und gegen ihn aussprechen... oder LACAN HEGEL, in: Hefte zur Psychiatrie, Nr. 19, Athen 1988, 30-41, griechisch.
35 DIONYSIUS AREOPAGITA, Über göttliche Namen, 20-21.
36 S. MICHAIL, Damit wir es zusammen mit HEGEL und gegen ihn aussprechen... oder LACAN HEGEL, 40; Übers. durch den Verf. Das Zitat Symeons

ist aus: Gnostische und theologische Kapitel 25, Kap. 5., in: Symeon der neue Theologe, hg. von E. G. MERETAKIS, Thessaloniki 1983, 459, griechisch.
37 Vgl. oben Anmerkung 3; Hervorhebung durch d. Verf.
38 Über ἄναρχος πρόνοια - anfangslose Vorsehung -, die die transzendentale Voraussetzung für die Produktion der Welt durch die Energien Gottes als voraussetzungslose Gedanken Gottes ist - vgl. MAXIMUS CONFESSOR, PG 4, 569 CD - zitiert von PALAMAS, in: GREGOR PALAMAS, Über Einigung und Unterscheidung, 100. Hier übernimmt die griechische Theologie die allgemein in der Patristik verbreitete These von den immanenten Gedanken Gottes, die vornehmlich auf Philon zurückzuführen ist. Vgl. in diesem Zusammenhang, K. BORMANN, Die Ideen und Logoslehre Philons von Alexandriens, Köln 1955.
39 GREGOR PALAMAS, Über göttliche Energien, in: Werke, Bd. 3, 138; Übers. durch den Verf.
40 Ebenda. Übers. durch den Verf.
41 DIONYSIUS AREOPAGITA, Über göttliche Namen, 67.
42 G.W.I. LEIBNIZ, Vernunftprinzipien der Natur und der Gnade, Hamburg 1956, 5-6.
43 F. DOSTOJEWSKI, Brüder Karamasov, Athen o.J., 210, griechisch; Übers. durch den Verf.
44 JOHANNES von DAMASKUS, De imag. orat. III, PG 94, 1333 D; Übers. durch den Verf.
45 Ebenda, De imag. orat. I, PG 94, 1245 C; Übers. durch den Verf. Vgl. auch meinen Aufsatz, Die Metaphysik des JOHANNES von DAMASKOS, in: Metafisica e scienze dell'uomo, [Akte des VII. internationalen Kongresses in Bergamo 1980] Bd. 2, Rom o.J., 486-492, wo diese Problematik einschließlich der hier zitierten Damaszenerstellen kurz zur Darstellung kommt.
46 DIONYSIUS AREOPAGITA, Über göttliche Namen, 136. Diese Stelle wird auch verkürzt bei Palamas zitiert. Vgl. GREGOR PALAMAS, Über Einigung und Unterscheidung, 98; Übers. durch den Verf.
47 Vgl. G.W.F. HEGEL, Enzyklopädie der philosophischen Wissenschaften, § 73 und 74, Hamburg 1959, 97-98.

IX. Weltgeschichte und theologische Zeitkonzepte

1 AURELIUS AUGUSTINUS, Bekenntnisse XI, 28, Bibliothek der Kirchenväter, Bd. 7, 297-298.
2 Ebenda, XI, 14, 282-283.
3 Ebenda, XI, 13, 281.
4 Ebenda, XI, 13, 282.
5 F. DOSTOJEWSKI, Brüder Karamasov, 54; Übers. durch den Verf.
6 Vgl. AURELIUS AUGUSTINUS, Bekenntnisse XI, 13, Bibliothek der Kirchenväter, Bd. 7, 282.
7 K. MARX. Das Kapital, Bd. 1, MEW 23, Berlin/Ost 1962, 60.
8 Vgl. K. MARX, Pariser Manuskripte 1844, Rowohlt o.O. 1966, 55.

9 Ebenda, 55.
10 Auch moderne Analysen zeigen sehr schön, wie sich Arbeitszeit als gesamtgesellschaftliche Substanz des gesamten Lebens in der Gesellschaft auch der sog. Freizeit bemächtigt. Eine sehr gute Darstellung liefern P. A. BARAN und P. M. SWEEZY in: Monopolkapitalismus, Frankfurt/Main 1973, 328-333.
11 K. MARX/F. ENGELS, Die deutsche Ideologie, 33.
12 Ebenda.
13 Ebenda.
14 Über die innere Beziehung zwischen Christentum und Sozialismus als Revolutionstheorien vgl. die m.E. noch immer richtunggebende klassische Arbeit von F. ENGELS, Zur Geschichte des Urchristentums, in: MEW 22, Berlin/Ost 1970, 449-473.
15 Vgl. K. MARX, Zur Kritik der Hegelschen Rechtsphilosophie, in: MEW 1, Berlin/Ost 1970, 386.
16 TERTULLIAN, Über die Schauspiele, Bibliothek der Kirchenväter, Bd. 1, München 1912, 135-136.
17 F. ENGELS, Das Buch der Offenbarung, MEW 21, Berlin/Ost 1969, 10.
18 F. ENGELS, Zur Geschichte des Urchristentums, 472.
19 TERTULLIAN, Über die Schauspiele, 136.
20 JOHANNES von DAMASKUS, De imag. orat. III, PG 94, 1333 D; Übers. durch den Verf.
21 TERTULLIAN, Apologetikum, Bibliothek der Kirchenväter, Bd. 2, München 1915, 171.
22 Ebenda, 171-172.
23 Vgl. L. FEUERBACH, Das Wesen des Christentums, Stuttgart 1969, 170.
24 Ebenda, 172.
25 Siehe G.W.F. HEGEL, Phänomenologie des Geistes, Hamburg 1952, 29.
26 Vgl. J. PÉPIN, Hellenismus und Christentum, In: Geschichte der Philosophie, Bd. 2, Hg. von F. CHÂTELET, Frankfurt/Main-Berlin-Wien 1973, 28.
27 Im übrigen liefern die Evangelien genügend Beispiele für solche eschatologische Ausführungen. "Ich bin der Weg und die Wahrheit und das Leben", Joh. 14, 6 etc.
28 TERTULLIAN, Apologetikum, 173-174.
29 Ebenda, 174.
30 Ebenda.
31 Vgl. E. BORNEMAN, Das Patriarchat, Frankfurt/Main 1975.
32 TERTULLIAN, Apologetikum, 173.
33 AURELIUS AUGUSTINUS, Gottesstaat V, 15, Bibliothek der Kirchenväter, Bd. 1, 271.
34 Ebenda, IV, 33, 233 f.
35 Zitiert nach J.N. ESPENBERGER, in: AURELIUS AUGUSTINUS, Gottesstaat, Bibliothek der Kirchenväter, Bd. 1, XXXV.
36 AURELIUS AUGUSTINUS, Gottesstaat I, 35, Bibliothek der Kirchenväter, Bd. 1, 76.
37 Ebenda, XII, 14, Bd. 2, 223.
38 Ebenda, 224. Augustinus zitiert Röm. 6, 9.

39 Ebenda. Augustinus zitiert Ps. 11, 8 f.
40 DIONYSIUS AREOPAGITA, Über göttliche Namen, 136.
41 Ebenda, 139.
42 Ebenda.
43 Ebenda.
44 Ebenda.
45 Ebenda, 139 f.
46 Ebenda, 140.
47 DIONYSIUS AREOPAGITA, Himmlische Hierarchie, Bibliothek der Kirchenväter, München 1911, 58.
48 DIONYSIUS AREOPAGITA, Kirchliche Hierarchie, Bibliothek der Kirchenväter, München 1911, 94.
49 DIONYSIUS AREOPAGITA, Himmlische Hierarchie, 4.
50 E. BLOCH, Avicenna und die Aristotelische Linke, in: Das Materialismus-Problem, Frankfurt/Main 1972, 486.
51 "ἀγάλματα θεωνυμιῶν", DIONYSIUS AREOPAGITA, Über göttliche Namen, 130. In der deutschen Übersetzung "Bilder" für "ἀγάλματα" geht einiges aus der Kraft des Ausdrucks verloren. Wortwörtlich heißt ἄγαλμα Statue, Standbild.
52 EPIPHANIUS von KONSTANTIA, Aus der Rede am Karsamstag, PG 43, 457 C.
53 DIONYSIUS AREOPAGITA, Über göttliche Namen, 76.
54 Ebenda, 138.
55 Vgl. K. MARX, Pariser Manuskripte, 77.
56 DIONYSIUS AREOPAGITA, Über göttliche Namen, 20-21.
57 Ebenda, 22.
58 Siehe oben Kap. I, Anmerkung 70.
59 Das Buch der Weisheit, 7, 24-27, Die Bibel. Einheitsübersetzung.
60 Vgl. P. LEMERLE, Der erste byzantinische Humanismus, Athen 1981, 19 f, griechisch.
61 DIONYSIUS AREOPAGITA, Über göttliche Namen, 140.

X. Die Eschatologie des Hl. Geistes und die byzantinische Anthropologie

1 Gen. 1, 26, Die Bibel. Einheitsübersetzung.
2 Gen. 2, 7.
3 Gen. 2, 7, Die Bibel. Einheitsübersetzung.
4 Gen. 1, 26
5 Vgl. H. KURNITZKY, Triebstruktur des Geldes, Berlin 1980, 49-81.
6 Vgl. oben Kap. X, Anmerkung 2.
7 Über die Geschichte des Begriffs πνεῦμα vgl. P. KONDYLIS, Die Aufklärung, Stuttgart 1981, 9-10.
8 PG 150, 1105 D. Zitiert nach V. TATAKIS, Byzantinische Philosophie, Athen 1977, 253, griechisch; Übers. durch den Verf.

9 L. FEUERBACH, Das Wesen des Christentums, 128.
10 ISAAK der SYRER, Über das Schweigen, 149, Übers. durch den Verf.
11 Ebenda. Übers. durch den Verf.
12 Ebenda, Nomoi X 903 c.
13 Ebenda, Nomoi X 904 a.
14 Ebenda, Nomoi X 904 c.
15 Ebenda, Nomoi X 903 c.
16 Ebenda, Nomoi X 903 b.
17 Ebenda, Nomoi XII 966 e.
18 Ebenda, Nomoi XII 967 d.
19 Ebenda, Nomoi X 904 a-b.
20 Vgl. oben Kap. X, Anmerkung 18.
21 Vgl. PLATON, Phaidon 65 c-d, in: Werke in acht Bänden, Bd. 3, 1974.
22 "ὁπόταν μὲν ἀρετῇ θείᾳ προσμείξασα" PLATON, Nomoi X 904 d.
23 Siehe ADOLF von HARNACK, Der Eros in der alten christlichen Literatur, in: Kleine Schriften zur alten Kirche, Bd. 2, Leipzig 1980, 496.
24 ORIGENES, De princ. IV 4, 1, 785.
25 E. ZELLER, Die Philosophie der Griechen in ihrer geschichtlichen Entwicklung, Bd. 3_2, Hildesheim 1963, 429. Vgl. ferner K. Bormann, Die Ideen und Logoslehre Philons von Alexandrien, Phil. Diss., Köln 1955.
26 ORIGENES, De princ. I 1, 7-8, 117.
27 Ebenda, I 1-8, 119.
28 Ebenda, III 6-8, 663. Mit Recht weist hier der Herausgeber der zitierten Darmstädter Ausgabe darauf hin, daß mit "natürlich" das "ψυχικὸς", "animalis" des Korintherbriefes übersetzt wird. Dieser Hinweis ist insofern wichtig als dadurch der Stellenwert von ψυχή als Mitte, die an dem Körperlichen haftet, klar zum Ausruck kommt.
29 ORIGENES, De princ. II 3, 2, 305.
30 Ebenda, II 3, 2, 303.
31 MAXIMOS von TYRUS, zitiert nach ALBERT WILFSTRAND, Die alte Kirche und die griechische Bildung, Bern 1967, 41. Mit Recht weist Wilfstrand darauf hin, daß wir hier mit den drei Werten, das Wahre, das Gute und das Schöne in dieser Umschreibung konfrontiert werden!
32 Vgl. K. ÖHLER, Die Kontinuität in der Philosophie der Griechen bis zum Untergang des byzantinischen Reiches, 31.
33 GREGOR von NYSSA, Über die Seele und Auferstehung, PG 46, 96 B; Übers. durch den Verf.
34 ORIGENES, De princ. II 6, 3, 365.
35 Ebenda II 7, 4, 379.
36 Ebenda.
37 Ebenda, II 7, 4, 381.
38 Ebenda.
39 Vgl. auch oben Kap. X, Anmerkung 9.
40 ORIGENES, De princ. I 3, 4, 167.
41 PLATON, Symposion 211e, hg. von d. griech. Akademie der Wissenschaften, Athen 1949; Übers. durch den Verf.

42 Vgl. oben Kap. III, Anmerkung 23.
43 ORIGENES, De princ. II 7, 4, 379.
44 Ebenda, I 3, 8, 183.
45 Vgl. oben Kap. III, Anmerkung 24. Vgl. ferner die Stelle in Kap. III, Anmerkung 20, wo der Geist nach Basilius als das "Befestigende" bezeichnet wird!
46 L. FEUERBACH, Das Wesen des Christentums, 199, Anmerkung 8.
47 K. MARX, Zur Kritik der Hegelschen Rechtsphilosophie, Einleitung, in: Die Frühschriften, Stuttgart 1968, 216.
48 Joh. 14, 9.
49 JOHANNES von DAMASKUS, Genaue Darlegung des orthodoxen Glaubens, 36.
50 AURELIUS AUGUSTINUS, Über den dreieinigen Gott, München 1951, 284.
51 Ebenda, 275.
52 Vgl. ebenda, 285 f.
53 AURELIUS AUGUSTINUS, Siehe oben Kap. X, Anmerkung 50.
54 JOHANNES von DAMASKUS, Genaue Darlegung des orthodoxen Glaubens, 35 f.
55 GREGOR von NAZIANZ, hg. von J. BARBEL, Die fünf theologischen Reden, V, Über den Heiligen Geist, 229 f.
56 Ebenda, 231.
57 Ebenda, 225.
58 Ebenda.
59 Ebenda, 223.
60 Vgl. P. EVDOKIMOV, Der Heilige Geist in der orthodoxen Tradition, Thessaloniki 1973, 95, griechisch. Evdokimov artikuliert hier eine für Theologen unkonventionelle Position, die sie sich nicht ohne weiteres zu denken trauen, weil sie in der theologischen Hülle befangen sind. Meiner Meinung nach ist er auch selbst der philosophischen Konsequenz dieser Aussage nicht im klaren. Er ist sich nämlich dessen nicht im klaren, daß die radikale Konsequenz der orthodoxen Trinitätstheologie, in ihrer äußersten Zuspitzung als Theologie des Geistes in dieser Formulierung in Philosophie übergeht oder zumindest die strukturellen Voraussetzungen schafft, damit sie als Theologie aufgehoben wird. Ich stehe auf dem Standpunkt, daß die orthodoxe Trinitätstheologie, als Theologie des Geistes, einen Höhepunkt theologischer Spekulation darstellt, der schon in sich die Voraussetzung für die Aufhebung dieser Theologie in Philosophie ist. Die orthodoxe Trinitätsspekulation ist die Dialektik des Geistes. Als solche stößt sie aber auf die äußersten Grenzen von Theologie überhaupt, sie wird Dialektik der Erkenntnis und Geschichtsphilosophie.
61 Vgl. GREGOR von NAZIANZ, hg. von J. BARBEL, Die fünf theologischen Reden, V, Über den Heiligen Geist, 233.
62 ANSELM von CANTERBURY, Monologion, Stuttgart-Bad Cannstatt 1964, 187.
63 DESCARTES, Meditationes de prima philosophia, Hamburg 1959, 109. Für die byzantinische Philosophie ist dieser Konflikt in der Dialektik der Negativität Gottes gar nicht angelegt, ja im voraus überwunden.
64 V. LOSSKY, Die mystische Theologie der morgenländischen Kirche, 114.

65 Joh. 1, 10.
66 Vgl. auch V. LOSSKY, Die mystische Theologie der morgenländischen Kirche, 114. Lossky zitiert Joh. 1, 5.
67 Vgl. SYMEON der NEUE THEOLOGE, Dialog eines Scholastikers mit Symeon dem Neuen Theologen, in: Symeon der Neue Theologe, 602 f, griechisch.
68 Vgl. ebenda. Griechisch; Übers. durch den Verf.
69 SYMEON der NEUE THEOLOGE, Gnostische und Theologische Kapitel 25, Kap 4, in: Symeon der Neue Theologe, 458, griechisch; Übers. durch den Verf.
70 Ebenda, Kap 6, 458, griechisch; Übers. durch den Verf.
71 PLATON, Theaitetos 173e-174a, in: Werke in acht Bänden, Bd. 6, 1970. Sind hier die platonischen Ausführungen auf die Distanz zwischen philosophischem Bewußtsein und der Sphäre des zur bloßen Geschäftlichkeit und Intrige deformierten Politischen bezogen, auf den Abstand, den der Philosoph zwischen sich und der geistlosen Betriebsamkeit der Alltagspolitik hält, und besitzen sie, in der damit vom Standpunkt der Philosophie ausgesprochenen Verachtung von Politik als Betrieb des Betriebes willen, einen meiner Meinung nach zeitlosen und immer, vor allem auch für den vermeidlichen "Zeitgeist" substanzloser politischer Betriebsamkeit, höchst aktuellen Aussagewert, stehen sie andererseits auch vom Standpunkt der Geisteshaltung des Philosophen als ganzen, als erkennenden und denkenden Wesens, das sich über die Endlichkeit der äußerlichen Reflexion sich hinwegsetzt und sich *außerhalb* ihrer befindet, in eindeutiger Kontinuität des Gedankens mit der hier von der byzantinischen Theologie ausgesprochenen Idee des sich außerhalb Stellens von der Welt hinsichtlich der Erkenntnis, die nur eine über der Welt stehende, d.h. den bloßen Schein durchbrechende, sein kann.
72 SYMEON der NEUE THEOLOGE, 1. Danksagung an Gott, in: Symeon der Neue Theologe, 562, griechisch; Übers. durch den Verf.
73 Ebenda 562 f, griechisch; Übers. durch den Verf.
74 BASILIUS der GROSSE, Hab' acht auf dich selbst!, Bibliothek d. Kirchenväter, Bd. 47, München 1925, 185 f.
75 GREGOR PALAMAS, Für die Hesychasten, oratio 2,3, in: Werke Band 2, 462, griechisch; Übers. durch den Verf.
76 Ebenda, griechisch; Übers. durch den Verf.
77 Ebenda 2,2, 362, griechisch; Übers. durch den Verf.
78 Ebenda, griechisch; Übers. durch den Verf.
79 Ebenda, 364, griechisch; Übers. durch den Verf.
80 Ebenda, 365, griechisch; Übers. durch den Verf.
81 Palamas zitiert Psalm 84, 2 "Mein Herz und mein Leib jauchzen ihm zu/ihm, dem lebendigen Gott. Vgl. P. CHRISTOU, Gregor Palamas, in: Werke Bd. 2, Einleitung, 43. Christou zitiert Psalm 84, 2 nach der Septuaginta 83, 2. Ich gebe hier den Wortlaut der Einheitsübersetzung wieder.
82 GREGOR PALAMAS, Für die Hesychasten, oratio 2, 2, in: Werke Band 2, 362, griechisch; Übers. durch den Verf.
83 Ebenda, griechisch; Übers. durch den Verf.

84 Ebenda, 364, griechisch; Übers. durch den Verf. Am besten läßt sich diese Stelle, in der Palamas durch die Verwendung des Ausdrucks Logos in der doppelten Bedeutung von Wort und Verstand durch ein Wortspiel auf die Einheit von Theorie und Praxis hinweisen will wohl übersetzen, wenn man den Ausdruck Logos gar unübersetzt läßt: "...uns von praxislosen Logoi leiten zu lassen; wir ehren den in der Praxis seienden Logos und die im Logos seiende Praxis, oder 'den praktischen Logos und die logische Praxis'". Das ist ein deutlicher Seitenhieb gegen die scholastische Argumentationsmethode als rhetorische Zungendrescherei!
85 K. BORNHÄUSER, Die Vergottungslehre des Athanasius und Johannes Damascenus, Gütersloh 1903, 11.
86 L. BOFF, Ave Maria, Das Weibliche und der Heilige Geist, Düsseldorf 1985, 51, Anmerkung 4.
87 Ebenda, 82.
88 Ebenda, 83.

XI. Das Reich des Geistes und das Reich der Schönheit oder die Ikone und das Fleisch

1 P. EVDOKIMOV, Die Kunst der Ikone, Theologie der Schönheit, Thessaloniki 1980, 12, griechisch.
2 Ebenda, Übers. durch den Verf.
3 vgl. K. MARX, Pariser Manuskripte, 57.
4 L. Boff, Ave Maria, 102.
5 Ebenda, 104.
6 2. Chr. 1, 3. Die Bibel. Einheitsübersetzung.
7 JOHANNES von DAMASKUS, De imag. orat. I, PG 94, 313 D; Übers. durch den Verf.
8 Ebenda, PG 94, 313 C; Übers. durch den Verf.
9 Ebenda, PG 94, 312 D; Übers. durch den Verf.
10 Ebenda, PG 94, 314 C; Übers. durch den Verf.
11 K. MARX, Pariser Manuskripte, 8.
12 JOHANNES von DAMASKUS, De imag. orat. I, PG 94 1249 D; Übers. durch den Verf.
13 Ebenda, PG 94, 1248 B.
14 Ebenda, PG 94, 1248 D.
15 BASILIUS der GROSSE, Dreißig Kapitel an Amphilochios, Über den Hl. Geist, Antwort 17, zitiert nach Johannes von Damaskus, De imag. orat. III, PG 94, 1361 B; Übers. durch den Verf.
16 JOHANNES von DAMASKUS, De imag. orat. III, PG 94, 1337 C.
17 P. EVDOKIMOV, Die Kunst der Ikone, 144; Übers. durch den Verf.
18 JOHANNES von DAMASKUS, De imag. orat. II, PG 94, 1293 C; Übers. durch den Verf.
19 Vgl. GREGOR PALAMAS, Aus der Rede 18 und 20, in: K. KALOKYRIS, Quellen byzantinischer Archäologie, Thessaloniki 1967, 431-433 und 436, griechisch.

20 GREGOR PALAMAS, Aus der Rede 37, ebenda, 440; Übers. durch den Verf.
21 Ebenda, 439; Übers. durch den Verf.
22 Ebenda. Übers. durch den Verf.
23 GREGOR PALAMAS, Aus der Rede 18, ebenda, 431.
24 Vgl. K. KALOKYRIS, Quellen byzantinischer Archäologie, 431, Fußnote 1.
25 GREGOR PALAMAS, Aus der Rede 37, in: K. KALOKYRIS, Quellen byzantinischer Archäologie, 440; Übers durch den Verf.
26 Vgl. JOHANNES von DAMASKUS, De imag. orat. I, PG 94, 1248 B.
27 Gen. I 31, Die Bibel. Einheitsübersetzung.
28 Vgl. P. EVDOKIMOV, Die Kunst der Ikone, 11 f. Er weist darauf hin, daß das entsprechende hebräische Wort, sowohl "schön" als auch "gut" bedeutet. Genau das ist auch im Griechischen der Fall. Der Imperativ "siehe da" deutet aber eine optische Beziehung an, ein Verhältnis, das durch den Sinn des Sehens hergestellt wird. Der literarische Stil des Berichtes deutet darauf hin, daß es sich hier um "Schönes", nicht um "Gutes" handelt. Gott hält inne und schaut sich das getane Werk an.
29 ARISTOTELES, Metaphysik I 1, 980 a.
30 I. LENIN, Hefte zu Hegels Dialektik, München 1969, 120
31 L. OUSPENSKY, Die Ikone, Athen 1952, 35f, griechisch; Übers. durch den Verf.
32 Psalm. 137, Die Bibel. Einheitsübersetzung.
33 PHOT. KONTOGLOU, Die byzantinische Malerei und ihr wahrer Wert, in: Werke Bd. 3, 97f, Athen 1975, griechisch; Übers, durch den Verf.
34 G.W.F. HEGEL, Ästhetik, Bd. 2, Berlin/Ost 1965, 243 f.
35 AURELIUS AUGUSTINUS, Über den dreieinigen Gott, 81.
36 ANSELM von CANTERBURY, Monologion, 165.
37 AURELIUS AUGUSTINUS, Über den dreieinigen Gott, 83.
38 Vgl. ebenda, 85.
39 Ebenda, 84.
40 P. EVDOKIMOV, Der Heilige Geist in der orthodoxen Tradition, 97.
41 ATHANASIUS der GROSSE, Epistola I ad Serapionem, PG 26, 600 C; Übers. durch den Verf.
42 Ebenda, PG 26, 600 C; Übers. durch den Verf.
43 Ebenda, Epistola IV ad Serapionem, PG 26, 652 C; Übers. durch den Verf.
44 Siehe J. DANIÉLOU, Heilige Schrift und Liturgie, Athen 1981, 124, griechisch, Übers. durch den Verf.
45 Vgl. ebenda 131; Übers. durch den Verf. Daniélou zitiert CYRILLUS von ALEXANDRIEN, PG 33, 1092 B.
46 AMBROSIUS von MAILAND, De Sacr. III, 8'Botte, 74-75, zitiert nach DANIÉLOU, Heilige Schrift und Liturgie, 129; Übers. durch den Verf.
47 J. DANIÉLOU, Heilige Schrift und Liturgie, 136.
48 GREGOR von NAZIANZ, hg. J. BARBEL, Die fünf theologischen Reden, V, Über den Heiligen Geist, 227.
49 Vgl. ebenda, 271.
50 L. TROTZKI, Unsere Revolution, in: L. TROTSKY, Flight from Siberia [Preface], Columbo 1969, 12, englisch; Übers. durch den Verf. Vgl. in diesem

Zusammenhang auch Joh. 13, 27: "Als Judas den Bissen Brot genommen hatte, fuhr der Satan in ihn. Jesus sagte zu ihm: Was du tun willst, das tu bald!" [Die Bibel. Einheitsübersetzung] In der eigenartigen Identität des Ausspruchs von einem marxistischen Revolutionär und Jesus zeigt sich die innere Beziehung zwischen christlicher und marxistischer Eschatologie, die ihnen gemeinsame Leidenschaft und das Bangen des Herzens!
51 GREGOR von NAZIANZ, hg. von J. BARBEL, Die fünf theologischen Reden, V, Über den Heiligen Geist, 275.
52 JOHANNES von DAMASKUS, Genaue Darlegung des orthodoxen Glaubens, 22 f.
53 Ebenda, 24.
54 Ebenda, 25 f.
55 GREGOR von NAZIANZ, hg. von J. BARBEL, Die fünf theologischen Reden, V, Über den Heiligen Geist, 275.
56 Ebenda, 277.
57 G.W.F. HEGEL, Wissenschaft der Logik, Bd. 2, F/M 1969, 572 f.
58 K. MARX, Das Kapital, Bd. 1, MEW, Berlin/OST 1962, 86.
59 Röm. 8, 24-28, Die Bibel. Einheitsübersetzung.
60 K. MARX, Zur Kritik der Hegel'schen Rechtsphilosophie, Einleitung, in: Die Frühschriften, Stuttgart 1968, 208.
61 Röm. 8, 20, Die Bibel. Einheitsübersetzung.
62 BASILIUS der GROSSE, De spir. sanc. 15, 131 c, 170; Übers. durch den Verf.
63 Vgl. oben Kap. X, Anmerkung 45.
64 L. BOFF, Ave Maria, 122.
65 Hebr. 11, 1, Die Bibel. Einheitsübersetzung.

XII. Der Geist und das "pulsierende Herz"
Kierkegaard und Hegel

1 G. SEFERIS, Gedichte, Athen 1967, 137, griechisch; Übers. durch den Verf.
2 S. KIERKEGAARD, Der Begriff Angst, Düsseldorf-Köln 1971, 277.
3 G.W.F. HEGEL, Phänomenologie des Geistes, Hamburg 1952, 290.
4 Ebenda.
5 Vgl. S. KIERKEGAARD, Der Begriff Angst, 272 f.
6 Ebenda, 273.
7 Ebenda, 272.
8 Ebenda.
9 J. HABERMAS, Zur Rekonstruktion des historischen Materialismus, F/M 1976, 19.
10 S. KIERKEGAARD, Der Begriff Angst, 265, Anmerkung.
11 Vgl. G.W.F. HEGEL, Enzyklopädie der philosophischen Wissenschaften, § 258, Hamburg 1959, 209 f.
12 Ebenda, 210, Anmerkung.
13 S. KIERKEGAARD, Der Begriff Angst, 272.

14 Ebenda, 189 f.
15 Ebenda, 272.
16 Vgl. K. ÖHLER, Antike Philosophie und byzantinisches Mittelalter, 34-35.
17 G.W.F. HEGEL, Philosophie der Geschichte, Stuttgart 1966, 447.
18 Ebenda, 70 f.
19 G.W.F. HEGEL, Einleitung in die Geschichte der Philosophie, Hamburg 1966, 218 f. In dieser Niederschrift aus Hegels Vorlesungen befindet sich eine für sein Verhältnis zur Religion und Theologie sehr aufschlußreiche Passage, aus der obiges Zitat entnommem ist.
20 S. KIERKEGAARD, Der Begriff Angst, 237.
21 Ebenda, 236.
22 G.W.F. HEGEL, Philosophie der Geschichte, 443.
23 Ebenda, 443.
24 Ebenda, 445 f.
25 Ebenda, 461.
26 Siehe in diesem Zusammenhang, J. RITTER, Hegel und die französische Revolution, Frankfurt/Main 1972, 69-72.
27 Vgl. S. KIERKEGAARD, Der Begriff Angst, 243.
28 S. KIERKEGAARD, Unwissenschaftliche Nachschrift, in: Philosophische Brosamen und Unwissenschaftliche Nachschrift, München 1976, 283.
29 Zur Auseinandersetzung Kierkegaards mit dem Begriff der Weltgeschichte, vgl. vor allem, ebenda, 2. T., 2. Abschn., Kap. I, Das Subjektwerden, 260-328.
30 KIERKEGAARD, Der Begriff Angst, 209.
31 Ebenda, 269.
32 Ebenda.
33 Vgl. F. ENGELS, Anteil der Arbeit an der Menschwerdung des Affen, in: Dialektik der Natur, MEGA, I 26,1, Berlin/Ost 1985, 88 f.
34 "Der Mensch muß vor Gott mit Furcht und Zittern stehen." - JOHANNES CHRYSOSTOMUS, De Incomprehensibili Dei Natura IV, PG 48, 734 C; Übers. durch den Verf.
35 S. KIERKEGAARD, Der Begriff Angst, 214.
36 Ebenda, 215.
37 Ebenda, 213.
38 Ebenda, 215.
39 Ebenda.
40 MARTIN LUTHER, Von der Freiheit eines Christenmenschen, München und Hamburg 1968, 187.
41 Vgl. ebenda, 162.
42 Ebenda, 183.
43 Ebenda, 180.
44 G.W.F. HEGEL, Grundlinien der Philosophie des Rechts, § 230, F/M 1968, 225
45 Ebenda, § 237, 227 f.
46 JOHANNES von DAMASKUS, De imag. orat. II; PG 94, 1284 B.
47 G.W.F. HEGEL, Differenz des Fichteschen und Schellingschen Systems der Philosophie, in: Sämtliche Werke [Glockner] Bd. 1, Stuttgart 1965, 46.

48 K. MARX, Pariser Manuskripte, 70.
49 Ebenda.
50 Vgl. ebenda, 71.
51 K. MARX. Das Kapital, 91 f.
52 S. KIERKEGAARD, Furcht und Zittern, Düsseldorf-Köln 1971, 139 f.
53 Ebenda, 137 f.
54 Vgl. K. MARX, Zur Kritik der Hegel'schen Rechtsphilosophie, 205.
55 Vgl. ebenda, 215.

XIII. Subjektivität und Hoffnung oder Byzanz und die bürgerliche Welt. Die erscheinende Hoffnung

1 Siehe Y. CONGAR, Der Heilige Geist, 367, wo auch zahlreiche Literaturhinweise zur Geschichte des "filioque" sind.
2 Ebenda, 372 f.
3 Ebenda, 369; ferner P. EVDOKIMOV, Der Heilige Geist in der orthodoxen Tradition, 91; siehe auch P. LEMERLE, Der erste byzantinische Humanismus, das Kapitel über Photius, 154-183, vornehmlich die Charakterisierung seiner Beziehung zum Westen, 155.
4 K. MARX, Kritik der Hegel'schen Staatsphilosophie, 60.
5 Ebenda, 62.
6 Ebenda.
7 Ebenda.
8 Y. CONGAR, Der Heilige Geist, 369.
9 Vgl. in diesem Zusammenhang aus orthodoxer Sicht, P. EVDOKIMOV, Der Heilige Geist in der orthodoxen Tradition, 91 f, wo die Ausführungen des Autors unter dem bezeichnenden Titel: "Suche nach einer gemeinsamen Ansicht" angeführt werden.
10 Ebenda, 92; Übers. durch den Verf.
11 JOHANNES von DAMASKUS, Genaue Darlegung des orthodoxen Glaubens, 23.
12 Ebenda, 22.
13 Ebenda, 27.
14 Siehe ebenda.
15 J. BILZ, Die Trinitätslehre des Hl. Johannes von Damaskus, 156 f.
16 Ebenda, 156 f.
17 Joh. 1, 5.

Anhang

1 "Aus dem Willen des Vaters wurde nun dieser Sohn geboren, 'der das Bild des unsichtbaren Gottes ist' und 'Abglanz seiner Herrlichkeit und Prägebild seines Wesens', 'Erstgeborener vor aller Schöpfung', Geschöpf, 'Weisheit'. Die Weisheit selber sagt nämlich (Spr. 8, 22): 'Gott schuf mich als Anfang seiner Wege für seine Werke'". (Übersetzung nach: H. GÖRGEMANNS/H. KARPP Hg., ORIGENES, De princ. IV 1, 785.)

2 Die Kirchenväter zur Trinität
I Athanasius:
"Wir erweitern die Einheit unteilbar auf die Dreieinigkeit, und die Dreieinigkeit wiederum setzen wir unvermindert in der Einheit zusammen."
"Ein Prinzip der Gottheit und nicht zwei Prinzipien, deswegen ist es vornehmlich auch Monarchie." (Übers. durch den Verf.)

II Gregor von Nazianz:
"Es soll also daran als meinem Wort festgehalten werden - Gott ist Eins, denn Sohn und Geist beziehen sich auf eine Ursache und sind weder zusammengesetzt, noch zusammenverschmolzen; und wenn ich es so nennen darf, Bewegung und Wille nach dem Einen und Identischen der Gottheit und der Wesensidentität".
"Wir haben einen Gott, weil es eine Gottheit ist und die ihm Gehörigen auf Eins bezogen sind, obwohl an drei geglaubt wird... Wenn wir also nun zur Gottheit hinschauen und zur ersten Ursache und zur Monarchie, stellen wir uns Eins vor und wenn wir zu jenen, in denen die Gottheit ist, hinschauen, und zu den aus der ersten Ursache zeitlos jenseits Seienden, sind nach gemeinsamem Glauben drei, die verehrt (angebetet) werden".
"Und die drei haben eine Natur, Gott. Und Einigung (ist) der Vater, von ihm (sind) und auf ihn gehen die folgenden zurück; nicht in der Weise des Zusammenverschmolzenseins, sondern in der Weise des Gehörigseins, ohne dazwischen liegende Zeit, ohne Willen, ohne Kraft. (Übers. durch den Verf.)

III Johannes von Damaskus:
"Denn der Vater ist ohne Prinzip und ungezeugt, er ist aus keinem, er hat das Sein aus sich, und von allem, was er besitzt, hat er nichts von einem andern. Er ist vielmehr selbst für alles natürliches Prinzip und Ursache des Wieseins... Alles also, was der Sohn besitzt hat auch der Geist vom Vater, ja selbst das Sein. Wenn der Vater nicht ist, dann ist auch nicht der Sohn und nicht der Geist. Und wenn der Vater etwas nicht hat, dann hat es auch der Sohn und der Geist nicht. Wegen des Vaters, d.h. weil der Vater ist, ist der Sohn und der Geist. Und wegen des Vaters hat der Sohn und der Geist alles, was er hat, d.h. weil der Vater es hat..."
"Wenn wir also zur Gottheit aufblicken und zu dem ersten Grund, zur Alleinherrschaft (Monarchie) ... so ist *eines* das, was wir uns vorstellen; wenn aber zu dem, worin die Gottheit ist, oder genauer gesagt, was die Gottheit

ist, und auf das, was aus der ersten Ursache zeitlos, gleichherrlich und ungetrennt entspringt, nämlich die Personen des Sohnes und des Geistes, so sind es drei, die angebetet werden." (Übersetzug nach: D. STIEFENHOFER, Des Heiligen Johannes von Damaskus genaue Darlegung des orthodoxen Glaubens, 26.)

3 "Gott schuf also den Menschen als sein Abbild; als Abbild Gottes schuf er ihn. Als Mann und Frau schuf er sie." (Gen. 1, 27, Die Bibel. Einheitsübersetzung.)
"Da formte Gott, der Herr, den Menschen aus Erde vom Ackerboden und blies in seine Nase den Lebensatem. So wurde der Mensch zu einem lebendigen Wesen." (Gen. 2, 7, Die Bibel. Einheitsübersetzung.)

4 "Denn der Herr sprach und sogleich geschah es; / er gebot, und alles war da". (Die Bibel. Einheitsübersetzung. Diese Stelle wird hier als Psalm 33 a angeführt und nicht als 32, 9 wie nach der Septuaginta.)

5 "Der Herr hat mich geschaffen im Anfang seiner Wege..." (Prov. 8, 22, Die Bibel. Einheitsübersetzung.)

6 "Er ist das Ebenbild des unsichtbaren Gottes, der Erstgeborene, der ganzen Schöpfung. Denn in ihm wurde alles erschaffen im Himmel und auf Erden, das Sichtbare und das Unsichtbare, Throne und Herrschaften, Mächte und Gewalten; alles ist durch ihn und auf ihn hin geschaffen." (Kol. 1, 15-18, Die Bibel. Einheitsübersetzung.)

7 "Also glaube Bruder, daß der Verstand die Macht hat, die eigenen Bewegungen bis zum Ort der Reinheit im Gebet zu differenzieren. Und wenn er dort angelangt ist und sich nicht nach hinten dreht oder das Gebet aufgibt, dann wird das Gebet wie ein Mittler zwischen dem psychischen und dem pneumatischen (Bereich). Wenn er also (der Verstand) sich bewegt, befindet er sich im Bereich der Psyche, wenn er aber in jenes Land hineintritt wird er vom Gebet entlassen. Denn die Heiligen werden in der künftigen Ewigkeit nicht durch Gebet beten, wenn ihr Verstand vom Geist durchtränkt sein wird, sondern in Staunen versetzt werden sie in der ergötzenden Herrlichkeit wohnen." (Übers. durch den Verf.)

8 "... aber hat er zu uns gesprochen durch den Sohn, den er zum Erbe des Alls eingesetzt und durch den er auch die Welt erschaffen hat; er ist der Abglanz seiner Herrlichkeit und das Abbild seines Wesens; er trägt das All durch sein machtvolles Wort..." (Hebr. 1, 2-4, Die Bibel. Einheitsübersetzung.)

9 "Im Anfang war das Wort, und das Wort war bei Gott, und das Wort war Gott." (Joh. 1, 1, Die Bibel. Einheitsübersetzung.)

10 "Es sollte somit von einem Anfang der Gottheit und nicht von zwei Anfängen gesprochen werden; und deswegen ist vornehmlich auch eine Monarchie... denn nach Johannes war in diesem Anfang das Wort, und das Wort war bei Gott; denn der Anfang ist Gott, und weil es aus ihm ist, deswegen war das Wort Gott." (Übers. durch den Verf.)

11 "Und so wie ein Anfang ist; dementsprechend ein Gott; so ist die existierende und wahrhaft und wirklich seiende Substanz und Hypostase, die ich bin der Seiende sagt, ein und nicht zwei Anfänge..." (Übers. durch den Verf.)

12 "Niemand hat Gott je gesehen. Der Einzige, der Gott ist und am Herzen des Vaters ruht, er hat Kunde gebracht." (Joh. 1, 18, Die Bibel. Einheitsübersetzung.)

13 "Jesus sagte zu ihm: Ich bin der Weg und die Wahrheit und das Leben; niemand kommt zum Vater außer durch mich. Wenn ihr mich erkannt habt, werdet ihr auch meinen Vater erkennen. Schon jetzt kennt ihr ihn und habt ihn gesehen. Philippus sagte zu ihm: Herr, zeig uns den Vater; das genügt uns. Jesus antwortete ihm: Schon so lange bin ich bei euch, und du hast mich nicht erkannt, Philippus? Wer mich gesehen hat, hat den Vater gesehen. Wie kannst du sagen: Zeig uns den Vater? Glaubst du nicht, daß ich im Vater bin und daß der Vater in mir ist? Die Worte, die ich zu euch sage, habe ich nicht aus mir selbst. Der Vater, der in mir bleibt, vollbringt seine Werke. Glaubt mir doch, daß ich im Vater bin und daß der Vater in mir ist; wenn nicht, glaubt wenigstens aufgrund der Werke!" (Joh, 14, 6-11, Die Bibel. Einheitsübersetzung.)

14 "Und das also genügt zur gänzlichen Verurteilung der neuen Juden, die sowohl den Herrn leugnen als auch die Väter verleumden und alle Christen hinters Licht zu führen versuchen." (Übers. durch den Verf.)

15 "Und sie bekennen zusammen mit den Soldaten, indem sie die Zeugnis ablegende Schöpfung sehen, >>daß er wahrlich der Sohn Gottes ist<< und den Geschöpfen nicht zugehörig. Es wird in einem Brief erwähnt, der selige Dionysius habe gesagt, daß der Sohn ein Geschöpf und geboren sei und mitnichten der gleichen Natur wie Gott, sondern dem Wesen nach dem Vater fremd sowie der Bauer dem Weinstock und der Schiffsbauer dem Schiff; und daß er also als Geschöpf sei und nicht bevor er geworden sei." (Übers. durch den Verf.)

16 "Ich bin der wahre Weinstock, und mein Vater ist der Winzer." (Joh. 15, 1, Die Bibel. Einheitsübersetzung.)

17 "Der Vater aber wurde der Bauer genannt; denn er bearbeitete durch das Wort den Weinstock, der das Menschliche des Heilandes ist und er hat uns durch dieses Wort den Weg ins Königreich bereitet und 'niemand kommt zu dem Herrn, wenn nicht der Vater ihn zu ihm bringt'." (Übers. durch den Verf.)

18 "Unserem seligen Papst und Bischof Alexander wünschen die Priester und Diakone Wohlergehen im Herrn.
Unser Glauben, der der Glauben von unseren Vorfahren ist, den wir seligen Papst von dir gelernt haben, ist dieser. Wir kennen einen Gott, einzigen ungeborenen, einzigen ewigen, einzigen anfangslosen, einzigen wahren, einzigen Unsterblichkeit besitzenden, einzigen weisen, einzigen guten, einzigen Herrscher, Richter von allem, Lenker, Haushälter, unwandelbares und unveränderliches, vollkommenes Geschöpf Gottes, aber nicht wie eines der

375

Geschöpfe, geborenes, aber nicht wie eines der geborenen, nicht Hervorbringung das vom Vater geborene wie Valentinus als Dogma aufstellte, weder das geborene als gleichwesentlichen Teil des Vaters wie Manichäus einführte, noch Sohnvater wie Sabellius sagte, indem er die Einheit teilte. Weder Leuchte aus Leuchte oder entzweite Fackel nach Ierakas, noch den Seienden vorher und nachher zum Sohn geborenen oder hinzugeschöpften, so wie du es selbst, seliger Papst, vielmals in der Mitte der Kirche und im Rat jenen verboten hast, die diese (Dinge) eingeführt hatten, sondern wie wir sagen, geschöpft durch den Willen Gottes vor Jahren und vor den Zeiten, der das Leben und das Sein und die Herrlichkeiten vom Vater bekommen hat, der ihm die Existenz gab. Denn der Vater, der ihm die Erbschaft von allem gab, entzog sich selbst nicht denen (den Dingen), die er ungeboren in sich hat; denn er ist die Quelle von allem. Drei sind also die Hypostasen. Und Gott, der Ursache von allem ist, ist anfangsloser einigster, der Sohn aber, der zeitlos vom Vater geboren wurde und vorzeitig geschöpft und konstituiert worden ist, war nicht vor dem Geborenwerden, sondern zeitlos vor allem geboren, nur vom Vater ins Sein gerufen. Er ist nämlich absolut nicht ewig oder gemeinsam mit dem Vater mitewig oder mitungeboren, er hat keineswegs ein mit dem Vater gemeinsames Sein wie einige in bezug auf dieses sagen, indem sie zwei ungeborene Anfänge einführen. Als Einheit aber, und als Anfang von allem, auf diese Weise ist Gott vor allem. Und deswegen ist er vor dem Sohn, wie wir auch von dir gelernt haben, als du in der Mitte der Kirche gepredigt hattest.
In dem Ausmaß er (der Sohn) das Sein und die Herrlichkeiten und das Leben vom Vater hat und alles ihm übergeben worden ist, ist sein Anfang Gott. Er herrscht nämlich über ihn als sein Gott und vor ihm seiend. Wenn andererseits das 'aus ihm' und das 'aus dem Bauch' und das 'vom Vater bin ich ausgegangen und gekommen' von einigen als gleichwesentlicher Teil von ihm und als Hervorbringung verstanden wird, müßte nach ihnen der Vater zusammengesetzt und teilbar und veränderlich und ein Körper sein und im Ausmaß der Folgen von diesen (Eigenschaften, Attributen Gottes) müßte der körperlose Gott körperlich leiden.
Ich wünsche dir, seliger Papst, Gedeihen im Herrn. Arius, Aeithalis, Achilles, Karponis, Sarmatas, Arius Priester. Diakone Euzoios, Loukios, Ioulios, Minas, Elladios, Gaios. Bischöfe Sekoundos von Pentapolis, Thomas aus Libyen, Gläubiger [den in Alexandreia die Arianer erworben haben]." (Übers. durch den Verf.)

19 "Und den Heiland hat er als ungeboren und unkörperlich und gestaltlos und durch den Glauben als Mensch erschienenen, angenommen." (Übers. durch den Verf.)

20 "Fremd und von ihr entfremdet und losgetrennt ist der Logos von der Substanz Gottes und unsichtbar ist der Vater dem Sohn. Denn weder vollkommen und genau kennt der Logos den Vater, noch kann er ihn gänzlich sehen. Denn auch wie die eigene Substanz ist, weiß der Sohn nicht. Denn für uns ist er geschaffen worden, damit Gott uns durch ihn wie durch ein Instrument schöpft." (Übers. durch den Verf.)

21 "Wenn also einer der Verleumder meint, daß ich, weil ich Gott Erschaffer und Schöpfer von allem, auch von Christus, nannte, soll von mir vernehmen, daß ich ihn vorher als Vater, zu dem auch der Sohn hinzugeschrieben wird,

bezeichnet habe, denn ich habe den Schöpfer eingeführt, nachdem ich Vater gesagt habe; und weder ist der Schöpfer Vater, wenn vornehmlich der, der gezeugt hat, als Vater vernommen wird (die Breite der Aussprache Vater werden wir nämlich im folgenden ausarbeiten), noch Schöpfer ist der Vater, wenn nur der Handwerker Schöpfer genannt werden könnte und bei den Griechen heißen Schöpfer die Dichter und der eigenen Worte (Schöpfer) die Weisen; und Schöpfer des Gesetzes hat der Apostel genannt; und Schöpfer wird man auch der Tugend oder der Bosheit des Herzens, wie Gott sagte; 'ich bin geblieben um das Gericht zu schöpfen, er hat aber Gesetzlosigkeit geschöpft'." (Übers. durch den Verf.)

22 "Das in Nicäa Dargelegte bildete folgenden Glauben aus. Wir glauben an einen Gott, den Vater, den Allmächtigen, den Schöpfer von allem Sichtbaren und Unsichtbaren; und an einen Herrn Jesus Christus den Sohn Gottes, den vom Vater eingeborenen, d.h. vom Wesen des Vaters, Gott aus Gott, Licht aus Licht, wahrer Gott vom wahren Gott geboren und nicht geschöpft, dem Vater gleichwesentlich, durch ihn ist alles, was im Himmel und alles, was auf Erden ist geworden, gelitten für uns Menschen und für unser Heil herabgestiegen und fleischgeworden, Mensch geworden, gelitten und am dritten Tag auferstanden, in den Himmel aufgefahren, der von dort kommen wird die Lebenden und die Toten zu richten; und an den Heiligen Geist. Jenen aber, die sagen: 'Es gab einen Zeitpunkt, da er nicht war' oder 'er war nicht bevor er geboren wurde' oder 'er ist von nicht Seienden geworden' oder solche Reden führen, daß der Sohn Gottes von einer anderen Hypostase oder von einem anderen Wesen oder ein Geschöpf oder wandelbar oder veränderlich sei, denen erteilt die katholische und apostolische Kirche ihren Bann." (Übers. durch den Verf.)

23 "Jeder der von mir genannten Namen ist unzertrennlich und untrennbar vom nächsten. Ich sagte Vater und bevor ich den Sohn einführte, habe ich ihn auch im Vater gemeint; ich führte den Sohn ein, und obwohl ich den Vater nicht im voraus genannt hatte, ist er trotzdem im Sohn im voraus genannt worden. Ich fügte den Hl. Geist hinzu und habe aber das Gleichzeitige, das Woher und das Wodurch er anwesend ist, angewandt. Denn sie wissen nicht, daß der Vater nicht Vater sein kann wenn er sich vom Sohn entfremdet, denn der Name bereitet auf die zusammenhängende Verbindung vor, und der Sohn wohnt nicht außerhalb des Vaters. Denn die Anrede Vater zeigt die Gemeinschaft und in ihren Händen kann es dem Geist weder an dem Sendenden noch an dem Tragenden mangeln." (Übers. durch den Verf.)

24 "... Sei gegrüßt Leuchtstern, der die Sonne in sich zeigt;
   Sei gegrüßt Leib göttlicher Fleischwerdung...
   Sei gegrüßt himmlische Leiter, durch die Gott herabgestiegen ist;
   Sei gegrüßt Brücke, die die auf Erden Weilenden zum Himmel führt
   ...
   Sei gegrüßt Gefäß der Weisheit Gottes;
   Sei gegrüßt Schatzkammer Seiner Fürsorge..."
   (Übers. durch den Verf.)

25 "Aber das Ungezeugte und das Gezeugte können doch nicht gleichen Wesens sein. Wenn das richtig ist, so ist auch der Sohn dem Vater nicht gleich, und es ist kaum nötig zu bemerken, daß diese Behauptung entweder den Sohn

oder den Vater von der Gottheit ausschließt. Denn wenn das Ungezeugtsein zum Wesen Gottes gehört, so wird das Gezeugtsein nicht dazu gehören und umgekehrt. Wer will das Gegenteil behaupten? Triff also, du neuartiger Theologe, deine Wahl zwischen diesen beiden Formen der Gottlosigkeit, da du all deinen Eifer darauf verlegst, dich gottlos zu gebärden. Wie kommst du darauf zu behaupten, Gezeugtes und Ungezeugtes könnten nicht (gleichen Wesens) sein. Wenn du sagst, daß Unerschaffenes und Erschaffenes nicht gleichen Wesens sei, so bin ich deiner Meinung. Denn das Anfangslose und das Geschaffene sind nicht von derselben Natur." (Übersetzung nach: J. BARBEL Hg., Gregor von Nazianz, Die fünf theologischen Reden, IV, 145.)

26 "Aber wie ist es möglich, daß die Zeugung (des Sohnes) nicht eine Veränderung (der Natur des Vaters) ist? - Weil sie unkörperlich ist. Wenn die körperliche Zeugung mit Affekt verbunden ist, so ist die unkörperliche von ihm frei. Ich frage dagegen: Wie kann (der Sohn) Gott sein, wenn er ein Geschöpf ist? Ein geschaffenes Wesen ist nicht Gott. Und es lohnt sich nicht beizufügen, daß eine körperliche Schau dieser Dinge dann auch bei ihm (wenn Gott ein geschaffenes Wesen ist) auf Veränderung stoßen wird, wie Zeit, Bestrebung, Umbildung, Sorge, Hoffnung, Kummer, Gefahr, Scheitern, Erfolg und noch vieles andere, was bekanntlich nur die Geschöpfe trifft. Eigentlich wundere ich mich, daß du es nicht auch noch wagst, Paarungen auszudenken und Schwangerschaftszeiten und Fehlgeburtsgefahren, weil (der Vater deiner Meinung nach) nicht anders zeugen kann. Aber wahrscheinlich wirst du noch verschiedene Arten der Zeugung aufzählen, die der Vögel, der Landtiere und der Fische, um die göttliche und unaussprechliche Zeugung in eine dieser Kategorien einzureihen, es müßte denn sein, daß deine neue Unterstellung den Sohn nicht ganz vernichtete. Du vermagst also nicht einzusehen, daß, wie die Zeugung des Sohnes nach dem Fleische einer eigenen Ordnung zugehört - wie ist es bei euch mit der Kenntnis der jungfräulichen Gottesgebärerin? -, so auch seine geistige Zeugung gänzlich verschieden ist (von der unseren). Oder besser: Wie Gottes Sein nicht dasselbe ist (wie das unsere), so ist auch sein Zeugen von anderer Art." (Übersetzung nach: J. BARBEL Hg., Gregor von Nazianz, Die fünf theologischen Reden, III, 133-135.)

27 "Das behaupten sie zwar nicht, denn es geht um Eigenschaften, die auch anderen Wesen gemeinsam sein können. Die Wesenheit Gottes besteht aber in dem, was ihm allein zukommt und ihm eigentümlich ist. Ohne Zweifel wird man die, welche der Meinung sind, die Materie und die Form seien ungezeugt, nicht zur Annahme bewegen, daß Gott allein ungezeugt ist. Aber werfen wir die Finsternis der Manichäer noch weiter zurück. Nehmen wir einmal an, daß das (Ungezeugtsein) nur Gott zukommt. Wie ist es aber dann mit Adam? Ist er nicht als einziger ein Gebilde Gottes? - Gewiß, wirst du mir sagen. - Ist er denn allein ein Mensch? - Keineswegs! - Weshalb nicht? - Weil nicht das Geschaffensein allein die Eigentümlichkeit des Menschen ist." (Übersetzung nach: J. BARBEL Hrsg., Gregor von Nazianz, Die fünf theologischen Reden, III, 147.)

28 "Es gab eine Zeit, in der derjenige, den du jetzt verachtest, über dir stand, in der derjenige, der jetzt Mensch ist, ohne Zusammensetzung war. Was er war, ist er geblieben, was er nicht war, hat er hinzu aufgenommen. Ursachlos war er im Anfang, denn wer könnte die Ursache Gottes sein? Später wurde er

durch eine Ursache. Diese Ursache bestand, um dich von deinem Übermut zu befreien, der du die Gottheit verachtest, weil sie deine niedere Natur angenommen hat. Er hat sich dem Fleisch durch Vermittlung des Nus vermischt und ist Mensch geworden, d.h. etwas, was unter Gott steht. Seitdem ist er mit Gott vermischt und eins mit ihm geworden. Das Bessere hat den Sieg davongetragen, damit ich so wirklich zu Gott werde, wie er zum Menschen geworden ist. Gewiß ist er zwar geboren worden, aber er ist auch gezeugt worden, und zwar ist er aus einer Frau geboren worden, die aber auch reine Jungfrau war. Das eine ist menschlich, das andere göttlich. Hienieden ist er ohne Vater, dort oben ist er ohne Mutter: Das ganze ist göttliches Werk." (Übersetzung nach: J. BARBEL Hrsg., Gregor von Nazianz, Die fünf theologischen Reden, III, 161-163.)

29 "... Denn das ist nicht Geburt Gottes, sondern Flucht vor der Geburt. Wenn jemand zwei Söhne einführt, einen von Gott und Vater und den zweiten von der Mutter, nicht aber einen und den gleichen, fällt man von der den Rechtgläubigen verheißenen Annahme an Kindes statt ab. Denn es sind zwei Naturen, Gott und Mensch, weil auch Seele und Leib, und es sind nicht zwei Söhne und Götter. Denn auf keinen Fall sind hier zwei Menschen, obwohl Paulus das im Menschen und das außerhalb des Menschen Seiende so genannt hat. Und wenn man das in Kürze artikulieren soll aus einem und anderem, dies woraus der Heiland ist (es ist nämlich nicht das gleiche das Unsichtbare mit dem Sichtbaren und das Unzeitliche mit dem der Zeit Unterworfenen), dennoch nicht der eine und der andere; das darf nicht sein. Denn beide sind eins in der Verbindung, einerseits Gott, indem er Mensch geworden, und andererseits der Mensch, indem er Gott geworden oder wie man es sonst nennen soll. Und ich sage, daß die Trinität noch eine Bewandtnis hat. Es ist nämlich dort einer und ein anderer, damit wir die Hypostasen nicht verwechseln; nicht eines und ein anderes, denn eines und dreifaches Identisches ist in der Gottheit." (Übers. durch den Verf.)

30 "Und das Wort ist Fleisch geworden und hat unter uns gewohnt..." (Joh. 1, 14, Die Bibel. Einheitsübersetzung.)

31 Ich gebe hier den ganzen Text in deutscher Sprache wieder. In kursiver Schrift der deutsche Text bei Loofs.
"... *mehr als die Häretiker sind sie Elende. Diese zwar [ ] nämlich [ ] machen Gott den Logos [dazu], daß er jünger als das Wesen des Vaters, indem auch sie in Gleichnisreden zu lüstern sich erkühnen; denn in der Natur der Gottheit gibt es eine Jugend des Wesens und ein Alter von Tagen nicht.* Und in ihrem dummen Geschwätz erklären sie Gott Logos obwohl größer von der Gottheit als jünger, non tamen novellum fatentur. Und sie machen ihn zum Zweiten nach der glückseligen Maria und unterstellen der die Jahre schöpfenden Gottheit eine zeitliche Mutter. Und sie lassen eher die Christusgebärerin genannt werden als Christus' Mutter zu. Denn wie, wie sagen, der von ihr (geborene) Logos nicht die Natur eines Menschen, sondern Gott war, ist jene, die das Geborene geboren hat, nicht Mutter. Denn wie könnte jemand Mutter des ihrer Natur Fremden sein? Und wenn sie von ihnen Mutter genannt worden wäre, wäre das geborene Menschheit, nicht Gottheit; denn Eigenschaft jeder Mutter ist Gleichwesentliche zu gebären. Entweder ist sie keine Mutter, wenn sie die ihr Gleichwesentlichen nicht gebiert; oder wenn sie von ihnen Mutter gerufen wird, hat sie den ihrem Wesen Gleichen

geboren... Es ist für die Christusgebärende Jungfrau groß, die Menschheit, Instrument der Gottheit von Gott Logos zu gebären; es genügt ihr zur über alles erhebenden Ehre, daß sie den Mittler, der mit der Würde des Gottes (Logos) verbunden ist, geboren hat. *Des Mittlers Mutter also ist die* christusgebärende *Jungfrau. Die Gottheit des Mittlers aber bestand, bevor sie den Mittler gebar.* Wie also gebar sie den von ihr älteren? *Weshalb zu einer Schöpfung des Geistes machst du den* Gott Logos? *Denn wenn der* Gott Logos *derjenige ist, der von jener geboren ward, gemäß dem Wort der Engel vom heiligen Geiste ist, so wird <als> eine Schöpfung des Geistes der* Gott Logos *angesehen* ... Wenn du über den, der nach der Natur durch die Monate von der Jungfrau geboren ist, nachdenkst, so ist ein Mensch derjenige, der von der Jungfrau geboren ist, gemäß dem Worte dessen, der geboren ist, welcher sagt: **Was suchet ihr mich zu töten, einen Menschen, der ich unter euch die Wahrheit geredet habe?** ... **Einer nämlich ist Gott, einer auch der Mittler Gottes und der Menschen, der Mensch Jesus Christus,** der Mensch, der **aus dem Geschlecht Davids** geboren ist, aber er (ist), der Israel dem Fleisch nach Verwandte, der Erscheinung nach Mensch, der nach der Stimme von Paulus vom **Davids Samen** geborene, allmächtige Gott durch Verbindung ... so nennen wir auch Christus dem Fleische nach aufgrund der Berührung mit Gott Logos Gott, indem wir die Erscheinung als Menschen kennen. Hör dir Paulus an, der beides predigt; *von den Juden nämlich <stammt> der Christus nach dem Fleische <der über alles seiende Gott, in Ewigkeit gesegnet>. Wer also? Ein einfacher Mensch ist der Christus, o seliger Paulus? Nein doch! Sondern ein Mensch ist der Christus im Fleische; in der Gottheit aber ist er Gott über alles.* Zuerst bekennt er den Menschen und dann erhebt zur Theologie die Erscheinung durch die Verbindung mit Gott; damit niemand das Christentum der Anbetung des Menschen verdächtigt. Unvermischt also halten wir die Verbindung der Naturen aufrecht; wir bekennen Gott im Menschen und erweisen dem durch die göttliche Verbindung mit dem allmächtigen Gott mitverehrten Menschen Respekt." (Übers. durch den Verf.)

32 "*Christus ist für unsere Sünden gestorben*; und *indem Christus dem Fleisch nach gelitten hat*; und *das ist* - nicht meine Gottheit aber - *mein Leib, der für euch gebrochen wird*; und tausende andere Stimmen, die die Menschengattung reklamieren, indem sie die Gottheit des Sohnes nicht als vorübergehenden oder körperlichen Leidens fähig halten, sondern das mit der Natur der Gottheit verbundene Fleisch." (Übers. durch den Verf.)

33 "Das Unterstellen also auch dem Namen der Zugehörigkeit die Eigenschaften des verbundenen Fleisches, Geburt sage ich und Leid und Absterben, ist Bruder wahrlich entweder von einem von den Griechen irregeleiteten Verstand, oder von der krankhaften Häresie des wahnsinnigen Apolinarius und Arius und der anderen und vielmehr auch etwas schlimmer als diese. Es ist also notwendig, denen, die durch den Namen der Zugehörigkeit auf diese Weise mitgerissen werden und Gott Logos aufgrund der Zugehörigkeit zum die Ernährung durch die Muttermilch Empfangenden machen, und zum an dem allmählichen Wachstum Teilhabenden und der in der Zeit des Leids aufgrund des Kleinmuts der Hilfe der Engel bar ist und ich schweige über die Beschneidung und das Opfer und den Schweiß und den Hunger, welche dem Fleisch nahe stehen, in dem sie mit ihm verbunden sind, nachdem sie für uns geschehen sind, in bezug auf die Gottheit aber werden sie fälschlich

angenommen und für uns die Gründe für einen berechtigten Vorwurf, daß sie Verleumder sind, zu machen sind, zu machen." (Übers. durch den Verf.)

34 "Aber nicht bloßer Mensch ist Christus, du Verleumder, sondern Mensch und Gott zusammen. Und wenn er nur Gott wäre, wäre es notwendig zu sagen Apolinarius; warum wollt ihr mich töten Gott, der euch die Wahrheit gesagt habe; nunc autem dicit: quid me quaeritis occidere, hominem, der, der den Dornenkranz um sich gelegt hat; der, der sagt; *mein Gott, mein Gott, warum hast du mich verlassen?* Der hat den dreitägigen Tod erduldet. Ich verehre ihn zusammen mit der Gottheit als Verteidiger der göttlichen Autorität, manifestum sit neim, inquit scriptura, viri fratres, quia nobis per Christum remissio peccatorum aduuntiatur." (Übers. durch den Verf.)

35 "... id est puerpera dei sive genetrix dei, Maria, an autem Menschengebärerin id est hominis genetrix? habet matrem deus? Nicht beschuldigter Grieche, der bei den Göttern eine Mutter einführt. Paulus ergo mendax, de Christi deitate dicens: Vaterlos, mutterlos, ohne Abstammung; - Maria hat, o Bester, die Gottheit nicht geboren (quod enim de carne natum est, caro est); non peperit creatura eum, qui est icreabilis; non recentem de virgine deum verbum genuit pater (in principio erat enim verbum, sicut Joannes ait)." (Übers. durch den Verf.)

36 "Aber wenn gesagt worden wäre, daß er in den neuesten Zeiten nur Sohn von einer Frau wäre; und zwar wenn wir als einzige diese Geburt von der Frau akzeptierten, verlöre er notwendigerweise das der Natur nach Sohn Logos von Gott Vater Sein." (Übers. durch den Verf.)

37 "Und weil die Hl. Jungfrau Gott, nachdem er hypostatisch mit dem Fleisch vereinigt war, fleischlich geboren hat, sagen wir, daß sie auch Gottesgebärerin ist, nicht als hätte die Natur des Logos den Anfang der Existenz vom Fleisch her 'Denn er war im Anfang und das Wort war Gott und das Wort war bei Gott' und er ist der Erschaffer der Jahrhunderte, ewig zusammen mit dem Vater und Schöpfer von allem; aber wie wir schon vorausgesagt haben, weil er der Hypostase nach sich selbst mit dem Menschlichen vereinigt hat und aus ihrer Gebärmutter fleischliche Geburt erduldet hat, nicht nachdem er um die zeitliche und um die Geburt in der neuesten Zeit des Äons wegen der eigenen Natur gebeten hat; sondern damit er auch den Anfang unserer Existenz segnet; und nachdem die Frau ihn im Fleische vereinigt geboren hat, der Fluch gegen die ganze Gattung, der unsere irdischen Körper zum Tode schickt, aufhört, ... aus diesem Grund nämlich sagen wir, daß er durch die eigene Ökonomie die Ehe selbst segnet und eingeladen mit den Hl. Aposteln nach Kana von Galiläa hingegangen ist." (Übers. durch den Verf.)

38 "Wenn du in die Nähe deines Bettlagers kommst, sag ihm, o Lager, vielleicht wirst du mein Grab in dieser Nacht. Und ich weiß nicht, ob in dieser Nacht anstelle des vorübergehenden Schlafs, jener ewige Schlaf, der in mich eintreten wird, (kommen wird). Solange du also Beine hast, laufe der Arbeit nach, vor dem Gefesselt-Werden durch jene Fessel, die wieder zu lösen nicht möglich sein wird. Solange du Finger hast, bekreuzige dich im Gebet, bevor der Tod kommt. Solange du Augen hast, fülle sie mit Tränen, bevor sie vom Staub bedeckt werden. Denn so wie die Rose, die vom Wind weggeblasen und verwelken wird, so von deinem Inneren eines der Elemente in dir und

du stirbst. Setz dir in dein Herz den Fortgang o Mensch, indem du dir selbst immer sagst, siehe da der Gesandte, der nach mir kommt, ist an die Tür gekommen. Wieso sitze ich? Es gibt die ewige Auswanderung, die keine Rückkehr wieder hat." (Übers. durch den Verf.)

39 "... sondern geht zu den verlorenen Schafen des Hauses Israel. Geht und verkündet: Das Himmelreich ist nahe. Heilt Kranke, weckt Tote auf, macht Aussätzige rein, treibt Dämonen aus! Umsonst habt ihr empfangen, umsonst sollt ihr geben. Steckt nicht Gold, Silber und Kupfermünzen in euren Gürtel. Nehmt keine Vorratstasche mit auf den Weg, kein zweites Hemd, keine Schuhe, keinen Wanderstab; denn wer arbeitet, hat ein Recht auf seinen Unterhalt. Wenn ihr in eine Stadt oder in ein Dorf kommt, erkundigt euch, wer es wert ist, euch aufzunehmen; bei ihm bleibt, bis ihr den Ort wieder verlaßt. Wenn ihr in ein Haus kommt, dann wünscht ihm Frieden. Wenn das Haus es wert ist, soll der Friede, den ihr ihm wünscht, bei ihm einkehren. Ist das Haus es aber nicht wert, dann soll der Friede zu euch zurückkehren. Wenn man euch aber in einem Haus oder in einer Stadt nicht aufnimmt und eure Worte nicht hören will, dann geht weg und schüttelt den Staub von euren Füßen. Amen, das sage ich euch: Dem Gebiet von Sodom und Gomorra wird es am Tag des Gerichts nicht so schlecht ergehen wie dieser Stadt. Seht, ich sende euch wie Schafe mitten unter die Wölfe..." (Matth. 10, 6-16, Die Bibel. Einheitsübersetzung.)

40 "Denn wenn es notwendig ist zu glauben, daß, indem er der Natur nach Gott ist, Fleisch geworden ist, d.h. Mensch mit vernünftiger Seele beseelt, welchen Grund gäbe es, daß sich jemand seiner Schreie wegen, wenn sie menschlich waren, schäme? Denn wenn er auf die der Menschen gebührenden Stimmen verzichtet hätte, wer wäre der, der das Menschwerden so wie wir erzwungen hat: Denn aus welchem Grund sollte der, der sich selbst für uns in freiwillige Entleerung herabgezogen hat, auf die der Entleerung gebührenden Stimmen verzichten? Folglich muß man alle Stimmen in den Evangelien einer Person unterstellen; der einen Hypostase des inkarnierten Logos. Denn einer ist nach der Schrift der Herr Jesus Christus." (Übers. durch den Verf.)

41 "Wenn einer, bezogen auf den einen Christus, die Hypostasen nach der Einigung teilt, indem er sie nur nach der Verbindung der Würde, d.h. der Autorität oder der Herrschaft verbindet und nicht vielmehr in Folge der natürlichen Einigung, der soll mit dem Bann belegt werden." (Übers. durch den Verf.)

42 "Und weil er inmitten der Kirche von profanen Neologismen Gebrauch gemacht hat, hat einer der meist nachsichtigen Männer, der, obwohl noch im Stand der Laien, eine bewunderswerte Bildung in sich gesammelt hatte, von heißem und gottliebendem Eifer bewegt mit klarer Stimme laut gesagt, daß, wenn der vor der Ewigkeit seiende Logos eine zweite Geburt erduldet, es dann offenbar dem Fleisch nach und von der Frau sei..." (Übers. durch den Verf.)

43 "Basilius der Große sagt in seinen syllogistischen Kapiteln, indem er über Gott redet, daß die Tätigkeit weder der Tätige noch das Getätigte ist; daß infolgedessen die Tätigkeit vom Wesen nicht unverschieden ist. Und der göttliche Cyrillus lehrt, indem er auch über Gott redet, daß das Schaffen der

Tätigkeit zugehörig ist und das Gebären der Natur; Natur aber und Tätigkeit ist nicht das gleiche. Und Werk des göttlichen Willens die Schöpfung, der gotttragende Damaszener. Und anderswo wieder derselbe eindeutig, etwas anderes sagt er, ist die Tätigkeit und etwas anderes das Tätige. Denn Tätigkeit ist die wesentliche Bewegung der Natur, das Tätige aber die Natur, aus der die Tätigkeit hervorgeht. In vielerlei Hinsicht also unterscheidet sich nach den göttlichen Vätern die Tätigkeit vom Wesen." (Übers. durch den Verf.)

44 "Und gemäß der speziellen Hypostase ist der Vater übervollkommen und ähnlich der Sohn und der Geist; aber man könnte sagen, daß der schöpferische Wille jedes einzelnen der Genannten in jeder beliebigen Sache verweile, und obwohl er Wirksamkeit von ihm ist, die ganze Gottheit durchgeht und Produkt der über der Schöpfung seienden Substanz ist, und er ist etwas Gemeinsames, das aber jeder einzelnen Person gebührt, als drei Hypostasen und jeder einzelnen davon speziell gebührend, die absolut für sich ist. Infolge dessen wirkt der Vater aber durch den Sohn im Geist; und der Sohn wirkt aber als Kraft des Vaters und aus ihm und in ihm gedacht als eigene Existenz. Und der Geist wirkt auch; denn der Geist ist des Vaters und des Sohnes. Der allmächtige Geist." (Übers. durch den Verf.)

45 "Wenn wir durch eine erleuchtende Kraft die Augen auf die Schönheit des Bildes des unsichtbaren Gottes zu fixieren vermögen, werden wir durch sie auf den über alle Schönheit hinausgehenden Anblick des Archetyps hinaufgeführt, den der unzertrennlich anwesende Geist der Erkenntnis denjenigen, die den Anblick der Wahrheit lieben, nicht von außen zeigt, sondern in sich hinein einführend zur Kenntnis führt, indem er die Sehkraft für die Sicht des Bildes in sich selbst verleiht. Denn so wie niemand den Vater kennt, sondern nur der Sohn, so kann niemand Herr Jesus Christus sagen, sondern nur im Hl. Geist. Denn es ist nicht durch den Geist gesagt worden, sondern im Geist." (Übers. durch den Verf.)

46 "Nicht ihr werdet dann reden, sondern der Geist eures Vaters wird durch euch reden." (Matth. 10, 20, Die Bibel. Einheitsübersetzung.)

47 "Und wie Teile im Ganzen ist jeder von uns im Geist; weil wir alle in einem Körper, in einem Geist getauft worden sind." (Übers. durch den Verf.)

48 "Und über den Geist sagt (die Schrift): 'Hier, diese Stelle da! Stelle dich an diesen Felsen!' (Ex. 33, 21); Was ist anders gemeint mit 'Stelle' als die Sicht im Geiste?" (Übers. durch den Verf.)

49 "Wir sprechen also von einer Verehrung im Sohn wie im Bild von Gott Vater, so auch im Geiste, der in sich selbst die Gottheit des Herrn zeigt. Und daher ist in der Verehrung der Hl. Geist untrennbar von Vater und Sohn. Denn wenn man außerhalb von ihm ist, kann man überhaupt nichts verehren; und wenn man in ihm ist, kann man ihn keinesfalls von Gott trennen; nicht mehr als man das Licht von den sichtbaren Objekten trennen kann. Denn es ist unmöglich, das Bild des unsichtbaren Gottes nicht im Lichte des Geistes zu sehen. Demjenigen, der die Augen auf das Bild fixiert, ist es unmöglich, das Licht von dem Bild zu trennen. Denn die Ursache des Sehens muß notwendigerweise mit den sichtbaren Objekten zusammengesehen werden.

So daß wir folglich, einfach gesprochen, durch die Erleuchtung des Geistes den Abglanz der Herrlichkeit Gottes sehen und durch den Stempeldruck auf das, dessen Stempeldruck er ist und das gleichförmige Siegel hinaufgeführt werden." (Übers. durch den Verf.)

50 "Denn derjenige, der nicht mehr nach den Geboten des Fleisches lebt, sondern vom Geist Gottes getragen wird, wird Sohn Gottes genannt, und indem er dem Bild des Sohnes Gottes gleich wird, heißt er pneumatisch." (Übers. durch den Verf.)

51 "Und im Akt ihrer Schöpfung fasse den Vater als ursächlichen Grund, dessen, was geworden ist, den Sohn als schöpferischen, den Geist als vervollkommnenden auf, so daß (daraus folgt), daß die dienenden Geister durch den Willen des Vaters existieren, durch das Wirken des Sohnes dem Sein zugeführt und durch die Anwesenheit des Geistes vervollkommnet werden." (Übers. durch den Verf.)

52 "Du denkst also an drei Dinge, an den befehlenden Herrn, den schöpfenden Logos, den befestigenden Geist." (Übers. durch den Verf.)

53 "Die Apostel haben den Herrn mit ihren körperlichen Augen gesehen, und die Apostel haben andere und die Märtyrer andere (gesehen). Und ich will sie auch mit Körper und Seele sehen und ein Mittel gegen das Böse haben, weil ich mit einer doppelten Natur geschaffen worden bin; und indem ich sehe, verehre ich das, was gesehen wird nicht als Gott, sondern als der Heiligen heiliges Bild. Denn du als der Hohe und Immaterielle, und über dem Körper Seiende, und solch Fleischloser, spuckst auf alles, was gesehen wird; ich aber, weil ich ein Mensch und von einem Körper umhüllt bin, will auch körperlich sprechen und das Heilige sehen; laß dich bis zu meinem bescheidenen Sinn herab, der Hohe, damit du das Hohe als das Deinige behältst." (Übers. durch den Verf.)

54 "Indem er nach Seele und Körper ganzer Mensch geblieben ist, aufgrund der Natur, und nach Seele und Körper ganzer Gott geworden ist, aufgrund der Gnade." (Übers. durch den Verf.)

55 "Es ist also klar, daß der Mensch, indem er als Abbild Gottes geformt wurde, fleischlich war. Ist es dann also nicht unmöglich, das von Gott als sein Abbild geformte Fleisch als unwürdig und ohne jeglichen Wert zu nennen? Denn was ist der Mensch anderes als das aus Seele und Körper zusammengesetzte vernünftige Tier? Ist der Mensch vielleicht Seele für sich? Nein, sondern die Seele ist des Menschen. Könnte also der Mensch vielleicht Körper genannt werden? Nein, sondern Körper des Menschen wird (der Körper) genannt. Der Mensch ist also für sich weder das eine noch das andere von ihnen, sondern Mensch heißt das aus der Verbindung beider (Entstehende)." (Übers. durch den Verf.)

56 "Denn Isis ist das der Natur nach Weibliche und alles Entstehen Aufnehmende, weswegen sie von Platon Amme und die Allesaufnehmende (Tim. 49a-51a) und von den vielen die Tausendnamige, weil sie, indem sie sich unter der Wirksamkeit des Logos wandelt, alle Formen und Ideen in sich aufnimmt, genannt wurde. Und sie hat in ihrer Natur mit sich zusammenge-

wachsen den Eros für den Ersten und Alleswichtigsten, der das Gute selbst ist, das begehrt und strebt sie an; und sie flieht dem Bösen und seinem Anteil und schlägt es ab, sie ist nämlich ein verdoppelter Ort und verdoppelte Materie, die immer dem Besten entgegenstrebt und sich ihm hergibt, damit er aus ihr zeugt und in sie voll Ausflüsse und Gleichnisse hineinsäet über die sie sich freut und schwanger und voll von den Gezeugten sich ergötzt. Denn das in der Materie Gezeugte ist ein Bild der Substanz und das Werdende eine Nachahmung des Seienden. Folglich wird nicht erdichtet wenn erzählt wird, daß die Seele des Osiris ewig und unzerstörbar sei; und daß Typhon den Körper in mehrere Teile zerteilt und vernichtet habe, und daß die herumirrende Isis ihn wieder zusammenzusetzen sucht. Denn das Seiende ist intelligibel und gut und stärker als die Zerstörung und die Wandlung und die Bilder, die das Sinnliche und Körperliche von ihm wie den Abdruck eines Siegels aufnimmt, und es nimmt Verhältnisse (Logoi) und Arten und Gleichnisse auf, sie bleiben nicht immer bestehen wie die Siegelabdrücke auf dem Wachs, sondern besetzen dort den unwegsamen und unebenen Teil des oberen Landes, der abgesprungen ist und gegen Horos kämpft, den Isis, weil er Bild der intelligiblen Welt ist, also sinnlichen gebiert; deswegen heißt es, wird ihm nachgesagt, durch den Typhon verunreinigt worden zu sein, als nicht rein und untadelig wie der Vater, der für sich unvermischter und leidenschaftsloser Logos ist, sondern durch die Materie, aufgrund des Körperlichen verunreinigt. Und Hermes, d.h. der Logos behält die Oberhand und siegt und somit zeigt er und legt davon Zeugnis, daß die Natur den Kosmos, indem sie sich zu dem Intelligiblen hin transformiert, herstellt, ab. Denn die sogenannte Zeugung des Apollon durch Isis und Osiris, während die Götter noch im Bauch von Rea waren, deutet dunkel nach, daß dieser Kosmos, noch bevor er sichtbar und vervollkommnet wurde, entstanden ist, indem die Materie naturgemäß dem Logos untersteht und sie zur ersten Zeugung genötigt wurde; deswegen sagt man, daß jener in der Dunkelheit entstandene Gott invalide ist und er wird älterer Horos genannt; denn es gab keinen Kosmos, sondern ein Spiegelbild und Phantom des Kosmos..." (Übers. durch den Verf.)

57 "Denn die Ikone ist Triumph und Offenbarung und die Errichtung einer Säule zum Gedenken des Sieges jener, die sich als Beste hervorgetan haben und der Schande der besiegten und unterworfenen Dämonen." (Übers. durch den Verf.)

58 "Früher war der körperlose und gestaltlose Gott mitnichten abbildbar. Jetzt aber, nachdem Gott dem Fleisch nach sichtbar geworden ist und sich mit den Menschen zusammengesellt hat, bilde ich das Sichtbare Gottes ab. Ich verehre die Materie nicht, verehre aber den Schöpfer der Materie, der für mich Materie geworden ist und sich dazu herabgelassen hat, in der Materie zu wohnen und durch die Materie mein Heil herbeigearbeitet hat; und ich verehre sie nicht wie Gott; weg von hier; denn wie kann das, was aus dem Nichtsein geboren worden ist, Gott sein? Und wenn auch der Körper Gottes aufgrund der hypostatischen Union Gott ist, ohne Veränderung wie das geworden ist, das ihn gesalbt hat, ist er geblieben, was er der Natur nach war, Fleisch durch vernünftige und denkende Seele beseelt, die gefangengehalten ist und nicht unerschaffen. Und auch vor der übrigen Materie, durch die mein Heil voller göttlicher Energie und Gnade geschehen ist, habe ich Respekt und Ehrfurcht... Verdamme die Materie nicht; denn sie ist nicht

ehrenunwürdig; denn nichts ist ehrenunwürdig, das von Gott geschaffen ist. Das ist die Meinung der Manichäer; und nur das ist ehrenunwürdig, das seinen Entstehungsgrund nicht in Gott hatte, sondern unsere Entdeckung ist aufgrund der selbständigen natürlichen Neigung und Tendenz des Willens zum Widernatürlichen, also die Sünde." (Übers. durch den Verf.)

59 "Und so wie Furcht, Bestürzung und schmerzvollste Angst wie von einer in Schlachtordnung befindlichen, furchterregenden und unbesiegbaren, allmächtigen, königlichen, die Siegestrophäe tragenden Armee auf die Feinde des unbesiegbaren Herrschers herabstürzen; so ist es auch mit den im Hades, in den unterirdischen Abgründen Weilenden, plötzlich durch die Parusie des paradoxen Christus geschehen; indem der von oben kommende Blitz die Verfinsterung der gegnerischen Mächte des Hades, die Gesichter verdunkelt, und sie schallende Stimmen und befehlende Heere hören, die sagen: Hebt die Tore auf, ihr eure Herrscher. Öffnet sie nicht, sondern hebt sie von ihren Fundamenten hinauf, ziehet sie aus der Wurzel heraus, verlegt sie in den Zustand des Nicht-mehr-geschlossen-werden-Könnens; hebt die Tore auf, ihr eure Herrscher." (Übers. durch den Verf.)

60 "Während es ganz Licht und zugleich verborgen ist, ist es an und für sich unerkennbar, wenn ihm nicht ein Stoff vorgelegt wird, an dem es seine eigentümliche Wirkung offenbaren kann ... wirksam, mächtig, allem unsichtbar gegenwärtig." (Übersetzung nach: DIONYSIUS AREOPAGITA, Himmlische Hierarchie XV § 2, in: Des Heiligen Dionysius Areopagita angebliche Schriften über die beiden Hierarchien, Bibliothek der Kirchenväter, München 1911, 77.)

61 "Denn die heiligen inspirierten Schriftsteller schildern die überwesentliche und gestaltlose Wesenheit vielfach im Bilde des Feuers, weil dieses, (wenn man so sagen darf), von der urgöttlichen Eigentümlichkeit viele Abbilder im Sichtbaren darbietet." (Übersetzung nach: DIONYSIUS AREOPAGITA, Himmlische Hierarchie XV § 2, 76 f.)

62 "Die sinnlich wahrnehmbaren Lichter sind ein Symbol der materienlosen und göttlichen Lichtspendung und der Dunst der Duftstoffe der unversehrten und vollkommenen Umhauchung und Fülle des Hl. Geistes." (Übers. durch den Verf.)

63 "... und sie werden ein Fleisch." (Gen. 2, 24. Die Bibel. Einheitsübersetzung.)

64 "Wer seine Frau liebt, liebt sich selbst. Keiner hat je seinen eigenen Leib gehaßt, sondern er nährt und pflegt ihn, wie auch Christus die Kirche." (Übers. durch den Verf.)

65 "... es ist nicht mein Körper, sondern von meiner Frau. Ich wage nicht das einem anderen Gehörige zu verraten. Ihre Mitgift traust du dich ihr nicht zu vermindern und auch nicht ihre Sachen zu vergeuden, und du wagst ihren Körper zu beschmutzen?" (Übers. durch den Verf.)

66 "Sie staunten als sie sahen, daß sein Körper im gleichen Zustand war und weder, weil er ohne Übung war, verfettet noch durch das Fasten und den

Kampf gegen die Dämonen abgemagert war; denn er war so, wie sie ihn noch bevor er abgereist war, kannten. Er war ganz gerade, weil er vom Logos geführt wurde und auf der Seite, die der Natur entspricht, gestanden ist." (Übers. durch den Verf.)

67 "Seine Augen waren ganz und unversehrt und er konnte gut sehen; und von den Zähnen war nicht einmal einer abgefallen; nur das Zahnfleisch war aufgrund des hohen Alters des Alten verschlissen. Und an den Händen und Füßen war er gesund geblieben." (Übers. durch den Verf.)

68 "Wenn jemand den Tempel Gottes zerstört, wird ihn Gott zerstören." (Übers. durch den Verf.)

69 "Du bist aber nicht nur in den Gedanken zerstört worden, denn auch der Körper ist mit ihnen (zerstört)..." (Übers. durch den Verf.)

70 "... oder wird dein ganzer Körper und die Seele und der Geist in bestimmter Weise tadellos in der Parusie des Herrn Jesus Christus erhalten..." (Übers. durch den Verf.)

Verzeichnis der zitierten oder im Text erwähnten Literatur

AISCHYLOS, Der Gefesselte Prometheus, übers. und hg. von O. Werner, München 1969.
ALTHEIM F., Römische Religionsgeschichte II, Berlin 1956.
ANSELM von CANTERBURY, Monologion, Stuttgart-Bad Cannstatt 1964.
ARISTOTELES, Metaphysik in: Werke, Bd. I, hg. von E. Rolfes, Leipzig 1921.
ARISTOTELES, Politik, Cambridge Massachusetts (Harvard University Press), London (William Heinemann) 1977.
ATHANASIUS der GROSSE, Epistola IV ad Serapionem, PG 26.
ATHANASIUS der GROSSE, Oratio IV, contra Arianos, PG 26.
ATHANASIUS der GROSSE, Epistola I ad Serapionem, PG 26.
ATHANASIUS der GROSSE, Gegen die Arianer. Erste Rede. Bibliothek der Kirchenväter, Bd. 13, München 1913.
ATHANASIUS der GROSSE, De sententia Dionysii 4, 1, in: H.G. OPITZ Hg. Urkunden zur Geschichte des Arianischen Streites 318-328, Bd. 3, Berlin-Leipzig 1934-1941.
ATHANASIUS der GROSSE, Leben des Hl. Antonius, PG 26.
AURELIUS AUGUSTINUS, Über den dreieinigen Gott, München 1951.
AURELIUS AUGUSTINUS, Über den Gottestaat, Bibliothek der Kirchenväter, Bd. 1-3, München 1911-1916.
AURELIUS AUGUSTINUS, Bekenntnisse, Bibliothek der Kirchenväter, Bd. 18, München 1914.

BARAN P.A./ P.M. SWEEZY, Monopolkapital, Frankfurt/Main 1973.
BARBEL J. Hg., Gregor von Nazianz, Die fünf theologischen Reden, Düsseldorf 1973.
BASILIUS der GROSSE, De spiritu sancto, in: Basile de Césarée, Traité du Saint Esprit, Sources chrétiennes, Paris 1945.
BASILIUS der GROSSE, À une vierge tombée, in: Saint Basile à une vierge tombée, in: Lettres, Paris 1957, éd. Les belles Lettres.
BASILIUS der GROSSE, Hab' acht auf dich selbst!, Bibliothek der Kirchenväter, Bd. 47, München 1925.
BILZ J., Die Trinitätslehre des Hl. Johannes von Damaskus, Paderborn 1909.
BLOCH E., Avicenna und die aristotelischen Linke, in: Das Materialismusproblem, Frankfurt/Main 1972.
BOFF L., Ave Maria, Das Weibliche und der Heilige Geist, Düsseldorf 1985.
BORMANN K., Die Ideen und Logoslehre Philons von Alexandrien, Köln 1955.
BORNEMAN E., Das Patriarchat, Frankfurt/Main 1975.

BORNHÄUSER, K. Die Vergottungslehre des Athanasius und Johannes Damascenus, Gütersloh 1903.

CHRISTOU P., Gregor Palamas, in: Werke Bd. 2, Thessaloniki 1983, griechisch.
CLEMENS Alexandrinus, Stromata, PG 8.
CONGAR Y., Der Heilige Geist, Freiburg im Breisgau 1982.
CYRILLUS von ALEXANDRIEN, adversus Nest. PG 76.
CYRILLUS von ALEXANDRIEN, epistola XVII, PG 77.
CYRILLUS von ALEXANDRIEN, De Sancta Trinitate dial VI, PG 75.

DANIÉLOU J., Heilige Schrift und Liturgie, Athen 1981, griechisch.
DESCARTES R., Meditationes de prima philosophia, Hamburg 1959.
DIE BIBEL. Einheitsübersetzung, Freiburg-Basel-Wien 1980.
DIE BIBEL. Die heilige Schrift des Alten und Neuen Bundes (Jerusalemer Bibel), Freiburg-Basel-Wien, 1968.
DIONYSIUS AREOPAGITA, Über göttliche Namen, Bibliothek der Kirchenväter. Zweite Reihe, Bd. II, München 1933.
DIONYSIUS AREOPAGITA, Himmlische Hierarchie, PG 3.
DIONYSIUS AREOPAGITA, Himmlische Hierarchie, Bibliothek der Kirchenväter, München 1911.
DIONYSIUS AREOPAGITA, Kirchliche Hierarchie, Bibliothek der Kirchenväter, München 1911.
DOSTOJEWSKI F., Brüder Karamasov, Athen o.J., griechisch.

ENGELS F., Zur Geschichte des Urchristentums, in: MEW 22, Berlin/Ost 1970.
ENGELS F., Das Buch der Offenbarung, MEW 21, Berlin/Ost 1969.
ENGELS F., Anteil der Arbeit an der Menschwerdung des Affen, in: Dialektik der Natur, MEGA Bd. I, 26,1, Berlin/Ost 1985.
ENZYKLOPÄDIE für Religion und Moral, Bd. 5, Athen 1964, und Bd. 7, Athen 1965, griechisch.
EPIPHANIUS von KONSTANTIA, Aus der Rede am Karsamstag, PG 43.
EVDOKIMOV P., Die Kunst der Ikone, Theologie der Schönheit, Thessaloniki 1980, griechisch.
EVDOKIMOV P., Der Heilige Geist in der orthodoxen Tradition, Thessaloniki 1973, griechisch.

FEUERBACH L., Das Wesen des Christentums, Stuttgart 1969.

GERMANOS PATRIARCH von KONSTANTINOPEL, Über die heiligen Abbilder und ihren Sinn, PG 98.
GREGOR von NAZIANZ, XX. Rede, Über die Glaubenslehre und die Aufstellung der Bischöfe, Bibliothek der Kirchenväter, Bd. 59, München 1928.
GREGOR von NAZIANZ, XXXX. Rede, Über die Glaubenslehre und die Aufstellung der Bischöfe, Bibliothek der Kirchenväter, Bd. 54, München 1928.

GREGOR von NAZIANZ, oratio XLV, In Sanctum Pascha, PG 36.
GREGOR von NAZIANZ, I. Rede, Das hl. Osterfest, Bibliothek der Kirchenväter, Bd. 59, München 1928.
GREGOR von NAZIANZ, Ad Cledonium presbyterum contra Apollinarium. Epistola I,PG 37.
GREGOR von NAZIANZ, Dritte theologische Rede, Über den Sohn, in: Gregor von Nazianz, hg. von J. BARBEL, Die fünf theologischen Reden, Düsseldorf 1963.
GREGOR von NAZIANZ, Vierte theologische Rede, Über den Sohn, in: Gregor von Nazianz, hg. von J. Barbel, Die fünf theologischen Reden, Düsseldorf 1963.
GREGOR von NAZIANZ, Fünfte theologische Rede, Über den Heiligen Geist, in: Gregor von Nazianz, hg. von J. Barbel, Die fünf theologischen Reden, Düsseldorf 1963.
GREGOR von NYSSA, Über die Seele und Auferstehung, PG 46.
GREGOR von NYSSA, Große Katechese, Bibliothek der Kirchenväter, Bd. 56, München 1927.
GREGOR PALAMAS, capita physica, theologica, moralia et practica, PG 150.
GREGOR PALAMAS, Über Einigung und Unterscheidung, in: Werke Bd. 3, Thessaloniki 1983, griechisch.
GREGOR PALAMAS, Über göttliche Energien, in: Werke Bd. 3, Thessaloniki 1983, griechisch.
GREGOR PALAMAS, Für die Hesychasten, oratio 2, in: Werke Band 2, Thessaloniki 1983, griechisch.

HABERMAS J., Zur Rekonstruktion des historischen Materialismus, F/M 1976.
HARNACK A. von, Das Wesen des Christentums, Gütersloh 1977.
HARNACK A. von, Die Mission und Ausbreitung des Christentums in den drei ersten Jahrhunderten, Leipzig 1924.
HEGEL G.W.F., Einleitung in die Geschichte der Philosophie, Hamburg 1966.
HEGEL G.W.F., Wissenschaft der Logik, Bd. 1 u. 2, Frankfurt/Main 1969.
HEGEL G.W.F., Enzyklopädie der philosophischen Wissenschaften, Hamburg 1959.
HEGEL G.W.F., Ästhetik, Bd. 2, Berlin/Ost 1965.
HEGEL G.W.F., Grundlinien der Philosophie des Rechts, Frankfurt/Main.
HEGEL G.W.F., Einleitung in die Geschichte der Philosophie, Hamburg 1966.
HEGEL G.W.F., Philosophie der Geschichte, Stuttgart 1961.
HEGEL G.W.F., Vorlesungen über die Philosophie der Religion, Bd. 1 u. 2, Hamburg 1966.
HEGEL G.W.F., Differenz des Fichteschen und Schellingschen Systems der Philosophie, in: Sämtliche Werke (Glockner), Bd. 1, Stuttgart 1965.
HUNGER H., Reich der neuen Mitte, Graz-Wien-Köln 1965.

Ἱερὰ Σύνοψις καί τὰ ἅγια Πάθη, Athen 1970.
ISAAK der SYRER, Rede 32, Über das reine Gebet, in: Unseres seeligen Vaters Isaaks Bischofs von Ninive des Syrers die gefundenen asketischen [Werke].

Leipzig 1770. Hg. vom Priestermönchen Nikephoros Theotokos, 2. Auflage Athen o.J.
ISAAK der SYRER, Rede 34, Über die Reue, in: Unseres seeligen Vaters Isaaks Bischofs von Ninive des Syrers die gefundenen asketischen [Werke]. Leipzig 1770. Hg. vom Priestermönchen Nikephoros Theotokos, 2. Auflage Athen o.J.
JÄGER W., Gregor von Nyssas Lehre vom Heiligen Geist, Leiden 1966.
JOHANNES CHRYSOSTOMUS, De Incomprehensibili Dei Natura IV, PG 48.
JOHANNES von DAMASKUS, Genaue Darlegung des orthodoxen Glaubens, Bibliothek der Kirchenväter, Bd. 44, München 1923.
JOHANNES von DAMASKUS, De imag, orat. I, PG 94.
JOHANNES von DAMASKUS, De imag. orat. II, PG 94.
JOHANNES von DAMASKUS, De imag. orat. III, PG 94.
JOHANNES von DAMASKUS, Sacra Parallela, PG 96.
JOHANNES von DAMASKUS, Κεφάλαια φιλοσοφικά, in: Πηγή γνώσεως, PG 94.
JUSTIN, Fragmente, PG 6.

KALOKYRIS K., Quellen byzantinischer Archäologie, Thessaloniki 1967, griechisch.
KANT I., Die Metaphysik der Sitten, Berlin 1916.
KAUTSKY K., Die Entstehung der biblischen Urgeschichte, Wien 1883.
KIERKEGAARD S., Furcht und Zittern, Düsseldorf-Köln 1971.
KIERKEGAARD S., Der Begriff Angst, Düsseldorf-Köln, 1971.
KIERKEGAARD S., Unwissenschaftliche Nachschrift, in: Philosophische Brosamen und Unwissenschaftliche Nachschrift, München 1976.
KITTEL G. Hg., Theologisches Wörterbuch zum Neuen Testament, Bd. 4, Stuttgart 1957.
KLOSTERMANN F., Prinzip Gemeinde, Wien 1965.
KONDYLIS P., Die Aufklärung, Stuttgart 1981.
KONTOGLOU Phot., Die byzantinische Malerei und ihr wahrer Wert, in: Werke Bd. 3, S. 97f, Athen 1975, griechisch.
KORDATOS J., Große Geschichte Griechenlands, Bd. 7 u. 8, Athen 1960, griechisch.
KOTTER B., Die Schriften des Johannes von Damaskus, Bd. 2, Berlin-New York 1975.
KURNITZKY H., Triebstruktur des Geldes, Berlin 1980.

LACAN J., Subversion du sujet et dialectique du désir dans l'inconscient freudien, in: Ecrits II coll., éditions du Seuil, série Points, Paris 1971.
LEIBNIZ G.W., Vernunftprinzipien der Natur und der Gnade, Hamburg 1956.
LEMERLE P., Der erste byzantinische Humanismus, Athen 1981, griechisch.
LENIN W.I., Hefte zu Hegels Dialektik, München 1969.
LEXIKON für Theologie und Kirche, Bd. 6 u. 7, Freiburg im Breisgau 1957.
LOOFS F., Fragmente des Nestorius, Hallen 1905.

LOSSKY V., Die mystische Theologie der morgenländischen Kirche, Graz-Wien-Köln 1961.
LOSSKY V., Essai sur la théologie mystique de l'église d'orient, in griech. Übersetzung: Ἡ Μυστική Θεολογία τῆς Ἀνατολικῆς Ἐκκλησίας, Thessaloniki, 1973.
LUNATSCHARSKY A., Einführung in die Geschichte der Religionen, Athen 1959, griechisch.
LUTHER M., Von der Freiheit eines Christenmenschen, München-Hamburg 1968.

MARCUSE H., Zum Problem der Dialektik, in: Adorno, Horkheimer, Marcuse, Kritische Theorie der Gesellschaft, Bd. IV, o.O. und o.J.
MARX K., Zur Kritik der Hegelschen Rechtsphilosophie, in: Die Frühschriften, Stuttgart 1968.
MARX K., Zur Kritik der Hegelschen Rechtsphilosophie, in: MEW 1, Berlin/Ost 1970.
MARX K., Zur Kritik der Hegelschen Staatsphilosophie, in: Die Frühschriften, Stuttgart 1968.
MARX K., Pariser Manuskripte 1844, Rowohlt o.O.. 1966.
MARX K., Grundrisse der Kritik der politischen Ökonomie (Europäische Verlagsanstalt und Europaverlag), Frankfurt und Wien o.J.
MARX K., Das Kapital, Bd. 1, MEW 23, Berlin/Ost 1962.
MARX K./ENGELS F., Die deutsche Ideologie, MEW 3, Berlin/Ost 1973.
MAXIMUS CONFESSOR, Περί ἀπόρων, PG 91.
MICHAIL S., Damit wir es zusammen mit Hegel und gegen ihn aussprechen... oder LACAN HEGEL, in: Hefte zur Psychiatrie, Nr. 19, Athen 1988, griechisch.

NIETZSCHE F., Der Antichrist, München 1964.
NOULAS V., Ethik und Politik bei Aristoteles, Athen 1977, griechisch.

ÖHLER K., Die Kontinuität in der Philosophie der Griechen bis zum Untergang des byzantinischen Reiches. In: Antike Philosophie und byzantinisches Mittelalter, München 1969.
OPITZ H.G. Hg., Glaubensbekenntnis des Arius und seiner Genossen an Alexander von Alexandrien, 4,1 - 2, in: Urkunden zur Geschichte des Arianischen Streites 318-328, Bd. 3, Berlin-Leipzig 1934.
OPITZ H.G. Hg., Brief Alexanders von Alexandrien an alle Bischöfe, 8, 3-7, in: Urkunden zur Geschichte des Arianischen Streites 318-328, Bd. 3, Berlin-Leipzig 1934.
ORIGENES, contra Haereses. Lib. VII, PG 16/3.
ORIGENES, De princ., hg. von H. Görgemanns und H. Karpp, Darmstadt 1976.
OSTROGORSKY G., Geschichte des byzantinischen Staates, München 1980.
OUSPENSKY L., Die Ikone, Athen 1952, griechisch.

PÉPIN J., Hellenismus und Christentum, in: Geschichte der Philosophie, Bd. 2, hg. von F. Châtelet, Frankfurt/Main-Berlin-Wien 1973.
PLATON, Symposion, Hg. Griech. Akademie der Wissenschaften, Athen 1949.
PLATON, Nomoi, in: Werke in acht Bänden, griech. u. dt. Bd. 8_2, hg. von G. Eigler, Darmstadt 1977.
PLATON, 7. Brief, in: Werke in acht Bänden, griech. u. dt. Bd. 5, hg. von G. Eigler, Darmstadt 1983.
PLATON, Phaidon, in: Werke in acht Bänden, griech. u. dt., Bd. 3, hg. von G. Eigler, Darmstadt 1974.
PLATON, Apologie des Sokrates, in: Werke in acht Bänden, griech. u. dt., Bd. 2, hg. von G. Eigler, Darmstadt 1973.
PLATON, Politeia, in: Werke in acht Bänden, griech. u. dt., Bd. 4, hg. von G. Eigler, Darmstadt 1971.
PLATON, Theaitetos, in: Werke in acht Bänden, griech. u. dt., Bd. 6, hg. von G. Eigler, Darmstadt 1970.
PLUTARCH, Moralia II, 53-54, hg. von W. Nachstädt, W. Sieveking, J.B. Titchener, Leipzig (Teubner) 1971.
POLEMIS M., Die Metaphysik des Johannes von Damaskos, in: metafisica e scienze dell'uomo (Akte des VII. internationalen Kongresses in Bergamo 1980), Bd. 2, Rom o.J.

RAHNER H., Griechische Mythen in christlicher Deutung, Darmstadt 1966.
RAHNER K., Marxistische Utopie und christliche Zukunft des Menschen, in: R. Garaudy/J.B. Metz/K. Ranner, Der Dialog, Reinbek bei Hamburg 1966.
REITZENSTEIN R., Die hellenistischen Mysterienreligionen, Göttingen 1920.
RITTER J., Hegel und die französische Revolution, Frankfurt/Main 1972.

SAVRAMIS D., Theologie und Gesellschaft, München 1971.
SEFERIS G., Gedichte, Athen 1967, griechisch.
SOHN-RETHEL A., Geistige und körperliche Arbeit, Frankfurt/Main 1972.
SPENGLER O., Der Untergang des Abendlandes, München 1986.
SPLETT J., Die Trinitätslehre G.W.F. Hegels, Freiburg/München 1984.
STIEFENHOFER D., Einleitung, in: Des Heiligen Johannes von Damaskus genaue Darlegung des orthodoxen Glaubens, Bibliothek der Kirchenväter, Bd. 44, München 1923.
SYMEON der NEUE THEOLOGE, Gnostische und Theologische Kapitel 25, in: Symeon der Neue Theologe, hg. von E.G. Meretakis, Thessaloniki 1983, griechisch.
SYMEON der NEUE THEOLOGE, Dialog eines Scholastikers mit Symeon dem Neuen Theologen, in: Symeon der Neue Theologe, hg. E.G. Meretakis, Thessaloniki 1983, griechisch.
SYMEON der NEUE THEOLOGE, 1. Danksagung an Gott, in: Symeon der Neue Theologe, hg. von E.G. Meretakis, Thessaloniki 1983, griechisch.

TATAKIS V., Byzantinische Philosophie, Athen 1977, griechisch.

TERTULLIAN, Über die Schauspiele, Bibliothek der Kirchenväter, Bd. 1, München 1912.
TERTULLIAN, Apologetikum, Bibliothek der Kirchenväter, Bd. 2, München 1915.
THOMAS von AQUIN, Über das Sein und das Wesen, Darmstadt 1965.
THOMPSON G., Frühgeschichte Griechenlands und der Ägäis, Berlin/Ost 1960.
THOMPSON G., Die ersten Philosophen, Berlin/Ost 1968.
TROTZKI L., Unsere Revolution, in: L. Trotsky, Flight from Siberia (Preface), Colombo 1969, englisch.

VASILIEV A.A., Geschichte des byzantinischen Imperiums, Athen 1954, griechisch.

WARE T., Ἡ μεταμόρφωση τοῦ σώματος, in: Zeitschrift "σύνορο", Nr. 33, Athen 1965.
WILFSTRAND A., Die alte Kirche und die griechische Bildung, Bern 1967.

ZELLER E., Die Philosophie der Griechen in ihrer geschichtlichen Entwicklung, Bd. 3_2, Hildesheim 1963.
ZIZIOULAS J., Von der Personenmaske zur Person, in: Ioannes Damaskenos Dialectica, Athen 1978, griechisch.

Edition Passagen

Herausgegeben von
Peter Engelmann
Eine Auswahl

Band 7:
Das postmoderne Wissen
Ein Bericht
Von Jean-François Lyotard
Mit einem Vorwort von
Peter Engelmann

Band 10:
Jenseits vom Subjekt
Von Gianni Vattimo

Band 11:
Ethik und Unendliches
Von Emmanuel Lévinas

Band 13:
Postmoderne für Kinder
Briefe aus den Jahren
1982–1985
Von Jean-François Lyotard

Band 14:
Derrida lesen
Von Sarah Kofman

Band 15:
Das andere Selbst
Habilitation
Von Jean Baudrillard

Band 25:
Streifzüge
Gesetz, Form, Ereignis
Von Jean-François Lyotard
Mit einer Bibliographie
zum Gesamtwerk

Band 26:
Die Prüfungen der Neuzeit
Über Postmodernität,
Philosophie der Geschichte,
Metaphysik, Gnosis
Von Peter Koslowski

Band 32:
Chōra
Von Jacques Derrida

Band 33:
Ereignis Technik
Von Wolfgang Schirmacher

Band 36:
Minima Temporalia
Zeit – Raum – Erfahrung
Von Giacomo Marramao

Passagen Hefte

Heft 1:
Vortrag in Wien und Freiburg
Heidegger und „die Juden"
Von Jean-François Lyotard

Heft 2:
Perikles und Verdi
Von Gilles Deleuze

Heft 3:
Die Kulturen der Welt als
Experimente richtigen Lebens
Von Peter Koslowski

Heft 4:
Die Mauer, der Golf
und die Sonne
Eine Fabel
Von Jean-François Lyotard

Passagen Philosophie

Immanuel Kant zur
Geschlechterdifferenz
Aufklärerische
Vorurteilskritik
und bürgerliche
Geschlechtsvormundschaft
Von Ursula Pia Jauch

Schopenhauers-Aktualität
Ein Philosoph wird neu gelesen
(Schopenhauer-Studien 1/2)
Wolfgang Schirmacher (Hg.)

Vier Fragen zur Philosophie in
Afrika, Asien und Lateinamerika
Franz M. Wimmer (Hg.)

Randgänge der Philosophie
Erste vollständige deutsche
Ausgabe
Von Jacques Derrida

Freud-Legende
Vier Studien zum psycho-
analytischen Denken
Von Samuel Weber

Schopenhauer in der Postmoderne
(Schopenhauer-Studien 3)
Wolfgang Schirmacher (Hg.)

Der unbetrauerbare Tod
Von Laurence A. Rickels
Mit einem Vorwort von
Friedrich Kittler

Die Freimaurer und ihr
Menschenbild
Über die Philosophie der
Freimaurer
Von Giuliano Di Bernardo

Zur Möglichkeit von
Technikphilosophie
Versuch einer modernen Kritik
der Urteilskraft
Von Rainer Schubert

Diskurs und Dezision
Politische Vernunft in der
wissenschaftlich-technischen
Zivilisation
Hermann Lübbe in der
Diskussion
Georg Kohler/Heinz Kleger (Hg.)

Interkulturelle Philosophie
Geschichte und Theorie Band 1
Von Franz M. Wimmer

Gegenlicht
Diskurse zur philosophischen
Dialektik
Von Rudolf Gumppenberg

Rückkehr zu Freud
Jacques Lacans Ent–stellung
der Psychoanalyse
Von Samuel Weber

Postmoderne –
Anbruch einer neuen Epoche?
Eine interdisziplinäre Erörterung
Günter Eifler/Otto Saame (Hg.)

Verfolgung und Trauma
Zu Emmanuel Lévinas'
*Autrement qu'être ou
au-delà de l'essence*
Von Elisabeth Weber

Die Geschwindelten
Von Gunnar Schmidt

Philosophie und Totalitarismus
Zur Kritik dialektischer
Diskursivität
Eine Hegellektüre
Von Peter Engelmann

Profile der Ästhetik
Der Status von Kunst und
Architektur in der Postmoderne
Von Heinz Paetzold

Kant als Schriftsteller
Von Willi Goetschel

Damenphilosophie &
Männermoral
Von Abbé de Gérard
bis Marquis de Sade
Ein Versuch über die
lächelnde Vernunft
Von Ursula Pia Jauch

Das Einzigartige und die Sprache
Ein Essay
Von Markus Waldvogel

Verweigerte Versöhnung
Zur Philosophie von
Günter Anders
Von Werner Reimann

Echo
Von Heide Heinz/ Melanie Heinz/
Friedrich Kittler/Rudolf Heinz
(Hg.)

Das Fremde – Aneignung
und Ausgrenzung
Eine interdisziplinäre Erörterung
Günter Eifler/Otto Saame (Hg.)

Oedipus complex
Zur Genealogie von Gedächtnis
Von Rudolf Heinz

Dialogdenken – Gesellschaftsethik
Wider die allgegenwärtige Gewalt
gesellschaftlicher Vereinnahmung
Angelica Bäumer/
Michael Benedikt (Hg.)

Der de-projizierte Mensch
Meta-physik der Langeweile
Von Benno Hübner

Geschlechterdifferenz und
Ambivalenz
Ein Vergleich zwischen Luce
Irigaray und Jacques Derrida
Von Urs Schällibaum

Schopenhauer, Nietzsche
und die Kunst
(Schopenhauer-Studien 4)
Wolfgang Schirmacher (Hg.)

Seinspolitik
Das politische Denken
Martin Heideggers
Von Richard Wolin

Ohne Mitleid
Zum Begriff der Distanz als
ästhetische Kategorie mit
ständiger Rücksicht auf
Theodor W. Adorno
Von Konrad Paul Liessmann

Hegemonie und radikale
Demokratie
Zur Dekonstruktion des
Marxismus
Von Ernesto Laclau/
Chantal Mouffe